LE LIVRE DES SAVOIRS
智慧书

[德] 康斯坦丁·冯·巴洛文 Constantin Von Barloewen 编著

陈卉 邓岚 林婷等 译

华东师范大学出版社

华东师范大学出版社六点分社　策划

目 录

致谢辞 / 1

前　言 / 3

我生于古兰经中 / 7
　　阿多尼斯

美国也需要多边主义 / 15
　　布特罗斯·布特罗斯-加利

没有一个科学家了解生命 / 24
　　埃尔文·查格夫

未来学家总是错的 / 31
　　雷吉斯·德布雷

混合语的奥德赛或拉美悲剧和未来的神话 / 37
　　卡洛斯·福恩特斯

给我们点时间：你们自己也慢慢来 / 56
　　纳蒂娜·戈迪默

自然历史不知道进步 / 63
　　史蒂芬·杰伊·古尔德

为什么有些国家发展了,有些国家却停滞不前呢？/ 69
　　塞缪尔·亨廷顿

菲利普,我想看全世界！/ 78
　　菲利普·约翰逊

我预计宗教情感不会像预言的那样终结 / 85
　　莱斯泽克·科拉克夫斯基

我对语言感兴趣,这是一种以物质形式接近思想的方法…… / 92
　　朱丽亚·克里斯蒂娃

消融于虚无，这并不令我担忧 / 109
    克洛德·列维-斯特劳斯

行乞者更高尚…… / 117
    费德里戈·马约尔

躺在尘土中的人也可以伟大 / 126
    耶胡迪·梅纽因

没错，诗歌能拯救人类 / 138
    切斯瓦夫·米沃什

保卫国土的战争比任何建筑的问题都重要 / 146
    奥斯卡·尼迈耶

我热爱沙漠，我是一个生活在郊区的人 / 153
    阿摩司·奥兹

最伟大的人是最谦卑的 / 161
    雷蒙·潘尼卡

人决不能活在冷漠里 / 172
    红衣主教保罗·布巴

人与自然都是时间的造物 / 185
    伊利亚·普里高津

如果今天托克维尔重回美国 / 191
    阿瑟·施莱辛格

只有美能拯救我们 / 197
    米歇尔·塞尔

我们充满超验性的欲望 / 204
    渥雷·索因卡

技术不是暴力 / 211
    爱德华·泰勒

成为人，完完全全地 / 217
    杜维明

如果时间是金钱，那么速度就是权力 / 234
    保尔·维瑞里奥

倾听见证者的话，自己也会成为一名见证者 / 241
    埃利·维瑟尔

后　记 / 248

人就是我们对他们的回忆。所谓生命,说到底是另一个人的记忆拼图。

约瑟夫·布罗茨基

致 谢 辞

陈卉 译

　　一天晚上,安德烈·海勒和我在丹吉尔结束散步、返回明厦酒店,维也纳制片人吕迪·多勒扎尔已在房内等候。因为我们在这座城市与保罗·鲍尔斯(Paul Bowles)的一次电视访谈正是由他监制的。我用几句话向他讲述了我们跨文化图书馆的想法。那时已临近千禧年的尾声,高瞻远瞩的多勒扎尔立即产生了兴趣,稍后他向维也纳多诺拍摄中心的搭档汉内斯·罗萨谢讲了此事,于是探险就开始了。我们得到维也纳的奥地利公共电视台和欧洲电视协会的支持,谨向他们致以诚挚的谢意。

　　这里我要特别感谢最初的伙伴,感谢制片人吕迪·多勒扎尔、汉内斯·罗萨谢和卢卡斯·斯特姆,他们在这一计划所经历的所有意外事件中都表现出了项目领导的巨大勇气,并且甘冒风险,在我们找到真正的资助之前,预付了拜访访谈对象的长途旅行费用:比如在约翰内斯堡拜访纳蒂娜·戈迪默、在里约热内卢拜访奥斯卡·尼迈耶、在纽约拜访埃利·维瑟尔,还有在普林斯顿和哈佛。我尤其要感谢皮埃尔-安德烈·卜唐(Pierre-André Boutang),他经验丰富、积极参与,以欧洲电视协会的名义对促成本项目实施发挥了举足轻重的作用。

　　我也衷心感谢长年担任哈佛大学文理学院院长的亨利·罗索夫斯基(Henry Rosovsky),每次拜访哈佛,他都会提供精神的、友情的支持,并竭力鼓舞我们。我还想对联合国教科文组织当时的总干事费德里戈·马约尔(Federico Mayor)的支持和教科文组织的官方援助表示感谢。

　　不过,我始终很清楚,任何一种电视版本都无法真正地、甚至近似地反映出这些访谈的思想深度和精神要旨。所以我们随后又集中力量用书籍的形式出版这个作品。在这方面,我要真诚地向安娜·杜弗勒芒特尔致谢,她是参与制作诸如克洛德·列维-斯特劳斯等一系列访谈的无声见证人,从一开始就大力参与、协助出书。她也是起步阶段的一位朋友。

　　此外,我还要感谢随笔作家、诗人约亨·温特,他出色地完成了翻译、编辑工作。奥里维耶·迈诺尼的翻译和编辑工作精彩卓越,一如既往,我怀着敬意向他致以特别的感谢。在漫长的编写过程中,克里斯托夫·巴达耶常常肩负协调散布在世界各地的访谈对象的重任:我对他表示衷心的感谢。最后,我向格拉塞(Grasset)出版社总裁奥里维耶·诺拉表示最诚挚的谢意,他在长达数年的时间里亲自负责这项如此复杂的计划。要是没有他的执著、参与和作为编者的勇气,这部书永远都不会问世。

我最终的、纯属个人的感激之情留给我的朋友伽拉·纳乌摩瓦,她是我在本项目和其他许多项目中的同事兼搭档,不仅在修订本计划时对内容提供了必不可少的帮助,而且从它的诞生到完成整个过程的设计、落实工作中发挥着积极的精神作用。在这些年的旅途中,在与那些主角的会面、访谈中,她同样还带来了平衡、宁静与勇气。她不断给我们信心,包括在工作最艰难的时期,那时我们面临着看起来无法逾越、但无论如何都必须越过的障碍。

康斯坦丁·冯·巴洛文
2007 年 8 月

前　言

陈卉译

> 这不是欢愉,不是荣耀,也不是权力:
> 这是自由,只是自由而已①。

　　要用寥寥数语来讲述这部作品的由来,重溯它的源头,实非易事——现在只剩它留下的美妙印象而已。

　　一开始是丹吉尔(Tanger)②。我的朋友、奥地利多媒体艺术家安德烈·海勒(André Heller)要我设法把他介绍给保罗·鲍尔斯(Paul Bowles)③。那是1997年5月,我们想和后者一起为国际电视频道录制访谈。

　　世界上有好些城市,第一次去的时候从来都辨不清方向。走过那些陌生的街道,感觉回忆在招手,亲切的声音在呼唤。

　　我们在鲍尔斯的小房间里讨论了好几个小时,他躺在床上,穿着驼色晨衣,言谈中闪烁着真知灼见的光芒。随后在丹吉尔的夜路上如痴如醉地漫步,我们睡得很少,第二天又开始跋涉。

　　丹吉尔的作用之所以值得一提,是因为唯有外表的沉默和内在的狂想,在摆脱了现代科技烦人的衍生物之后,才能让人转而展望未来,这对本书的编撰是必不可少的。

　　城市常常像人:它们时而老迈悲伤,时而朝气蓬勃,时而尖刻逼人,时而绵软无力。它们常常令游客想起一幅画、一本书、一首歌、一个梦;有缘之人或可得见它们释放出一股诗的力量,一些喷薄而出的彩色画面。

　　当我们还沉浸在与鲍尔斯的对话中时,突然一个念头闪电般蹦了出来:今天若是还能保有安德烈·纪德、马塞尔·普鲁斯特、沃尔特·惠特曼、拉尔夫·瓦尔多·爱默森、亨利·戴维·梭罗的访谈,能摘引其中的片段,那会多么幸福啊!今天,轻便的器械和精确的数码相机允许人将这类计划付诸实施。跨文化视觉图书馆的念头便由

---

① 费尔南多·佩索亚(Fernando Pessoa),《惶然录》(Le livre de li'ntranguillité)。
② [译注]摩洛哥一港口名。
③ [译注]保罗·鲍尔斯(1910—1999)是美国小说家、作曲家、旅行家、编剧、演员。

此萌发,它为后人记录了第三个千禧年之初的大思想家们的言论。

但那时我们还留在丹吉尔,这里的居民和生活艺术铸就了一部杰作。它具有一种慵懒的、耽于声色的、愉悦感官的享受方式,这与城市的青春活力所带来的愉快生活、与充盈着城堡的松弛和强烈的肉欲和谐共存。

数百只挂满小旗的船只经过港口,当人把目光转向城市时,这个港口就显得格外寂寞。它四周的围墙如同从逝去的岁月中涌出的古旧绶带,带着一位高大僧侣的威严神态,让人又心生悲凉和崇敬,显示着这座城市所拥有的一切神奇和魅惑。当一个人感觉到这段奇妙历史的幽灵时,一种寄蜉蝣于天地的思绪便会涌上心头。

丹吉尔给人的印象是,一切具有卓越特质的事物都不止扎根于永恒,也会转向上帝和宗教的种种象征物。看起来要是没有清真寺尖塔和美丽的锯齿状塔楼这类趣味饰物,它就无法直面坚不可撼的上帝。

每时每刻,狭窄的小道上都有人影来往穿梭、互相低声问候。乍一看,他们仿佛是死神的信使,但事实上,这些不引人注目的黑影是在监护大家托付给他们的孩童队伍。一张张安宁、平静的脸庞被辨认出来,庄重和在隐蔽的角落里窥伺、潜伏的死亡能被人同时感觉到。然而,即使在这种信仰的沉重黑暗之中也闪动着一束神秘的红光,我们意识到这些伟大奇迹的虔诚庆典,是它启发和影响了我们的视野,由此把这一计划带到人间。

人们也在表达对仪式的热爱和歌咏神圣之物的诗歌,只有诗使那些纯朴的人身上所谓天真的热情变得厚重起来。

而且,当然,我们四周近在咫尺的大海平静得像一片深暗的池塘。它的堤岸上耸立着一座阴郁的圆塔,那样子如同沉睡中的守卫。天空好似在夜晚的黑水中休憩,飞过的白云就如同天堂来的使者。这片梦幻般的景象中到处都有庄严,美和忧伤不可分离——令人想起秘密法庭的匕首在月光下闪烁着亮芒,附近城堡的暗门挂满了铁器,孤独的小夜曲的美丽哀愁几臻完美。大片灌木丛洒下的影子看起来就像在凝视自己的水中倒影、像在沉思。到处都是静默,永恒的阴暗在这里安憩,而它的黑镜里也看得到被束缚的天空,这片天空包含了超验的、超现实的意味和在城内泛着光泽的云层间熠熠闪烁的群星。

因为,在这个将对我们计划影响如此之大的梦幻城市中,一切都在默默地把神秘主义的思想吸收进来。城市本身也已经有某些东西看上去避开了现实;但命运之线——包括我们的——似乎环绕着城市编结起来,它们的根源却伸向几个遥远的世纪。人们总在寻找可供安息的教堂地下室,在城堡的黑暗角落里,向着不可知的方向生活、前行。人们很少对这种教科书上的陈旧智慧有如此强烈的体验,按照它的看法,死亡必然是非常悲伤的东西,而生活却是一股源源不断的强大力量,它甚至能把执拗的反抗者推向爱。

丹吉尔,它白色的道路、它闪闪发光的滚烫石灰岩,那片晨光中蔚蓝的、流动变幻的狭长海水,清真寺的尖塔如同套着鞍鞯的头,在低矮的城市上方高高耸立,塔上有清爽的拱顶柱廊和支柱,令人不禁肃然起敬。

夜幕刚刚刺中水天相接处那片狭长而敏感的地带,像是最初抹上的色彩,又像是直觉、是飘忽不定的水气,很快被逐渐阴沉的天色所扰乱。在我们短暂的一生中,时间像是漫长的等待。

目光突然集中于一个无限温柔的雾色剪影,它像远处的布景一样若隐若现。到处都是在戏耍的孩子。年轻人靠着年轻生活,老年人靠着时间生活。面对似水流年,我们渐渐老去。

忽然间——那是在作业的船、还是点燃火苗的夕阳余辉?——一个亮点,像是蛋白石,带着夜晚纷繁色彩汇成的乳白色,在天空蓝色的曲线上闪闪发光,这是那光彩照人的城市,丹吉尔,这是一种强烈的白色,一种超乎寻常的巨大光明,就像钻石被圆盘反射出的灼热光线穿过,它把夕阳的余辉分割成无数碎片。

那人似乎在旋转,旋转,直到他无所期待却又期待一切,于是他停下了。

周围的颜色混合起来,形成了几种更加幽暗的调子,山丘渐呈黑色,海水变成黄昏的灰色,灼热的太阳转为橘红色、在高空中逐渐淡去,周围终于有了一种无法言表的夜晚的距离感和不定性。那人看上去感觉到了某种虚无之物,就好像他差不多已在上帝那里。一个生命中存在着多少生命啊,而这仅仅是为了一个生命!一朵花在手中枯萎,同时催生了一颗星星。永恒是永恒生命的结果。

突然间一些小咖啡馆出现了。我们坐到里面,谈起了让大家聚在一起的编撰计划。我们听到后台手艺人在薄板上凿琢阿拉伯花饰的声音,他们动作灵敏、闪耀着银光,锻炉就在光线摇曳不定的角落里。这些阴暗迷宫内的奇异生活具有一种难以捉摸的神秘引力,它被持续不断的、既幸福又不幸的矛盾感削减着。我们在这世上匆匆而过,生活被一个简短的目的慰藉。最后那一刻,整个一生只不过持续一刹那。

丹吉尔有一种特有的孤独:明亮的、几乎闪光的孤独,疏离了忧伤和太多阴暗的回忆,那些回忆如此自然地萦绕在诸如布鲁日(Bruges)①或托利多(Tolède)②那样死寂的城市的废弃宅屋中。在丹吉尔,我们感觉到太阳的安宁静谧,感觉到沉默和真实的空间,大家自觉被秘密的活力和无法捉摸的言语攫住了,在无声的举动中,这种言语比纷繁的声音更能打动人。字词似乎是被石头吐出来的,而墙壁好像还要无休止地说下去。

为什么这幅丹吉尔的简短画卷在我看来必不可少呢?因为在试图找到记忆的魔指环、找到提供如此看法的秘密配方的过程中,我们的大工场就诞生于此间。然而,那些看法在想象的航船里首先是遥不可及的,航船吸引着被深切的好奇支撑着的梦想,这种好奇起初不懂任何事,却让自己把一切都说了出来。这便是我们在与那些传奇的见证人的大量访谈中想要做的事,他们都戴有各自传奇的桂冠。而我们在寻找永恒,寻找人的生命气息,它就像每天在丹吉尔散步时环绕着我们的不朽元素,水:就像这出稍后会在我们对话者的丰富思想中反映出来的"人间喜剧"的幕启。

---

① [译注]比利时一城市名。
② [译注]西班牙一城市名。

在我们决定冒险做"跨文化视觉图书馆"时,它还是个遥不可及的目标。我们寻找着可以尽展能量的未知海岸、可以解除精神传统沉重羁绊的地方,从而能够认真地对这个并非平坦的世界做全方位的考察。

"跨文化图书馆"只能竭力企及认知和学问的天空。

这里起作用的始终是思想的深度,还有存在和精神创造的冷僻和边缘元素——要是没有这一切,人的抽象、包括发展过程中的信仰,依然无法解释。这对必须以最严格认真的态度去接近的、不能和科学方面的博学混为一谈的科学理性特别有用。这一点对选择合作伙伴具有极其重要的意义。访谈比专题著作走得更远,它们表现的是一个创造性过程。它们带有口语化的直觉的智慧、没有学究的僵硬味道。在最好的情况下,这些访谈展现了伟大的艺术家或思想家的内心奥秘,他们也具有本能的特性,顺着思绪逐步前进,像棱镜或透镜一般深入到思想的幽径。

我们选择了一些在各自领域对上个世纪产生重大影响的主导人物。我们也展望了 21 世纪。他们超越艺术、文学、宗教和文化科学、人类学、自然科学、音乐领域的学科限制,打算一直走到思想的极限。我们应该集合在过去几十年发挥了重大作用、并将持续产生影响的精神世界的重量级人物。这些人、无论男女,都对世界文明的重大问题、对他们时代"精神状况"——再借鉴一下爱德蒙·胡塞尔①那样准确的表述——的基本问题持开放态度。20 世纪奠基性的人物应该对他们的作品、对当前和未来的挑战明确地表明立场。世界上各种文化都必须以一种 21 世纪特有的多个领域和多方对话的形式显现出来。

所有问题必须有一个衔接:宇宙看起来并没有构成一种 *sui generis*② 秩序。这其中缺乏人的投入。我们许多对话者都已走到专业发展的尽头、达到拥有智慧和全局观的年龄。大家都一直有同样的印象:甚至永恒看来也只持续了一瞬间,无论百年岁月还是几分之一秒,都足以在片刻中消逝。接下来,重新回味这些谈话,脑中的主要印象是:在某些人身上,内在和外在的安宁似乎主导着一切。

孤独中的修道士品德高尚,与众不同;沙漠的隐修者具有神秘光辉所赋予的庄重肃穆,他知道,上帝在与世隔绝的岩石、洞穴中,在遥远的高山中,他的存在也许代替了生命的尘世之乐。环绕在他周围的是一个遁世的圈子,这是基督使徒的特征,此外还有一种力量和一种总像抱怨似的祷告:想到自己对生活要求得太少,即使这样微小的请求也遭到拒绝,这样的事就发生在他的追求过程中:他追求太阳光辉,追求得到深化的、没有破坏力的理性,追求体验幻境的能力,这些都不止是简单的娱乐消遣,他还追求不会磨灭的意志、追求幸福,这种幸福就像抚慰孩子一样安慰身陷创造感受力的黑暗渊薮之中的人。

一天夜晚,我和埃内斯托·萨巴托(Ernesto Sabato)③进行了一次长谈,这是一位

---

① [译注]爱德蒙·胡塞尔(1859—1938)是德国哲学家、20 世纪现象学学派创始人。
② [译注]拉丁语,意为"独特的"。
③ [译注]埃内斯托·萨巴托(1911—)是阿根廷散文家及小说家。

几近失明的人,生活在桑多斯·卢卡尔(Santos Lugares)的简陋郊区,我在树篱的掩映下找到他的小屋。结束访谈后为时已晚,归途中,我在布宜诺斯艾利斯的勒提罗(Retiro)破败火车站业已风化的墙上发现了一段用粉笔写的、勉强可读的褪色文字。它仿佛影射着豪尔赫·路易斯·博尔赫斯(Jorges Luis Borges)①和他的巴别塔图书馆。我想把它作为对这项我纠结多年的编撰计划的献词:"人类不再知道往哪儿走,因为他不再等待任何人——甚至不再等待上帝。"

这些文字的背后可能隐藏着一个小小的真相:人类想成为上帝——但不要他的十字架。

康斯坦丁·冯·巴洛文

---

① [译注]豪尔赫·路易斯·博尔赫斯(1899—1986)是阿根廷诗人、小说家兼翻译家

谨以此书纪念吉萨和本特,我对他们充满感激、喜爱之情,这份感情从布宜诺斯艾利斯的童年时代开始——直到永远。

我还满怀着对未来的希望将此书献给丹尼尔。

我们谨向协助本项目的约亨·温特表示谢意。有 15 篇访谈是建立在他发表于《法兰克福评论报》的德语改写、翻译基础上的,他将独家出版权让给了我们。

文字由乔安-弗雷德里克和奥里维耶·迈诺尼翻译成法语。

我生于古兰经中

阿多尼斯(ADONIS)

林 婷 译

阿多尼斯(阿里·艾哈迈德·赛义德·阿斯巴的笔名)被认为是当今阿拉伯世界最伟大的诗人。他的笔名来源于腓尼基自然之神、代表草木枯荣的阿多尼斯。阿多尼斯1930年出生在叙利亚北部山区的一个小村庄里,从小在父亲的指导下写诗。1947年,他在邻市遇到了叙利亚第一任总统舒克里·阿里·库阿特利。当时阿多尼斯当街朗诵其散文诗并折倒众人。总统决定资助他继续学业。随后,阿多尼斯前往塔尔图斯法语中学上学。1954年,他毕业于大马士革大学(哲学专业)。阿多尼斯从17岁开始出版自己的诗歌。1961年出版的《大马士革的米赫亚尔之歌》(*Chants de Mihyar le Damascène*)诗集确立了其阿拉伯现代诗歌奠基人的地位。该诗集于1983年被翻译成法语,阿多尼斯逐渐为世人所知。1955年,他因为曾经参加以将叙利亚扩张到整个中东为目的的人民党的活动而被判入狱6个月。1956年出狱后,阿多尼斯迁居黎巴嫩贝鲁特,并在1957年与具有叙利亚-黎巴嫩双重国籍的约瑟夫·阿里·哈勒(Youssouf al-Khal)一起创办了《诗歌》(*Chi'r*)杂志。《诗歌》杂志以摆脱阿拉伯宗教的思想束缚、扩大外界影响为目标。1968年他又创办了《立场》(*Mawakif*)杂志,用作自由的阵地以及诗歌解放的实验室——这在阿拉伯世界是严格禁止的。在这里,阿多尼斯将波德莱尔(Baudelaire)、亨利·米肖(Henri Michaux)、圣-琼·佩斯(Saint-John Perse)的著作翻译成阿拉伯语,并将阿布·阿拉·埃勒-马里(Aboul Ala el-Maari)的作品翻译成法语。在阿拉伯诗歌光辉的历史上,阿多尼斯结合西方文化不断对阿拉伯诗歌进行改革。1980年黎巴嫩内战爆发后,阿多尼斯逃离了黎巴嫩并于1985年定居巴黎。阿多尼斯丰富的经历对其诗歌产生了极大影响,他穿越时空界限不断发出自己的声音。阿多尼斯被翻译成法语的著作有:《大马士革的米赫亚尔之歌》(*Chants de Mihyar le Damascène*, Gallimard, 1983);《城市时间》(*Le temps des villes*, Mercure de France, 1990);《风之忆:1957—1990诗歌选集》(*Mémoire de vent*, Gallimard, 1991);《祈祷与长剑:关于阿拉伯文化的散文》(*La Prière et l'Epée: essai sur la culture arabe*, Mercure de France, 1993);《纽约之墓》(*Tombeau pour New York*, Sindbad-Actes Sud, 1999)。

*

阿多尼斯先生,古兰经作为一本用来维护传统、保留历史痕迹的书,您是怎么看待它的?

尽管我不打算理解古兰经,因为我不是一个伊斯兰教实践者,但是可以说我是生于古兰经中的,因为从小我就念诵里面的经文,甚至背诵整章,父亲给予了我初始的启蒙。在和宗教信仰保持了一段距离后,现在我把古兰经看作原经文,而目前它与被我称为第二层经文的经文是分不开的。第二层经文是由那些理论学家、法学家、哲学家以及受哈里发支持的政治家对古兰经进行的阐述和说明。依我看,这个第二层经文实在是太复杂、太不同了,甚至超越了原经文。现在,为了更好地理解作为启示之书的古兰经,我们应当将原经文从第二层经文中剥离出来,因为第二层经文是各种基要主义的源泉,它赋予了古兰经意识形态,并将其政治化。在我看来,这和古兰经原经文是没有任何关系的。但是如何从第二层经文中剥离出原经文呢?我觉得这很难。思想家、哲学家、艺术家或者诗人都可能自己独立阅读古兰经,但更重要的是,整个国家、整个民族都应当进行这种阅读。总之,目前的问题就是原经文和第二层经文的二元论问题。

基要主义并不只存在于伊斯兰传统中,基督教、印度教甚至佛教中都存在。

还有犹太教。

从某种角度说,基要主义不就是一种反现代主义的形式么?比如,在阿尔及利亚、伊朗和巴基斯坦。

是的。但这取决于人们对于现代性或者现代主义的定义。在纯粹意义上,现代性指的是什么?现代性的定义在德国或西方与在阿拉伯、非洲或者印度是完全不同的。

透过文化和宗教的多样性来看,现代性不只有一种,还具有多元性、多重性。

是的。有很多种现代性,所以说为了更好地理解您的问题,首先应当弄明白现代性和基要主义代表着什么。

在我看来,基要主义,特别是伊斯兰教原教旨主义是被西方社会,尤其是现代西方社会所支持和鼓励的。西方某些国家的政治和我们国家的基要主义是有直接联系的。但从概念上讲,每一种基要主义都是反现代的,反现代就是反开放、反自由、反超越、反研究等。基要主义是一种回归过去、回归落后的思想。人类将通过回到过去而得到发展,这与现代社会的发展完全相悖。

您将自己描述成诗界的叛逆者和中世纪的神秘主义者。

是的。这里需要重新引入伊斯兰教的两个概念,原经文和第二层经文。我明确反对第二层经文,反对那些被人们称为法学家、理论学家的人,我站在那些不带任何政治色彩、不带任何意识形态思想而阅读古兰经的神秘主义者、诗人一边。从这个意义上讲,我是基要主义者或者那些只从字面上理解古兰经的人眼中的异教徒。我们应当透过古兰经的表象找到隐含的意义。我给您举个例子:一些只是背诵古兰经的书呆子相信世上存在地狱、存在天堂,就像书中写的一样;同时,很多神秘主义者以及伊斯兰教信奉者不相信这一点,他们认为地狱和天堂都只是一个符号、一种象征。因此,我们应当把古兰经中的这些概念或信仰抽象化。从个人角度来说,我很赞同那些将古兰经当作精神读物来阅读的神秘主义者,不掺杂任何法律、政治观点。

您曾经因为在一次谈话中为以色列作家辩护而被开除出叙利亚作家协会。

是的。我参加了那次由联合国教科文组织在格拉纳达举行的研讨会。我在会上说,以色列是遗产文化非常丰富的地区之一:这里有苏美尔文化、亚述文化以及后来的希腊文化、基督教文化、法老文化、泛埃及文化,也包括犹太教文化。所以,这里是一个文化极其混杂的地区,基督教接受了这种混杂,这就是为什么基督教能同伊斯兰教一样既是宗教而同时又是一种文化。伊斯兰教也是一种文化,它向其他所有宗教敞开,在巴格达和大马士革的伊斯兰政权中拥有犹太部长,也拥有基督徒,犹太人和基督徒已经成为阿拉伯社会和阿拉伯文化融合的一部分。重新回到您的问题上。现在的以色列,如果真的渴望和平,如果真的想和其他阿拉伯国家和平共处,那么它就必须接受这种混杂,它也必须自己进入到这种混杂之中。这就是为什么我经常幻想,或许有一天以色列政府里的某位基督徒部长代表的不仅仅是少数基督教徒,而是整个社会,同样以色列政府中信仰伊斯兰教的部长也能代表整个社会。另外就是,或许某一天摩洛哥政府里会出现能够代表着整个摩洛哥社会的一两名犹太教部长。我还常想,以色列应该给予所有的基督徒、犹太教徒、伊斯兰教徒平等的受教育权利,并修改犹太人婚姻法。如果能够这样做,你们,以色列人,犹太人,就会表达出你们愿意在这个社会和其他民族共同生活的意愿。如果你们只愿意和犹太人一起呆在学校,并摒弃其他民族的人,这完全不可能带来政治上的和平、人民间的和平、文化间的和平以及人类的和平。

您所有的作品都围绕着现代阿拉伯身份这个问题展开,但是您同样拒绝回答这个问题。

这就是问题的核心。一些人有这样一种观念,我称这种人为同一性的基要主义者。这些人认为身份是预先的造物,是先于存在的……,人的生命也只是这一预先制造的身份的实在化。这就好像泉水一样,后来者总是能够在泉眼,即泉水喷涌的地方找到他们的根……而我,我却有另一种观点。身份绝对不是提前制造好的,相反它是一种持续的开放,它不是来自于过去,而是来自于未来!人们在创造作品时创造出自己的身份,因此身份没有止境,永远不会结束,即使在死亡之后,这种身份也不会结束。瞧,这和基要主义恰恰相反!

您在超现实主义的后继活动、东方神话学、阿拉伯伊斯兰文化和思辨的神修神学中致力于探讨身份问题,用诗歌不断提问,您的作品兼收并蓄并在传统与文化之间游移,所生成的这种复调乐章赋予了您与众不同的个人特点及原创性。

谢谢您这样说。这让我感到放松,压力消除了不少。我所隶属的民族传统,不仅仅是阿拉伯的。阿拉伯传统可以上溯到2000年前。而我所隶属的传统则有5000年的历史,或许更长。我从属于一个现代的传统,即现代性。所有的人类传统都属于我,所以我试图将阿拉伯文化的真谛、阿拉伯诗歌介绍给其他文化、其他诗歌。我,我总感觉与保尔·策兰、哥德、兰波以及任何一个阿拉伯诗人都存在联系。这就是诗歌的重要性,就像爱一样,可以消除不同意见。

阿拉伯传统的全球化、诗歌的全球化是您对世界文化所做的贡献。

这也是我正努力实现的。

根据西方对现代的定义,阿拉伯诗歌是否能够在保留其自身文化特征的基础上实现现代化?这可能么?

我认为在到达西方之前,现代、现代性的问题首先出现在阿拉伯世界。现代、现代性的概念在伊斯兰教历的2世纪,也就是公元8世纪就出现了。那时的诗人对现代的描述和波德莱尔有些相似。波德莱尔曾试图对永恒和须臾进行概括总结。而阿拉伯诗人早在波德莱尔之前1000年就对这个问题进行过探讨。如果对阿拉伯世界这种现代性的历史维度没有了解,那么就不可能理解阿拉伯诗歌的现代性。

您和尼采曾经指出上帝已死。一方面,人们对此感到一些失望及脆弱,但是另一方面,您又指出这未尝不是一个机会,一个新起点的机会。

当我说上帝已死,这里的上帝是指第二层经文中的上帝,基要主义的上帝,也是指封闭的及反神化的概念。人们赋予了上帝一副可怕和恐怖的形象。所以,对于我来说,已死的上帝就是这种宗教上、制度上的上帝……但我从来没说,在绝对概念上上帝已死。上帝如同身份,我们应当在我们身前寻找它。上帝不会位于我们身后,它总在我们前面,它来自未来。

旅行,作为存在的脆弱性的象征,依您看来,是否代表着根族和民族主义的反面?

绝对是。在这里,根族并不意味着坚固和稳定。根族意味着扎根于运动之中。因此,我的根,如果我有根的话,在我的脚下,在我的运动中,并且,我总是尝试拥有更多的根。我的根并不仅仅存在于我的传统中,也存在于整个人类社会中。

旅行,更确切地说流浪,也是一种解放的信号,一种要求独立及拒绝国界的信号:您说"我不知晓国界"。旅行是诗歌的最高形式么?让我们想一想雷蒙·鲁塞尔(Raymond Roussel),麦克尔·雷希斯(Michel Leiris),拉迪亚德·吉卜林(Rudyard

Kipling)或约瑟夫·康拉德(Joseph Conrad)……

旅行只是我们未来的一种隐喻，一条通向未来和未知的永恒道路。旅行是一种发现，旅行是为了走得更远，旅行也是和未知的一种联系。这就是为什么对于我来说，旅行是一个伟大的象征，是想象力的象征，也是存在的象征。

我们知道您关于个人庆生以及消除根族思想的富有创造性和未来开放性的观点。对于祖国这个概念，您怎么看？

对于我来说，祖国，在可以预见的时间里，永远不会消亡。一个国家，就像一段爱情，就像一首诗，需要不断重新创建，不停更新。

就像奥尔特加·伊·加赛特(Ortega y Gasset)的弟子、西班牙哲学家马里亚·赞布拉诺(Maria Zambrano)所说那样，您的诗充满了对知识的渴望，您的作品也受到苏菲派和"反政府诗人"的影响。和兰波、马拉美以及超现实主义者相比，您认为诗歌拥有一种更贴近生命本质的能力。

这正是我所认为的，我认为诗歌应该重新具备最后发言的权利，如果有这种最后发言的话。哲学可以给予人很多主意，很多真相，但是某些时候，在某种程度上，哲学就不能够回答人类的问题，它也就不再有……甚至根本就没有任何真相可言。科学、历史等其他学科也同样如此。因此，当所有知识学科都只能保持沉默，或者根本就无话可说的时候，就只剩下诗歌了：它是唯一有一些东西，将会有一些东西，总是有一些东西可以说的，因此从这个方面来讲，诗歌将我们联系在一起，向我们打开未知世界，给予我们事物本质。

您在寻找存在的秘密时也指出了现实和形而上学、隐匿之物和显现之物的对立。

您知道，这要归功于我的传统！有一种传统完全在对隐匿之物的阐释中建立自己的世界观，尤其是什叶派和神秘主义哲学家；显现和隐匿之间总是存在辩证关系的。在他们看来，显现并不代表事物的真相，也不是现实，它总是短暂的，因此如果人们想要寻找事物的真相和本质，就应当在隐匿中寻找，因为隐匿象征着无限和未知，如果世界存在真相，那么这种真相就存在于隐匿中，存在于无限中。

您关于纽约的诗(《纽约坟墓》)的开头回顾了美国伟大诗人沃尔特·惠特曼(Walt Whitman)，他被自己的祖国欺骗，在诗的结尾您又对工业文明提起了诉讼。我们是否可以说您具有一种前工业理念？

不是这样的，我不反对科技。但是我反对对科技的使用。科技是人类伟大的发明，当然是指其对人类幸福所做的贡献，但是一些帝国主义国家，并不是指西方国家，而是西方的一些国家，将科技当作摧毁世界的武器，而不是用来帮助人类进步、使人类更好地生活，相反，我们可以看到，这些国家将科技用于生产武器，而这正是现代科技的主要用途，我反对这样。

您的诗是否被一种宗教维度所包含？同样，诗歌是更高级的隐喻，而爱情作为一种自由的力量，您的诗对于爱情行为的阐释是否也能在古兰经传统中找到立身之地？

宗教的，但并不是这个词的传统意义。我发现身体本身具有它自己的宗教。我甚至可以说，身体就是一种文化，一种文明。所以，我坚持认为隐藏于身体内的肉体世界不属于任何宗教。您说受宗教的影响，我称之为受信仰或者精神的影响，因为对于我来说，如果真的有一种精神的话，那就是身体本身。我颠覆了身体与灵魂或精神之间关系的传统观念，我认为我们人类，因为宗教观念的压力，已经不能够认识自己的身体了，我们完全将其忽略，即使恋人也不能更深入地使用肢体语言。现在是重新发现我们身体的时候了。

人们是否应当认为诗人有时具备一种神化的能力？

是的，如果人们对于"神化"这个概念没有任何异议的话。我们再引用一下神秘主义者。在神秘主义者或者诗人身上，神化指的就是当灵光乍现的时候，他们能够变得具有穿透性，然后可以看透这个世界的黑暗与浑浊。因此这种穿透性只有两种，人类自身的和世界的。融合，即两种穿透性的相遇，这就是神化的能力。很多诗人试图通过毒品获得这种能力。

是的，比如亨利·米肖。

但是一个真正的神秘主义者不需要毒品，他依靠自己的经验，自己创造灵感或者这种穿透的能力，并实现对世界的穿透以及这两种穿透的融合。这可以被称作为心醉神迷。在心醉神迷中，没有生与死的限制和界限，并且我们可以亲身体验到生与死的感觉，每个人都可以通过性行为来体验这种感觉。在性行为中，总有我们不知道是生还是死的瞬间。这一瞬间，对于诗人和伟大的神秘主义者来说，就是神化。

西方和东方文学同样都影响了您；它们的互相渗透是如何体现在您的作品中的？

对于我来说，西方和东方的概念只存在于地理上；而这并不是我所感兴趣的。但是每个西方国家都有一些不同的西方文化，每个东方国家都有不同的东方文化。西方和东方这两个词有很多的含义。我们可以说，西方国家存在一些比地理位置上的东方人更为东方的人，东方国家也存在一些比地理位置上的西方人更为西方的人。西方对于我来说是一个想法，一个概念，但我感兴趣的还是人。西方和东方在我眼中没有任何区别，除了地理位置上不同，但是地理不在考虑范围以内。因此我觉得自己既是西方人又是东方人，我不认为有什么不同。

您写作的精神之父都有哪些人？

从根本上讲，我受思想家的影响要比受诗人的影响更大，主要受赫拉克里特的影响。我很推崇他的辩证法，即人不可能两次踏进同一条河流。世界上这种运动是永恒的。我还受到那些批判西方文明，特别是批评基督教、基督文明的思想家的影响，例如尼采。

以及带有"经验形而上学"伟大传统的拉美文学,例如阿根廷的博尔赫斯(Borges),秘鲁的阿格达斯(Arguedas),巴西的吉马朗埃斯·罗萨(Guimaraes Rosa),乌拉圭的胡安·卡洛斯·奥内蒂(Juan Carlos Onetti)。

我认识不少拉美诗人,比如我的朋友奥克塔维奥·帕斯(Octavio Paz)。我熟悉也欣赏他的作品。我也认识胡安·鲁尔福(Juan Rulfo)。

在自我、世界、身体与精神、天空与大地之间的这种最初的分裂能否演变到其基本点互相联系的状态?在这种神秘主义状态下能否达到互相接纳的最高程度,能否达到消除对立的最高程度?

我们应当达到这种对立互相消解的最高程度,这样就没有了对立。很多神秘主义者为之努力,但不仅仅局限于他们,超现实主义者也在努力达到这一点,即世界上不再存在对立。这正起源于赫拉克里特。因此,很难说明达到这一点所需要的路线或过程。但是,这需要神秘主义者密授奥义,我相信,有一天,人们将有机会进行这种密授。

阿拉伯词语充满了大量的隐喻,而作诗可以为通过顿悟形式得以显现的意义创造出新的联系。

这是一个关于意义的问题。首先,是否存在意义,这个意义又是什么?我们怎样找到它?在阿拉伯传统中,意义先于存在。一个阿拉伯诗人当众朗诵的时候,人们总是要求他表达早已经存在的意义。当他谈到爱情的时候,当他谈到荣耀的时候,当他谈到战争的时候,他给予读者或者听众的是一个大众早已知晓的意义。但是诗人会将这种意义用诗表达出来。对于我来说,诗歌就是寻找不断漂移的意义的永恒过程,人们不可能只有一种意义。意义也是不断寻找的过程。如果世界只有一种意义,如果您或者其他人对我说"我,我现在知道了所有的意义,这个意义的所有内容",就像任何形式、任何宗教中的基要主义一样,如此一来整个世界就会变得封闭并可以预知未来。在诗歌中,在哲学中,世界总是未知的,人类总是朝着这一方向前进的。

并且以一种极度谦虚的态度。

完全正确。

在近东寻求建立一个伟大帝国的叙利亚人民党在一段时期里曾经给予了您什么样的影响?这种将一种身份赋予近东的企图,仿佛回到了腓尼基时代及其神话,它是否曾经吸引过您?

我对您说打小我就认为自己的传统不仅仅局限于阿拉伯,我的传统范围更广,它可以是苏美尔传统,可以是腓尼基传统,我甚至说过并且重复说过,我的传统就是人类的传统,就是人性。

您的诗歌是否在一种神话的视角以及反映新现实的未来政治中得到彰显?

你们可以在我的诗中看到几处渴望新现实,甚至新政治的影子。你们可以看到这方面。但是追根究底,对于我来说这是极其偶然的。最主要的是,并且一直是,一个绝对崭新的世界;政治的形式和其他一些东西都会随之自然形成。

您曾经说过,阿拉伯-伊斯兰文化需要改革者、需要摧毁者,就像尼采之于西方世界;需要阿拉伯文化刻板规则的破坏者,需要新的精神和文化的创造者。

完全正确。我说过这个,我还要重复说这个。我们需要一种能够质疑这种文化,尤其是和第二层经文相关文化的思想,在目前的阿拉伯世界中,我还没有发现这种思想的踪迹;因此依我看来,这种改革正面临消亡的危险。

是的,人类要重新审视自己,但这正好借助于上帝的死亡,上帝的死亡给予了人类开发自己创造才能的机会?

不,上帝永远不会死亡!问题不在于上帝本身,而在于对上帝的定义,这是问题之所在!人类应该从对上帝的严格而封闭的定义中走出来,学会寻找另外的上帝。

您是否像存在主义者认为的那样,人类的生存状况就像没有国籍的生物?就像您在诗中将尤利西斯作为寓言性任务的描写一样,人类的生存就像一次流浪,没有目的也没有目标?

这就是旅行。在祖国,也是旅行的一种形式。这就是我为什么说:即使尤利西斯回归,也不是为了看看故乡或者他的国家,因为即使呆在一个国家中,他也始终处于旅行的状态。他的梦想,就是旅行,他的灵感,就是旅行,他的爱情,就是一次旅行,他的友谊,就是一次旅行。为了更加全面和完美,他总是试图走出自己,走向其他。这就是一种旅行。我们在创造者中经常看到这种现象。创造者总是在流浪,即使在他自己的语言中。如果我在自己的语言、自己的表达方式中,如果不能总是流浪,不能总是出发,不能总是旅行,我就将会死亡,将会空虚。因此,人不能够回归,人可以在形式上回归,但最重要的是始终在旅行。

大马士革对于您来说难道不是一个神话维度?隐喻祖国的大马士革被认为是残旧之城,被视为乌托邦、殖民之城、绝望者之国、拒绝者之国?

是的。我在语言、诗歌、友谊、爱情上都有自己的祖国,但是很不幸,大马士革或叙利亚的任何一个城市都不和这个祖国相似。这就是为什么作为物质性的城市,时时作为城市的城市,不像大马士革具有那样的象征意义,却是我旅行的一部分。

和政治相比,东方的重要性是否更体现在精神层面上?这种重要性是否指宗教和神秘主义的故土?

很显然是这样,这也正好与现代科技性和西方现代性相矛盾。这个东方,是三种一神教的摇篮,也被视为和平、友谊、民族、开放、爱情的摇篮,但现在却变成战争、仇恨、毁灭、蒙昧主义的摇篮。这就是我所指的矛盾。如何解释这种现象?很容易:这就是西方、帝国主义、以色列所带来的。事实上，如果要了解这种情况，我们不可能忘记宗教，不可能忘记宗教的意识形态化，即对宗教赋予意识形态。这种情况正在主导着我们所说的这个东方。

您关于旅行的诗读起来就像一次通往内心世界的旅行，而其中则以充满热情的梦幻场景和激情作为连接。

是的，但不仅仅局限于通往内心，也通向其他方面。因为对于我来说，其他代表了一个主要的方面。如果没有其他，我就不会存在。因此，如果我旅行，我向内心世界里旅行，也向其他方面旅行。因为我通过其他能够发现自己，如果没有这个其他，我觉得我将是不存在的。

您曾强调过超现实主义和苏非派教义间的联系，您的目的是到达世界的未知层面。因此，我们可以将阿多尼斯的作品和一些苏非派诗人的作品进行比较。

我曾试图寻找神秘主义和超现实主义的联系。这还需要借助诗人，尤其是阿拉伯诗人，在超现实主义中寻找神秘主义的年轻一代的力量。我曾说过：与其阅读对阿拉伯传统来说较为怪异的超现实主义，倒不如先更好地阅读神秘主义，因为您想要在超现实主义中寻找的东西，都可以先在神秘主义中找到，并且内容更为深刻和丰富。而这又可以让我扩大超现实主义的阅读范围。我发现，如果您对宗教进行抽象化，那么超现实主义就是一种神秘主义，只是没有上帝而已。

性爱的肉体本性获得了通往神圣的最初语言，就像神秘主义者关于肉体的描述或者朝圣纪事中所记载的那样？

我总是将性爱同神秘主义联系在一起：性感、性爱，本质上是精神的，人类只有通过这种肉体的或身体的媒介才能到达精神的所在。因此，性爱是属于我们自身存在的基于物质的心醉神迷；从这个意义上讲，我觉得性是无比非凡的，是世界赐予的美好。

一个重要的问题，您觉得诗歌是否会影响整个世界，甚至是政治世界？例如，我们可以想到受迫害的俄国诗人奥西普·曼德尔施塔姆或约瑟夫·布罗茨基。

我认为诗歌扮演了一个重要的角色，但是间接的，不是直接的。换句话说：当一个人、一个政治家、一个读者阅读一个大诗人或伟大诗歌的时候，这首诗会为他打开一个新的世界，向他展示事物和人类之间一种新的关系。一个全新的世界将会为他打开，里面的人与物之间的关系也是全新的。阅读给予读者一幅全新的关于世界的画面，可能就在他工作的领域，政治或其他方面。他就会受诗歌中这个全新世界画面的影响；这就是诗歌的间接影响，但是就像很多次说过的一样，诗歌不能够改变世界；尤其是不能改变天生就反诗歌的政治活动。

我们生活在一个人情冷漠、信仰缺失、伦理道德观念尽丧的时代，人类似乎没有能力面对现实，没有自己的信仰，只能去附和别人的观点。

是的,这很不幸,世界现在的状况就是一场悲剧,更为悲惨的是,现实世界中占据主导、具有统治力的不再是希腊词中的那个文化了,而是另外一种文化,即电视文化、电影文化、图像文化、运动文化等。

人类及整个世界都在创造另外一种智力版图和日常生活版图。很不好的一点就是人类正在美国化。智力创造活动正在退步,更为不幸的是,国际市场、世界市场和文化正在结合、联姻。这种新文化主要和市场有关。这会扼杀一切价值观,这会改变一切价值观。人类进入了原始主义的新时期,进入了只有眼睛和耳朵的新文化。

原始主义不是复古主义?

不是,这不是一种复古主义。音乐、歌曲都在变化。真正意义上的智力创造将不复存在。我认为书籍将会消失,将会变成磁带。一个女人可以在开车或者做饭的时候听司汤达的书,她没有时间花费几分钟或者几个小时来看书。未来……很难讲清楚未来。但是美国化的世界,将是一场灾难,而我认为美国政治——像其他国家人民一样,这与美国人民没有任何关系——就像古罗马一样。这是一个顶峰,也是一种衰落。如果要找一个标志的话,罗马只是达到自己的顶峰并自己消亡。

您是否认为,希腊和东方传统的伦理道德能够给予人类安全感,就像基督教信仰或者其他几大宗教能够给人类带来的一样?

在我看来是的,但是怎样达到这一步?您讲的话中缺了一条,那就是神话(*mythos*),就是人类称为神话的东西。现在占主导的是理性,人类抛弃了、远离了所有有关神话的东西,即所有的人文、诗歌、爱情、友谊、人与人的关系……为了保持平衡,我们有必要寻找神话,但是如何去征服这个神话世界呢?

您是否认为,自从伽利略和牛顿之后,科学就远离了对人类内心经验的总结、远离了人类自身的超越性、远离了对人类存在的质疑?

即使人类不想这么做,但最终也是这样了。我很喜欢像一个天真的诗人一样想象,有一天科学家们会反省,并且说"我们不会再创造、发明任何与人类、与诗歌相悖的东西了"。这一天能来临么?我梦想着。我们一起梦想……

您如何理解怀疑主义对待科技和知识进步的态度,毕竟科技在过去被认为带来了城市的文明。

这是一个令人称赞的怀疑主义,因为科技不再是为人类利益着想的工具,相反,它越来越成为使人类商业化的工具。

但是有例外。诺贝尔物理学奖获得者卡洛斯·卢比亚(Carlo Rubbia),他曾说过一句让人吃惊的话,作为研究学者,他对宇宙间以及物质世界内部的秩序和美都很了解。作为科学家,他承认事物存在更高级的内在联系,这也超越了一切都是偶然和一切都是静止的观点。他相信在地球甚至宇宙之外,存在着一种具备更高级的智慧。但他是个物理学家!

我尊重他的观点,我不能说同意也不能说不同意……

在艾尔伯特·爱因斯坦的最后一篇文章《科学与宗教》(Science et Religion)中,有一句话很触动我,他说"我的宗教,是建立在对无限精神力量的尊重的基础上的,这种精神力量存在于我们能够凭借自己脆弱的力量所发现的最微小的事物中。这种精神力量存在于未知的宇宙中,这就是我对上帝的表达形式"。

这句话说得漂亮!从神秘主义的角度看来,严格意义上讲我们可以站在爱因斯坦一边并且说出同样的话……

我想起了与发明氢弹的物理学家爱德华·泰勒的对话。他一点都不考虑这些形而上的东西,他看不到人文科学与自然科学的任何关系。但是伟大的物理学家爱因斯坦却明白,在物理学和形而上学中存在着某种联系。

是的。现在有这种趋势,而且在数学家和物理学家中很流行,因为在未知世界面前,这些人决定不了什么,也没什么言论可以发表!真相是什么?我们能够说什么?在沉默面前,在未知世界面前,以及在新时代之后,在太空时代之后,科学将会变得像诗歌一样,变成对空间、对世界的一种描述。但是空间背后的秘密仍然是未知的。这就是为什么一个科学家可以变成一个宗教信仰者或者一个诗人,这是完全可以理解的。而对于我来说,这证明了诗歌是人类唯一深层的、本质的知识形式。

在过去的几个世纪中,千禧年信徒通常都会以宗派的形式粉墨登场,有时就是基于一些伟大的空想理论进行翻来覆去的讲述。今天,生态的威胁取代了从前的空想主义,看起来更为严重。您还注意到什么其他现象么?

始终是关于未来的问题。未来这个问题很难讲。不仅仅是人类的灭亡,人类的母亲——自然也会灭亡。环保主义者一直……每天都在努力做些事情,但是您了解得要比我更清楚,他们什么都做不了!我们时代的这种疾病,我不知道如何面对。作为诗人,我的角色就是用诗歌赋予世界一个美好的景象,赋予这个世界新的爱,也就是说我要告诉人们这个世界是美好的,我们应当爱护它,而不应当摧毁它。如果人类摧毁了自然,也就是摧毁了人类自己。这就是我所能做的。但是改变,却是另外一件事!

宗教可能成为一种没有根基没有先验价值的信条?

或许,如果人类接受了没有上帝的宗教,例如,佛教的禅中,人类与宇宙、人类与神之间是一种个人的、独立的关系,不存在教会或者任何机构。如果人类能够接受,我可以说宗教的未来或许就像佛教的禅一样……

形而上学之于爱能否成为找到生活真谛的一种方法?

我认为诗歌和爱是人类了解生活、更好生活的最重要的两个因素,因此爱不只是在形而上意义上很重要,它在具体意义上也很重要,它是我们存在的一个重要因素。

但是很不幸,爱本身也处在危急之中、在退步之中,我们将看不到爱了。

它被商业化了。

人们看不到爱了,它变成……

……一种经济交易……

……一种利益交换,是不是这样?

现在的经济是否拥有一种以前没有见过的道德观?

过去,人类曾尝试在一定的道德基础上进行经济建设,尤其是在社会主义基础上。在阿拉伯世界,人们曾设想整个社会或者任何人都不占有任何物质,人们各取所需,并将剩下的留给他人,但这只是梦想。现在的法则是,经济没有道德,也不可能有道德。

难道不存在一些与之相反的地方?当今世界难道不存在一种能够涉及到文化及其周围事物、甚至一幅更人性化的、更少理性场景的精神家园?……这些地方难道不是人文的保留地,例如拉丁美洲,例如拉美文学的精神?这是不是最后一个避难所?如果这些国家被技术文明同化,那么世界将会怎样?

这就是我称作神话的那方面,我们还可以在非洲、中东找到这种神话,不仅仅局限于拉美文学中。

尤其是在古代文化中。

是的,我们可以在远东地区找到这种文化,我们应当寻找这种文化所有方面和所有因素的精华以便支持我们的存在,以便对抗科技以及科技带来的理性。

这就是说一个没有抽象、没有想象的社会是不能够继续存在的?

或者说这是一个纯消费、纯商业的社会……

我们现在正经历的变化,是几百万年以来一直进行的演变,这种演变难道不具有一种形而上的维度么,难道没有人文的一方面么,人类难道只是这种演变链条中的一员么,这种演变中的人文因素包括哪些?诗歌、文学、甚至艺术、电影、音乐都是什么?我们可以想象那些精神世界的追逐者,帕索里尼的《美狄亚》或者《罗马妈妈》、罗西里尼的《罗马,不设防的城市》、雷诺阿、马塞尔·卡内的《天色破晓》、或者马勒、贝多芬的音乐……

完全正确,您说得对,这就是我所说的,尽管人会死亡或者将会死亡,但是仍会留下超过自己肉体本身的东西,人死了,但是他留给了自己一些不会死亡的东西。这种人类肉体的终结包含一种未终结,一种无限存在;这种无限的存在包含在这个未终结的物质中,就是这个被您称作精神,就是这个精神会一直存在,会超越一切,永远不会消亡,可能也是这个驻留在我们真实的存在中。

和文艺复兴时期相比,20世纪的人类是不是变的不人道?

通过我们的谈话可以得到很明确的答案:是的,不人道。

除了人类处境的原由之外,诗人还找到了什么?

像生命的理由一样?爱和诗歌。我们每个人的生命都只有一次,而且不幸的是,生命不会重来,因为我们应该了解这一点,并且充实生活。我们应该用创造、艺术和友谊来充实我们的生活,这也是世界和人类生活的基础。

今天,在笛卡尔、洛克、边沁以及盎格鲁-撒克逊的伟大功利主义者之后,人类正在丧失神圣。一种文明能否不依赖艺术、文学、诗歌、音乐中的神圣而存在?

您知道的,神圣这个词起初是世俗的东西,但是后来演变成宗教的概念。今天,如果这种宗教概念不能够摆脱教会的束缚,那么它就会越来越成为问题。当今世上的问题起源于这种宗教上的神圣,因此我们应当改变神圣这个词的概念,否则它会把我们带入可怕的基要主义中。我还是喜欢神圣这个词的本意。由其本意看来,世上不再有人类真正创造出来的神圣。如果我们能够改变目前这个词的含义,那么文明就会避免这种危机。

里欧·波塞达·桑戈尔(Léopold Sédar Senghor)曾指出人类需要一种宇宙的精神,这是不是要将地球融入到宇宙中?

是的。他提出的这种精神形式超越了任何一种特别的精神。他号召我们建立一个宇宙范围的精神。

墨西哥画家迭戈·里维拉(Diego Rivera)、鲁菲诺·塔马约(Rufino Tamayo)曾说,一个伟大的人即使躺在尘土中,仍旧是个伟大的人。尊严是人的本质,在亚洲、非洲、拉丁美洲的文化中,即使贫穷,这些人还是有尊严的,但是在北美的达尔文传统看来,这是不可能的。贫穷的人是否仍然有尊严呢?

尊严是人类生命的本质,但是一些人不幸被压迫、受辱、总是处于危机中、被囚禁、被追逐、被驱赶,人类的苦难是巨大的,这正与他们的尊严相悖,我们试图像对待器物一样对待人类,但这是危险的。根据财富的多少来衡量人的尊严是荒谬的。

在21世纪初期,世界上是否可能会出现诺斯替葛的新元素?

我认为会出现诺斯替葛和神秘主义回归的现象。另外,目前世界上已经有很多这样的现象了,因为人类在技术形式之外,不得不寻找其他的生活方式。

在传统文化中,祭祀有其作用和意义。今天,祭祀不再有任何意义。工业文化中的物质世界是否还知道祭祀的形式?我很怀疑。

我想在一些宗教中,祭祀行为仍然存在。比如在朝圣中,人们还举行祭祀活动。我认为这还将继续。但是在西方,像您说的那样,祭祀已经完全没有意义了。

我们正在经历的资本主义,能否和所在国的文化和宗教相协调,比如在伊斯兰国家和在拉丁美洲?是否像人类学家所说的那样,因为历史、文化接受程度的原因,资本主义被接受的程度也会不同?我的意思是,例如在拉丁美洲一些从16世纪开始就受天主教影响、信奉神权的国家,对于资本主义的接受程度肯定和受马克思·韦伯的达尔文主义、受帝国主义、分析主义、实用主义影响的美国不同。换句话说,在别的文化中实施资本主义会显得很不同,因为这些国家会丢失他们的身份象征。是否应该在所有国家推行资本主义?是否有可能设置一个限定程序?

对于我来说,不应该限定。相反,对于我个人来说,应该完全反对资本主义,但是不幸的是,大多数人不赞同我的观点。资本主义得以继续在所有国家、所有宗教中推行。在这中间只有程度的不同而没有性质的不同。因此,资本主义将会持续,它也会继续摧毁我们的文化象征。

我们看到从15世纪开始世界就开始了西方化——从瓦斯库·达伽马、韦斯·普齐、克里斯托夫·哥伦布开始。在21世纪初,整个世界发生了根本性变化。中国正在世界经济中强大,还有印度、伊斯兰国家、拉丁美洲、俄罗斯等。不仅仅是世界经济变了个脸,整个世界文明也发生了变化。这些新的强国能否像我们那个时代一样带来新的人文主义,带来一个"多极文化"的多极世界?或者这只是一种幻想?

在结束之际,我要说,世界上存在一个西方和另一个西方。一个哥德的西方,一个尼采的西方,一个荷尔德林的西方,而这就是我的东方,也是我的西方。但是西方的经济和军事曾鼓吹了错误的人文主义,从这个意义上讲,这些受经济和军事影响的人文主义改变了其他国家,并给予了这些国家一些关于西方传统和西方文化的错误观点。因此西方人,包括您,要与这些错误的人文主义作斗争。

美国也需要多边主义

布特罗斯·布特罗斯-加利(BOUTROS BOUTROS-GHALI)

林 婷 译

布特罗斯·布特罗斯-加利(1922年11月14日生于开罗),1992年1月1日当选联合国第六任秘书长,任期至1996年止。在担任联合国秘书长之前,加利担任埃及副总理,负责外交事务。作为一名外交家、法学家、大学教授以及众多著作的作者,加利在国际事务方面有着丰富的经验。他于1949年获巴黎大学国际法博士学位,1979年至1991年间任国际法委员会委员,同时他还是国际法学家委员会委员。四十多年来,加利先生参与了许多关于国际法、人权、社会与经济发展、去殖民化、中东问题、国际人道主义、少数民族权利、不结盟、地中海地区的发展、非洲和阿拉伯合作等方面的委员会。1997年,在河内举行的法语国家第七届峰会上,加利当选为法语国家组织的秘书长。他还是 *Alahram Igtisadi* 刊物的创办人,担任主编时间长达14年。他撰写的回忆录第一卷名叫《通往耶路撒冷之路》(*Le chemin de Jérusalem*, Fayard, 1997)。这本书详述了埃及和以色列为签署大卫营合约而进行的谈判,并获得了1998年地中海外国文学奖。他还出版了《不屈不挠:美国-联合国的传奇》(*Mes années à la Maison de verre*, Fayard, 1999),讲述了他担任联合国秘书长的经历,《等待下一轮月亮》(*En attendant la prochaine lune*, Fayard, 2004)以及最近他与西蒙·佩雷斯关于近东问题的对话录《以色列与阿拉伯世界的六十年冲突》(*Soixante ans de conflit israélo-arabe*, Complexe, 2006年)。

*

今天的自由观念包含几个意思?

我觉得应该避免从欧洲的角度来探讨自由,因为欧洲人的自由观大多与旅行的自由和从事一些政治活动的自由有关。我认为应该回到基本的要素上来。自由的基础,就是能确保每天摄取两千卡路里,有住所和工作。离开了这些基本要素,自由便毫无意义可言。当我们谈论自由的时候,鲜有人考虑到世界上还有三分之一的人连最基本的温饱都没法保证,还有十亿人是文盲。正是因为没有读书的自由,他们的自由意识也被剥夺了。

世界上是不是应该只存在一种关于人类尊严的观点,或者我们是否可以根据不同的传统、不同的文化和不同的宗教信仰设想不同形式的人类尊严——对于人权来说,作为人类存在的理由的一种尊严。

尊严这个词在第三世界国家经常被使用到,尤其是在我出生的祖国。在阿拉伯国家,尊严被称为karama,这个词代表的是阿拉伯世界最重要的观念之一,尤其在那些连最基本的食物和最起码的安全都无法得到保障的国家。我认为,在考虑不同形式的变化之前,应在全世界推行最基本的尊严。

当前的基要主义、百年来的民族主义和宗教民族主义的复杂性不是一种反现代主义的形式吗?

有一点必需要强调,那就是世上不单存在一种基要主义,而是许多种:印度教的、基督教的、犹太教的、伊斯兰教的。每一种基要主义都拒绝承认外来事物,这是它们的共同特点。从某种意义上说,这是一种乡村的回归。我称之为卫星城和乡村的辩证问题。当面临全球化问题时,一般人会感觉没有安全感。当这些人打开电视、看到了卢旺达种族大屠杀的画面,之后是围攻萨拉热窝的画面,便感到了不安全,并且他们只有一种想法,就是回到村庄去,回到家里去,继续信仰他们的宗教。他们对所有的外来事物或者那些原本不属于他们村庄的事物感到害怕。在每个国家这种反应的形式不一样,尤其是会转化成一种带有优越性的反动情绪。同时,他们有自己的复杂性,保持着独特的神话。法国的勒庞就是一个很好的例子。在美国,三k党以及国会的大部分成员,几乎从来没走出过美国。在第三世界国家,这些基要主义者们实际上采取的是一种反西方的态度。

在新世纪,是否有希望看见各种文化与宗教之间展开对话?是否有可能形成一种与宗教、文化的多样性相一致的世界文明的跨文化特性?

我参与了不少这方面的交流活动,世界上许多国家都付出了很多努力来鼓励这方面的尝试。但是离真正的对话,我们还有很长的路要走。我们还处于基要主义和旧观念的复兴阶段。

如果不从政治角度,而从这个体系能否真正满足文明发展的趋势的角度来说,这些民主能称得上是真正的民主吗?

我认为由于全球化,或者更确切地说,是由于多种全球化,民主正处于危险当中。我们所遇到的全球化现象的形式是多样的,包括经济全球化、交流全球化、恐怖主义全球化、毒品全球化、疾病全球化。每一种全球化都有其自身的发展速度和特点。这些全球性的问题无法由一个国家单独来解决,即使是两个国家一起合作也解决不了的。因此我们需要一个国际化的论坛,它可能是联合国、国际货币基金组织或者世界银行。

目前这些问题并非以民主的方式来处理,而存在这些问题的国家却并没有意识到问题的存在。这是基本的矛盾所在。从国家范围来讲,我们鼓励民主,我们在联合国内部成立了一些部门、一些非政府机构来支持民主的发展,譬如监督选举程序、给政党以资金上的支持、鼓励合理使用权力、保护人权。但是从国际范围来看,真正的民主是不存在的。因此,除非建立一种高于国家民主或者与国家民主并存的国际民主,否则真正的民主和国家民主就将处于危险之中。为什么呢?因为一个问题的世界性越强,那么国家在其中扮演的角色的重要性就越弱,以至于国家民主都变得不起作用了。该如何解决这个基本的矛盾呢?世界上有185个国家,我们在这些国家内部推行民主,但是还是存在一些世界性的问题,并且这些问题的解决方法并不民主。

西方文明传播到世界其他地方至今已有五个世纪了。今天西方的高科技使得其他一些国家无法与之抗衡。随着苏联的解体和国际市场开放程度的加强,市场经济有了更大的发展空间。这些发展趋势会对拉丁美洲、中国和伊斯兰的传统构成威胁吗?

我觉得每个国家都能掌握高科技,高科技并不会被单独一个国家所垄断。我观察到了一些正在进行的行动:一些保护文化多样性的组织建立起来了,文化多样性和生物多样性同等重要。如果我们关心孟加拉虎的生存,为什么不考虑保护一种文化或者一种文明呢?

根据约翰·加尔布雷思(John Kenneth Galbraith)和约瑟夫·斯蒂格利茨(Joseph Stiglitz)对于全球化的观点,文化多样性是否正在受到科技同一性的威胁?尤其是借助于电子媒体和资金的流通,投机的变化变得无法捉摸,与之相伴的是集体责任感的缺失。

首先我认为世界上的语言、宗教信仰和传统是多种多样的,我并不担心文化多样性的消失。另外我还认为在接下来的十年或十五年间会出现许多新机器,尤其是能进行翻译的电脑。这些能进行同步翻译的电脑会起到保护世界语言多样性的作用。乡村和卫星城的辩证问题也将以这种方式进行下去。全球化会促进对语言的保护。有些老牌国家正在经受分裂活动,而有些地区正在寻求独立。这些事实都说明村庄的发展,对方言、语言和传统的保护是和全球化相关联的。

20世纪最有代表性的政治家有哪些?

毫无疑问,我首先想到的是拉尔逊·曼得拉(Nelson Mandela)。他有能力通过制定矛盾双方和解的条件来稳定局势。过去的这三十年里,我参与到了根除南非种族隔离的战斗中,我们发现还需些时日,还需经历激烈的对抗和内战才能真正根除种族隔离。然而,多亏了曼得拉的宽容、想象力和勇气,这一切在不知不觉中成为了现实。另外在欧洲,尽管法国和德国在1870年、1914年、1939年打了三场仗,但由于两国首脑戴高乐和阿登纳的努力,不仅达成了和解,还巩固了两国间的和平。同样的事情还发生在萨达特(Sadate)和比金(Begin)身上。不过,如果追溯到本世纪更早些时候的话,我会选择甘地。

世界上不同地区对于贫困与尊严的定义是否一致呢?

按照天主教的传统来说,贫穷可以进入,富有反而难以进入。我在这里再次重复我对贫穷的定义。每天能摄入2000卡路里,有地方住、有过冬的物资,这个最低标准适用于世界上的每个地方,而是否能达到这一最低标准取决于这个人是否拥有一份工作。如果要回答穷人在富有的国家生活是否比在贫困的国家生活来得艰难,我更愿意把这个问题反过来说:相比较穷人在富人中生活,富人在穷人中生活会更艰难。

您认为亚当·斯密(Adam Smith)及其继承人提出的关于市场经济的原则能够作为民主力量的基石吗?它们真的可以对金融进行调整吗?

几年前我和世界货币基金组织的领导人一起参加了一次在南非举行的会晤,那时我就提醒他们说市场经济无法解决第三世界贫穷国家的问题。一个国家如果没有最起码的基础设施、没有通信网络、没有电、没有道路交通、没有好的司法管理,是不会吸引到任何投资的。经济的竞争应该靠团结来平衡,不论是最贫困国家的团结,还是富有国家中社会边缘人群的团结。有两种贫穷,一种是位于富有国家边缘的国家的贫穷,一种是处于富有社会边缘的人们的贫穷。

金融投机增长迅速,这对于世界经济来说不是一种危险么?

这种投机是与市场经济并存的。我们不可能叫停市场经济。我不担心投机,投机行为本身会自我修正。我更担忧的是人群、国家甚至整个大陆(例如非洲)的边缘化。当这个主体涉及到某一个国家、某一个民族、某一阶层的人或者世界上的土著人群时,该如何将这些被边缘化主体融合起来呢?这个问题出现在不同的国际纠纷中,其中有一些还引起了国际舆论的注意。人们进行干涉,尝试着进行调解,并且提供国际援助以帮助难民。相反,由于多种原因,一些冲突并没有引起国际舆论的注意。我称这些冲突为"孤儿"。没有人关心它们。谁会关心阿富汗?谁会关心卢旺达?由于国际社会的冷漠,五十万卢旺达人死去了。当人处于贫困时,一件吸引注意力的事便可以改变一切。我们因此有两种形式的贫困:一种是人们在谈论的,并且在呼吁国际干预,使之作出些决定、采纳一些条例、开展一些援助项目;另一种是无人知晓、无人关心的贫困。

现在对文化冲突的担忧是否和当年对共产主义的恐惧有相似性呢?

我不同意这种分析。我认为这种担忧更多的是与多边主义有关。1992年由入侵科威特引发的海湾战争胜利后,我们便发现一种趋势,一种建立可以应对后冷战世界的新秩序的尝试。老布什总统之前就预示过这种新秩序的建立。世界上所有人都希望联合国可以成为创立多边主义的机构,即成为国际关系的民主论坛。所有的国家成员或者那些不是国家的成员,例如非政府组织、大商团均参与到对后冷战时期的管理中来。但是突然发生在摩加迪沙的事故造成了一些美军士兵的伤亡。这次事故使得情况发生了改变，克林顿总统领导的共和党转而获得了美国参议院的多数席位。为了以新孤立主义形式存在的单边主义的利益，新的多数党排除了一切多边主义的尝试。这又回归到了美国的旧传统。因此我认为关于文化冲突的理论与一直很强势的美国新孤立主义传统直接相连。

接受多边主义意味着接受不同文化的共存。相反，拒绝多边主义意味着那些人认为所有的问题应该由一个超级大国来单独解决。实际上，这种想法等同于鼓励冲突。

因此你不同意一些观察家的观点？例如普林斯顿大学的凯南教授，他认为如果美国不保持超级大国的地位，那么世界将会变得无序。普世主义的危险是什么？21世纪多极世界的重要性是什么？

我当然可以理解美国人所持态度的逻辑。美国的立场是什么？它的领导人不仅认为应该插手世界上所有的问题，还无法接受一些问题在没有他们参与的情况下被解决。这种政治的潜在逻辑是什么？美国人自己说："假设欧洲的调解员们试图解决一场危机但失败了，随后要求美国进行干预，那么我们就被牵连进去了。"因此，他们无法容忍在没有取得他们许可和同意的情况下进行调解，因为如果调解一旦失败，便没有人能收拾残局，他们只得出面进行干预。他们的这种逻辑在我看来十分危险，原因很简单：极权必定导致腐败。因此我们需要多边主义，需要以美国为首，与其他国家共同解决国际问题。

美国的这种立场不会与文化多样性相冲突吗？

美国的这种立场会与文化多样性相冲突，但更糟的是，这还会与美国的自身利益相冲突。首先，他们的民众没有准备好扮演世界警察的角色。另外，他们没有能力处理国际上千千万万的事情。

您是否认为科技的发展——不仅仅是核武器、微电子工艺、生物工程、生化武器，还有数字化发展等——已经达到了一个可能会使人类处于危险的界限？

我不这么认为，因为科技作为全球化的一部分，和其他事物一样，有优点也有缺点。如果人类能遵守相关的标准和基本准则，那么科技将会服务于人类并且有利于保护人权。但是如果科技不遵守这些基本的道德规范，那么我就认为它是危险的。

您是否认为某些历史法则或者某些独立的人类力量决定了历史的发展？这个问题希罗多德（Hérodote）、雅各布·布克哈特（Jacob Burkhardt）、阿诺尔德·汤因比（Arnold Toynbee）在对人类历史进行展望时便谈及了。

是人类决定了历史的发展。我相信国家的领导人，相信那些社会精英。但是我认为这些领导人也需要最起码的基础设施，需要有力量在背后支持他们。不过，人类的智慧和想象力才是促成这些变化的真正力量。

您认为是否可以在当今世界的宗教和文化中推行类似基督教全体教会合一的模式？

这只是一个要素，光有这点是不够的。我们需要组织机构、需要法规的制度化。如果我们采纳一项基本方针，却没有制度、没有方法、没有相关的支持，一切都是徒劳。而相关的支持时常比规则本身起到更大的决定作用。因此，一些宗教与文化之间的交流沟通很重要，人们可以通过交流了解不同的宗教和文化。接下来的一步就是在国际范围内建立保护与促进不同宗教和文化之间交流的组织结构，由这些组织机构来执行人们已经达成一致的法规。

从古埃及、巴比伦、美索不达米亚、埃及、古代中国、印度的印度河文化开始，人类生活就无法离开神话。那么在工业社会和后工业社会时期，神话会是什么样的呢？

我将乌托邦列为现代神话之首。今天的乌托邦或许在明天就会成为现实。人类的进步，例如到达月球和其他星球，都是重要的神话。罗马俱乐部①满足于经济领域的进步，但是取得广义上的进步才是关键要素。

您是否相信人类是不断向前发展的？

那是当然了。只要对比一下现在的非洲和1945年的非洲就知道了，那时候非洲只有3个独立的国家：埃及、利比里亚和埃塞俄比亚。但是今天的非洲有53个独立的国家。同样，我们还可以对比一下1945年国际组织的状况，那时只有51个国家参加在旧金山的会议，而今天的联合国有185个成员国。有些人可能会提出异议，指出新国家的参与不是一种自身的进步，我不同意这个观点。不管怎么说，一百多个国家能行使自主权。一些与人权相关的意见被采纳，虽然它们并不一定都会被实行，但它们是客观存在的。

您是否认可半个世纪以来在联合国范围内对人权的定义？或者说您是否赞同那些对中国、马来西亚和一些伊斯兰国家所持的相对态度呢？在伊斯兰国家，宗教与文化价值的相对性与世界文明普世性观念之间没有矛盾吗？

我坚持认为人权是第一步。有些问题无法在几十年时间内得以解决，而是需要更多的时间，需要想象力和恒心。不幸的是，人们操之过急了。狗的年龄和人的年龄不一样。国家的年龄和人的年龄也不一样。对于一个国家来说，一百年的时间根本算不上什么；而对于人类来说，活过一百岁的人不多见。这足以吸引注意力，足以使你们成为一种例外。如果下结论说在人权、少数族群的保护和裁减军备方面没有取得任何进步，那么这个结论是错误的。这些是最近的设想。有大概一百年的时间人们没有讨论裁减军备的问题，因为战争是一些国家最主要的动力之一。而现在，还是

---

① ［译注］罗马俱乐部是关于未来学研究的国际性民间学术团体，也是一个研讨全球问题的智囊组织。其宗旨是研究未来的科学技术革命对人类发展的影响，阐明人类面临的主要困难以引起政策制订者和舆论的注意。

这些国家,谴责暴力,要求使用和平方式解决国际间的冲突。

在西方国家,我们知道从启蒙运动起便开始了一种对世界的去魅化,美洲和欧洲有些细微差异。根据马克思·韦伯的说法,在其他文明中不是同步的,譬如伊斯兰国家及其传统。这对于世界文明来说是一种危险吗,是人类身份的丧失还是标志着一种希望?

我不同意这个关于神圣缺失的观点。只需要走访一些地方便可以发现天主教教堂和其他宗教教堂的复兴,以及新的宗教形式的出现。宗教感情依然是很强烈的因素。即使有些国家实现了政教分离,这也不能得出结论说宗教已经没有重要性可言了。我还想说的是,即使宗教信仰的影响已经不那么直接,但它对日常管理艺术的影响仍然存在。

在您的个人经历中,是否出现过权力和道德的冲突?您怎么看马基雅维利和伊拉斯莫之间的经典冲突以及权力政治和道德政治之间的冲突?

我认为道德是人类行动的基础。如果没有高尚的道德姿态,是无法成为一名斡旋人的。每一种职业都需要道德为基准,医生也好,工程师也好,均不例外。人们自以为在某些情况下,权力强制他们做不道德的事。这点我不认可:人还是有辞职或者表达自身立场观点的自由。对道德与不道德的辨别在我看来是很刻板的。在实际生活中,情况并不是这样。

在人类历史的发展以及今天的发展过程中,是否可能存在正义的战争?或者说正当的战争?

我想我还是从法律的角度来回答这个问题。联合国宪章里明文规定,如果国际组织决定使用武力,那么武力行动就是合法的。答案仅此一种。假如一个人在街上杀死了另一个人,我相信您会接受警察使用武力来制止犯罪。

现代化的过程中可能不掺杂西方化吗?这是日本人从1868年明治维新时便开始尝试的,今天的伊斯兰传统也在"麦加与机械化"之间进行尝试。

我并不认为现代化和西方化相冲突。您低估了非西方国家在现代化进程中的影响力。看看非洲的音乐、舞蹈、雕刻对现代艺术的影响就知道了。世界上不同地区同时促进了现代化进程,不同地区的每一个成员也都参与到这个进程中来。但是人们只看到了西方的贡献,而忽视了其他地区国家的贡献。举一个很著名的例子:1956年,法国、英国和以色列共同发起了对埃及的苏伊士军事行动。于是在这三个国家马上出版了众多关于该主题的作品。但是另一方的埃及,由于贫穷,由于缺乏批评的传统,由于缺少有能力写出关于这次危机的文章的专家,找不到任何相关的资料。于是只留下了单边的解释。就是在这样的情况下人们错误地混淆了现代化和世界西方化的概念。

我们有一种感觉,那就是抽象的认知和感觉更多地来自于非洲、拉丁美洲,而不是工业化的西方国家。在工业化的西方国家,技术专家治国的合理性和逻辑性似乎压制了感性的经验。正如伟大的巴西社会学家里贝罗(Darcy Ribeiro)所说的,我们得向那些国家学习。

这只是历史的回归。想想埃及对西方文明的影响就足够了。不应该只是截取历史的一个时期,并歪曲这段历史的重要性,独立地给现代化和西方化下定义。实际上,西方化本身也是其他文明作用的成果。我认为有一种延续性,因为我们上的是同一条船。较之于国家和民族之间的独特性,他们的相似性和共同点明显更多些。

人类的发展有一个历史过程。我知道这不容易,但当我们在一百年后分析20世纪,这个世纪会给历史留下什么样的烙印呢?

我不知道,但我知道在20世纪,世界发展的速度翻了十倍,两代人之间出现了鸿沟。同时,由于交流的关系,南北半球间的差距、富人和穷人之间的差距越来越明显。我不知道这会对之后的文明产生什么影响。我知道在二十年的时间里,我们发明了因特网,在之后的几十年里,我们看到了可以进行翻译的计算机的问世,看到了器官移植的案例不断增多。但在这二十年的时间里,我们也看到了一些新问题的出现,譬如环境问题和人口问题。这样的变化速度是前所未有的。

我们还应注意到,之前的一些文明,都试图借助前人的经验来解决他们当时的问题。人们遇到问题总会问:"我的父亲或者我的祖父怎么做呢?"于是人们一头扎进古籍里头,试图从中找到解决办法。然而,变化的速度是惊人的,那些问题本身也在不停地发生变化,我们已经无法从前辈那里找到答案了。未来这二十年将会告诉我们答案,而我们也不得不接受这种思维方式。

我们注意到今天地缘政治和策略的重大变化,在亚洲、拉丁美洲、非洲和近东一些组织的影响力日益增大,例如经济合作与发展组织、拉丁美洲的南方共同市场、东南亚国家联盟等。南南对话在国际政治和经济中的作用越来越重要,例如中国在非洲的安哥拉、苏丹和拉美进行自然资源开发的投资、印度数字化产业的输出、巴西对自然资源的输出、玻利维亚向中国出口天然气、伊朗向俄罗斯和中国出口石油。不仅地理战略有了重大变化,也带来了反民主化的后果,这对于人权和联合国安理会的工作是不利的,例如俄罗斯和中国在苏丹的利益问题。21世纪的政治强国有哪些呢?

中国无疑是一个政治强国。俄罗斯若一旦克服了制度变迁带来的问题,也是一个政治强国。我们还记得1917年的俄国斯和1943年纳粹军队兵临莫斯科城下时的俄罗斯。尽管如此,俄罗斯人所具有的传统、地理条件、由来已久的外交和政治灵感使得他们可以在世界经济领域发挥重要的作用。我认为欧洲也有能力建立一个新的组织机构。

然后,预测巴西、印度尼西亚或者印度在未来五十年的发展是很有难度的。联合国未来的发展也同样难以预测。民族国家是一个全新的概念,与19世纪威斯特伐利亚合约里所说的内容没有关系。民族国家今天具有的是微型国家主义的形式,而这些想要组成微型国家的团体组织将会被欧元、被全球化所击败。有一点能肯定的,那就是我们这个时代将会经历一场彻底的变革,一场比 20 世纪后半叶更深刻的变革。

不同文化之间的对话显然十分重要。但在我看来,更重要的是这样的对话在国际机构中能取得成果。我参加过很多研讨会,常常发现一旦讨论结束,大家便不再关心结论,没有后续跟踪。研讨会只是历史这本书里头的一个简单的注脚而已。这就是为什么我们需要新一代的国际组织。毕竟第一代国际机构的代表是国际联盟,第二代的代表是联合国,将来我们需要第三代国际机构,这个机构不仅仅有国家成员,还有那些在国际事务中扮演重要角色的非国家成员。跨国公司是一个新成员,非政府组织是另一个,区域性组织、大城市都将被纳入其中。1996 年,在伊斯坦布尔,我和一些大城市的市长们开了一次会。这些大城市在国际事务中担任了重要角色,它们有这个使命成为国际组织的成员。如果在解决未来国际问题的过程中不开发社会的民间力量,问题将会很难解决。换句话说,联合国的力量是不够的。在一些产业私有化之后,我们将经历国际事务的"私有化"。

这些新成员越来越多地参与到未来法规的建设和国际问题的处理当中来。其中一个障碍就是公众对国际事务不感兴趣。在共产主义时代,公众舆论对国际事务比较感兴趣,因为共产党希望建立一个共同体。一个优秀的共产党员会关心尼加拉瓜、津巴布韦或者缅甸的局势。然而情况已经发生了改变,明天国家内部的问题已经不由国家内部机构来处理了,而是在世界范围内进行处理。那些不关心国际事务的国家将发现会被迫接受解决方案,却无法参与方案的制定过程。

记得有一次我给埃及执政党的官员开一个讲座,一位年轻的女士问我:"总理先生,我们从报纸上得知您要去尼加拉瓜,尼加拉瓜这个国家在什么地方呢?"在场的人爆发出了笑声。"部长先生,您为什么不多关注下黎巴嫩内战,而去走访尼加拉瓜呢?"我是这样回答她的:"女士,如果我们希望尼加拉瓜和中美洲更多地关注中东的问题,那么中东也应该表现出对尼加拉瓜局势的关注。"

或许历史能给我们启示。哪些定律决定了政治强国的繁荣和衰落?

如果有一天,一个国家在没有国际机构或其他成员的监督下行使极权,那么我们将其定义为腐败政权。这个定义或许有点狭隘,但我认为是有道理的。如果我们无法实现权力的多边主义,那么我们将面临许多重大的困难。一个或两个国家是无法单独依靠他们自身的力量来解决世界上的问题的,因为他们没有这个能力,没有时间,也没有必备的知识。

没有一个科学家了解生命

埃尔文·查格夫(ERWIN CHARGAFF)

邓 岚 译

以下文字来自约亨·温特(Jochen Winter)的编译版本。

1905年8月11日,查格夫(Erwin Chargaff)出生在布科维纳(la Bucovine)的前首府切尔诺夫策(Czernowitz),当时的布科维纳还属于奥匈帝国。他在维也纳学习了化学和文学,师从克劳斯(Karl Kraus),后者成为指引其人生的良师之一。1933年,查格夫离开纳粹德国来到巴黎,随后前往纽约的哥伦比亚大学。1952年他在那里任生物化学教授。他的其中一项重大成就,是发现了DNA里基础成分的立体化学互补性,这项发现使人们得到准确的分子及其作为遗传信息载体的运转模式的复制模型。查格夫尤其因1978年出版的传记作品《赫拉克利特之火》(*Le feu d'Héraclite*, Viviane Hamy, 2006)而闻名于世,书中他激烈批评了科学的职能。在人生末岁里,他作为观察者积极介入技术文明。

2002年,他在纽约与世长辞,享年97岁。

查格夫的著作有,例如《猜想录》(*Brevier der Ahnungen*, 2002),*Abschen von der Weltgeschichte*(2002),《迷宫里的声音》(*Stimmen im Labyrinth*, 2003)。

*

查格夫,除去1930到1933年间您在欧洲——主要在柏林教授化学——最终不得已移居国外,自1928年起您就生活在美国,您在内心深处排斥那里的文化,并在不少文章里对其进行强烈的批评。尤其当您在1974年成为纽约哥伦比亚大学的荣誉教授之后,您难道没有要逃离这个美洲流亡地的意愿吗?

喏,60年代初,我在法国南部和意大利北部做了大量密集的资料搜寻,想要定一处住所;我太太和我本该在那里过得很愉快,然而并没有。相反,在这儿,人们不活在某一种文化里,而是活在一个大垃圾场。这个国家从没有真正地有机成长过。托克维尔在他著作《论美国的民主》(*De la démocratie en Amérique*)里早已明示在世界的这个部分,文化的差异足以使内在平衡无法建立。依我看来,恐怕只有奇迹才能使真正均质的文化在这样的掺混中产生。

托克维尔还预见到美国的哲学将首先是一门实用主义哲学,也就是受制于一种功利思想,随后皮尔斯(Charles Peirce)、詹姆斯(William James)和杜威(John Dewey)的理念着实为这种思想开辟了道路。对于生活在我们称为大熔炉里的人而言,功利原则仿佛是凝聚力的唯一要素。您一向与这个观念保持距离。您不但从不赞赏它,而今更公开地表明对其的厌恶之情。

这个大熔炉(melting-pot),好比最小公分母;假如我们向它看齐,意味着一切向钱看,一切都简化为金钱,一切都消融于金钱。当然,也有我视作非美国作家的人是这个字眼的最佳代表,例如梭罗,《瓦尔登湖》的作者。这是一部经典之作,并且它继续被喜爱这种高级虐待的人所阅读。但他们鲜为人知,从某种角度讲,他们被一个巨大的吸器吞噬了。占支配地位的是一种使思维、感觉瘫痪,甚至使之消殆的机制。

您把美国形容成黑夜的收容所、可悲的国家,甚至是魔鬼的玩笑。

事实上,美国没有历史。说得粗鲁些:在这片土地上,整整两个世纪里,人们嫌被埋葬的人不够多。相对单薄的文化传承不能提供与绝对功利准则相抗衡的砝码。反过来,人们在岩石上雕琢最不值一提的总统头像,而这些石头原本没有那些面孔时会美得多。原教旨主义的公谊会教义和物质主义的古怪混合,这儿的人们对繁荣所持的概念,交织着与欧洲思想严重冲突的观念所引起的强烈反感,以及人们有特别使命要履行的信仰——特别在科学领域,这种信仰凌驾在市场之上:我从来都不习惯这一切。我在另一种完全不同的精神里成长和接受教育。在此基础上——加上受托克维尔的影响——我写下了一本小册子:《可怜的美国—可怜的世界》(*Pauvre Amérique—Pauvre monde*)。这儿的人会让您心里难受,他们的精神力量被剥夺,他们的伤口带着一切处在更深或更高层次上的东西。一切真实的感知形式或纯诗意的形式在他们看来都可笑、不可想象。这着实让人遗憾,真的:美国是一个悲哀的国家。

然而您还是坚持了下来,而且出人意料的是,一个自然科学的专家坚信若要理解内在现实和外在现实的本质方面,诗是特别不可或缺的关键因素。

我天生便是如此。

我在阅读您的随笔作品时,不断感受到诗意的、神秘主义的和宗教的渴望,自然科学无法满足这种渴望,然而它却叫嚣已取代了宗教或者甚至已证明宗教的多余,盖华(Roger Caillois)就曾表达过这样的看法。

确实如此。您知道,有两种思维的形成方式。一种是机械的、实证的、简约化的,它表现在自然科学上;另一种是我认为的抒情思维,它已在美国及世界的其他地方消亡。在18世纪一直到19世纪,它还存在于德国文学,在克劳修斯(Claudius)、荷尔德林(Hölderlin)及其他一些作家的作品里,在法国文学诸如雨果、波德莱尔、洛特雷阿蒙(Lautréamont)、兰波的作品里。随后,自然科学横空干预。它们独霸了这块宝地,而且,从某个角度讲,将之变成一种教条式的信仰,大家都得相信。我通常举以下图景来说明。

当我们各自向科学家们提问:"什么是生命?",他们会跟我们谈到生命的范畴,以及生命所体现的反映和程式。这就有点像问"什么是一本书?"然后得到这样的回答:我们将它分解,分析它的纸张,观看上面的字母与什么相像还有是用何种墨水付印——但我们忽略了书本真正呈现的东西。这种情况同样适用于描述自然科学,它也一样没有告诉我们答案。没有一个科学家,没有人,了解什么是生命。

具体科学学科有恣意摆布大自然的发展进程从而操控人类命运的野心,您对此野心提出异议。在您眼里这是自负和无知的结果,因为最终,我们会把大自然变成一个要战胜和降服的敌人。

现代自然科学——我主要指生物学——拼命想侵占大自然并向其开战。举个例子,医学自然没有企图消灭死亡,但却总在试图把死亡推得更远。然而有些自然的界限我们不该冒险走近。在这种情况下,我是个虔诚的原始人。不管怎样,原本这类行为并不在自然科学的任务范围内,刚开始的时候还停留在纯描述阶段。后来,随着它们解释各类现象,便不得不臆造一些东西到主题里,因为老天可没有给我们解释。有时它们碰巧对了,有时是错的。而如今,自然科学的老三,基因修复学正坐第一把交椅:它要消除大自然犯的某些错误。这样做给我带来巨大的恐惧。在实验室里培育的大豆种子或谷类能抵御某些害虫,它们改变了整套基因遗传学规律,这样的观念相当可怕。我们了解的远比我们有能力做的要少,有可能会造成不可挽回的遗憾。干预生物或食品的遗传法则既成事实;如果我们在世上继续放任此类生产制造行为,我们将犯下我能想象到的最滔天的罪行。

几十年来您一直是负有盛名的生物化学家,为 DNA 的研究工作做了大量贡献,您发现了碱基腺嘌呤和胸腺嘧啶、鸟嘌呤和胞嘧啶——它们的序列决定遗传密码——有着互补的关联。由此您给予了克里克(Francis Crick)和沃森(James Watson)最重要的指引,他们后来造出了双螺旋的金属棒模型,在模型里成对相连碱基构成桥梁连接脱氧核糖核酸(ADN)①的两条长链。在这个领域继续进行的科研已因最近破译人类染色体组而达到顶峰。在此背景下,您如何定义有如您这样思想信仰的科学家和那些继您之后的生物科技科学家之间的区别?是什么把原来的自然科学与新的分开?是前者所尊重的、而后者试图消除的对待生命奥秘的态度吗?

现今的研究者绝对没有向神秘靠拢。举个例子,牛顿是卓越的物理学家。但闲暇时,他会写关于先知但以理(Daniel)②的评论——这意味着他天生还与旧约有着

---

① [译注]法语的 ADN 即是英语的 DNA.。
② [译注]《圣经》里的先知。

渊源。正因如此他符合我认为的伟人标准:既不是百分百的科学家,也不是百分百的作家。相反在今天,大家不再是物理学家、化学家或生物学家:而是像蜈蚣的第五条腿(编注:指复杂琐碎的分类学科中,某个领域的专家)。这点倒吸引了相比全局完全是无关紧要的小聪明。过去我在不同的层面提及过这个问题,但没有人理睬。人们只是断言我这样做是因为没有像克里克和沃森那样获得诺贝尔奖。然而上帝清楚情况并非如此。

面对时代的大潮,您还对一些尝试的做法表现出极大怀疑,这些尝试借用相应的生物伦理学,以此体验基因技术所带来的无法预料的后果。您担心这样做会根本无法控制遗传物质越来越快的变化速度。

让我觉得荒谬的是把伦理当作色拉米香肠①来切割。只有一个伦理,同样地也只存在一种形而上学。生物伦理学与色情伦理学或偷窃伦理学一样都是很虚的东西。我们对"生物"这个字眼的真正意义没有丝毫概念——除了能够用器官、器官的提取物或复制器官来赚钱。但这只是死亡伦理学。生命本身——永远是,我亦希望是——一个谜。它是一种气体吗,是一种液体吗?紧随受精后,当受精卵被裹起来,里面发生了什么?为什么随后胚胎会突然成活?这个过程发生在两个面的交线上②,发生在力学转化为形而上学的中间状态里。我们在这上面没施加以一点影响,无法破译它,即使用上最前沿的电脑。我们所探索的不是生命,仅仅是生命的某些元素和条件,我们并不真正了解它们到底是否必要。

在以上批评之后,到底应该建立一门怎样的自然科学才有利于人类和环境,使人类的前景更加光明和人道?

这很矛盾,它首先得要更少地接收金钱。几年前我曾在一次访谈中提出这项改革的建议,结果激起众怒,因为许多研究院正抱怨经费微薄。依我看,不应该过于重视科学——它是有意义,但并非到了生死攸关的地步。例如有人说如果不尽早破译基因组将大难临头,这种想法是错误的。一项研究发现,我们本可以等一百年再做。持续施压是一种剧烈的形式,我几乎将它形容为是鼓促科学的罪恶形式。美国是个急不可耐的国家,一切词汇——我们只消想想英语的固定搭配"研究锋沿"(the sharp edge of research)——都表明它处在剑拔弩张的状态下。归根到底,在科学里没有时间。我愿意减少金钱来换取更平静的生活以及更少重复的荣誉。但只要我这样一说,有人就谴责我反动,说我念念不舍我的年代或者更早的年代。

在您眼里,进步这个概念在过去仍有一定的有效性;但现今,您认为它是矛盾的或者,就像加斯托(Cornelius Castoriadis)所说的,清空了它的意义。

是,而我表示怀疑:我在想孔多塞(Condorcet)侯爵曾试图证明的人类精神的进

---

① [译注]一种意大利香肠。
② [译注]指棱或山脊的"一线状态"。

步从法国大革命以来到底有否真正发生过。文化史的特点大概正是恒久的起伏。因此我不敢肯定在大体上我们比尼安德特人①(Neandertal)更先进。连续不断的进步难道不意味着,例如在音乐领域,我们应当不断地看见更优秀的作曲家出现,看见他们比莫扎特更伟大? 这是可以期份的么? 在哲学方面也一样。即使海德格尔像某些人所说的是个天才,我并不认为亚里士多德必定不如他,尽管我没有资格去评判。最好的状态是时常发生适度的进步,像格言里说的:苦尽甘来(*per aspera ad astra*)——但我们离"甘"还很远。

那么世界自身的历史呢? 从一切迹象看来,它不接纳一丝乐观主义。

世界史是一幅暴力与事故的行为目录。它主要由战争、加冕、废黜和革命组成,这些在随后都化为乌有。面对如此丑恶的事物,美实在没有现身的机会。

达尔文的理论以各种生命形式的线性上升为基础——这对人类的心理社会结构也同样适用,对达尔文的支持者而言,甚至连这种战争活动也是对进化论的新认同:在求生之战中,最能适应并表现出他们力量的个体被选拔出来。功利主义者战胜了从表面看没有生存能力的人。

依我看,达尔文是一个出色的思想家,他并不惹人反感,但进化论包含了某些值得怀疑的内容。社会达尔文主义鼓吹择取最强者,它产生了毁灭性的效应。我能够想象某些考虑周密的生物学家在这方面有质疑进化论的严谨精神——但他们不敢公开谈论,因为这么做会损害职业前程。一些顽固的潜规则的存在使人们最终不再原原本本地承认这些问题。起初,达尔文理论并没有多少的拥护者;但从某个时候开始,它统治了科学的知识殿堂;由此它几乎成为了一种信条。在分子生物学领域产生了类似的现象。然而相同的趋势也支配着之前的时代:中世纪如果人们不是基督徒就一事无成——甚至在某些情形下会死于火刑。但后辈们未必都如此轻信……

而您相反,查格夫先生,您反对科学里不成文的惯例和规则,在您的职业生涯中,您逐渐重新扮演"创造性的边缘人"这一角色。

我具备安定的基因。我在中央公园西路(Central Park West)生活了超过七十年,我已婚六十六年,我在同一间大学度过了四十年,我甚至没有尝试过在别处任职。我不认为使自己通向别的文学、人文科学领域有那么重要。这些领域的问题必得从其自身攻克:从这个意义上说,只能自力更生。

但越界不会使您偶尔有一种被排除到圈子以外的感觉吗,圈子里的人讲求在一门科学学科范围内严格遵守某些游戏规则;您说过这个世界完全认同学术单一化及追求利益,在其中您有被遗弃的感觉吗?

用海德格尔的话来说,我其实认为自己是一个被丢(弃)在世界的人。每个人都

---

① [译注] 古生物学中第四纪居住在欧洲、北非和中东的智人。

很孤独。而且我替没有与宗教信仰建立紧密联系的人感到难过,包括我自己。每当听见某人虔诚地说自己是守教规的天主教徒时,我简直羡慕他。我肯定也有宗教性质的感受,但我与犹太教没有任何关系。我和我的父母,我们都已经与犹太教不再有一点关联。

您强调只有头脑的智慧并不足够,尤其还需要心灵的智慧。

我恰好表现出自己感性的一面,尽管它并没给我多大帮助。我们在某一时候已经失去了思想和心灵的平衡,但那时的我还保持这个平衡。如今,一切属于感觉范畴的东西都完全被抹杀了。

这就解释了为什么作为唤醒自信也引发恐惧的力量——神圣的观念——按照现今的文化标准显得异常地不入时。按照洛维特(Karl Löwith)的新末世论,人能够没有自身而存在吗?

不能够,但他可以为自己造一座私人小教堂,像我一样,然后完成他所需的仪式。这样一来他用自身的内在力量来自我防卫抵御周遭否定信仰的言行。

但由享乐主义社会启动的涣散机制会经常阻碍他这么做。今天,人们在哪些生活领域还能觉察到神圣的意味,迫使他一直与超越的力量相通,由此得以保护俗世的完整和美好?

如果我开个玩笑的话,我会说美国人有时在棒球手打出全垒打时感到最大程度的神圣性。我们还是认真些:神圣性应该总是很难发现的。比如,有时荣格(C. G. Jung)在乡村碰见一些很虔诚的人;于是,他跪下与他们一并祈祷,此时肯定存在很大的神圣性。但其余的时候,在启蒙运动之后,这种感觉衰落了。歌德还有对神圣的感知,艾兴多夫(Eichendorff)①也是。个人而言,我一直怀有这种保留,这种尊敬,这使我满怀感恩之情。我们仍然可以用不同的替代品或多或少地填补神圣感的缺失:直入人心的莫扎特乐曲或巴赫的康塔塔,或者是让您感受穿透脊梁的颤抖的诗歌。

回顾您的人生,您感到自己最大的损失是什么?

我妻子的离世。

您如何做到克服悲痛并从零开始的?

您瞧,我们就是做到了。人们大可以自杀,但我不赞同这种做法——这里头也有宗教的东西。我把生命看作一件难以置信的礼物。同时,我也明白一个人如果像策兰(Paul Celan)那样被过深的绝望缠绕,是可能被逼至投河自尽的。

那如果想到您也离开了这个世界呢?

我并不特别惧怕。我们都被给予一段时间,我已经(从这段时间里)过来了。人

---

① [译注]德国浪漫主义作家。

变得越来越滑稽,一个老头在纽约,这是个怪景象。在我还能独自到中央公园散步的时候,差不多两年前,一阵狂风几乎将我吹跑,我问几个孩童是否可以让我扶着他们。他们发出一阵哄笑跑开了。所幸一位黑人老太太过来搀扶我。

您不等新的真知吗?

我等待一切,从明天起我准备好了迎接救世主。但我想恐怕我认不出他。依我看,正是因为人们认不出他来,大家只会分辨出这是个天才。然而救世主的本性却被广泛承认。(否则)如果我们看不到他,如何知道他的存在?

未来学家总是错的

雷吉斯·德布雷(RÉGIS DEBRAY)

邓 岚 译

以下文字来自温特的编译版本

　　作家兼哲学家德布雷(Régis Debray)出生于1940年的巴黎,父亲是律师,母亲则是当时二战的抵抗运动者,后来成为戴派①参议员。1961年德布雷在巴黎大学通过哲学论文答辩后前往纽约。1962年,他准备在委内瑞拉以游击队员的生活视角拍摄一部关于游击队的纪录片。回到法国后,他写了一些关于拉丁美洲解放斗争的文章,尤其发表在萨特主编的《现代》杂志(Les temps modernes)上。1967年4月,德布雷被玻利维亚军方逮捕并判处三十年徒刑,三年后,他因一场国际范围的抗议运动获得自由。离开监狱后,德布雷借住在智利诗人聂鲁达(Pablo Neruda)家中,期间他完成了对阿连德(Salvador Allende)②的长篇采访。随后,德布雷刻意与自己过去走的革命之路保持距离。1981年密特朗(François Mitterrand)赢得法国大选后,他在第三世界事务上成为总统的顾问。德布雷发表过大量关于媒体的随笔——他是媒体学③之父——而今,其文章焦点转向了宗教。

　　2002年,他被任命为欧洲宗教学研究所所长。2005年,他在巴比伦出版社创办了杂志《交流:传达以创新》(Médium, transmettre pour innover)。他的主要作品有:《法国知识界的力量》(Le pouvoir intellectuel en France, Ramsay, 1979)、《图像的生与死》(Vie et mort de l'image, Gallimard, 1992)、《上帝,一段里程》(Dieu, un itinéraire, O. Jacob, 2002,贡堡奖 prix Combourg)、《圣火:宗教的职能》(Le feu sacré: Fonctions du religieux, Fayard, 2003)、《眩光:明暗对比日记》(Aveuglantes Lumières: Journal en clair-obscur, Gallimard, 2006)。

---

① [译注]指戴高乐主义者。
② [译注]曾任智利总统(1970—1973)。
③ [译注]亦称"传播学"或"传媒学"。

*

德布雷,您的著作种类涉及从参政议政到政治逻辑学分析,从媒体中的个体存在到批判对抗媒体的作风做法,从而演变成了一种新型的媒体学,从研究当代历史相关问题一直深入至艺术、哲学和宗教的钻研。从您的文字人们可以看出与其说是宗教本身不如说是"精神信仰"(le religieux)现象激发了您的兴趣。您能明确二者的区别吗?

宗教与制度的概念相联系,例如教会制度或者神职人员制度,除此以外,宗教还与拟人化的神有关。相反,"精神神圣信仰"不需要告解,甚至不需要上帝,且它存在已久。20世纪的两大意识形态——共产主义和法西斯主义——就是渊源已久的无神论派别,从这个角度讲,"精神神圣信仰"的理念比宗教的理念更宽广。人们可以没有宗教而生活,但不会没有"精神信仰"。

后者本身与神圣这一概念相连。对于研究此领域的宗教哲学家及宗教史学家奥拓(Rudolf Otto)、盖华(Roger Caillois)、埃利亚代(Mircea Eliade)、吉拉尔(René Girard),您对他们的研究成果有何评价?您的研究方法与他们有何不同?

吉拉尔给我的印象特别深,因为他从心理学的角度阐释神圣。至于我,我从神圣看到逻辑机械论的结果——尽管很难通过言语来理解——这种结果以各种形式打通各种社会和各种文化。神圣反映出一种群体感,或者甚至可以这样说:是它造就了群体并确保其永恒性。只有当群体开始接受一种超出内在的超验价值之时,它才能将各种力量汇集成一个统一体。换而言之:应该同时考虑封闭与开放——各个群体的封闭只有在他们接受一个最初或最后的客观性时才成为可能,无论这是指失乐园的神话、一个上帝的千年至福承诺还是一个宪法文本,例如美国联邦宪法。这就是神圣的精髓。它不能被左右,因为它不受人支配。如果它不是这样的话,将受到自身的质疑。因此,社会与神圣存在一致性,然后它们共存。归根到底这意味着不存在无神的社会,也更不存在不可知的社会,即使当其摆脱了它的神:是信念在维持人们的凝聚力。这项事实看似平庸,实际上它是极其骇人的幻灭根源,因而也是悲哀的根源。只要我们以群体的方式生活,无论我们的知识积累到什么程度,哪怕这些知识确保科学的进步和技术仪器的尖端化,我们也还只是具有信念的动物。这就是为什么现今许多承诺最终幸福、保证疯狂和失心疯消失的理念都离奇地空幻,正因为它们混淆了知者和信者、个体与集体。集体总是屈服于信念的法则。即使创立一个数学家、物理学家和化学家的社会,依然得给他们一个定向的图形、一套规矩、一种仪式、一个契约、一条程式,而所有这些构成了这种不可知群体的神圣特质。

这表示区分个体与集体特性的界限恰恰来源于对无限的需要;只有这样才赋予一者或他者一种特性和形式。

对,一切界限的划定都要求接受更广义的东西,例如这也出现在身体与灵魂、物质与精神的经典相互关系中。由此,边界是一个必不可少的人类学恒定物。这个观点完全与现今的主流趋势相左。今天,我们都是一个广受称颂的乌托邦的信众,一个无国界世界的乌托邦——谨举"医生无国界"或"报道无国界"组织为例。但我认为我们需要界线——物理界线或象征性的界线——当失去这些界线的时候,我们会筑定新的。我们看各国的政治形势也会得出这个结论。只要一个国家失去其轮廓界线并逐渐解体,我们会看到地方主义出现甚至有时在一个城市内部退化成一种街区爱国主义。人们又重新开始对他们的小块领地进行界线划分。他们相互隔离,这点证明他们不能活在无尽的广阔里。从这个角度讲,神圣不是与对无限的情感相结合,而应该联系在开辟一个地方、保持一个身份的必要性上,由此定义了个体和集体。当然这是个悲观的假设,但史实和相关社会的现实进程似乎证实了它。

您曾指出并入群体的人必然受一个其认为不可侵犯的高级目标的影响,他将此作为自己人生的、宗教的、神话的或形而上学的规划。但如今我们看到支配这些群体的国家当权统治者如何愈发屈服于世俗化的进程。此点启发了您的这条公式:"世俗的权力越是非精神的,精神力量便越世俗化。"

在这里我们运用的是物理学上连通器原理。如果世俗的统治权力不再拥有精神的内容,那么就是精神力量重掌世俗的内容。换言之:如果国家放弃了神圣,教会和僧侣便转而投向俗事。政治权力的衰落与精神权力的政治化同时进行。前苏联提供了一个恰如其分的事例;处于共产主义影响下的宗教国屈从于世俗化。结果是,今天的东正教会以一个重要世俗权力的面貌存在。两害相权取其轻。个体的救赎与集体的救赎永不能齐头并进。因此让我们尝试将利益投到使我们付出最少代价的宗教里吧。

在您的《诱惑者国家》(*L'État séducteur*)一书中,您描述了现代国家作为诱惑者同时自身也遭受诱惑,因为他放弃了自己最初的准则并将它的政策基本上都建立在即时现实的基础上——在时代潮流上,还有那些由此产生的决定之上。

在诱惑者国家之前曾有过教育者国家——例如在传统共和制的形式下。它的构建基于大众的扫盲、义务教育的建立、铁路网的开辟和延伸,按照康德的说法和启蒙时期的理解,还包括致力于在公共空间进行学术辩论的出版物。过去是国家规定强制性的准则——当然这些准则同时也是严厉的——是由国家来进行一种历史层面上的规划,这个规划甚至能呈现一种积极或消极的历史哲学。而今,我们的国家意志模糊于大众舆论,模糊于需求的、而非供给的法则。人们试图尽可能精确地决定大众的想往。为达此目的,我们进行询问、开发市场;接而,政策趋向舆论与需求。这样既不利于政治的权力意志,也不合理,反倒助长了对感性情绪的崇拜、蛊惑人心和某种逆来顺受。社会或人道主义的观点代言了外交手段。这个错位导致了一种抽象作用的缺失,因而也是身份的缺失。

此外,您的论据还以这个事实为依托,就是行政权力的代表总体上都被媒体所控制,与此同时,媒体不放过任何能运用其营销手法的机会。从这个角度看,客观的言辞似乎成了过去的珍贵遗物了。

对,我说的是具有高效传媒体系的西方国家,那里的总统、总理或首相得不断地出现在银幕上,政府各部门里媒体机构处的地位比其他机构地位居先,那些政府高官求助于好些舆论调查。国家元首越来越像个演员——像里根那样直接来自于商业秀的除外——而国民变成了单纯的消费者。当然,某些自诩教育者的国家要员自己也实行个人崇拜,而且其唯心论隐藏着他们无视社会合理要求的危险,如今,天平已过多倾斜于主张表露的一侧。

被您称为"中介统治"(médiocratie)现象的坏影响不仅仅表现在政治领域;您甚至从中看到对整个社会生活及文化生活的威胁。

"中介统治"的理念是由"中庸"(médiocritié)和"中间人"(médium)两个词构成。由此我想说明传达者日益增长的地位前居性。随着创作者退居二线,他的诠译人变得很重要——就是把作品带给观众的人。以戏剧为例:大家看到的不是一部拉辛的剧作,而是一场由导演排练的拉辛的剧目。或者换个音乐的例子:出现在舞台聚光灯下的是乐团的指挥或独唱,而非作曲人。或者再换个文学的事例。文艺节目的组织者扮演着一个比节目作者重要得多的角色。因而他占据与记者相同的统领位置,后者就是凭借其有针对性的评论介入到政治事件中的。

此类现象的征象表明无处不在的、不间断的沟通逐渐掌握自主权,且以人们无形中淡忘主要内容的代价而为之。这就是您明确区别"沟通"和"传达"的原因。

沟通,是指在空间上传递信息;传达,是在时间上传递信息。在这层意义上,传达行为构成文化,因而,区分了人与动物。动物靠听觉、嗅觉、视觉信号相互理解,但几乎没有什么东西代代相传。而人类是唯一一种会忆起先祖、将积累的知识传给儿女因而形成一种创造性延续的生物。只有人能够创造历史同时汲取先辈的经验并从中获益。我们用笔头或视觉的形象来记录我们的各种典型,在实体物质上镌记可能与我们一并消亡的东西。因此,是实体物质为精神得以生存提供了保证——或者换言之,是技术制造了文化。通过"技术"一词我想说明所有非物种基因遗传的动词都是习得的——包括书写,然而说话的本领是天生的。在今天,正是这种对后天所得的精华的传承似乎处在极度危险中:沟通极力封锁传达,或至少极力晦滞它。我们越来越对空间掌控自如,而对时间却相反。这样可以看作保存,但是传统,本该在当下见证往昔的在场,却苍白无光地一闪而过。我们的确拥有不同寻常的通讯能力,但我们用来帮助传承生活的组织形式——家庭、学堂、大学、研究院甚至一切人类共处共存的组织形式,只要是负责维系智力遗产——都面临巨大的问题。因此我肯定,是传达而非沟通构成人类学的基础;传达阐释了人类,因为它是人类特有的东西。

这也使人们能够理解您对兴起的网络民主自由的批判。因特网和网络空间是横向上无限延伸的虚拟网络,但肯定缺乏纵向的维度——即一种指导的思想或调节的方针。这种网络民主会有怎样的未来?

未来学家总是错的。此外,我们还没准确地知道因特网到底是何物以及它会带来什么后果。因而我只是在寻思技术千年至福论者或技术乐观主义者们说"因特网将使远距离群体组构得以实现、甚至将构建整个民主"是否真的有道理。例如,在这些人中有列维(Pierre Lévy)。我非常敬重他,他无疑是在科技进程上最杰出的思想家之一。但从某种观点看,我们捍卫不同的理念:他对因特网寄予了一种我认为是乌托邦性质的政治期许。正如我刚才解释说,每个群体都有一个清晰界定的封闭领地。而因特网却是高度不稳定的点状非连续体;因而它是可能便利了知识交流,但它既不能赋予一个群组凝聚力,也不能缔造真正的文化。它和任何其他技术革新一样具有双刃剑的特点。我们不能以人文主义者的方式低估它的影响,他们一概蔑视机器和仪器;但我们也无权高估它或者像过去有的人那样把它当作神物,例如在19世纪,有人曾认为火车将迅速为世界带来和平,因为它缩减了旅途所需的时间也拉近了各国人民的距离。有个棘手问题很吸引我,很可能永远得不出它的答案:什么在人类身上永恒不变,什么是能变的或者容易发生变化的? 毋庸置疑,在人的本质里我们发现一些技术进步所不能企及的恒定物,另一方面也找到一些技术进步对其产生深远影响的可变量。例如,在发明文字以后,我们不再拥有那么好的记忆力。柏拉图就遗憾文字使我们失去了记忆力,因为我们将思想和回忆都固定在莎草纸上。的确就是如此:与我们的祖先相反,我们没有能力背诵荷马史诗里的长篇了。我们以把一切即时誊搬到书本、刻录进磁带和光盘的方法来摆脱记忆。因此,技术的进步使我们失去了自身的机能,或者使我们将这些机能转移到自身以外的载体上。正是这点暴露了一个让传媒学家感兴趣的问题:重视技术的"度"在哪里? 我个人认为:应当比"厌恶技术者"——以海德格尔为例——不接纳技术的做法更为重视它。对研究形而上学问题的人来说,技术等同于人类真实本性的衰退与丧失。但在我的眼里,人类正是得益于他们的工具才会成为人性化发展中其应有的样子——本质上他并非永恒和不受限制的,他每时每刻都在酝酿和转变;技术上的攻克总将其引向更远。然而,这并不意味着他屈从于任意一种"技术亲和派"并期望从因特网获得人类一切政治矛盾的最终解决办法。相反,我们应该在这两个极端的立场间确定自己的轨道。

您在这谈到的媒体学以及您的著作《图像的生与死》(*Vie et mort de l'image*)论述过媒体学在许多方面都呈现为一门媒体和图像丰富、渊博、包罗万象的科学,它将宗教历史同艺术、传播学同技术知识、社会学同哲学联系到一起。媒体学建立在何种智力环境下,其研究目的是什么?

媒体学不算一门严格意义上的科学学科——我拒绝顺从于科学性的恐怖主义——它更像一个研究领域、一个问题体系、一种看事物的方式、一次对上层社会功能在意识形态、艺术、宗教、政治等镜子里的审视。在媒体学的观点里,我们可以按这些载体来切分历史——或者按照我们所说的"媒介球面":从15世纪直到昨日,书本印刷术打造了"文字球面",今天,我们被"图像球面"所环绕,在圈内,在一种随时间变化的感官基础上,瞬时战胜了持久,直接战胜间接,行动战胜了论述。这个视图的球面而今已演变成一种在本质上由数字信号组成的超球面。关于图像本身——而非设计的图像、制作的图像——我们首先该懂其效果,知道它如何制造,即用何种技术——旧石器时代的岩画、雕塑、浅浮雕、蜡油彩画①、壁画、肖像画,直到摄影——同时要知道信仰内容的历史,因为人们随着时代变迁对图像的信仰不同,会以不同的内心态度面对图像。在肖像学历史的始端,图像是一种帮助人类生存、自我保护和领受圣泽的方式,在此情况下,它把人和无形的力量联系起来,因此人类认为图像是神圣的。随着艺术的理念出现在 15 和 16 世纪,伴随着最早的收藏品和展览馆,图像变为一种服务于审美愉悦及静思的方式。今天,失去了当初的性质,不论在广告还是在科学领域,图像基本上是一种信息的渠道。随着技术上和文化上的变化,对图像的期待点也在变动——而正是这个过程构成了媒体学的研究目的。

请允许我以两个关于您的政治信念的问题来结束访问。您曾在密特朗总统身旁当过顾问。事后您现在对与他共事作何评价?还余留下什么吗?

没余下什么了。过去,哲学家总是倾向于积极介入政治,倾向于为其形式做出贡献。我不愿隐埋在已这样做过的大思想家之后,但结果仍然是:柏拉图撰写了《政治家篇》(*Politique*)并为僭主迪奥尼修斯一世(Denys Ier)出谋划策而未能说服他。笛卡尔曾逗留于瑞典克里斯蒂娜(Christine)女王的宫廷,还有卢梭曾努力为波兰编写一部宪法。我参与政治活动的时间很短。我介入政治与当代法国的社会神话分不开,以法国能继续给欧洲和世界带来典范的想法作为顶峰。好吧,您就将这归咎于我的神经官能症,归咎于我的个人仿古主义吧。我认为我人生的这个阶段,日常政治的这个阶段,已经结束——我一点不否认它,但我也不怀念它。

您当时加入格瓦拉(Che Guevara)和卡斯特罗(Fidel Castro)的行列过着一种革命者的生活,那个时代留下什么?

我花了几年时间来更好地理解这些经历,随后为了在我写的四百页的书《让受称颂者做我们的主人》(*Loués soient nos seigneurs*)中对其进行思考——思考被看作基督教的异端或世俗化了的救世主降临说的马克思主义,思考格瓦拉的新人类理念,这个理念始于圣保罗且从根本上包含一种精神的神秘主义,思考革命作为人类最后一次对信仰的庄严宣告,尤其是在西方,思考我在面对革命理论与其在实践中的调整之间的深层划分时作为知识分子、作为修道士和作为战士的生存方式……应该承担自己的错误,应该分析自己的过去但不要妄自菲薄。

---

① [译注]用混合有汽油的蜡液调油彩作的画。

混合语的奥德赛或拉美悲剧和未来的神话

卡洛斯·福恩特斯(CARLOS FUENTES)

邓 岚 译

擅长各种文学的能匠福恩特斯出生于1928年的巴拿马。这个外交官的儿子在北美、南美和欧洲度过其童年时光。他在墨西哥国立大学读书并取得法律文凭。随后(1950—1952),他到日内瓦国际高等研究学院继续深造。之后他担任的政府职位有:国际劳工组织的墨西哥代表团成员、外交部新闻司负责人、墨西哥驻法国大使(1974—1977)。他创办了不少杂志,其中有与帕斯(Octavio Paz)合办的《墨西哥文学杂志》(la Revue mexicaine de littérature,1955),随后还创立了"21世纪出版社"(1965)。之后直到1982年间,他先后在美国的几所大学任教,特别是哈佛大学,现今他生活在墨西哥和伦敦。福恩特斯最早出版的作品是短篇小说《岁月嘉年华》(Jours de carnaval, 1954)。首部长篇小说《最明净的地区》(La plus limpide région,1958)控诉墨西哥社会,表明他当时就已经关注历史和民族身份问题。他的其他小说也随之诞生,像为福恩特斯在国际上赢得声望的《阿尔特米奥·克罗斯之死》(La mort d'Artemio Cruz, 1962),还有《盲人之歌》(Le chant des aveugles, 1964)、《换肤》(Peau neuve, 1967)、《大地诺斯特拉》(Terra nostra,1975)、《九头蛇的脑袋》(La tête de l'hydre,1978)和《外国老头》(Le vieux gringo,1985)。

卡洛斯·福恩特斯也从事戏剧创作,如《独眼者称王》(Le borgne est roi,1970),还有电影剧本的创作——他曾是布努艾尔①(Buñuel)的电影《"猎"人》(La chasse à l'homme)的编剧,这部电影根据卡彭铁尔②(Alejo Carpentier)的小说改编。福恩特斯是众多文论的作者,如《有两扇门的房子》(La maison à deux portes,1971)和《塞万提斯或阅读批评》(Cervantès ou la Critique de la lecture,1976)以及政治散文《墨西哥时代》(Temps mexicain,1972)。他的小说《大地诺斯特拉》在1977年获得拉丁美洲最高文学殊荣:

---

① [译注]著名导演路易斯·布努艾尔(Luis Buñuel),出生于西班牙,后加入墨西哥国籍。著名作品有《一条安达鲁狗》。
② [译注]古巴作家。

罗慕洛·加列戈斯奖(le prix Romulo Gallegos)。卡洛斯·福恩特斯以其全部的文学成就获 1987 年度塞万提斯奖,2005 年又拿下"蓝都市大奖"(le Grand Prix Metropolis bleu)①。他在法国出版的最后一部作品是《鹰座》(Le siège de l'aigle, Gallimard, 2005)。

*

拉丁美洲在 21 世纪将扮演何种角色,它能为世界文明做出怎样的特殊贡献?

将来的拉丁美洲,其主要贡献取决于 21 世纪是不是一个大迁移的时代、一个混合血统的世纪。在过去五个世纪里,西方国家越俎代庖地迈向南方和东方并且在没征求任何人意见的情况下强推其价值观。如今,人们从世界南部和东部回去,他们同样也没请求许可。

世界的财富以一种极其失衡的方式被分配。因此应该要有一个补偿的要素:使穷国的人民有可能迁移到富国。如果西方、北半球真的可以体谅发展中国家,消除其债务并帮助他们振兴的话,那么相当一部分问题倒是可以得到解决。联合国教科文组织曾就此估算过,这样一来第三世界国家在教育方面的基本需求便可以得到高达 110 亿美元的资助。110 亿美元,这是美国每年花费在美容产品上的数字。130 亿美元就可以满足第三世界国家在健康方面的基本需求。而这几乎与欧洲每年花费在冰淇淋上的数目相齐。如果全球化经济全面施行的话,它将成为一个体系,在里面流通的不再仅是商品,人也要迁移。拉美将成为主要的移民源之一流向北半球,尤其流往美国,在美国已有大约三千万人口讲西班牙语。若干年后,西班牙语将成为美国的第二大语种。其实,如今在整个西方社会,西班牙语已经是第二大语种。届时,讲西语的人将是最庞大的小语种人群,比黑人群体为数更多。因此人口的流动在拉丁美洲的未来扮演一个重要角色。当然,移民不单单只带来他们的劳动力、肌肉和汗水,还带来他们的文化和语言,他们的宗教、家庭、社会价值观。移民流还带来混合血统、混合人种的好处,一种反抗种族主义的姿态。移民及世界多种族的观念肯定将遭遇强大的阻力。拉美必然将发展成一个更健全富裕的地方,也是有更多矛盾的地方。

拉丁美洲遇到的问题是,在其 16 世纪天主教的经院哲学和古代的印加②、奥尔梅克③和阿兹特克④文化的基础下,它时常被强迫实行一些与其文化现实、文化遗产不兼容的发展模式。若考虑到扮演重要角色的拉丁美洲的形而上学文化遗产,大家便会明白不是那么轻易就能把北美的加尔文主义和实用主义以及西方的一切技术强加于上;一方面在文化传统与宗教间,另一方面在现代文明与技术间,总是存在相容

---

① [译注]源于加拿大蒙特利尔的"蓝都市基金会",该奖项用于奖励国际级的作家。
② [译注]印加人:南美印第安人,13 世纪时在库斯科建立强大帝国,1533 年被西班牙人征服。
③ [译注]奥尔梅克人:公元前 2 千年,居住在墨西哥湾的古代民族。
④ [译注]阿兹特克人:墨西哥印第安人,曾统治中美洲。

性的问题;技术并非中立的,它应该融入文化传统当中以免破坏人类的身份。

随着经济和政治的发展,北美洲更具实用性的文化不太费劲便取得了科学和技术发展上的某种一体化,因为反抗的障碍一下被排除了。我指的是黑人沦为奴隶,印第安人被流放到保留地或干脆被杀害。同质性的观念的确有用处,这点是肯定的,但它没有解决这个问题:如何达到一个既定的进步水平同时又顾全这个社会本身的多文化元素?美国的19世纪以及20世纪初似乎是段成功的历史,但假如美国不明白自己是个多元文化社会而且在科学和技术的现实下他的一些本质特征不允许某些政治理想的完美一体化,那么我对其未来持怀疑态度。不管怎样,技术本身不好也不坏。关键要知道如何使用技术及使用的目的。没有什么能阻止拉美实现其在科技领域的巅峰成就。至于拉美是否将有能力利用这些成就来既解决我们社会的特定问题又保持文化的连续性,这是另外一码事。恐怕人类现今的技术进步如此的飞速,离我们如此之远,以至于我们与之衔接不上。雷耶斯(Alfonso Reyes)曾时常说拉美过晚地奔赴文明的盛宴。在此,这可以不仅仅是个单纯的比喻,还能变成活生生的现实:我们没有能力找到通向技术进步的道路。假如能够与之衔接上,也要等到我们解决了国家的基本问题、那些关于贫穷和落后状态的问题,而后才能达到目的。那样的话,我们自然要有技术途径。问题不在于知道我们是否掌握技术,而在于我们有没有公正合理的社会。

您经常讲到西班牙语世界的异质性①,也谈到"克里奥尔化"②,后者可能是对21世纪世界文明和各国跨文化身份的一种预测。

既有同质性又有异质性。当我讲到异质性的时候,我说的是事实。玻利瓦尔③(Bolivar)要统一美洲伊比利亚④各国这个伟大的梦想其实无法实现,因为数个世纪以来那里的每个国家都经历了不同的发展演变。我们很难想象在洪都拉斯和阿根廷之间存在联系点。甚至对于相互毗邻的国家也是如此,像玻利维亚和智利,它们完全不同。这就是为什么一个真实的政治统一体是不可思议的。但我们有这个坚固的语言统一体。语言统一体为一个共同的身份开启大门,我们在从地中海、印第安和非洲继承的价值中认出自我,这些价值混杂了欧洲的元素并形成了拉美身份。

数个世纪以来,人们注意到世界范围内的世俗化,神的概念在社会、艺术、绘画和文学里消亡,在众多符号表情里也丧失殆尽。拉美有没有逃过这种西方传统的世俗化?

没有人可以逃脱世俗化的进程。在某种意义上,我们所有人都成了新教徒。天主教会否认钱财的收益。阿奎那(Saint Thomas d'Aquin)说过以出借钱财来获利是

---

① [译注]指混合性、多样性。
② [译注]转指"混合化"。
③ [译注]南美将领、政治家、西属殖民地独立战争领袖。
④ [译注]指讲西班牙语的美洲国家。

反圣灵的罪过。当时人们捍卫这种态度,西班牙在其历史的开端驱逐了他们的投资者——犹太人,后者原本能够挽救西班牙,打好其财政基础并保护其殖民帝国。就这样,帝国统治不下去,因为它被一些把声誉看得比业绩重的消极贵族掌管。这样看来,我们现在都成了新教徒。全世界都认同经济和财政至上。这并不意味着当今世界不存在其他矛盾或紧张的因素,因为宗教世界和精神世界也在当今世界的范围内。比如,墨西哥印第安人就有宝贵的神话信仰,一种对世界和事物深刻的神圣感,一种十足的泛神论态度。但这类东西不仅仅存在于印第安民族的社会、不使用文字的社会和具有口口相传传统的社会,像墨西哥。我想说的是这类使我着迷的东西也存在于现代社会以及宗教感情和非宗教的精神信仰状态里。我打算以两位导演的例子来说明这个问题。第一位是布努埃尔(Luis Buñuel),他在天主教文化背景中长大,另一位是伯格曼(Ingmar Bergman),他成长于新教的文化背景下。二者都曾宣称自己不信教。布努埃尔常常说:"尽管上帝受世人称颂,但我是无神论者。"伯格曼一直生活在他自己的路德教和新教形式的深层压抑之中。但他们两人都懂得向我们具体地展现这场分裂现代人的较量,因为我们缺乏上帝或者正在寻找上帝。这场较量在许多小说大家的作品里都有体现,诸如莫里亚克(François Mauriac)、贝尔纳诺斯(Georges Bernanos)或格林(Graham Greene)的作品。它还在一些献身者的人格中得以体现,例如,我想到了法国女哲学家、犹太天主教徒韦伊(Simone Weil);还有斯泰因(Edith Stein),她是德国的天主教女哲学家,也是犹太人。斯泰因后来当了修女,死在奥斯威辛集中营。她们表明了人类有精神层面,有不容易克服的信仰焦虑。世俗的精神信仰应该要有效地回应21世纪人类所持的、在精神修行上的意愿。这种精神信仰已经回来了。在20世纪,所有恐惧的中心燃起了这些生命的光彩明亮的火焰。像斯泰因和韦伊这些女性为了精神和信仰献身,我们没理由拒绝抗击这个使我们深陷困局的问题。我们不能满足于只接受对世界的物质解释或者自然科学所提供的答案。

您对现今21世纪初宗教的迅猛发展之势——不单基督教快速跃起,还有伊斯兰教、佛教、印度教和日本或北美的神道教——有何体会?您向它们致敬还是把这种飞跃看成弊害?

我们应该只尊重对我们尊重的宗教。宗教思想要有宽容的成分。一种有深度的宗教信仰不会有用武力强迫他人的意图,而会在自重的同时尊重其他也拥有自己的信仰、信念和信条的人。这些都应该成为21世纪宗教信仰世界的精神界线。

是否可以说拉美文化被镀上了一层形而上学和精神性的色彩?因为我们注意到,从中世纪的经院哲学至19世纪,直到20世纪,除了实证主义是唯一的例外,我们都有一种直觉的思维,而非像盎格鲁-撒克逊社会的思维:詹姆斯(William James)、杜威(John Dewey)、斯宾塞(Herbert Spencer)或者米德(George Herbert Mead),也非像实用主义或社会达尔文主义的类型,是否可以说拉美思想的历史和哲学有形而上学的思想导向?

不,这种提法完全不能说服我。拉美哲学的创始人,或者说至少是拉美哲学的西方传统之父,托马斯·阿奎那,可能是第一个在基督教的环境下承认国家和社会现实的人。他高度重视国家和社会的教育使命。因此,经院哲学时期也有其世俗的一面。但不管怎样,我们也是罗马和最早的书面法律的继承者,整套立法机制是罗马帝国的文化标志。19世纪,我们想打破经院哲学的枷锁,于是便投向实证主义和孔德。但孔德的思想却被视为等同于一种狭隘甚至专制的世界观。20世纪初墨西哥的知识分子雷耶斯(Alfonso Reyes)、卡索(Antonio Caso)和伐斯冈萨雷斯(José Vasconcelos)都从柏格森(Bergson)的"生命冲力"(élan vital)这个理念里看到了打破桎梏的机会。有一个因素在世界大同的观念中扮演重要角色:伐斯冈萨雷斯,我们的首位教育部长,教育部有条著名的长廊,里面绘有世界四大宗教的代表:孔子、释迦牟尼、基督等等。但这种反动也引起了一种反反动,哲学家约翰·杜威将此带进墨西哥的教育体制。不能忽略另外一个事实:那些西班牙哲学家居住在墨西哥,他们都曾为躲避战争、佛朗哥(Franco)和法西斯独裁而逃亡。我指的是加奥斯(José Gaos)、尼科尔(Eduardo Nicol)和若加弗尔(José María Gallegos Rocaful)。他们都是加塞特(Ortega y Gasset)的学生,后者的基本主张是打开西方哲学和西班牙文化的大门,并把尽可能多的西班牙哲学家输送到德国。这样一来,德国的哲学思想被传播到了墨西哥,特别是加奥斯带来了海德格尔的理论,尼科尔传播了哈德曼(Nicolai Hartmann)、胡塞尔(Edmund Husserl)和舍勒(Max Scheler)的思想,以及通过佩德罗索(Manuel Pedroso),墨西哥有了人道主义的马克思主义创新。在本世纪40年代初,许多新的特征出现在墨西哥哲学里并改变了它的总体面貌。20世纪最伟大的哲学家维特根斯坦(Wittgenstein)的新思想对年轻的一代起了主要作用。人们明白了唯一能做到精确思考而不会高估或欺骗自己的方法,是必须研究《逻辑哲学论》(*Tractatus logico-philosophicus*)以及维特根斯坦的思想。许多其他理论添而补之,像艾耶尔(Alfred Jules Ayer)和其他当代哲学家的逻辑实证主义。

在此,我们必须要提及教育社团"青年学堂"(Ateneo de la Juventud),它是一场由雷耶斯领导的运动并在墨西哥起了重大作用。这是对实证主义哲学的反击:19世纪初整个拉丁美洲在建立民主国家的背景下,进行的一场庄严崇高的运动,此外我们还应该看到它与现代主义(Moderniso)诗学流派的联系。它是西班牙语美洲世界的独立美学宣言。伐斯冈萨雷斯是加塞特和卡索的弟子,这些哲学家们都支持这场运动。我们能否认为这是胜过北美较为功利主义的思想的一种优势?

不,"青年学堂"是一场抵抗孔德和实证主义的运动,后两者被迪亚斯(Porfirio Dìas)利用作为官方哲学。以前有句话说:"没错,我们是独裁的政体,但我们以进步的名义实行独裁。"正因如此,"学堂"奋起反抗,因为直觉和观感需要被重视,它们正体现了拉丁美洲或墨西哥人民的精神智慧的面貌。我对美洲英语世界的实证主义或功利主义思想的主要特点还是抱有一贯的看法:不错,它的确起了重要作用,但也存在拥有别种感性特质的艺术家们。例如,举个画家的例子,像波洛克(Jackson Pollock),我不认为功利主义性质的实证主义或其他的什么逻辑学会对他产生作用或影响。还有像作家福克纳(William Faulkne)或诗人卡明斯(E. E. Cummings)也是这种情况。每当人们说到一种主流的意识形态,大家会立即注意到,值得关注的艺术家们都是那些抵抗和反击这个思潮的人。

让我们回到精神性的问题上:例如,安第斯山脉的宇宙观是不是代表了人与自然、超自然和死亡的不同于西方传统的另一种关系?是否有可能既引进西方的技术又保持当地的文化且在技术条件下这些民族的身份不被摧毁?

美洲的印第安文化的确具有非凡的意义,但它属于弱势文化。我们应该去悉心保护它们的价值、尽力研究并将它们当作我们自己的文化。这些文化表达了对团结、死亡、与自然及神亲近的理解,而这几乎也正是拉美城市社会所缺少的。今天,我的祖国基本实现城市化,不再是农业社会,肯定也不是印第安社会。这就是为什么我努力要理解对方的价值观,同时又十分清醒地知道我自己的社会发展主潮流基本上没有不同于世界各地的发展进程。在拉美,有两亿人——接近一半的人口——的月收入不超过九十美元。这就是悲剧所在。有的人无家可归,没有医疗卫生保障,没有书读。这是我们落后的根源,它不在于哲学思想、技术或者文化,而在于经济和社会发展的落后。

一些人类学家和作家——像帕斯(Octavio Paz)在他的著作《孤独的迷宫》(Le labyrinthe de la solitude)里——声称拉美传统文化是以生存为导向,却不比北美的实用主义那般以行动为中心。您接受这个提法吗?

我大致上接受。我认为拉丁美洲所做的一切努力围绕沉思比围绕行动的目的性更强。当然,它不是个浮士德式的社会,或许在更深层意义上倒不如说它是墨菲斯托菲里斯①式的,因为我们宁可与魔鬼周旋。

西班牙把15世纪以来的各种地中海沿岸的传统带给美洲人民,因为西班牙不仅吸收了基督教传统,也有阿拉伯和犹太人的,还有希腊、迦太基和罗马的,它受了哥特人(les Goths)的影响,甚至还受了埃及人的影响。这一切都给拉丁美洲带来了什么?

地中海沿岸的文化传统通过西班牙和葡萄牙对我们绝对产生了巨大影响。这笔多态的遗产是一个不同寻常的机遇。长久以来,我们没有意识到西班牙并不仅仅代表西班牙,在其背后还有罗马和希腊,尤其还有犹太和伊斯兰的成分。这种意识逐渐渗透了我们。很久以前我们就已经承认希腊哲学是自己宝贵遗产中的一部分。罗马的法制意识是拉美政治组成的一个主要因素。但犹太人和伊斯兰的传统不太容易被理解。正是博尔赫斯(Jorge Luis Borges)通过其散文随笔里的人物亚维侯(Averroès)、阿尔穆塔辛(Almotásim)或他创造的犹太女主人公林芝(Emma Zunz),使拉美人明白了这些传统。我们发现了自己拥有这笔巨大的财富,这都归功于他。我

---

① [译注]浮士德传说中的魔鬼精灵。

们有机会可以重获犹太继而伊斯兰传统的伟大声名,西班牙在16、17世纪因为其耻辱和无休止的不幸而将它们消隐于史。

在西班牙语社会里,斯多噶主义曾是对悲剧性的式微和神性衰亡的古代文化的反抗。人类从心灵信仰和对神意的屈从这些悲剧遗产中解脱出来,成为了一切事物的量度标准。然而,他却发现了自身的自由与孤独密不可分。以上这些对拉美文化产生了什么影响?

在拉丁美洲和西班牙的眼里,塞内加(Sénèque)是伟大的罗马哲学家。这个坚忍淡泊的思想家认为人不仅是万物的尺度,人的精神家园是面对世界带来的灾难、不幸和敌对时能赖以藏身的避风港。人类自身的心灵可以筑造坚实的城堡。这种斯多噶主义哲学在西班牙和拉丁美洲都被详细研究过。在西班牙,当人们想说某人是个哲学家时,他们会说他是个塞内加。事实上,这种哲学思想承着悲剧性世界及其衰亡而来,这本身就是个悲剧。由希腊人创造的悲剧性世界价值消失了,这是个极其可怕的损失。在我看来,悲剧并非不幸。举普罗米修斯的神话做例子。悲剧点在于:假如普罗米修斯不关心人类的解放而安然接受自己的命运安排,他会不会更自由些?或者由于他将自由带给了他人,即便他被锁链捆绑也是一种(心灵的)自由?希腊神话的悲剧内涵在于对峙双方在一定程度上皆有理。安提戈涅(Antigone)有道理是因为她维护家庭的观念,但是克瑞翁(Créon)也是对的,因为他维护国家和社会的价值。双方都有道理,就这样导致了悲剧性的冲突。冲突可能会以灾难的方式结束,但我们也可以给出无数的形式以在悲剧性一幕的呈现中宣泄感情。希腊特有的悲剧性就体现在这,而非恒久的不幸。我们丢失的正是这个。取代悲剧的是情景剧。二者的区别在于,悲剧是双方都有道理,而情景剧却是道理的天平倾侧一方。有一个好人和一个坏人。好莱坞的预设前提就是一出情景剧。在西部片里,有人朝下面的路看:戴白帽子的人是正派,戴黑帽子的是反派。中午时分,他们以拔枪决斗来解决问题,如果一切顺利,韦恩(John Wayne)这个戴白帽子的男人会胜出。但悲剧的张力却永远消失不再。20世纪,我们特别强烈地感觉到悲剧的缺失,因为驱赶了悲剧,用以替代它的是犯罪、纳粹屠杀犹太人、(前苏联)的强制收容制度、镇压人民的独裁和对人文价值的蔑视。这就是摩尼教式的非黑即白态度带来的结果:我是正义的化身,你是邪恶,所以我要消灭你。

正如博尔赫斯、聂鲁达(Pablo Neruda)和萨巴托(Ernesto Sabato)所说,16世纪的西班牙语美洲社会是欧洲的乌托邦。到了19世纪,同样的现象在条件相反的情况下发生,因为这回是欧洲成为了拉美的乌托邦。有人甚至说危地马拉市是拉丁美洲的巴黎……

1820、1821年,当我们脱离西班牙并发起独立革命时,我们决定否认与西班牙有关的过往。由于西班牙人曾压迫我们,我们不想与之有任何干系。印第安人和黑人又代表着野蛮和落后。那么我们可以去哪里寻求进步呢?自然要到美国和欧洲去。

倘若进步来自欧洲的话，它会容易被接受得多，因为欧洲离我们更遥远。北美人是我们的紧邻，其意图总是难以捉摸。从 1823 年起，他们出台了"门罗主义"，确定了美国干预拉美事务的权利。相反，非西班牙语的欧洲社会应该是进步、民主，以及哲学、风尚的中心区域。我们只是找来了另一个典范替代原来那个。荒唐的是，借用法国社会学家塔德（Gabriel Tarde）的话来说，拉丁美洲在一个不合逻辑的模仿进程里照搬这些模式。您能想象在热带人们盖芒萨尔（Mansart）风格的屋顶，还有在麦利那（Mérina）、马那瓜（Managua）或者加拉加斯（Caracas）等待暴风雪吗？尼加拉瓜小说家拉米雷斯（Sergio Ramírez）描述道，所有马那瓜的太太们都想在 12 月这样的酷暑天里穿貂皮大衣上歌剧院，因为欧洲的太太们在 12 月上歌剧院的时候就这样穿着。这是个不合逻辑的盲目模仿的典型例子，它使我们在将近一个世纪的时间里逃避自我检验和核实自己真实的根源。1910 年到 1920 年的墨西哥革命时期，社会的动荡迫使墨西哥思考检验真实的自我。萨帕塔①和比利亚②的支持者们向我们展示了墨西哥的真实面目。艺术家、画家、哲学家、小说家、诗人和作曲家们都重新发现了一个印第安的过去和一个西班牙的过去，并且我们只有承认这些都是自己的根才能创造真实的艺术。现今，在整个拉美，这已是不争的事实。20 世纪的一切拉美文化史是一部永久的自动宣言。19 世纪的拉美小说单纯模仿法国大家，尤其是模仿巴尔扎克和左拉。只有一个例外，巴西大作家马德·阿西斯（Machado de Assis），他发现自己处在另一个传统里，是塞万提斯和斯特恩（Laurence Stern）的传统。然而，我们须等到 20 世纪才有古巴人卡彭铁尔（Alejo Carpentier）来说明我们有黑人的传统，才有危地马拉人阿斯图里亚斯（Miguel Angel Asturias）来阐释我们有印第安传统。此外，阿根廷人博尔赫斯说明了我们的伊斯兰和犹太传统。带着所有这些成分，我们才得以创造真实的拉美身份。

塞万提斯的《堂吉诃德》对您产生极其深远的影响。

堂吉诃德是人类智慧不朽的结晶，就像其他文学大家笔下的人物一样：德国文学里的浮士德，英国文学里的哈姆雷特。他比我们中的大多数人还要真实，他通过各个时代继续着自己的路，他过着与一切男女同样真切的生活。堂吉诃德是一个非常矛盾的人物，因为他来自宗教法庭和反对改革的政治背景下的西班牙。塞万提斯几乎对这一切向被面对面告之似的熟悉，因为他的《训诫小说集》（*Nouvelles exemplaires*）里有许多故事就被宗教法庭查禁以至于他不得不修改某些篇章的结局。例如，在其中的《妒忌成性的厄斯特列马杜拉人》（*Le jaloux d'Estrémadure*）里，最终那对情侣在床上破镜重圆。红衣主教德·托莱多（de Tolède）的宣判如下："这个结局不可被接受，要改掉。"所以，在第二个版本里，他们肯定是睡在一起，却不能重归于好。当堂吉诃德对潘萨（Sancho Pança）说："我们抨击了教会，桑丘"时，他知道自己在说什么。

---

① ［译注］（约 1879—1919）墨西哥革命家。
② ［译注］（1878—1923）墨西哥革命家。

塞万提斯被迫通过两种象征性的方式来叙述他的故事,体现了人类心态的两副面孔:堂吉诃德是理想面、精神面,而潘萨是世俗面,他只知道这天将要吃什么和夜里在哪睡觉。如此进行下去,塞万提斯在充满条条框框的世界里引入了非同寻常的不确定性因素。因为在《堂吉诃德》里,一切都不确定。从一开始的线条起,"在拉曼查(la Manche)的一个小村落里,村落的名字我不愿回忆起",就有地点的不明确性。我们在哪?拉曼查在哪?拉曼查是什么?接着,人名不确定。谁是堂吉诃德?他确实是一个叫 Alonso Quijano① 或"不知道哪个阿隆索"的无关紧要的小贵族吗?或者这是他回应其中一个敌对者给他起的外号?谁是杜尔西内娅(Dulcinée)?她真的是一个叫罗伦佐(Aldonza Lorenzo)的农家女孩吗?堂吉诃德的马叫什么名?驽骍难得(Rossinante),也就是"rocin ante②"、"曾经是带鞍的马"而现在不是等等。整部小说里,人物的名字指意含糊。甚至连作者也是不确定的。塞万提斯自己在这点上也不能肯定自己。他说是某个可能参加了勒班陀(Lépante)战役的塞万提斯,某个叫萨维德拉(Saavedra)可能做过这事或那事。若非阿维亚乃达(Avellaneda)伪造了《堂吉诃德》的第二部分呢?若非写《皮埃尔·梅纳,吉柯德的作者》(Pierre Ménard, auteur du Quichotte)的博尔赫斯呢?在这部小说里,不确定性指引着一切,而这一切又是在充满教条和绝对确定的世界里。塞万提斯给他所在的年代和一切时代发出的启示信息,就是这部小说在教条的世界里成为怀疑、质疑和不确定性的媒介。

宇宙论和政治生活里的个人主义观念以及罗马的斯多噶主义共同创造了一种独立的典型人物——西班牙贵族。正如阿斯图里亚斯(Miguel Asturias)所曾经思考的:他在西班牙和拉美文化里扮演什么样的角色?

恐怕我认为这是个非常负面的角色。例如我们在这种"西班牙绿袍骑士"——塞万提斯的小说里社会地位最尊贵的人物——身上发现典型的西班牙末等贵族的气质。但最常见的情况是,这些西班牙末等贵族是卡斯蒂利亚的卑微贵族,他们厌恶一切种类的工作,手指也懒得动一动,他们不从事任何生产活动。1536 年,查理五世祝贺他们中的一员,因为他是首个取得大学文凭的西班牙末等贵族。他们不上任何学堂,什么事也不干,依靠他们的土地财产生活,这些人属于贵族阶级。他们重视仪容。正如史宾格勒(Oswald Spengler)在《西方的没落》(Le déclin de l'Occident)里所说的,西班牙创造了大部分的衣着潮流、饭桌习俗和中世纪骑士的精神态度及礼仪的形式,这一切都被沿袭至俾斯麦时期。穿着的讲究、用膳的讲究和待人接物的讲究:西班牙的末等贵族和贵族阶层创领了这一切。

归根到底,16 世纪的西班牙就是今天的美国。他是世界的霸主,16 世纪的霸权帝国。广义上,它强行传播了其生活模式。所以,西班牙末等贵族有个象征性的标

---

① [译注]这是堂吉诃德的西班牙语名字,等于 Don Quichotte。
② [译注] Rocinante,这是由两个词组成的:rocín(西班牙文意为"瘦马、劣马",亦"目不识丁的粗野之夫")和 ante(意为"从前、在……之前")。然而真正的词源仍不确定。据说,这个名字高雅、响亮,而且还富有意义,表明它过去是一匹劣马,现在成了世界上最好的马了。

志,在格列柯①(Greco)作品对贵族的诠释里,我清楚发现它得以体现,画里的西班牙末等贵族把手放在胸口上。这幅出色的画就是西班牙末等贵族的魂。抛开一切理想化的东西不说,这个群体是非常消极和冷漠的,他们也到过拉丁美洲。像弗雷雷(Gilberto Freyre)在论文研究《主子与奴隶》里说的,他们是"大卡萨"(Casa Grande)②、"主子之家"里的地主。地主的形象从殖民地时期以来就在我们的社会占据中心地位,地主、族长统治其他所有的人,他支配着一个极不平等的社会并且残酷地或冷漠地剥削这个社会。西班牙末等贵族越少,我们的日子才越过得好。

混合主义把基督教的信仰和古代文化联系起来,这曾是拉美文化的一个根基。洪堡(Alexander von Humboldt)说过,在15世纪的复地运动时期,有一种投缘的气息存在于基督的十字和印加、奥尔梅克和阿兹特克民族的精神性、超验性的古老符号之间。

墨西哥的印第安世界有坚固的神权统治结构、神圣的世界观和建立在神的意志干预基础上的现实涵义,这是种泛神论的世界观,也就是一种给万物都烙上神圣感的感情。当天主教会来到墨西哥,它不得不承认天主教,并将大部分寺庙和塑像摧毁,因为它们被视为异端的崇拜对象且应予摧毁,这些破坏造成了艺术的一大损失。少之又少的物品得以幸免。

接着只需要知道基督教如何被引入新大陆,如何被印第安民众所接受。内里有一个奇异现象可以解释诸说混合的成功:印第安人民需要一个父亲和一个母亲。被攻克是一块硬伤,民众猛然发觉自己失去了信仰和国家。西班牙的士兵马上与印第安的母亲们交配,由此既产生了混种族的感觉又出现了孤儿的感受。到哪里去弄到一个父亲和一个母亲(的象征形象)呢?我们如何想象得出作为科尔特斯③和她的印第安伴侣拉马兰氏(la Malinche)的儿子这个事实呢?因此,必须要改成为上帝和圣母的儿子。从此,圣母和上帝、耶稣的出现便在墨西哥这样的国家为基督教恒久存在赋予了理由。在墨西哥,我们总是看到耶稣基督的形象是一个被钉在十字架或已死亡了的人,流着血,浑身是脓肿。是神为了你牺牲。你得救了是因为上帝为你而死。您能想象这样的事情在印第安人的概念里意味着什么吗?直到那时他们还一直相信应该为神牺牲。当时,他们把印第安人一直拖到金字塔,使其撕心裂肺痛苦万分就是为了让他们的神存活延续。所以在十字架上,在橄榄山上,是上帝为人牺牲了他的血。这是战争之神胡伊齐洛波契特里(Huitzilopochtli)④结束统治的时候。耶稣基督胜利了。另一方面,人们还需要一位母亲。她是个叫玛利亚的荡妇、科尔特斯的情人吗?不,她是神的母亲,圣母瓜达卢佩(la Sainte Vierge de Guadalupe),她在12月出现并递给迭戈(Juan Diego)一束玫瑰花,后者是印第安最贫苦的搬运夫。她缔造了

---

① [译注]希腊裔西班牙画家。
② [译注]巴西的一个城市。
③ [译注]西班牙殖民者,摧毁了墨西哥阿兹特克人的帝国。
④ [译注]源于阿兹特克的神,是司阳光和战争的部落神灵。

所有墨西哥人的纯净完美母亲——圣母瓜达卢佩——的神话。诸说混合主义就此产生：父母被耶稣基督和上帝的圣母所取代，在基督教的巴洛克表达形式及在基督教堂里，人们容许偶像的面容出现在祭台的后方。无论墨西哥的印第安艺术家为上帝建造何等奢华的家时，过去的诸神在祭台上也有各自的位置。这个现象我们在瓦哈卡（Oaxaca）、普埃布拉（Puebla）和托南钦特拉（Tonantzintla）都可以轻易地观察到；无论我们朝哪里看，都可以清楚看见古代诸神藏在祭台的后方。

拉美的巴洛克风格是对被侵占和殖民化的反抗。它比欧洲的巴洛克风格具有更大的涵义，代表了天主教对新教的抗争。作为对新教教堂无装饰的回应，因为在那里，画像被禁止并由音乐替代，南方巴洛克——从南部的德国以及奥地利一直到南方，到地中海——利用巴洛克风格作为天主教的信仰声明同时反对新教。在拉丁美洲，巴洛克风格成为屈服了的印第安社会的表情模式，他们可以继续通过基督教表达自我并通过巴洛克的各种风格形式在巴洛克式的教堂里这样做。它还是新型杂交文化的土壤和庇护所，一种根源混集的文化。墨西哥有史以来最伟大的女诗人克鲁兹（Juana Inés de la Cruz）就是一个年轻的文化交合体。当时秘鲁殖民地最著名的建筑师贡多里（José Kondori），身上的主要血统来自查科（le Chaco）大草原的印第安民族。巴西最伟大的雕塑家及建筑师阿莱哈丁诺（Aleijadinho）是个有非洲和葡萄牙先祖的黑白混血儿。因此，的确存在一个血统、传统相互交合的世界，它的内心用拉美殖民文化进行自我表达，我们这里的所有人都来自这个地方。

我回想起与来自波哥大（Bogotá）的著名历史学家阿西涅加（Germán Arciniegas）的一次长谈。几年前，他写了一本很有趣的书，试图阐明拉丁美洲并非只是欧洲的乌托邦，后者连同西方世界都利用其对拉丁美洲的影响获取了巨大的利润。然而，最常看到的情况是，对二者的介绍总是以欧洲是施与方而拉丁美洲是索取者的身份作为基调。相反，阿西涅加想借莫尔（Thomas More）的《乌托邦》（L'Utopie）、康帕内拉（Tommaso Campanella）和斯威夫特（Jonathan Swift）或者借提及苏佩维埃尔（Jules Supervielle）、洛特雷阿蒙（Lautréamont）以及其他众多例子来表明拉丁美洲对于欧洲的重要性。

我们也可以以巧克力和土豆为例子。以前在俄罗斯，土豆被禁止食用，因为圣经上没有提到过这样东西。因此它必定是魔鬼般剧毒之物。后来俄罗斯终究承认了土豆，还用这种块茎植物酿造出伏特加。过去人们认为巧克力是可怕的饮料，直到法国路易十四的宫廷里下午喝一杯巧克力成为一种习惯，随后它风靡西方社会。或者再以西红柿为例也可以。巧克力也好西红柿也好，都源于阿兹特克语。我想说明的是，美洲大量地给予过欧洲。当您比较欧洲与美洲相互间给予的利益时，我想您能知道谁获利更多。

您谈到文艺复兴时期的哲学与发现新大陆之间的相互影响作用，由于欧洲并不是发现了美洲：它"创造"了自己所需的美洲以便为自己提供一个表达新的历史感和存在感的机会。乌托邦的空想带来的领土版图扩张坚定了与中世纪的决裂，我们不妨往后可以想想维科(G. Vico)的观点。

对,我认为在文艺复兴的条件下,像菲奇诺(Marsile Ficin)这样的哲学家,他们的期望和乐观主义的狂潮篡改并破坏了当时的经济和政治现状;从那时起,欧洲空前渴望为自己创造一个外在的乌托邦。碰巧有了美洲,欧洲也许可以使它变成自己缺少乌托邦的急救药,然而欧洲自己因硝烟持续的战争,特别是三十年战争落得败井颓垣。

亚维侯(Averroès)和迈蒙尼德(Maimonide)自己也是跨西班牙和伊斯兰文化的哲学家:他们难道不能为我们提供更好理解文化差异并建立真正的跨文化对话的范例吗?

西班牙是我的主要文化来源国,它在中世纪曾经有过机会可以成为融合多文化的国家。阿拉伯人亚维侯和犹太人迈蒙尼德都曾在那里生活和工作的事实可以证明这点,还有卡斯蒂利亚(Castille)的阿方索十世(Alphonse X)在13世纪的王朝所经历的黄金时期也可以证明这点。为了写出第一部西班牙史、第一本西班牙语语法书和第一部西班牙法典,他得求助于犹太和阿拉伯的学者们。我还想重提国王斐迪南三世(Ferdinand III)这个未来的圣徒在塞维利亚(Séville)的陵墓。这位好斗的国王抗击过摩尔人,但他的墓碑应他要求用了四种文字镌刻碑文:西班牙语、拉丁语、希伯来语和阿拉伯语。正是这种多文化的相互作用孕育了一个强大的西班牙和在中世纪及初次文艺复兴里的西班牙文化。但它幻灭在血统纯净性和国家统一的思想下,这种思想的贯彻者是卡斯蒂亚的"天主教皇家夫妇"阿拉贡的斐迪南二世(Ferdinand II d'Aragon)和伊莎贝拉一世(Isabelle Ire)。他们阻止多元文化的理念到达美洲;不但如此,他们还破灭了建立民主国家的希望。由于皇家的专制主义在扼杀多元文化融合的同时,还扼杀了建立在村落和市政议会基础上的西班牙民主制度的萌芽。1952年,——墨西哥也在同年被科尔特斯的军队占领——查理五世(Charles Quint)在维拉拉(Villalar)战役里打倒了卡斯蒂亚公社,后者是一场卡斯蒂亚城市运动,他在很长时期内消除了在西班牙和西班牙语的美洲世界建立民主制度的可能性。

尽管作了大量努力,要把欧洲的启蒙运动和法国、美国的资产阶级革命连同杰斐逊(Jefferson)的《联邦党人文集》(les Federalist Papers)、汉密尔顿(Hamilton)和富兰克林一并移植在拉丁美洲的现实土壤里,终究不是那么容易的事。到底拉丁美洲有没有在司法结构和法规的政治、经验现实之间找到自己的身份? 时至今日,民主政体的辩论特质扮演了何种角色?

启蒙运动时期的性质是深刻的欧洲中心化。对于像洛克(Locke)或休谟(Hume)这样的哲学家来说,除去白人欧洲这个事实以外,并不存在其他的事实,或者甚至只存在白人的中产阶级。洛克说过,人性本"欧洲",在欧洲以外,人们只发现孩子、疯子和野蛮人。我们就是野蛮人。又或者像孟德斯鸠不无讽刺地说:"我们怎么能做波斯人呢?"不,我们不能是波斯人、墨西哥人或尼日利亚人并同时成其为人。

因此,应该要做欧洲人。这种以欧洲为中心的启蒙运动之狭见从某种意义上否定了我们自己的现实;不管怎样,我们仍给予支持并使自己适应了它,还将此作为更好地宣告独立的机会。归根到底,独立也由此变成了对外国形式的模仿。它的产生就像我们在化妆舞会上假扮欧洲人而实际并非欧洲人。这就是为什么19世纪有某种矫揉造作的东西,也正因为如此,20世纪以更真实得多的文化来作为反击。

在您的所有作品里,您都在自问关于拉美人的文化身份以及他们自身的身份问题。您对"拉丁世界"的研究是否使您更接近答案?

拉美人的身份有着坚实的基础。我想这一点毫无疑问。任何一个巴西男人或巴西女人都知道自己是谁,墨西哥人、阿根廷人或智利人也一样。我们清楚自己属于一个多元文化的社会、多元文化的国度,我们认识自己身份的不同元素。现今我们面临的挑战是相异性。这可以说是一个全世界共同的问题,因为它涉及到21世纪的挑战:如何对待一位与你不相同的人。如何关照对方这个属于另一个种族或宗教的人,如何宽容包纳他,甚至如何向他靠拢。所以我们没有理由任由自己掉进排外心理和种族纯化的陷阱里。我认为,在这种磨合中,拉美人起了最重要的作用。如今我们应该把一切相异的形式——政治上、种族上和性观念上——都接纳到我们的身份里。

包括传统古典的甚至是古代的、"中美洲"的、玛雅人的、奥尔梅克人的、阿兹特克人的和托尔特克人的文化在内,中美洲文化里什么东西使您着迷?

最使我着迷的是关于五个太阳的墨西哥神话。它说的是人类纪元里时代的更换由五个不同的太阳掌控,并且每个太阳的"统治"都以一场灾难的方式告终。灾难之后一个世界新生,而它亦会以灾难的形式落下帷幕。这场出生与再生的循环由两位势不两立的神所控制。第一位是蜂鸟神胡伊齐洛波契特里(Huitzilopochtli),他司战争、权力、力量和男性的阳刚之气;另一位是羽蛇神(Quetzalcóalt),即长羽毛的蛇,此神仁厚,司文化,是艺术的保护者。阿兹特克人被西班牙人征服以前统治着墨西哥,后来被当作入侵者对待。他们在之前早些时候从北方来到墨西哥高原。托尔特克人比他们的文明程度高许多,也在他们之前来到这片土地,托尔特克人把他们视作蛮族。玛雅人的情形也是这样,他们在尤卡坦(Yucatán)平原上发展了高度的文明。阿兹特克人到来时,他们做了一些完全不合常理的事情。他们就这样烧毁了所有托尔特克文化的文献卷帙。这与奥威尔(Orwell)小说里作出的决定有相似之处:禁止所有不符合国家官方立场的感情和看法。一切属于托尔特克人的、批评阿兹特克人的东西都被烧光。一个新的国家建立了起来,它符合战争的规则,顺应残暴之神胡伊齐洛波契特里的要求,然而在精神层面上却自称是仁慈的羽蛇神的后代。所以,西班牙人在征服了墨西哥这片土地以后,发现了一个深涉矛盾的社会,挣扎于表面与内在之间、战争之神与和平之神之间。

自从17世纪的清教徒前辈移民——从新英格兰的古典加尔文派的清教主义一直到20世纪征服太空——北美的文化有偏爱未来的倾向。而拉美的传统文化则相反,它强调"现存"的重要性,教导人们要通过现在明白过去并重新赢得已丢失许多世纪的崇高感。它对过去有预言性的观念。

对,我认为墨西哥把自己的过去看作一种责任和赐福。美国人有时会忘记自己有过去。我把这个国家称作"健忘的合众国"(United States of Amnesia),就是因为他倾向于遗忘过去。似乎全世界才诞生了五分钟。我回忆起自己在哈佛大学作关于拉美种族文化讲座的年代。我谈了印第安世界、希腊哲学、罗马法和中世纪经院哲学。学生们都目瞪口呆:"您的演讲为什么追溯到如此远久的年代?谁是阿奎那(Thomas d'Aquin)?为什么他那么重要?"我反问他们:"那么你们认为美国始于何时?"他们异口同声的答道:"始于1776年,随着独立战争打响和《独立宣言》的诞生。"这段历史太短暂了。我们有渊源更深远的历史,它有许多成分组成。当我们能够明白自己从何处来,我们便会清楚地知道要去何方。如果我们只活在现今,我们可能会犯许多错误、可能迷失方向并认为自己是世界的中心,这种情况有时发生在美国人的身上:"我是世界中心。世界的其他部分不存在,或者都隶属于我,甚至都低我一等。"墨西哥人从来不以这种角度进行思考。历史教与我们想问题时要同时考虑到自己和其他人,要学会换位思考。

在15世纪西班牙对美洲的殖民统治时期,不足六百个欧洲士兵面对一个神权统治下的庞大帝国。然而,正是这些"另类的印第安人"夺取了阿兹特克统治者的宝座。您如何解释这种殖民前的大国文化的倾塌,然而对手的人数却如此寥寥?

依我看,阿兹特克社会的消亡与恐惧的关系大于其与西班牙征服的关系。如果我们突然发现天空中有飞船又或者火星人从飞碟上下来奴役我们,那么我们会被吓坏的。这也许就是阿兹特克人那一刻的感受,当他们突然看见墨西哥海面上出现庞大的箱子在游进,他们从来没有见过这些东西,上面还载着他们从来没有见过的人以及他们从没见过的武器,还有马匹。我想他们的恐惧一直没有平息。阿兹特克人是被吓倒的。

我还要加上另外一个原因,从神话的角度来解释。由于这是个难以置信的巧合:当天的神谕预言仁慈的羽蛇神将归来并站立在他子民的上方。科尔特斯在韦拉克鲁斯(Veracruz)登陆。他的外貌正好符合神话里对羽蛇神外貌特征的描述。他白皮肤,留着胡子。于是整个社会的根基开始动摇。然后,当西班牙人证明了他们的行为其实并无任何神圣之处时,一切为时已晚。科尔特斯诡计多端,我们可以把他看作是马基雅维利(Machiavel)书中"新君主"的先驱。他像一个文艺复兴时期的君主那样,清楚懂得如何拉拢敌人的敌人。正是因为这样,数量只有五百出头的西班牙士兵足够战胜阿兹特克王国:由于科尔特斯用自己的办法争取到了赞宝拉(Cempoala)、特拉斯卡拉(Tlaxcala)和其他所有被阿兹特克人降伏的王国的帮助,这些王国饱受他们的征税官或军队的欺凌、抢夺以及强行征兵。科尔特斯把这些力量都集合起来,所以他有能力征服阿兹特克人强大的帝国。

哥伦布当时认为自己发现了人间天堂和蛮荒的贵族。您回想一下卡萨斯（Bartolomé de Las Casas）和他关于殖民地时期人的尊严的基本理论，以及在后来的世纪里一直到欧洲启蒙运动时期和18世纪美国独立革命时期的民主宣言。

哥伦布发现了蛮荒的贵族后，用锁链把他奴役起来。但也是因为这样，对新大陆的征服有了不同寻常的地方：我指的是国际法和人权的理念。西班牙是唯一一个颁布法律保护被征服的印第安人的殖民霸权。知道这些法律是否有被遵守是另外一个问题。但就像卡撒斯（Fray Bartolomé de Las Casas）所写的印第安人的状况使主张西班牙国际法的流派思想诞生了。像维多利亚（Francisco de Vitoria）和苏亚雷斯（Francisco Suárez）这样的思想家都立即宣布了我们的子孙后代有不可触犯性，揭示了不存在正当的战争，并且被征服的人民有不可剥夺的权利——也就是人权的不可剥夺性。以上是这场欧洲对美洲的悲剧性征服中最正面的后果之一。

1975年，您发表了巨著《大地诺斯特拉》，它重建了西班牙语世界的历史，从基督诞生时期一直到第三个千年的首天。您的书也涉及到在哈布斯堡王朝（les Habsbourg）统治下的西班牙，还涉及与曾经的殖民霸权的关系问题，还有西班牙在文艺复兴时期的种种矛盾。这本书在您的作品里占据怎样的位置？

这是一本概述，总体介绍我曾面临过的许多问题。这是其中一本在写作前吸收的信息比随后反馈给公众要多许多的书。在写《大地诺斯特拉》的过程中，我其实在进行自我探索，为了重新找到自己的文化和智力的根源，因为整个小说都在处理这些方面的问题。这是一部宇宙起源说。从另一个角度看，它是我自己的关于古代和新大陆的宇宙起源说。

历史在您的随笔里是个主要的元素；您尝试在文中建立一座连接历史与神话的桥梁。您期望依附神话来写自己的文化史，而不仅仅满足于将事件集合起来。您将拉丁美洲的发展过程分成乌托邦、史诗和神话三个时期。

我只是重新拾掇在地中海文化里真实发生过的事，它们都源于神话。首先有日常的基础神话，它们与发源地、生活的国度相联系。一旦走出国门，当尤利西斯离开家园，它马上便进入到史诗的天地里。从某种意义上说，史诗是活动的神话，但史诗之路的末端是悲剧、回归自我和对峙悲剧性的事件。这就是古代的循环。西方世界摧毁了它的中心，因为它丢弃了悲剧并以乌托邦取而代之：我们朝未来前进，未来我们注定有个美好的社会。

时间的概念频繁出现在您的作品里。我们该怎样调和现代技术和拉丁美文化里对时间的传统领悟——追溯至印加人和阿兹特克人，拉美文化的过去对预言的偏爱？

一种文化可能产生的对时间的感觉与技术的要求并不矛盾。技术要求不分国界、民族，除非我们赋予，不然它不会带有任何意义或目的。我想，这就是为什么人们全方位依赖它的缘故。当一家在墨西哥设厂的德国或日本企业被问及如何评价墨西哥工人时,回答是:"很棒,他们学得相当快,是很出色的员工。"从这个角度看,不存在任何问题。当涉及到与操作机器或利用既定技术的方式毫不相干的内在过程时,另一种观点浮出水面。事情总是这样。我不认为技术的进步曾抑制了艺术、思想或文化的进步,即便它们把机器或技术看作主题或者它们现实的对象。这是意大利未来主义者所迅速做过的,卓别林在《摩登时代》里致力于批评机器也属于这种情况。我认为世界上存在智力的精神力量。尽管它本身或因为它出现了可怕的事,可是20世纪也可以是弗兰克(Anne Frank)的世纪,并非一定要是希特勒的世纪。这表明世界上存在知识的真实性。那么技术又为何会扮演这个角色? 这与技术、政治和其他一切都有关,它取决于我们给予的关注程度。我们关注对方、形势和人到什么程度? 这同样适用于我们周遭现实、我们想象的现实、我们向往的现实和我们忆起的现实。如果我们缺乏这种特别的关注,就会失去人格。在这种情况下,技术便可以支配我们,或者我们会失去自己的文化。如果我们小心注意的话,科学文化和人文文化便不会产生问题。

您相信进步这个概念吗,我特别指的是人类历史呈线性的进步,如果我们以现代社会经历的发展为依据的话? 若考虑到20世纪里发生的种族大屠杀、斯大林主义和纳粹主义,我们是否甚至可以说存在"道德精神"上的发展进步? 20世纪真的比起17或18世纪更加人道吗? 如何来衡量呢?

我认为时间在人类的头脑里行进。只有在太阳或月亮下才存在客观的时间。但最常见的是,当我们想到时间的时候,它是我们构想的产物,是我们所相信的时间。尤其在爱因斯坦和海森堡(Heisenberg)的年代,要拥有在时间的相对性概念以外的时间概念非常困难,时间的相对性概念取决于所是何人、所在的空间、所指的时刻或所做的事情,取决于之前的时间、我们所希冀的时间——真实的时间正是以所有这些元素为起点被构建起来。当然,存在一种时间的线性推进。然而有趣的是,20世纪的各种艺术总体上都表现出对被看作简单接续的时间的反抗意味。这是一场为另一种时间所做抗争,一种重回源头时间的尝试。或者时间是环形的、螺旋状,又或者线性进行的时间之外同时有另一种时间;再然后是无止尽的往复。有如此多可能的时间概念这个事实点出了他们的伟大艺术特征:立体派画家、乔伊斯(James Joyce)、福克纳(William Faulkner)、爱森斯坦(Eisenstein)以及其他天才电影导演,导演们糅合了时间的各个层面并在电影蒙太奇手法的帮助下,塑造了完全不同的时间概念。我们也因而领悟到时间是我们使之变化的,我们不能说既定连续性是唯一可能的时间概念。

线性连贯性难道不是仅仅指自从伊拉斯谟(Erasme)、牛顿和莱布尼茨(Leibniz)以来的西方时间范式吗? 后来,我们是否还可以如此轻易就把它应用在具有环状时间概念的拉美文化上?

在不同的文化里存在对时间概念不尽相同的理解。否则,我就无法理解像福克纳的小说。福克纳诞生在最关注未来、世界上最讲究逻辑的社会——美利坚合众国。然而,他所表达出来的对时间的感觉呈巴洛克螺旋状,后者进行着所有可能的永久性环形运动。谁又能断言这并非美国文化的一部分呢?我们也可以将此应用在几乎所有的文化里:每条规律都存在例外,而例外总是更有趣……。

您对维科(G. Vico)的哲学做了大量研究。他的理论有什么地方如此吸引您?

我认为他是一个名副其实的启蒙时期哲学反对者。那时,启蒙运动者眼里只有欧洲——这是欧洲中心主义,这个被赫尔德(Herder)赞誉作万物之中心的欧洲——维科却懂得认清文化的多样性,而且他也明白不是上帝,而是人创造了各种文化,其根基是言语、字句。这就是维科使我着迷之处——我得说明的是全靠乔伊斯(James Joyce)我才发现了这点,由于《尤利西斯》建立在维科的哲学理论基础上。乔伊斯也不停地强调这点。在《尤利西斯》里,我们不住地发现有关维科的暗示和文字游戏,乔伊斯甚至把他这部传奇式的作品称作"维科微型图"(vicocyclogramme)。维科还为我们创造了机会去成为塑造自己的历史并从字句和言语中演绎人类活动起源的人。

对马尔克斯(Gabriel García Márquez)来说,美洲就是它自己的乌托邦。马尔克斯希望从时间里分离出一个时刻以此来解放时间。

我认为马尔克斯触及到了时间里被解放的片刻那种奇妙的诗质。如果我们没有从纯粹的时间接续的束缚中解放出片刻,那么到底什么才是一首诗、一部巨作、一幅名画、一部成功的电影?我们绝不会失去嘉宝(Greta Garbo)或迪特里茜(Marlene Dietrich),她们永远与我们同在,她们一直那么年轻漂亮,因为摄影和电影的艺术留存在脱离时间的瞬间里。我们也可以通过其他艺术得到它。我认为这正是马尔克斯在《百年孤独》(Cent ans de solitude)里所憧憬的。

我认为边缘经济的国家在今天拥有感知、创造性和符号表情的财富,这些比日常生活"代数化"的工业世界、日益增强的以技术为本的抽象性重要得多,这关系到音乐、电影、诗艺、生存的快乐……。我的想法错误吗?

有可能你是正确的,也许情况一直就是这样,说不定?您知道,现在我们在伦敦,在一个人们自愿把它唤作 Merry Old England 的国家,即幸福的老英格兰。今天,英国人没有任何特别幸福之处。他们行事冷静,直至他们去看一场足球比赛,然后变得无比疯狂。我不认为这就是歌中唱到的幸福的老英格兰。我的意思是社会在变。我来自一个拥有强大创造力的国家。但这个国家里人们属于不同的情感气质类型。我来自海滨城市韦拉克鲁斯(Veracruz),这是我的幸运,因为我觉得韦拉克鲁斯人,以及总体来说凡是来自海滨、来自拉美加勒比海岸的人,都拥有自然的快乐、友好和舞蹈的天赋,他们对肢体充满崇敬。这些都是居住在高地的人们所缺乏的,他们是印第安文化的后裔,对礼节非常讲究。我们能在同一个国家里发现这种强大的差异。美国常被我们说成是划一的国家,它拥有印第安文化、美非文化和西班牙语美洲文化。加利福尼亚与新英格兰(la Nouvelle-Angleterre)有很大的不同。美国的中心城市又与其他城市有很大差异。一定数量的种族、文化和人种的现实使美国成为一个多元文化社会,而美国人自己却毫无知觉。他们认为自己是纯白人的、盎格鲁-撒克逊的、新教的社会。但还存在更多不容置疑的可能性。如果说现在这些可能性还不明显的话,它们将在21世纪熠熠生辉。我们很快将在接受多文化的共同天地里生活。

在您的书《被埋葬的镜子》(*Le miroir enterré*)里,您写到了西班牙的那个年代,当时犹太和阿拉伯传统的大哲学家都生活在西班牙。这些交替、过渡的时期难道不正一直是人类史上硕果累累的显现吗?在古罗马,塞内加就从西班牙到来,他是一个提倡跨越智力和文化界限的人,那里兴许比封闭的文化有更多感知力和创造力。今天您可以想到例如文坛的诺贝尔奖得主 V. S. 奈保尔(V. S. Naipaul)为例。

我认为再也不存在有形的边界了。最后的界限也许在20世纪就已消失。当人类到达月球的时候,在地球上就不可能剩下很多边界了。又或者,像一位法国作家说过:"'外面'将不复存在。"外部已经消失。美国就是向西移的典型例子,同时也扩张了其边界范围,当它到达太平洋、加利福尼亚,整个国家版图就完成了。然后怎么办?咯,人们创建了"好莱坞"替充边界。没有了现实的界限,人们便创造艺术的、文化的、内在的边界,再而,很不幸地,我们也创造了作为目标要征服的外在界限,美国当时就属这个情况,他们不再拥有到达北美大陆上新边界的能力。因而他们不得不转向古巴和波多黎各,最后发展到越南,在那里他们以悲剧收场。因此,委婉地讲,这是个"双输"的议题。

自从过去的东西对峙的阵营和意识形态崩塌以来,关于存在"文化冲击"议题就广泛流传,你对此有何看法?

我坚决反对。我不同意两种理论。一种是关于"文化冲击",另一种是"历史的终结"理论。身为作家,我绝不赞成历史完结的想法,因为我知道只要我们还有要讲的话,历史就不会终结。历史的终结并不意味着民主制下的既定资本主义发展模式的胜利。在未来几年里,将会有许多不同的政治发展和思维形式。在中国存在另一种制度模式,它不够重视人权和民主态度的规则。对于资本主义制度,从它的本质、基本准则和逻辑性来说,拥有像北京那样的体制最终很可能比拥有伦敦或巴黎的体制更有利。这是可能的。可能性存在许许多多,且它们不受限制。"文化之战"是一种呼唤更确切定义的思想。我们都是种族混合的结果,我们中没有一个是文化冲击的产物,我们都是文化间汇聚、融合进程的结果。一种孤立的文化本身就是要寿终正寝的文化。

这么说来,伐斯冈萨雷斯(José Vasconcelos)在他的《克里奥尔的尤利西斯》(*Ulysse créole*)里所呈现的世界图景应该在您看来有着重要的意义。

是的,我认为"世界种族"①的想法和伐斯冈萨雷斯的观点并非完全没有道理的。

---

① [译注]指把全世界的人民看成是一个种族。

在基督教的传统门第里,随着神圣及其宇宙观的衰亡,人类被赋予了一个固定的位置——从托马斯·阿奎那一直到阿维拉(Thérèse d'Avila)——经典的传统神话已明显接近尾声。巴特(Roland Barthes)谈到了我们时代日常文化的神话。在新的21世纪里您能想象有新的神话出现吗?

我们不能脱离神话人物生存,这是20世纪大众文化的表现。是巴特将嘉宝当作其中一个神话人物来讲述;另外还有狄恩(James Dean),梦露及其他的现代男神和女神在当代神话的潘提翁神殿里。但此外,还存在被20世纪最奇特文学事件配插图的评判式的万神殿,在布拉格的一个骚乱的早晨悄然而至,当萨姆沙(Gregor Samsa)一觉醒来发现自己变成了甲壳虫。人类的反神话人物的形象,一个惯常稳重的人物醒来后突然发觉自己变成蟑螂。这是20世纪人类最意味深长的话。这个了不起的故事的作者是一位我认为是20世纪必不可少的作家。20世纪的作家,先有卡夫卡(Kafka),再有贝克特(Beckett)。他们否定人类的现实可能性。我们最终变成鼠妇①,被压得稀巴烂,除此以外,我们没有别的存在方式。由此出发,我们应该如何重塑人格呢?我认为从文学的观点来看,我们无法再利用心理学充分解释小说人物,那是19世纪托尔斯泰或其他大作家的做法。应该创造新的人类个性特征,一种我称作"形象"的人格。荷尔德林(Hölderlin)就曾讲到,形象的变化可能性会逐渐制造新的人类写照。在我的小说《大地诺斯特拉》里,我在很大程度上任由自己受这种思想的引导,就是人物形象随着文化、人文和心理的事件逐渐显现,因而刻画出一种新的人类写照。三个年轻人在经历海难后被发现于一片西班牙的海滩上。每个人头颈上都戴着十字架。没有人知道他们是谁、从哪里来。他们突然被赋予了另一种命运,因而也改变了其面貌。由此我想说明,我们都在人格的重定义过程中。许多过去的观点,例如现实主义或精神分析的理念因为一些仍不知名的东西在今天都显得落后了。未来的人性,未来的神话仍有待我们去发现和确定。如果我们提前认识了它们,这就显得毫无价值。我们应当耐心等待并发掘造成一个人依存于时间、社会或自身的束缚的原因。在所有的艺术及日常生活当中,我们不停地发现和谐、联系、开端、片段的终结、遗忘的回忆及至今没被意识到的乡愁。我们永恒地存在于变化与成为的过程中。所以我不相信历史的终结或人性的终结。相反,我认为我们都处在还没有确定的身份和准则的过程里。

---

① [译注]属无脊椎动物节肢动物门甲壳纲潮虫亚目。

给我们点时间：你们自己也慢慢来

纳蒂娜·戈迪默(NADINE GORDIMER)

邓 岚 译

以下文字来自温特的编译版本。

"身为作家唯一能做的，是执著地书写他所看到的真相。"这是戈迪默的写作宗旨。这位南非作家(生于1923年，父亲是犹太人，母亲是英国人)如今写了十几部长篇小说和一百多篇短篇小说以及文章：《陌生人的世界》(*Un monde d'étrangers*, Albin Michel, 1979)，《恋爱时节》(*Occasion for Loving*, 1963)，《看守者》(*Le conservateur*, Albin Michel, 1988)，《我儿子的故事》(*Histoire de mon fils*, Bourgois Ed., 1992)，《讲故事》(*Raconter des histoires*, Grasset, 2005)，《掠夺》(*Pillage*, LGF, 2006)。虽然她曾声称自己"天生对政治不感冒"，但她从未停止与家乡南非的现状作斗争：面对南非的种族隔离政策，她挑起了作家对于人道与自由的重任。作为南非非洲国民大会(ANC)的成员，她以发表无数文章、评论和演讲的方式来表态反对种族隔离。1991年她获得了诺贝尔文学奖。

*

戈迪默，当曼德拉(Nelson Mandela)被监禁28年后重获自由，又可以再从政时，您有何感受？

我自然很高兴看到这位自由的象征者重见天日。但我认为，南非的种族隔离制度在更早的几个月前就已经结束，也就是1989年10月。如此多的事情在这年的最后几个月发生：柏林墙的倒塌，而在这，是种族隔离的大山被推翻。当狱中曼德拉的精神导师祖祖鲁(Walter Zuzulu)被释放——如果我记得没错，同时另有七名黑人也被释放，在索韦托(Soweto)外围的一个足球场内曾进行过大规模群众示威运动。他们都是最早进行斗争的人；他们反对从事政治活动的禁令，还通过斗争获取了无条件释放。在这场示威运动期间，没有警犬，没有武器，没有催泪瓦斯，只有南非非洲国民大会(编按：以下称"非国大")和一些工会的旗帜。那是充满欣喜的一刻、令人赞叹的瞬间、自由时代的开端。

在此之前的岁月里，面对种族隔离制度，您曾表现出一种十足的斯多噶主义，您可以说是对政权口诛笔伐的代表人物。

我是众多谴责之声中的一员。当时处处可见不敢想象的、震撼人心的案景，男的、女的，他们的生活支离破碎，他们久陷牢狱，他们的兄弟、姐妹、配偶在流亡中等待，长期忍受着非人的苦难。他们中有一些名人。其他不计其数的人都默默无闻。这一切是一种耻辱，真正号召人们行动起来改变现状。

阿非利卡人（les Afrikaners）①从某种角度自诩"被（上帝）选中的民族"，他们的理论研究者宣扬"白人的纯种性"。在日常生活中如何体现这种白人的统治？

我的出生地是南非，我上的是白人的专属学校。周六下午，我常去电影院，到只准白人进入的放映厅。与所有中产阶级家庭的女孩一样，我学跳舞，舞蹈班只让白皮肤的男女生参加。之后，——这件事使我受到很大的触动，因为我从十一二岁开始大量阅读——我常去当地的图书馆，那里只有白人可以借阅书刊。大家于是有了一种感觉，有种因皮肤颜色产生的优越感——并认定这是上帝的旨意。孩子不会对这些状况有任何疑问，因为那时他们绝对服从父母和老师的价值观。到后来进入青春期，只要稍微有一点点理解力和好奇心，他们就有了求知欲。为什么我可以借书而这个黑人孩子不可以？他不也一样渴望看书吗？

您将自己界定为南非犹太社会的一员，抑或是一名远居岛上的外国人，还是少数白种人中特殊的一员？

不，我首先把自己看成一个白皮肤的南非人。而这点尤其得益于我的家庭环境。我父母没有以犹太人的精神信仰来教育我——他们对犹太团体的活动不太感冒——他们让我在教会学校念书。后来，在我的青年时期，和我相同背景的人常常去犹太复国主义盛行的殖民地区，但我没有。虽然我清晰地认识到自己根源于犹太民族，且这点不容置疑，但我仍然认为自己生为"黑人"是正常的。最好是既不夸大炫耀自己的出身也不否定它。我们都是人。

亚洲人尤其是印度人，他们如何融入南非社会？您在作品里也探讨了这些印度"飞地"的问题。

在这点上我们触及到另一个层面的问题，涉及在我国非凡的历史上一个奇特的组成部分。我们只消想想印度人生活在整个非洲。例如在肯尼亚独立后，他们遭迫害和驱逐，据我所知是因为他们中没有人同意放弃英国公民的身份而接受强加的肯尼亚国籍；他们在解放运动中也从没有聚集到一起。在南非又是另一种情况。鉴于圣雄甘地在南非居留的时期和他的努力，鉴于"印度大会"（le Congrès indien）的建立

---

① ［译注］南非的荷兰血统白人。

和印度人参与促进非国大成立这个事实,印度人在独立解放斗争中扮演了非常重要的角色。他们当中许多人都身陷囹圄。如今我们的政府里有几位部长就是印度人,大家因看到一个能真正走出种族主义的国家而重燃希望。他们为我们树立了一个生存在非洲并争取到南非人生存权的榜样。

您说苏联曾在解放斗争中对南非的共产党和非国大提供了长达几十年的支持——经济上和军事训练上——然而美国和欧洲国家嘴上谴责种族主义,却或多或少以种族隔离的方式支持白人政府。您对西方国家这种暧昧的态度作何反应?

我尽可能地大声说出来,无论何时何地,包括在国外。西方国家表现得难以理解地表里不一。现今证实他们与实行种族隔离的政府勾结在一起,其程度比我们当年所得知的更加紧密——直至自由选举前的最后几个月,甚至最后几天。

您把跨过殖民主义看作是20世纪的伟大进步之一。但殖民主义真的被消灭了吗,抑或仅仅换了副面具?例如想想西方的媒体技术,想想MTV、CNN、Fox TV这些面向全世界的电视台,想想经济和政治领域的全球化。

经济殖民主义一直存在,且肯定远未消亡。不论怎样,一些老殖民地里能产生民主的宪法在我看来就极具意义。如今我们有自己的法律,无论否泰,我们掌控自身的命运。有些国家不能做到这样是由于它们因老殖民主义遗留下来的麻烦备受煎熬,而您所说到的新殖民主义仍在扩张:例如在印度和巴基斯坦,还有在以色列和巴勒斯坦的情形。欧洲遗留下来的冲突问题落在我们的肩膀上,但这只能意味着争取独立的斗争进入一个新的阶段。

我们看到在卢旺达、苏丹和埃塞俄比亚发生的种族宗教冲突,看到充斥着腐败的独裁专政和国民经济的衰败,非洲在经济、政治、社会方面的前途在哪里呢?

欧洲的民主制度有一些已经发展了数个世纪,时至今日,它们仍旧很不完善。我们在这条轨道上不过走了几年,于是每当听到美国人和欧洲人说"为什么你们这方面还没有做,那点还没有改"的时候我们都很恼火。给我们点时间:你们自己也慢慢来。

当然,转变不可能在朝夕间完成。您的文字似乎在说明历史是个渐进的过程,它的发展有时会出其不意且无法预料。但殖民主义难道没有窃取非洲人的历史吗?

正是如此。我感觉就像是一种混凝土遮盖了所有有机的东西。殖民斗争正是要凿穿水泥显露出深层的东西。然而不能忘记这些更深的层次有很深的渊源且造就它们的表现形式各有千秋。您知道,在文学上,这里没有书写的传统,但有流传已久的、发达的口头传统,在现代我们应该唤醒口头传统的新生命。我可能在这点上有个比较浪漫主义的设想,但我仍想象在电视上和收音机里出现黑皮肤的主持人,他们的声音和动作能展现原始人类的各种面貌。当然了,说起这个,我们还只字未提非洲文学的发展。它取决于扫盲进度。在这个国家,能写字的人属于占优势的一部分,因为约一半的人口目不知丁。而在另一半人口里许多人的识字水平不超过一张报纸的大标题或者一首小诗,因而他们无法领会文字的意思及其带来的乐趣。在我看来,这是不人道的罪过。

我们从您的作品中感受到您对近来非洲文学正直性的赞赏程度,近期的非洲文学首先致力于国家的解放,后来在后殖民主义时期,它反抗腐败的黑人政权。其作者有阿契贝(Chinua Achebe)、索因卡(Wole Soyinka)及其他很多人,很遗憾他们在西方国家鲜为人知。在政治和社会的纷乱核心中承担智力责任:您也许就这样描述他们的态度。

正是。他们深入社会,揭穿体制的危险错误把戏并至少揭露了某些真相。他们中的一些人踏上了流亡之路,另一些被封嘴。这一切既令人担忧又可悲。南非已经失去了一批很优秀的作家,而好作家不会从天上掉下来。

用人类学术语,我们说文化身份之需或各文化共存之需。您觉得是否可能有一天这种需求得到满足?

这是个微妙的问题。我想我们应该顺应文化认同的多元性。奇怪的是,这对阿非利卡人来说异常困难。印度人、意大利人、希腊人和犹太人,每个民族都各行其是,保持自己的宗教祭礼和习俗。唯独南非的白人如坐针毡,惊恐万分,因为他们失去了统治地位。他们认为均一的文化是他们的政权表现形式,然而这种政权表现形式已不复存在。它曾风光过,但现在已一去不返。而即使我们有着同一个政府和新的宪法,我们不是一个民族。大家能聚集在一起已经是个十足的奇迹,但这个奇迹常常抵挡不过现实。无论在学校还是工厂车间,旧时的种族主义到处重复出现。必须通过日复一日的努力来实现奇迹。

把黑人居民赶到所谓的"黑人家园"是违法的专横行径,在那里种族歧视一如在黑人贫民区般肆行,驱逐自由的祖鲁种族族群也是非法的专制行为。今天他们的情况怎么样?

那些生活在这类地方的人甚至连拥有自己私人住所的权利也没有。它们是宿舍新村,到今天依然还存在。几年前,我横穿墨西哥,1912年在那爆发了革命。我心寒地看到那些在墨西哥城附近违法搭建的居住区继续存在,而且已经变成一家几代人挤挤攘攘存活的贫民区。于是我着急地寻思将来我们是否能解决这个问题以及通过何种途径来解决。但有一点不要忘记,就是这个问题不是由新争取到的自由引起的,而是可以追溯到种族隔离之前的时期。

您在芝加哥曾说过辛克莱(Upton Sinclair)的小说《屠场》(The Jungle)给了您特别深刻的印象,尤其因为它使您回忆起在斯普林斯(Springs)①的黑人矿工,您在儿时就知道他们。

---

① [译注]南非东部城市。

是,这部书给了我很深的震撼。由于在我的家庭和朋友圈子里,没有人参加工会组织、以前我甚至不知道工会是什么,我不了解工人应该有什么权利。我那时从来没有想过可以把一个组织起来的工人阶级看作反抗和暴动的源头。

您如何描述自己的作品里现实与虚构之间的关系?

各种潜在的现实都存在;有昨天发生的事、今天发生的事、和你我生活相关的事,那些发生在世界上并引起我们注意的事。但同时也存在一种由许多不同现实组成而表现出来的现实。我的文字应该属于最后一种,我的首部小说除外,它与大部分处女作一样,与我自己的人生经历紧密联系;我们以它来向父亲、母亲或其他人报复。在我随后的小说或散文里出现了各式各样的人物,他们和我的生活没有一点关系,我没有赋予他们特定的年龄或性别,也没有特别规定人物的肤色。即便在种族隔离时期,我一直行使(作者的)权利把黑人的人物角色当作我自己的一部分来写作。我的黑人作家朋友常对我说:"你了解关于我们的一些连我们自己都不知道的东西,而我们了解你的一些你也不知道的东西。"我们正是通过内心世界彼此拉近在外部世界的距离。

这就意味着您不属于19世纪欧洲文学特有的传统现实主义之列,而这种传统现实主义在某种程度上也确定了近代非洲文学的特点?

我想先问您怎么理解"现实主义"。这个词很适合用于潜在性受限的新闻工作上,但对于一个作家来说,没有什么东西比现实主义更不现实的了。他的工作使他大可以超越最优秀的新闻记者所撰写的内容。因而现实主义只是一种呈现作者所感受到的事实的方式。现今的文学,也就是所说的后现代主义,倾向于尽可能分割这个现实,但这也几乎等于切掉蜥蜴的尾巴:它继续存活着。而小说也是同样道理,贯穿其断片继续存在。同时,我满意地注意到它逐渐重获一种哲学素质,从一个叫加缪的人提倡最低限度派艺术开始,小说就缺失了这种哲学素质。再加上现今的小说为题外话留出了空间,题外话不再仅仅是作者的插入手段,而且是——想想诺贝尔奖得主萨拉马戈(José Saramago)的作品——读者的看法和意愿,读者自己也参与其中了。因此,小说从此是一种开放的、可涉及任何内容的形式,是一种永远超越现实主义的邀请。

昔日你曾援引立陶宛、波兰大家米沃什(Czwslaw Milosz)的话:"如果诗歌既不能拯救人,也不能拯救民族,那么它有什么用?"因此作家的天职就是与他所处的时代及伴随而来的惊骇直接进行对质,并以文字的方式作用于那个时代。

这个问题自始至终使作者们牵心。一些人会对之有另外的表述:诗歌如果只对人类有用而没有其他目的,那么写诗做什么?到底我们将什么与"有用"联系在一块?写一首诗以便继续发现之旅,以便更深入研究一个奥秘的各种形态,给各处带来光明,这些难道不也是对人类做贡献吗?在国家社会主义①肆虐的时期写下了这句

---

① [译注]即纳粹主义。

话,当时他认为介入政治是对他的艺术所做的最高程度的阐释。

不管怎样,您认为鲁西迪(Salman Rushdie)的《撒旦诗篇》①(Les versets sataniques)对后殖民主义社会产生了与格拉斯(Günter Grass)的《铁皮鼓》(Le Tambour)对战后德国所产生的异曲同工的影响。

凭借由想象力孕育的诗意的刚毅,《撒旦诗篇》不单摘掉宗教原教旨主义的假面具,而且还揭露了殖民主义及其虚假的荣耀。它指出人如何被当权者压迫、驱逐并强制保持沉默——而全世界到处都是这样。

您强调非洲文化多样而不对立的特点,将之区别于北美和欧洲的驯化单一的合理性原则。考虑到技术和工业化的发展,您认为将来这片大陆能保持他的传统、精神活力、创造性的敏感度和他现在展现的面貌吗?

我不这样认为。我希望并且认为在这里将诞生一些丰富其他语言和文化的潮流。我来给您举个例子。甚至在种族分离的末期以前,我们的戏剧生活就发生了深刻了的变化。一直以来,只有百脑汇的音乐剧、伦敦西区(剧院)(West End)的戏剧和几个南非作家的剧目,当然,他们是白人。随后剧团的一些男女演员与黑人进行合作——到那时为止黑人都只是充当舞台上的布景角色——并将戏剧艺术创作的职责留给他们。就这样诞生了一家非种族主义的黑人戏院,它完全可以与纽约的拉玛玛剧场(La Mama Theatre)媲美。今天,我们有一批黑人剧作家,他们针对我们国家的历史和现状做了大量创作活动。这意味着他们从口头传统汲取长处与灵感——感觉在口头传统中扮演更重要的角色——用以改造从欧洲"进口"的戏剧并赋予它新的内容。

那么我们是否可以说政治自由正处在一种潜在的见习阶段?

我们要为之做永久的努力。在我们人类身上,没有什么永恒不变,没有什么真正了结。假如在我们多重复杂的关系中存在有益的东西,我们就该每天牢牢地把握住它,为我们自己所用,为其他人所用,为由我们选举产生的政府所用。我们永远没办法断言自己生活在一种完美的民主制度里,又或者我们没办法说自己是绝对正确的。这一切都需要不停地思考,就像不停地思考人类彼此的关系一样。

当我们看到爱国主义能以何种速度转变为民族主义的时候,爱国主义还有意义和前途吗?

爱国主义激起我很大的怀疑。在一定的阶段,爱国主义确实可以有助于达到一种政治目的。有人反对种族隔离制度的解放斗争或者一些非洲其他的国家反抗欧洲强权政治——欧洲人自认为是世界的主宰——就是这种情况。但我们争取到了自由以后,其实无须再挥旗呐喊。显然,人们需要仪式、偶像和口号来予以依靠。宗教的

---

① [译注]亦译作《魔鬼诗篇》。

衰落不单带来一种在信仰问题上越来越膨胀的极端主义,而且还揭示了人们企图以形成一种过激的民族自豪感的方式来躲避内心的空虚。

我们注意到今天的西方只是换了方式来继续推行他的扩张政策。经济全球一体化建立在世界传媒技术的基础上,经济全球化显然不会让文化多样性有立足之地吧?

如果我们真的能保证这种技术允许不同的文化表达声音,那么我们只能支持它的存在。但是我所居住过的任何地方,不论是在非洲的其他地区还是在东欧、印度,这种技术都被同一个东西所操纵,那就是美国文化。

您感到这是一种危险?

对,而且很多关心原始文化的人也有这种感觉。这件事提出一个严峻的问题:人们被给予他们似乎想要的东西;而到头来,他们只是在电视上看到一出美剧,它反映了被主宰的社会价值观。由于贫穷的国家没有财力制作自主的节目,人们便有了一种印象觉得美国的电视台满足了全世界人的需求。真正需求甚至没人试图去了解也不尝试让大家各自充分发展。要补救这个问题还得有赖于政府和媒体的文化负责人。

所以应该希望在即将来临的世纪里,人类从拥有平等权利的好几种现代特性中去探求观念和传统文化的根源及其规范准则和进步概念的根源。

这种异质性是人类自由的先决条件。一旦缺乏,结果便是失衡的统治、恐怖的统治、种族主义的统治。种族隔离政策毋庸置疑是荒谬的,我们应对此拥有一致的看法。但在它被彻底废除以后,浮出水面的是多方多面的(人类)生存基本问题,特别是伦理问题。

自然历史不知道进步

史蒂芬·杰伊·古尔德（STEPHEN JAY GOULD）

邓 岚 译

以下文字来自温特的编译版本。

  迄今为止，在人类历史上，人们自尊心受到过三次打击：哥白尼与地球联手把人类从宇宙中心的宝座上"拽"了下来；达尔文将人类进化的谱系历程始端定在动物进化领域的某个点上；凭借对无意识的发现，佛洛依德悟出了人类并非能任意支配自己。动物学家和地质学家古尔德（1941 年出生在纽约，2002 年去世）为我们准备了又一件伤自尊的事——他说："人类并非最完美的大自然杰作，也不是生物进化的顶端。"古尔德认为，这个"错误的认识"源于大地上最简单而最古老的生命形式：细菌。他的理由是，像鱼、鸟、哺乳动物直到人类本身等多细胞的生命形式无疑是单细胞形式所无法比拟的更复杂的生命现象，但是，人类只是"进化谱系这棵大树上一支不起眼的分枝"。换句话说，我们这些"高级"生物不过是偶然产生的。

  史蒂芬·杰伊·古尔德是哈佛大学的地质学教授、哈佛"比较动物学博物馆"里无脊椎古生物学部门的学科带头人，并属科学史学系的教研成员；1966 年，他又成为纽约大学的生物教授兼研究员。他的法语作品有：《八指》(*Comme les huit doigts de la main*, Points-Seuil, 2000)；《生命物种》(*L'éventail du vivant*, Point-Seuil, 2001)，《壮丽的生命》(*La vie est belle*, Point-Seuil, 2004) 以及《进化论的结构》(*La structure de la théorie de l'évolution*, 2006)。

*

  古尔德，您将"进化"与"进步"作出了明确的区分，这表明自然界的进化未必都有上升发展的趋势。

  在时间的长河里，肯定有物种会变得更复杂而令我们说到"进步"。但若纵观这个进化的整体过程，我们不可能辨别出总体上升的趋势，原因是最早的单细胞动物——细菌——在三十亿五千万年前出现在地球上,今天它们仍旧是最普遍的生命机体。从此,整个生命史都处在细菌的支配影响下,它们无处不在、无时不在。我一点也不否认起初的生命形式有所进步,总是在更多样的环境条件下产生更多的品种,但物种的多样化并不证明其是在往进步方向的压力或目标的动力指挥下进行的。之所以产生这种错误的印象,纯粹是因为我们太习惯全力关注自己这个物种。从神经学的角度看,人类无疑是发展最成熟的生物,但人类只是庞大的进化谱系树的一个小分枝。昆虫占了所有动物生物体的80%。它们的生存能力极强,甚至比人类的生命力还要强;尽管如此,它们的进化既不能体现智力的增长水平也不是任何进步的标志。

做个概括:总的来说,生命形式的进化产生更大的物种复杂性,但这并非呈线状的连续性?

正是。如果我们要建立一个关于进化史上最为复杂的生物进化线性谱系表,那么它应该是从细菌开始,往后是构造更复杂的单细胞生物,再往后可能就是水母、鹦鹉螺和鱼。之后会出现两栖类动物、恐龙、哺乳动物,然后,到了一定的时候,作为进化的终点,产生人类。但实际的进化并没有依循这样的顺序:我们既不是从水母也不是从恐龙进化而来,只是从一类极普通的爬行类动物进化而来。

达尔文的物竞天择理论难道也没有一点至少让人设想存在持久进步的内容吗?

没有,这个理论纯粹建立在对自然环境的适应机理上。所有生物繁衍的后代都比能够存活的多,这些后代在遗传学上呈现彼此各不相同的差异。那些靠着偶然的机会更好适应外部变化的后代存活下来。这不能说是某种生命的进步。例如,一种寄生生物在寄主的体内生存,它体型结构简单,一片细小的组织就可以进行繁殖,它与地球上构造最复杂的生物一样适应自己所处的环境。这点达尔文已经清晰地表达过。他在其中一本笔记本里记录了貌似是对自己说的话:永远不要说高级生物还是低级生物,区别只是对环境的适应。我想达尔文的这个理念,也就是关于多样性的进化而非进步的理念,从未真正被纳入普通文化,因为人们绝对想从中看出进步,他们会感到安慰:这样一来他们便能感觉自己从一开始就设定人类为终极目标的进化过程的顶端。但是时至今日,在生物学界中,主流的学术观点是进化不过是对环境的适应。

依我们现有的知识看,人脑在十万年前就已逐渐发生转变。在说明转变所产生的能力延伸的各种结果上,您避开使用"文化进化"这种说法而倾向于说"文化转变"。

我不喜欢"文化进化"这个说法,因为在文化转变和生物进化之间的区别比分开两者的类同之处显眼得多。它们的区别在天平上占主要的分量,人们说"文化进化"是因为它们错误地想用达尔文学说把文化和自然两者的发展过程联系在一块。我用两个例子加以说明。第一个:我们学习积累的一切东西会立即教授给下一代——我们将获得的才能和本领传递给他们。相反,生物进化不显现任何这种规律:下一代只获取基因,而基因绝不受教授的经验和有益的行为影响。第二个:人类促成的文化转变源于不同传统的相互作用——就是靠这种方式,历史的车轮才经历一幕又一幕的文化演变。这正是生物进化里没有的现象,当一个物种派分出去,它会总是保持原来的方向。当然,在之后它也可能会和别的物种发生生态学的关系,但不会有基因融合。

所以,当我们要找一个与文化转变对等的生物范畴说法时,应该用"传染"而非"进化"。

如此一来,您暗里对社会生物学家威尔森(Edward O. Wilson)在《新综合》(Consilience)一书中的论点提出了重大异议,他创造了"后天的进化"这个概念并坚持认为文化的转变确实是由人类历史每段时期的基因遗传变化所造成,但文化的转变也反过来影响基因遗传。因此,自然历史与文化的历史是对应关联的。

但这是很松散的联系。毫无疑问我们的意识受到遗传的限制。没有这个意识,我们甚至不可能对"什么是文化"有概念。换言之:如果遗传基因的进化没有带领我们开发一种既定的心智功能模式的话,也就不存在文化的历史。但与此同时,我想文化的历史对人脑不会产生任何反影响作用,我认为我们现在的大脑结构与几千年前还没有文明这类东西的时候是完全一样的。

您将文化的起源定义在哪个时期?从何时起人类根据自己的意愿来塑造环境以便能够说出现了文化史或人类精神史?

这类问题与科研的相关度比其与定义的相关度低。一些人表示文化的发展仅从人类明确利用工具的时间就开始了。相反,另一些人认为没有语言就无法想象文化会进步——但是语言的出现已经是很后期了。人类制造并使用工具已有近两百万年的历史,其后人类才得以改善生活条件。不论我们明白与否,文化的特性从属于人们使用的阐述体系。

不管怎么说,您支持认为自我意识的起因还处于不解状态且有可能永无法被准确界定的想法。

在科学范围里,我们可以注意到人类的祖先并不拥有我们用"意识"这个词所指的智力能量。然而,随后人脑比原来大得多,人们开始有了自我思考能力和抽象思维能力,二者都与语言的进化并驾齐驱。可以肯定的是,在这个进程实现的背后有一个明确的、极其复杂的并与物竞天择的理论相兼容的动机。只是我们还不清楚这个动机的内容。这一切会发生的原因,或者甚至说它是否可能有一种宇宙性的含义,科学对此还没有答案。依我之见,这个及同类的问题是无法解决的。

当看到在拉斯科①(Lascaux)或者在阿尔塔米拉洞窟②(Altamira)里发现的早期成熟的原始壁画时,我们震撼于那股把人类生存的中心动机挪移至无法模仿的符号语言的力量。卡西尔(Ernst Cassirer)认为这种对符号的创作才能是人类决定性的特

---

① [译注]法国多尔多涅省的一处洞穴,内有史前壁画。
② [译注]西班牙北部史前石窟,内有著名的马格德林时期的绘画。

质,我们应该支持他的观点吧?

当然,但是这种才能丝毫不能表明那些壁画里包含的对生命或神的思考确切与否、对错与否,因为壁画只是人类思维的表达方式。无疑,符号在被创造出来之前都可以先被理想化,但这并不意味着大自然里有这种理想的范型。

无论如何,我们始终要面对死亡。与动物不同,我们都知道自己终将死去。正如巴塔耶(Georges Bataille)所说,单是这项对死亡的认识就足以沉重得使人难以对形而上学的各种思考和想法时刻保持关注,即使是强迫这样做也很难。

一点不错。对此佛洛依德也有类似的论据。即使我们的大脑在纯粹的进化因素的机理上发育——而非因为我们得主动意识到自己的必然死亡——那么这种对死亡的意识也仍然是我们所经历过的最痛苦和最震撼的事,因此我们要为之找到一种解释。佛洛依德认为——我赞同这个观点——宗教首先是对掌控这种(死亡的)必然性事实之后的"命运"的尝试。在使自己对人生短暂的一面有了清晰的概念之后,我们才接近那真实的人性。

但您刚才说神的范型是文化史所固有的,而非属于大自然的本质。

神学和文化的进化只有在与社会的状态和目标建立起关系的情况下才有意义。既然大自然不是一个精神上的范畴,我看不出神学的思想能在里面占什么样的位置。

然而,可以确定的事情是,从远古时代开始,人类在某种意义上把大自然理解成一手支配世界的上层统治力量。从这个层面讲,对神的描绘是人的意识特有的表达标记。

对,但这种事实状态说明不了是否真的存在不带物质性基础的非物质实体。我们可以先研究宗教在社会学及人类学上的各种形态的问题,然后会发现所有的文化都或明或暗地采取一些关于神的理念——然而这并不能证明上帝的存在。仅从人类青睐于同信仰维系在一起就得出的结论说他选择的信仰对象是存在的或者断定这个对象有无懈可击的特征,这样做是个致命的错误。不要忘记一点:我们的头脑是不完美的"机械"。例如,人类难以勇敢地以理性的态度去直面一套似假幻真的理论;对大多数人而言,这种理论与《启示录》①一类的书起到相同的作用。然而这却没有改变这种学说为解决某些科学上的问题提供合适方法的事实。

我们是否可以说达尔文的进化论一下子便否决了上帝的存在?

不。其实很简单,进化论就跟普通科学一样,它不涉及关于宗教的问题,因而,它没有回答这些问题。如果在宇宙里有超强的力量在起作用,那么这股力量会在科学所涵盖的参考范围之外。它建立在经验主义和显而易见之事的基础上;对除此以外

---

① 圣经分为旧约与新约两部分;旧约又分为39卷;新约分为27卷;其中新约的开始四卷是福音书;《马太福音》、《马可福音》、《路迦福音》、《约翰福音》;最后一卷书是《启示录》。

的一切,它没有解释。但信徒们无需担心达尔文的进化论是否一下子否决了上帝的存在,因为他们从来就没有将自己的观念建立在大自然的实在结构上。

那么是否意味着科学和宗教注定互不相干,两者是否无法进入可能使双方相互推动、相互丰富的对话从而跨越各自为政的界线?

每个本质问题都有其科学层面和宗教或伦理层面。二者之所以不能相互融合,是因为它们自身对问题的研究手段和方式分别建立在现实的不同领域上。但这两个层面平等共存,因此我们得以在一处寻找科学的答案,在另一处寻求宗教或伦理的解释。所以,我一点也不反对科学家与神学家对话,相反,他们应该学着更好地相互理解。

当下,他们必然在生物技术的应用问题上相遇。您赞同这种介入吗?

那得视生物技术的用途而定!与所有翻天覆地的技术改造一样,生物技术拥有巨大的潜能,可以被利用在有益或有害之处。因此,我们不应该仅仅因为它可能产生不利的效果而忽视或者轻视它。例如,得益于生物技术的手段,我们从此能享用一个含维他命 A 的新型米种,对此我看不出有任何的异议。对传统天然缺乏维他命 A 的大米来说,这是一次重要的、甚至是有益的改进——原因是无数将它作为基础食物的人饱受这种维他命的缺失。如果我们把生物技术实在地应用在农业和医学上,它将变得更有益合理。

细查耕种史,可以看出长久以来人类一直在提高作物的性能,使其满足他们的要求。经过这些或其他同类的举措以后,人类从此便生存在一个完全按照自己的意愿来改造的星球上。

几乎所有人类膳食的基本要素——谷物、黑麦、稷黍、大米——都是经过人工筛选的产物:我们把它们种出来,然后给它们做一些基因的修改。随后更甚,我们把森林砍伐精光,切断大自然的循环,导致物种的灭绝。科技创造了新的环境,对物种进化产生了影响,而这点恰好与达尔文主义相吻合——由于机体要适应于所在的环境的变化,适者生存。

姑且先不考虑达尔文本来是否真的可以用他的理论来调和近 150 年来由技术引发的混乱局面,难道生物技术没有破坏道德维护的界线?难道它没有把人类和其他生物的进化领到一种新的阶段?也就是说,科技是否引发了一场生物界的浩荡革命?

在某些情形是这样,也就是当我们更大程度地改变遗传程序的时候。从这个角度上,可以说文化的改变对进化有反作用。否则,从生物学的角度我们什么也没有改变。

各种迹象使人联想到越来越精细的技术——不仅仅在生物学领域,而且还在传媒部门——在未来还将加快文化的变化。

对,这将带给我们巨大的自主权。物种演化的过程很缓慢,它还远不能影响这种飞速的文化发展:毕竟人类的大脑和身体在过去五万年都完全没有变化。生物学上的实体改变只能通过基因的实验操作来进行——而且可能将来也是这样,得益于随时间发展的因特网和网络空间。但是我也说过,这种情况是属于技术进步下的次效应,我们自己加快了技术发展的步伐。

生物进化的极限是否依照人类进化的限度?如果是,它们有哪些界限?

很显然,有些界限我们没有意义去探讨,例如,我们无法长到四米高,还有永远不可能不吃饭不睡觉。但与此同时,我认为我们有足够的能动性继续将行为规范在道德允许的范围内。我真的认为朝这个方向走才是可行的。我不认为我们天生不懂不要打仗和不要自我毁灭的道理。我们可以做得更好……。

人这种有理解能力的生物是不是在物种进化内在推动下的产物?我们是否可以说,意识产生在地球或宇宙中是一开始就被(进化的程序)设计好了?

这里要区分两样事情,一方面是关于人的生存可预见性,而另一方面是有意识的生命。我们几乎可以肯定,这样一种有着两只眼睛、五个指头以及一切我们拥有的特殊性质的生物是独一无二的,因为地球上的每个物种都是千百年进化的结果,是最偶然和随机的,因而今天的物种当初都有可能走上另一种变化发展的道路。所以,费心去寻找也有两只眼睛、五个指头的科幻生物是没意义的。相反,我们说不出是否存在具有意识的其他生命体。我们只知道意识只形成一次,就在此。一个类属或派系能达到的复杂程度并不重要:没有人能保证它在地球表面永不消失。在生命史上,我们不断地发现大量物种灭绝的凸显时期。例如,恐龙看似相对比较有防御能力,敌不过大陨星猛然撞击在地球上。从综合进化现象的短缓性来看,总体的平衡状态不会永远持续。

所以,像纪尔兹(Clifford Geertz)曾想过的那样,物种进化可能撇开人类而自行其是?

喔,是,在人类出现以前,进化就"自己设法"过了三十亿五千万年!我们只不过存在于地质上一小片刻而已。话说回来,尽管人类有许多不完美处,我认为他还是足够睿智并拥有足够的道德敏感度在这里生存下来,说不定能生存很长的时间。我不是个悲观主义者,确切说,我是个带悲剧思想的乐观主义者——我忧心忡忡,因为我观察到在大部分时候,我们人类醒悟得有点太晚了。

为什么有些国家发展了,有些国家却停滞不前呢?

塞缪尔·亨廷顿(SAMUEL HUNTINGTON)

林 婷 译

亨廷顿(1927年出生于美国明尼苏达州明尼阿波利斯市)是世界上最著名的政治学家之一。他任哈佛大学政治学教授的同时还主持着约翰·欧林策略研究学院。上世纪60年代,随着《变动社会的政治秩序》一书的出版,亨廷顿开始名声大噪。他是1976年由三国联合出版的《民主的危机》一书的作者之一。美国前总统卡特(Jimmy Carter)还任命其为白宫顾问。

亨廷顿是《外交政策》杂志的创刊人,1993年,他因在《外交事务》发表的文章中提出了西方文明与其他文明之间的冲突而闻名于世。这篇文章后来被编成了一本书(1996)。9.11事件在世人面前证实了亨廷顿在地缘政治学上的前瞻性,也证实了他的推论——20世纪的核心问题就是文明。近些年,亨廷顿在研究文化对于世界经济和政治发展的影响这个基本问题上下了很大功夫(与哈里森(Lawrence Harrison)共同主编了《文化的重要作用》)。他写了许多书,其中最著名的有《文明冲突论》(O. Jacob, 2007)和《我们是谁:美国国家特性面临的挑战》(O. Jacob, 2004)。在后一本书中,他分析了国家特性的基础,尤其是新移民浪潮下的美国国家特性(P.151)。

*

亨廷顿教授,在公开谈话中,您提出了文化的概念对外交政策、经济和全球秩序的影响。为什么您会思考这个关于世界前景的问题呢?

80年代当我在研究第三世界经济及政治的发展问题时,我就对文化感兴趣了。为什么有些国家发展了而有些国家却停滞不前呢?我分析了1960年韩国和加纳两国的经济数据,在那个时期,这两个国家的情况完全是一样的。在国内生产总值的分配中,第一产业、制造业、服务业的所占份额也是相同的。他们有着基本相同的人均国民生产总值、出口商品的分布、他们所获得的经济援助也是差不多的,但是25年之后,韩国成为了全球主要的工业强国之一、世界经济强国之一、重型设备出口国,拥有众多的跨国公司、电子仪器以及一系列的尖端产品。相反,加纳或多或少还是原来的那个加纳。该如何解释这种差别呢？毫无疑问，原因是多种多样的，但我觉得文化在其中占据了很重要的位置。韩国人注重工作、纪律、组织、培训、教育、节俭和储蓄，这些都是韩国经济获得成功的重要因素。相反，加纳人维持着明显不同的价值观，他们没有任何改变。因此我开始思考文化在人类社会的构成及演变过程中所扮演的角色。随后，在80年代末，冷战结束的同时也使得我对这时期出现的现象十分感兴趣。文化的联合、同化及其差异性在后冷战时代发挥的越来越显著的作用让我感到十分震惊。

您这本已经翻译成各国文字的《文明冲突论》的主题是，在东西方政治集团意识形态的战争之后，未来世界政治的冲突将会是来自于不同文化、文明的集团间的对抗。但是您似乎在宗教和种族对立这个问题上投入了更大的精力，这是为什么呢？

实际上，我想强调的是民族可以和文化联系在一起，但也可以和来自于不同文化的集团联系在一起。在文化层面上，我把文明世界分为几个区域，比如西欧、拉美和其他一些地区。当然，一些冲突发生在这些区域的内部，然而在我看来冲突的主要因素存在于不同文明的群体之间。而这些冲突很有可能上升为比内部冲突更可怕的战争。

这就是您所提及的冷战后的政治模式吗？

是的。在被编制成书之前，我第一次提到这一模式是在1993年的《外交事务》杂志上。我认为该模式在解释世界性的问题上毫不逊色，我们也可以在这个模型的框架中发现并解决各种问题。我还要强调的是没有任何一种模式能够解释所有情况。这种分析方案只在它能比别的方案更好地解释某种现象的范围内使用。冷战末期，许多作者提出了不同的模式。福山（Francis Ford Fukuyama），我的朋友兼学生，提出了《历史的终结》这一著名的模式。其他一些作家提出了世界将按照贫富进行划分或者将陷于一片混乱中的观点。这些观点都有一定的真实性，而我更是考虑到了近十年以及其他时期的一些因素。当然，希望地球上的国家都联合起来共同合作的美好愿望是完全不可能实现的。

历史给了我们许多例子，比如说几千年前的美索不达米亚、古老的中国和印度。但在人类现代史上，世界政治第一次变成了既是多极的又是多文化的。西方化是这次现代化的显著现象吗？

实际上，我坚持认为这个显著性十分的重要。四个世纪以来，每个社会传承着自己的传统。现代化的过程，也就是人类把对大自然的开发、对机器和机械化发展取代农业而成为财富的来源，而四个世纪前，这一切都还没有开始。

这一现代化的过程开始于英国，然后在20世纪中逐步扩展到了其他西方国家，之后还传播到了一些非西方国家，很自然首先想到的就是日本。世界因此被分成了现代化国家和传统型国家。这一划分或多或少和西方国家与非西方国家之分有些联系。现在，非西方国家开始了现代化进程，国家之间的这两种区分也随之演变成唯一的一种区分。在 21 世纪,我们将看到大部分国家逐步走向现代化但其西方化不会是同步的。然而,随着现代化的进行,一旦这些国家发展到了一定程度,他们会越来越维护本土文化,维护他们的信仰和生活方式。因此,在现代化的进程上,这些国家前进的步伐并不是同步的。

和费正清(John Fairbank)、李约瑟(John Fairbank)一样,您也提到了亚洲和伊斯兰国家在经济、人口、军事方面的影响力正在不断上升。

很明显,在世界主要文明中,西方文明占有明显的主导地位,整个世纪中它的地位都不可动摇。但是我觉得应该把中华文明和伊斯兰文明列为它的两个最主要的竞争对手。我不认为这两个文明能取代西方文明,但它们会对西方文明构成巨大挑战。

您认为富国和贫国之间的差距是次要的,然而世界银行明确地指出许多地区的这一差距正在扩大。世界贸易中签订的协议也呈现出越来越强的对立性。因此,我们能不能像您所说的那样断言富国和贫国之间在政治领域的隔阂正在消失?

这个隔阂肯定不会消失,但我们应该区分清楚富国与贫国之间的隔阂以及一些国家中富人和穷人的隔阂。实际上,在美国,富人之间也有差距。积极参与国际贸易的国家变得更富有,而由于种种原因没有参加国际贸易的国家的经济情况就没有什么变化。这个差距也存在于其他西方国家,欧洲和其他地区。在美国,由于收入的差距,这一现象尤其明显。

相反,富国与穷国之间的差距要取决于参考物。近些年,不少国家都变得富有了。三十到四十年前,亚洲国家非常贫穷。但现如今新加坡已经是世界上最富有的四个或五个国家之一;台湾和韩国也已在世界二十强的排行榜上占有一席之地。同一时期,非洲国家没有太大发展,这主要是由国家不稳定,部落战争和其他一些因素造成的。

您如何解释伊斯兰教、印度教、佛教、新教等宗教在世纪转折点的复苏?"基要主义"——譬如一个世纪以来反现代主义的宗教的民族主义——这一概念复杂而又真实,但它不能解释所有现象。

首先要说明的是这种现象起源于二十年前,伴随着社会和经济变化产生。如果您仔细研究这个宗教复兴的中心力量,就会发现他们几乎是相同的。这些人都从乡村移居城市,接受过技术教育或者中学教育,并且正值社会地位提升阶段,他们转向宗教以寻求刚才我说的支持和方向。这些宗教运动正好加强了有利于社会成功和工业化的价值观的形成。实际上,所有这些运动代表了马克斯·韦伯所定义的新教道德规范。这些规范代表了经济、工作和家庭价值观。

我们谈论的是这样一个西方社会么?它不是由众多传统所构成的多元性社会么?譬如天主教传统(包括拉美分支)、加尔文派的、经院派的以及新教的。我们能把一个单独的西方与其他的文明相对立吗?

在我看来,说到西方国家只有一个意思。大部分人一说到西方国家就觉得它是一个文化的实体。就我个人而言,应当把拉丁美洲作为不同的文化来区分。如果你们把西方国家限定在北大西洋、西欧和北美,以及其他几个地方例如澳大利亚和新西兰,那么在这个范围内就存在着许多种传统,从历史观点来看,西方本身就被分为几块。您提到了宗教改革,新教、天主教和反改革运动,但是除了北爱尔兰地区之外,这些冲突在其他地方已经消失了。在欧洲,西方国家早在几个世纪以前就大体上完成了统一。欧洲国家大都经历了令人难以想象的为数众多的战争。在此意义上,我认为西方国家具有文化的统一性,西方国家有属于他们自己的价值和传统。

但是西方的传统不是必须占统治地位的吗?

这很难说。毫无疑问,西方的传统有它的影响力,但我并不认为它正在取代中国、日本、东南亚、印度以及穆斯林世界的文化传统。所有的这些国家都有它们自己的文化、自己的传统。就拿俄罗斯来说吧,苏联解体后,人们普遍认为俄罗斯将会西方化,采用西方的民主政体以及市场经济政策。美国许多人都以为这一切将会合乎情理地实现,然而俄国人抵制住了西方的影响。我认为俄罗斯人将会寻找他们自己的发展道路,建立他们自己的政治体系,这可能将会是一个部分民主、部分不民主的体系。他们还会建立一个资本主义形式的经济体系,但是这个资本主义是国家化的资本主义,与我们所熟悉的美国式的资本主义和在西欧实行的资本主义形式不一样。

在全球化过程中,今天的中国、印度以及其他一些国家也出现了这个问题。是否存在着非西方化的现代化呢?

是的,我认为存在非西方化的现代化。日本就实现了现代化但没有成为一个西方国家。其他一些亚洲国家也是同样的情况。中国已经开始了现代化,并且将会实现现代化,然而从任何一个文化组成部分来看,中国绝对不会变成一个西方国家。

早在几年前,叶利钦总统访问中国的时候,他就利用核武器来威胁美国,并让世界知道,中国和如今的俄罗斯能够联合起来利用太空军事卫星来一起对抗西方强国。然而我们知道两个国家现在还没有采取什么行动,因为两国在政治体系、经济和科技上都还是很依赖西方。

实际上,中国和俄罗斯在很多方面都依赖于西方国家。美国对中国有着很大的贸易逆差,这一逆差每年可达600亿美元。而这个逆差成为了中国发展的重要力量。为了能够不被禁止进入美国市场,中国人肯定不愿意破坏他们与美国的关系。另一方面,俄罗斯对于西方国家的经济援助、由西方国家领导的国际货币基金组织以及其他同类机构的援助十分依赖。因此,一些大国比如中国和俄罗斯在与西方对抗时就会受到一定的限制。

尽管如此,叶利钦与中国领导人的这次会晤显示出了世界上其他国家对于以美国为首的西方国家控制整个世界的不满。这一不满是在俄罗斯进入波斯尼亚和科索沃地区之际表达出来的,同时也影射到了美国所构建的反导弹防御系统,以及美国对俄罗斯干预车臣问题的批评。所有这些事件都激起了俄罗斯领导人及民众深深的反美情绪。

同时，中美之间在世界贸易、台湾、西藏、中国远距离导弹数量的激增以及核技术的问题上存在分歧，然后还有一些严重的事件例如中国驻贝尔格莱德大使馆被误炸，这些都对中美关系产生了巨大的压力，也再次激起了类似俄罗斯的中国民族主义情绪。因此，这两个有着共同利益的强国联合起来共同限制美国的影响也就不足为奇了。

为什么您认为力量的平衡会损害西方国家的利益呢？苏联解体后，西方国家的经济、技术、军事、文化优势不是在不断提升吗？

的确是这样，但这主要是西方国家的对手苏联解体的结果。我们目前的处境是，世界上只有一个超级大国，那就是美国。

一些我称之为重要的大国仍然存在，例如欧盟、中国、俄罗斯、日本、印度以及其他一些国家和地区，这让政治家们对当今世界的性质发出了质疑：真的是单极世界吗？从根本上来说不是多极世界吗？在我看来，是两种情况的混合。我们所处的是一个单极的多极世界，有一个超级大国和六个或七个主要的大国。在世界格局上，所有活动都要寻求超级大国的支持和其余几个主要大国的配合。因此，美国的某些政治领导人以为在解决一些问题上可以单方面行动的想法是错误的，因为历史告诉我们那不可能。世界性问题的解决需要好几个国家的共同配合。的确，由于其超级大国的地位，美国可以在大部分的议题上使用否决权来避免使其陷入不利的局面。相反，如果我们想按照自己的想法进行一些改革，我们就需要其他国家的配合。

在任何情况下，美国都是一个不可或缺的民族。这就像20世纪的《天命昭彰》一书中所预言的一样吗？

我不太明白"不可或缺"这个词在这里是什么意思。正如我刚才所说的，不可或缺就是指美国参与一切与自身有关的事务。

您认为那些非西方的国家，譬如1868年明治维新后的日本以及中国或印度，它们可以在不丧失自身文化的情况下实现现代化吗？

绝对是这样，我认为日本就是个很有说服力的例子。

您时常引用史宾格勒（Oswald Spengler）《西方的没落》这部备受争议的著作。大约一个世纪后，您觉得他的观点还是部分成立吗？

如果您参照一个世纪前的西方历史，那么毋庸置疑，西方国家的影响力是在减弱。第二次世界大战之后，西方国家直接统治着地球上近一半的土地和人口。而今天，西方国家只是统治着他们自己的国家。这就是根本的改变。西方的影响仍然十分强大，比其他文明都要强大得多，但是西方的优势还是减弱了。

第一次世界大战后的凡尔赛和会期间，克莱蒙梭（Georges Clemenceau）、乔治

(Lloyd George)、威尔逊(Woodrow Wilson)只是简单地坐在桌子前来决定哪些国家继续存在,哪些国家不再存在。他们在地图上画边界,把他们感兴趣的民众拉到他们觉得不错的地方,选择世界上的地区变成他们的殖民地,以此类推。他们就是这样简单地瓜分这个世界。今天西方的政治人物能起这样的作用吗?

您提到了您称之为"土著主义"的现象,我认为这个也是您思想的基础。为何土著主义如此重要?

这个字眼用来形容对抗西方化的行动,这种行动起源于社会和经济现代化的过程中。在此过程中,人们感觉到有必要回归自己的根源。

这个需要正常吗?还是您会批判它?

我觉得这是个很自然的现象,并没有什么坏处。

您如何区分现代主义与现代性呢?在非西方世界进行的宗教复兴难道不是一次针对西方社会的革命吗?

我没有区分两者的区别。这些投入到宗教复兴运动中的人也同时参与了现代化的过程。

我们需要一个历史的尺度。您如何看待16世纪新教改革与今天伊斯兰教重要性的提升之间的区别呢?

我认为我们可以为这两项历史运动描绘出两条具有说服力的平行线。大部分伊斯兰基要主义运动同新教教义有一定相似性。新教改革攻击的是16世纪已经建立起来的腐朽的社会秩序,天主教和教皇统治。伊斯兰教改革也处处透露着新教改革的影子,伊斯兰教改革试图攻击他们认为是压迫者的政府,而这就涉及到了很多伊斯兰政府。这些改革试图捍卫一定的纯洁性、宗教参与权和人类行为的正直性,这也符合新教改革的特点。

我在书中描写了新教改革时期发生在英国一个城市或者一个乡镇的场景和80年代初伊朗改革最热火朝天时德黑兰的场景。这两个地方的情况在道德观念、宗教法规的纯洁性和遵守法规的严格性方面惊人地相似。

您预测了文化和文明将来发生冲突的可能性。难道您不认为人类的生存有必要进行跨文化与跨宗教的对话吗?

我认为很有必要促进不同文化与不同文明之间的对话,因为我觉得它们不可能交替共存。对我这本书的中心论题提出最多批评的就是关于可能实现的那个预测,因为我确信在未来几年内文明之间发生冲突的可能性。一个简单的事实就可以使我的预言变为现实。

但是任何预言都不会自我实现。所有一切都取决于人们对这个预言如何反应。1950年到1960年间,许多严谨的专家预言美国与苏联之间将会爆发一场核战。在导弹危机以及柏林危机的这个历史阶段,这场战争表现出一种真实的可能性。而很多重要人物也对这种可能性抱有极大的担心。一些专家及国家领导人为了摆脱核战的危险提出了新的思考。我们就是这样积极主动地开始了控制核武器和常规武器的竞赛,在克里姆林宫与五角大楼之间安装了"红色电话"并定期安排苏联和美国领导人进行会晤。

我认为,在我提出文明冲突论之后出现的反应说明了那些领导人越来越担心这个预言会变为现实,于是他们启动了大范围促进各文明之间对话的活动,我对此感到非常高兴。许多政府首脑,譬如伊朗总统、联邦德国总理、捷克人民共和国主席以及其他一些国家首脑都表达了他们与其他文明进行对话的愿望。美国议会就通过了一项将2001年定为"不同文明对话年"的决议。一些领导人试图引导大家对各自的不同点进行讨论并取得共识的做法很令人惊喜。但必须承认,对话并不一定代表会达成共识。人们可能会对不同的问题展开争论并发现大家意见根本不同,但是认知这种分歧也是有益的。

我们有时会感觉到您认为与伊斯兰文化的对话很难进行。然而历史上,在哲学与宗教学方面这样的对话并不少:迈蒙尼德(Moïse Maimonide)、15世纪以前西班牙与伊斯兰之间的联系、阿韦罗埃(Averroès)以及其他许多人……

这样的对话肯定是可能的,正如您刚才所说,过去有过无数次这样的对话。几个世纪以来,西方从与伊斯兰文明的交流中汲取了许多,我们一些传统文化的因素也通过伊斯兰得到传播。

尽管如此,伊斯兰与西方国家的关系也打上了暴力、大量的战争、十字军东征和伊斯兰圣战、伊斯兰的暴力扩张与随之而来的西方的反应、西方帝国主义来临的烙印。我们知道这段历史上冲突不断,我敢肯定奥地利人没有忘记土耳其人两次包围并几乎占领维也纳。

海湾战争是一场文化战争吗?

1990年与1991年的海湾战争源于一个伊斯兰国家侵略了另一个伊斯兰国家。从这一点来看,这是一个国家对他国所进行的传统的侵略行为。危机前期,在美国总统老布什的指挥下,美国人组建了一个反对萨达姆的联盟,这个联盟由具有不同文明的国家组成。这是一次很值得注意的成功外交。

然而,如果我们观察伊斯兰国家的反应,尤其是那些阿拉伯国家,就会发现,他们的民众并不赞同萨达姆的侵略,但是他们也同样反对美国的主动性以及美国在反对伊拉克总统的军事战争中所扮演的领导角色。往伊斯兰中心沙特阿拉伯的领土派兵五十万人的行动引起了这个国家和其他国家的强烈抗议。

因此我认为这场冲突突出了各个文明之间的差异。接下来几年,每当伊拉克违反惩罚措施或者显露出威胁性,美国拉拢其他国家加入到新的惩罚行动时,除了科威特,没有一个伊斯兰国家真正支持美国。在这两个阶段,真正愿意派海军与陆军参与美国波斯湾战争的国家大都是与我们文化相近的英国、加拿大、新西兰、澳大利亚等国，而这些国家无一例外都是英语国家，例如法国就拒绝参加。

如果我们察看美国历史，就会看到美国文化一直都是一种边境文化。菲德瑞克·杰克森·特纳以及其他一些历史学家在19世纪时已经就边境文化对本国的文明、经济、技术和政治方面造成的影响进行过思考。历史上还有其他这样的文化类型，例如罗马帝国领导下的西班牙。在这些边境文化中，纯文化的敏感性即创造性一直都很强，这也可以通过来自边境区域的伟人们表现出来。例如塞内卡来自西班牙，位于罗马帝国的边界。另一方面：边境状况会对一部分文化产生很大的负面影响吗？

这个问题很有必要。我赞成刚才你所说的。尽管如此，我们还是应该区分不同的边境，是经济与社会发展都处于同一水平的两个社会的边界，还是像美国那样的情况，一个特别先进的社会面对一些经济十分落后的印第安部落。

俄罗斯以其在18和19世纪向西伯利亚和亚洲中部扩张的历史给我们提供了另一个建立在边境概念上的社会的例子。这一过程中，俄罗斯在高加索地区进行了四十年的战斗并制服了车臣地区的居民。正如我们所知，这场战争目前还在延续。假如俄罗斯能在一定时期内统治车臣居民，车臣人则总是会抓住任何可能反抗的机会来抵抗俄国人。

您通常说，西方国家看来很普遍的东西在世界的其他地方则会被看作是一种帝国主义。

这很明显。中国人、印度人、俄国人、甚至法国人或加拿大人都经常提到美国的文化扩张。他们对此还投票通过了一些法律。

文化是封闭的实体吗，它们不总是服从于社会适应这一过程吗？文化的身份更确切地说不是跨文化的吗？人类是否真的只具有一种身份，而不是经济家阿马蒂亚·森所说的多重身份？

就我而言，我强调很多文化和文明是互相影响的，我坚持认为文明是有活力的、不断发展及变化的。

这不是一个和平主义者的乌托邦吗？我们在谈论文化多样性、宗教间对话的必要性，但与此同时，伊朗、伊拉克利用常规武器或者化学武器和核武器、巴基斯坦利用核武器来威胁欧洲。另外几个核能强国，例如中国或者印度，它们的态度并不明确。今天世界上为数不少的国家具备拥有核武器的可能性——从以色列到其他一些想配备核武器的国家，比如埃及、约旦。如何调节这种文化和现实政治的对话呢？

您提到一部分国家获得核武器的动机十分强烈，这一动机随着美国常规军事武器优势的扩大还在不断增强。俄罗斯就采用了一项新原则，即把核武器置于国家战略的中心位置，并且侧重于制造能够实现第一轮打击的武器。他们作出这样的选择是因为注意到了美国常规武器的优势，这一优势在海湾战争以及之后的科索沃战争中明显地表现了出来。中国的态度也基本上差不多。

您提到了安理会五个常任理事国之外的一些国家已经拥有了核武器,比如印度、巴基斯坦、以色列,伊拉克与印度和巴基斯坦共同合作,伊朗很可能加入这个行列,朝鲜极有可能已经具备了生产核武器的能力。上述所有这些国家都感受到了来自其他文明的一些国家这样或那样的威胁。

最后,看看已经拥有核武器的国家(乌克兰、哈萨克斯坦、白俄罗斯、南非)或曾有计划装备核武器的国家(巴西、阿根廷)。这六个国家有一个共同点,就是不愿受到来自其他文明国家的威胁。比如,巴西和阿根廷已经在他们的能力范围内,开展了一定意义上的军备竞赛。但是这两年,民主政治体系的建立使它们能够联合两国的力量。在我看来,这个联合也是世界政治新模式的结果,文化相似的民族,比如巴西和阿根廷,通过合作成为了南美经济一体化框架内的地区领袖。

南方共同市场体系的建立到今天为止不过十年的时间,但是已取得了巨大成功。继欧盟之后,它是世界上最成功的经济共同体的典范。因此,两国之间商业交流以及投资资金的流动增长迅速。在来自于其他文明的国家不对其造成威胁的情况下,这些国家主动地放弃了核武器计划并花大力气在经济和其他领域进行合作。

哲学上的混合——例如在巴西从17世纪就开始的文化之间的混合形成了一种克里奥尔式的状态,这也是和平的代名词。根据人类学家弗雷里(Gilbert Freyre)的意思,这能否成为一种世界文化的模式?

我不知道巴西能不能作为世界文明的一个典型。相反,来自不同文化的人的相互影响确实形成了一种典型。

蒙田说:"一个正直的人,是一个错综复杂的人."这是对未来一点希望的信号吗?

我希望是。

菲利普,我想看全世界!

菲利普·约翰逊(PHILIP JOHNSON)

林 婷 译

  菲利普·约翰逊(1906年出生于美国俄亥俄州克利夫兰,2005年,98岁的约翰逊在康涅狄格州著名的玻璃屋中去世)是现代建筑的主要代表人物之一。他是现代主义运动的领导人物,并且还是后现代主义和解构主义的先驱。他的天赋让他获得了1979年第一届普立兹克建筑奖(相当于建筑领域的诺贝尔奖)和美国建筑师协会的黄金奖章。在哈佛大学(剑桥大学)完成哲学专业的学习后,约翰逊转向了建筑领域:一方面是做评论家,另一方面是担任纽约市现代艺术博物馆建筑部主任(1930年至1936年)。在现代艺术博物馆任职期间,他因举办了名为《国际式风格:1922年后的建筑》的展览而大放异彩。这个展览让美国公众了解了欧洲建筑领域的最新成果(勒柯布西耶)以及包豪斯的设计理念。1939年到1942年,约翰逊在哈佛学习建筑时师从瓦尔特·格罗皮乌斯和马歇·布劳耶,之后他创立了自己的事务所。1946年到1954年,他重新回到了之前离开的现代艺术博物馆。1947年,他为他的朋友和导师密斯·凡德罗先生举办了一场展览,并特地建造了著名的玻璃屋,以此向他的导师表达敬意。玻璃屋的大小、颜色及使用的材料是受到了密斯·凡德罗先生范思沃斯住宅的影响。1956年,菲利普和密斯合作,共同建造了西格拉姆大厦,一栋38层高的玻璃塔楼;1967年,他和理查德·福斯特合作设计了 Kreeger 博物馆。菲利普与约翰·伯奇一起工作,约翰·伯奇的设计以复杂性和宏伟而著称。他们的主要作品有:明尼阿波利斯的 IDS 中心(1972年)、加利福尼亚州加登格罗夫水晶大教堂(1980年)……1984年,他们共同合作设计了美国纽约电话与电报公司大厦(后来成为索尼大厦)。

  约翰逊一直保留着批判精神,并试图通过他在建筑设计方面的经验推动时代建筑风格的进步,譬如比勒费尔德的艺术厅、休斯敦的潘索尔大厦、纽约的电话与电报公司大厦(1978—1982)、马德里的欧洲门(1991—1995)、维也纳的"转折点"(1996)。他的作品是20世纪建筑史的典范。今天,这段历史又翻过了新的一页。

*

开始建筑师生涯之前,您在哈佛大学学习了历史和哲学,请问哲学对您的工作有哪些影响呢?

哲学教会了我很多东西,但它对我的影响却并不显著:我们在大学里学的是那些生活中用不上的东西。学术和生活完全不是一码事;因此我更喜欢独特的方式方法。我从青年时代起便一直反对那些著名的理论。我不赞成苏格拉底的理论,反对柏拉图学派的言论,但是却被尼采和赫拉克利特吸引。作为他们的拥护者,我想说:变化时刻存在,绝对的事情不存在,柏拉图先生搞错了。柏拉图立方体只是一种抽象物,在现实生活中没有对应。艺术里的一切都真实而美好。现在已经没有任何一个建筑师会参考柏拉图立方体或者他所设想的那些理想画形状了。五十年前,我还相信,但是之后呢,我的建筑特色开始改变,我改变了,这个世界也改变了。变化比千篇一律有趣得多。与众不同万岁!我们赞成多样性、混杂性和多元化。在我最近的一个作品中,我同样不考虑柏拉图式的立方体。在柏拉图立方体中,我们看到四个彼此相连的建筑,每一个建筑都在另外一个建筑的基础上建起来。但是我对其进行了改造,从中体会到很多乐趣。活到这把年纪,我很幸运,年龄是这个世界上唯一有实效的东西,因为年轻时,我们总是会干傻事。人总是在担心衰老,但真的上了年纪却什么也不担心了。现在的我比以往任何时期都开心许多。这个时期的我最睿智,对艺术的掌握也最娴熟。我总是在不停地完善自我,接下来这十年,将是我人生中收获最丰盛的十年。我不再建造摩天大楼了,因为没人会把一项需要好几年才能完成的任务交给一位老人家,但是如果把任务交给我,我想我还是有能力圆满完成的……顺便说一下,在荷兰的鹿特丹正在建造一栋我设计的大楼,它火焰状的外形给我带来了极大的快乐……

您年轻时游历了欧洲,比如巴黎、沙特尔、托斯卡纳、罗马。早期的这些与欧洲艺术、教堂、宗教圣地的碰撞给你留下了哪些印象?

我从小就对建筑有偏好,但对它的了解并不详细,只是一种自然而然的了解。1919 年,也就是在我十三岁的时候,我和母亲一起参观了沙特尔大教堂,当时的我激动得无法控制自己的泪水。这个反应是判断建筑的唯一标准。一个完美的建筑能激起我们内心强烈的情感,而这个情感其实一直存在于我们心中。另一个让我激动万分的,是雅典卫城的巴台农神庙。我现在只记得一些细节,柱子、柱头、人字墙,这一切都太让人惊叹了。

早在您成为建筑师以前,1929 年,纽约艺术博物馆的创始人阿尔法雷德·巴尔(Alfred Barr)先生已经任命您为建筑设计院的院长了。

是的,我是在博物馆建成十年后,也就是从 1939 年才开始建筑方面的研究的。巴尔先生是我的精神导师,也是我的朋友。1932 年,我和他一起组织了一个以美国现代建筑为主题的展览。这次展览开创了先河,并对美国建筑作出了极大贡献。现代建筑国际化的设计样式之后形成了一种风格,并且在凡德罗先生(Mies van der Rohe)的西格拉姆大厦中体现出来。

目前,您只对设计提出自己的见解,主要的参照点就是建筑的功能。现在的设计使用了许多新建筑理念和新材料,比如说水泥、钢筋和玻璃。

我的大学教育是在柏拉图、亚里士多德、笛卡尔和启蒙思想的影响下开始的;在我看来,功能因素最重要。但是今天我的想法大不相同了:对于建筑来说,功能是最行不通的灵感源泉,因为它无法产生一种容易让人类感动的形式。只有几个建筑师能做到这一点,今天还在世的,我只知道法兰克·盖瑞(Frank Gehry)。唯一一个能让我找回当年在沙特尔时的激动的建筑,就是盖瑞设计的,位于毕尔巴鄂的古根海姆博物馆。我每年都去那里一趟以更新记忆,那些关于形态游戏在空间中运用的记忆。它每次都能深深地打动我,我自己也感到很惊讶。

在这次家喻户晓的展览的目录上,建筑史学家刘易斯·芒德福(Lewis Mumford)先生曾经写了一篇关于城市规划的社会和政治面貌的文章,以回应一些人的偏见,在那些人看来,展出的这些建筑是纯粹的美学方面的对比。

我和芒德福先生并不是朋友,我视他为城市规划设计者,一个伟大的思想家,但是他没有眼光。当一个人很盲目的时候,对艺术就没有辨别力。但艺术对我而言十分重要,因为我完全通过视觉感观来了解艺术。社会的意愿令人尊敬,但是这和建筑并没有太大关系,建筑是与绘画、雕刻完全不同的艺术。若没有芒德福先生构成主义的布局灵感,现代的、长方形的建筑是无法想像的。

您同时也展出了您认为在风格上比较接近的作品,譬如瓦尔特·格罗皮乌斯(Walter Gropius)的作品,当然还有凡德罗先生的作品。

除了他的理论和他的设计风格,我并不太喜欢格罗皮乌斯先生,;他同样也不太喜欢我。和许多现代建筑师一样,他把建筑设想成一种社会活动。凡德罗先生是另一个典型:他是伟大的天主教思想家,但不是天主教实践家,这和我们很相似。除此之外,他还是艺术家,他知道建筑是一种不会在功能主义中耗尽的艺术。他是有道理的:今天已经没有任何人对应该在大楼的哪个地方设计扶手电梯和升降电梯感兴趣了。我在耶鲁大学的学生们已经不再设计图纸了,他们和同学一起做雕塑。这样很好,从自己感兴趣的式样和适合自己的式样开始下手。

您举办了一些展览,譬如《物品1990》和《机器艺术的今天》,在这些展览中,您尤其对那些我们称之为无特异功能的实用物品感兴趣。

是的,这类物品非常重要,它们的重要性一直存在。今天我们又将其展现出来。比如说菲利普·斯塔(Philippe Starck),一个很有天赋的人,凡事都毫不在乎,他所设计的物品有时完全没用,说得好一点,就是无法运转。当代许多设计师对此都很反感;阿尔弗雷德·巴瓦(Alfred Barr)和以前的那个菲利普·约翰逊当然也是持反对意见的。

当您想到包豪斯(Bauhaus)时,他们遗留下来那些理论呢?试图在科学、艺术和科技之间建立联系吗?西格费得雷·吉迪恩(Siegfried Giedion)在他的《权力的机械化》中提到了这点。

包豪斯是唯一风格确定的流派,这个流派在20世纪20年代对我们有影响,那时我们都嘲笑这个风格。不幸的是,这个流派中我比较尊敬的那些人并不完全遵守其原则,尤其是康定斯基(Kandinsky)、克里(klee)和其他一些画家。他们保留了自己的艺术自由,对实用物品毫不在意。与他们相反的是,格罗皮乌斯,一个坚定的马克思主义者,却把注意力全部放在了实用性上。

一直到要等到20世纪60年代,我们才得以远离密斯·凡德罗的风格。之后,您的作品有了新古典主义的风格。您越来越多地使用到了大理石和青铜以创造出高雅的建筑风格,让人们联想到过去。

这关系到对现代风尚和"黑盒子"的反作用。美国所有城市的摩天大厦都想造成西格拉姆大厦的样子,这当然不可能:它们都仅仅是便宜的玻璃盒子而已。这就是为什么我选择了极其传统的风格,并且设计了AT&T大厦。我的一些建筑师朋友都追随这个风格,这在当时是一股很活跃的风潮,虽然之后这股风潮平息了,但是今天我们又看到了它卷土重来。

您一直以来都以主张贵族风格的姿态出现。这与民众对建筑的想法有点相矛盾。人们三番五次批评您维护"非大众的设计"。您是否在意这样的批评?

当然不在意了。民主政治是唯一一个在现实中经受了考验了政府体系。我很有兴趣地研究了纳粹主义和共产主义的初期状况,因为它们都受到了革命思想的启发。而我是一直赞成革命、赞成彻底的变革,但这与建筑并没有什么联系。我一点都不在意这样的指责。我曾经是一个纳粹主义者,不过只持续了很短的一段时间。奥斯卡·尼迈耶(Oscar Niemeyer)成了一名共产主义者,可能今天他还是吧。

当人们进入到尼迈耶位于里约热内卢的Atlantica大街的办公室时,会立刻被那他作为法国共产党的荣誉成员的大奖章布告牌给震惊,他今天仍然以此为骄傲。

他是以此为骄傲!但我不会以自己曾经与德国纳粹主义的关系而自豪。

您已经脱离了纳粹主义吗?

是的。我只对那些可行的政治运动和对建筑有益的政治运动感兴趣。譬如君主体制或由人民行使权力的体制,而不是希特勒的统治,也不是斯大林的统治。

纳粹主义当时是如何吸引您的?和您的精英观念有关系吗?

艺术家这个称呼让我感觉像是在被质询。我跟自己说如果有一个人能在一个新的世界引导我们,他会要求建造更多有意义的建筑,会将我们已经习惯了的民主往更好的方面发展。正因如此,在斯大林时代以前,我和共产主义有些联系。但是之后,错误便越来越明显:希特勒的建筑越来越像富兰克林·罗斯福时期建的。我极其失望。但是不应该忘记,在这样的背景下,墨索里尼狂热地欢迎现代艺术,可是他没有将现代艺术发展下去,使得那些希望通过他开拓一条新道路的人幻想破灭了。更可怕的是,所有的革命潮流没有完成领导的任务,最终都走入了独裁的境地,就如同基督教一样。从那时起,我便不再觉得应该征服全世界,也不需要实施一些庞大的计划。我和弗兰克·劳埃德·莱特不同,他始终坚信乌托邦,并设计了一英里高的大厦,这栋大厦本该住进三十万居民,我比较谦虚。

总而言之,您和他不同,您没有承认过自己是美国最伟大的建筑师。

我本来就不是。相反,弗兰克却是世界上最伟大的建筑师。有一天我称他为19世纪最伟大的建筑师,结果他勃然大怒。其实我并非想惹他生气,他的世界观和当时社会民主主义的主导氛围比较相符。我很喜欢他,我们之间的友谊很深厚。

巴西著名的风景园林设计师罗伯特·布雷·马克思在巴西的里约热内卢和巴西利亚对自然植物进行的塑造是受到了哲学和生态学的启示,您和他的关系如何?

我认为他是个拥有自由精神的人、一位具有原创性的设计师和雕塑家。他设计的花园没有受到法式园林风格或英式风格的影响。我参观过他的一些作品,但没有一样设计能真的让我得到感观上的满足。我自己的设计风格应该是英式的,虽然我从来没有考虑过风格的划分。

您曾经觉得自己也是一名园林设计师。

还是有很多人认为我设计的园林比我设计的房屋出色,这也说明我工作的两个领域不可分割。譬如我在康涅狄格州的房子,我保留了19世纪来自新英格兰的墙,并且让它们显得更加突出,使得它们真正地成为这个建筑的支柱,在这些墙之间还有一些田园。

有一些针对您的批评指出,您没有自己独特的风格,并且您的风格也缺乏延续性。还说您的兴趣过于广泛,思想过于天马行空,您总喜欢建造一些外观漂亮的建筑。另外人们还指责您在选择业主方面有一定的投机倾向,因为您总是可以说服一些名人喜欢你的作品,譬如说内尔森·洛克菲勒、唐纳德·特朗普。人们说您为了吸引注意力,可以不惜一切代价。

对于这些批评,嫉妒也好,愚蠢也好,狂妄自大也好,都是有理由的。人们把我当成了一个虚情假意的人;一个有两面性的人:反驳对立的观点,用各种可能的方式来娱乐大众;一个因为靠着保守党的力量才得以建成AT&T大厦的人。但实际上,我只是顺着我的心情,并且全身心投入,就像每个艺术家一样。

当您在建造一些公共建筑、写字楼或者住宅楼的时候,您是否会注意集合了建筑各个方面的中枢或内部空间的布局？在这种情况下，我便会想到位于波士顿的图书馆。夸张地说："建筑是否有必要拥有一个文化中心？"

还是让哲学家来回答这个问题吧。我是个艺术家，而不是哲学家。在波士顿的图书馆，人们可以找到一个重要的中心点，那就是确保整体建筑一致性的大楼梯。它也标明了我的建筑风格向古典主义的过渡：我想借助它证明我对于原创建筑的尊敬。古典与现代的交替是建筑的一个重要元素。

几年前，法国人类学家马克·奥日（Marc Augé）提出了一个议题，议题指出现代建筑正一点一点地丧失"纯精神的基本点"。他指出，我们的现代生活局限在商业中心与超级市场、高速公路与飞机场之间，这些他称之为"非场所"的地方，人类在这其中迷失自我，迷失自身的纯精神基本点。您也感觉到了这样的危机吗？

没有。我认为我们是用其他的方式延伸了传统的建筑。我对于城市规划的梦想就是小心翼翼地调整城市目前的结构并且根据现存的建筑进行改造。以纽约为例，我不是指曼哈顿，因为曼哈顿已经完全建好了，我是指纽约的其他地方，我很乐意看到纽约内陆的建筑拔地而起，这些楼大概三、四十米高，外形富丽堂皇，却不破坏原本的布局。波兰区、意大利区、犹太区仍然保留，但人们把这些区域里的建筑装饰成了现代建筑的外观。这和勒柯布西耶（Le Corbusier）的作品很相像，但这有什么关系呢，我对此非常赞赏。我在想像其他类型的建筑形式，这些建筑形式当然不便宜，但比全部推倒原先的建筑再重建所耗费的代价低得多。尤利乌斯二世教皇（Jules II）曾经就试图将罗马 Via Giulia 大街推倒重建，但是他没有成功，因为罗马人希望保留他们中世纪的建筑。我在想像一条像纽约铁路线一样的高速公路在地面上蜿蜒，而在地下，人们继续忙于他们的日常事务。我们没有权力改变城市心脏和市郊的面貌，但是我们可以轻而易举地在空中进行建设。

在康涅狄格州的新卡纳，您为您自己建造了一栋玻璃屋，也就是我们现在所在的地方，这里肯定是您生活的中心。玻璃屋和密斯·凡德罗的建筑肯定有一些相似之处吧。

或许密斯先生不喜欢玻璃屋，原因有两点。和密斯先生在同一时期为他自己建造的家相比，玻璃屋不是悬空的。另外，他讨厌玻璃屋的那些拐角，因为这些拐角是古典风格的。我在拐角设计了一些支柱，并且在一些玻璃墙面的中间设计了几扇门。我在房屋的四个角落运用了这样的设计理念，但密斯先生认为这样做过于夸张，太多对称了。他更喜欢随意的拐角，但我就不同了，我到今天还是非常喜欢当年我的这些设计。

很明显，您个人一直以来都偏好有历史韵味的建筑，确实，这类建筑可以将一些主要的古典元素融合到现代建筑当中去，并提醒人们，人类的文化根源是很深厚的，并不会被现代文化吞噬。也正是因为这个原因，您设计了一些宗教建筑，譬如坐落于加利福尼亚州佳登格勒佛的水晶大教堂，又比如印第安纳州新哈莫尼的无顶教堂。

这是个很重要的问题,然而我却无法回答。实际上,我参考了阿尔塔米拉和拉斯科史前壁画以证明我对宗教的崇拜。但是现在,在这里,我该向谁表达敬意呢？我缺乏,或者说我们缺乏一些必不可少的条件。我应该思考一个问题,从总体上说,现代艺术该与什么比较呢？也就是说缺乏神圣事物。在这一点上,毕加索还算比较成功。我正在寻找一个将来能成为建筑领域的毕加索的年轻设计师,相信肯定会找到的。

因此您相信一个对神圣事物没有整体概念感的人,也可以设计一个教堂？

对,正是如此,我设计这些建筑是因为我想体验当年我在沙特尔和今天在毕尔巴鄂古根海姆博物馆相同的感觉。

您曾经把水晶大教堂称为"精神娱乐"的场所。

是吗？这是一个奇怪的比喻,但是能建成这个教堂,我真的非常幸运。其实一开始的设计图纸并不是这样的,但是后来开发商进行审核的时候,他对我说："菲利普,当我祈祷的时候,我想看到全世界。"现在他祈祷的时候真的能看到全世界了。

对于这个新世纪,或者未来的十个世纪,您有没有什么特殊的心愿呢？

没有。对于我来说,这只是新一年的开始;我开始对所有的商业活动感到厌烦。我在加州大索尔海岸有一栋房子,那是世界上最美的地方。我经常去那里,什么也不做,只是欣赏风景。

您对于人道主义或者这个地球,没有什么愿望,没有什么话要说吗？

真正的人道主义在我看来是不存在的。在我们这个时代,艺术比人道主义重要,只有几个伟大的艺术家为人道主义作过贡献。但是我们或许可以对建筑进行改革,使得它能成为绘画艺术发展的润土。

在您看来,今后建筑设计应该往哪个方向发展？

我更愿意鼓励新一代的建筑师和他们的后人好好思索建筑形式并坚持他们自己的风格,走自己的路。艺术的长处在于它无需担心现实问题,也无需担心哲学问题。艺术从美学观点那里汲取灵感,而我们无法用简单的几个词来表达美学观点,因为词语不会发展。唯一重要的东西,就是个人的想象力。

我预计宗教情感不会像预言的那样终结

莱斯泽克·科拉克夫斯基(LESZEK KOLAKOWSKI)

陈卉 译

以下文字来自温特的编译版本。

哲学家和哲学史家莱斯泽克·科拉克夫斯基(1927年生于波兰)是1966年举世瞩目的人物,那一年他支持不同政见的波兰学生、随后被共产党开除。两年之后,他被取消授课资格,这促使科拉克夫斯基离开波兰。20世纪70年代,这位一直研究神话史、宗教哲学相关问题的思想家在牛津大学和芝加哥大学任教。1977年,他荣获德国图书业和平奖。在他最重要的作品当中,可以找到一部三卷本的研究专著《马克思主义史》(*Histoire du marxisme*, Fayard, 1998)和《形而上学的恐怖》(*Horreur métaphysique*, Payot, 1989)。他一直致力于让人理解在未来,人应该在理性思潮及其结果之外拥有神话的形象和视角的储备,如果生命和意识从严格意义上说仍然应当人道的话。

他的作品包括:《日常生活中的小哲学》(*Petite philosophie de la vie quotidienne*, Editions du Rocher, 2001),《天堂的钥匙或者圣徒故事教化集》(*Récits édifiants de l'histoire sainte réunis pour l'instruction et l'avertissement*, Bayard, 2004)。

*

莱斯泽克·科拉克夫斯基,您曾遭到波兰共产党除名、并于1968年被华沙大学取消教席,此后您主要在伯克利大学、耶鲁大学、蒙特利尔大学、芝加哥大学和牛津大学任教。您是怎么度过这段从东方到西方、让您直面盎格鲁-撒克逊哲学的经验主义和实证主义潮流的过渡时期的?

这一变化没有那么激烈:我在波兰的大学学业主要涉及分析哲学。继伯克利大学、耶鲁大学、蒙特利尔大学的短暂驻留之后,我在芝加哥大学和牛津大学之间来回往返了好几年。在芝加哥,除了哲学院之外,我还从属于一个探讨社会科学问题的特别委员会,这个委员会的成员个性迥异,包括作家索尔·贝娄(Saul Bellow)①、哲学家艾伦·布鲁姆(Alan Bloom)②和社会学家爱德华·希尔斯(Edward Shils)③。这个委员会在同类机构中独一无二,它旨在让美国思想更好地整合欧洲精神传统。我在牛津特别阅读了与该历史主题相关的文档,但读的数量很少,因为当时我刚刚拥有专注于自己研究的权利。我虽然是"研究员",但并不需要特别关心当时在学院中占主流地位的实证和分析倾向。

美国的实用主义由查尔斯·皮尔士(Charles Peirce)④、威廉·詹姆斯(William James)⑤、约翰·杜威(John Dewey)⑥和乔治·赫伯特·米德(George Herbert Mead)⑦创立、发展,以自然科学的方法论为根基;总之,它导致每一项发现都被人按照其用处、"成功"来衡量。这种类型的前提对整个盎格鲁—撒克逊世界产生巨大的影响——甚至可以说这种影响从未停止过。在美国的这些年,您就从来没有对它着迷吗?

没有。实用主义方法在这样一个范围内是合理的:其理性主义的倾向使其将知识的提炼作为自己的目标;但发展到极端后,它会排除掉真实的概念。我不能接受这种排除。没有人会否认,从20世纪前30年开始,分析哲学为我们的思想带来了巨大的贡献,但我没有理由认为分析哲学包含了我们的心智所需要的一切。您知道:伯特兰·罗素(Bertrand Russell)⑧的《西方哲学史》中甚至没有提到胡塞尔(Husserl)⑨,就好像他从来不存在一样。对我而言,他是完全存在的。在这一思潮中可以找到为数众多的宣称按照这种原则作出的任意判断:大家先下结论,然后再进行调查,就像是在《爱丽丝漫游仙境》里一般。

让我们花一点时间探讨边沁(Bentham)⑩功利主义、奥古斯特·孔德(Auguste Comte)⑪实证主义和实用主义的缺陷吧。有两种信念,一种是对明确的标准的笃信,这一标准可以让人用既与某个目标相关、又合乎情理、符合逻辑的话语来表现现实,而另一种则是对于价值的笃信,这些价值构成现实状况、同时又超越它,但这些价值

---

① [译注]索尔·贝娄(1915—2005)是美国作家,1976年诺贝尔文学奖得主,普利策奖获得者。
② [译注]艾伦·布鲁姆(1930—1992)是美国哲学家。
③ [译注]爱德华·希尔斯(1910—1995)是美国杰出的社会学家,也是教育家、学者、作家和编辑。
④ [译注]查尔斯·皮尔士(1839—1914)是美国哲学家、逻辑学家、科学家,也是实用主义哲学运动的发起者。
⑤ [译注]威廉·詹姆斯(1842—1910)是美国本土第一位哲学家和心理学家,也是教育学家、实用主义的倡导者。
⑥ [译注]约翰·杜威(1859—1952)是美国哲学家和教育家,也是美国实用主义哲学的重要代表人物之一。
⑦ [译注]乔治·赫伯特·米德(1863—1931)是美国社会学家、社会心理学家及哲学家,符号互动论的奠基人,也是美国实用主义哲学的重要代表人物之一。
⑧ [译注]伯特兰·罗素(1872—1970)是英国哲学家、数学家、社会学家,也是本世纪西方最著名、影响最大的学者和社会活动家。
⑨ [译注]胡塞尔(1859—1938)是德国哲学家、20世纪现象学学派创始人。
⑩ [译注]边沁(1748—1832)是英国哲学家、法学家。
⑪ [译注]奥古斯特·孔德(1798—1857)是法国实证主义哲学家、社会学家。

回避纯粹的数学分析,这二种信念之间存在着矛盾。

的确如此,但关键是要知道我们是从逻辑学角度还是人类学角度来探讨这个问题的。从逻辑学角度来看,只要以某些理性原则为前提,矛盾并不存在,但可以毫不客气地说,我是不会再采用这些原则的。站在人类学的立场上看,事情又呈现出另一种面目。按照这种看法,两种立场之间有很明显的鸿沟。在我看来,这是因为我们的价值等级化经历了深刻的变化。形而上学的思考和宗教信仰不能为我们带来任何被认为是重要的好处;我们看到的汽车行驶、电视运转、食品生产产量提高完全只是凭借自然科学和技术发展才得到的。如果我们的价值观转变到只认为那些借助科学生产的东西才有意义的地步,那形而上学和信仰就再也无处容身了,或者更准确地说:它们会显得无用、多余。然而它们的缺失会引起一种文化上的不适,这种不适也无法被真正治愈,因为缺乏必需的疗法。所以我预计形而上学和宗教情感的问题不会完全消失、不会像预言的那样终结。

您预测21世纪会不会出现例如西蒙娜·韦伊(Simone Weil)①设想的精神复兴呢?会不会有一场人类探讨世界奥秘——及其自身在进化范围内的命运——的运动呢在这场运动中人类能更多地意识到自己的责任,并怀有更多敬意?或者有恰恰相反的事情突然来临?

很抱歉,我并不是未来学家。未来学是一门非常学术化的科学,它研究的目标不但不存在于当下,而且以后也永远不会存在,因为只要未来还是未来、没有成为当下,它就永远不可能存在。所以我不想给自己一个预言家的角色。只要想一想当前的预言者——比如说那些经济学家,他们都是富有聪明才智的人——以及他们的预言,那些预言往往在一年之后就可以被扔进垃圾桶了。关于人类的精神未来,也可以做一些绝顶聪明的推测,但不能说什么确定无疑的话——如果不是因为我们到处都看到彼此矛盾的趋势,自己也被互相对立的欲望、倾向撕扯着,并且永远不知道到底谁会作为"胜利者"胜出的话。不管怎样,很可能不会有绝对的胜利。人类的命运恰恰如此:永远都不满足、永远都不一致,对未来永远都不确定。而且也必须如此。上帝不想要我们知道明天的事情,只有在非常罕见的情况下,他才会借助预言家的嘴巴说话。但预言家也会产生幻象……

难道我们不能至少试图描绘一下未来以精神为导向的世界观的轮廓吗?考虑到世俗对各个生活领域的巨大影响,我对这一点也有疑惑;难道不能设想这种新的精神性不需要组织机构、教条、礼拜仪式,以及那些构成天主教特征的同类物?还是正相反,它秉承原初的大同精神,尊重生活的伟大奥秘,以此将人联结在一起?信仰能不能升华到让与上帝相遇几乎成为日常体验的程度?举例来说,宗教哲学的解放神学和穷人的教士古斯塔沃·古铁雷(Gustavo Gutiérrez)②探讨的就是这一点,古斯塔

---

① [译注]西蒙娜·韦伊(1909—1943)是法国著名女思想家、社会活动家。
② [译注]古斯塔沃·古铁雷(1928—)是秘鲁神学家、多明我会教士与解放神学的代表人物。

沃·古铁雷力图达到一种结合社会责任的日常文化精神性。

关于这个主题有一系列研究,特别是鲁道夫·奥托(Rudolf Otto)①的经典作品《论神圣》,它显示了不同文化的神秘主义之间有惊人的相似性——例如艾克哈特(Eckhart)②与商羯罗(Shankara)③。神秘主义是非常重要、但更为罕见的虔信宗教的形式。其信徒的生活完全不受教条约束,并能与上帝建立直接联系。这是为什么宗教机构常常对其心存疑虑的原因。天主教教堂中可以找到许多相关的见证物,就和新教教堂一样。我认为这类机构不会被人抛弃:人不仅需要属于个人的祈祷,他们另外还需要一种集体的宗教生活。宗教是一种社会现象,所以它必不可少。这显然意味着,我们不知道下一个世纪的宗教机构是否会和今天的一样。人或许会找到其他方式来表现他们的情感和宗教信仰:但基本上,为了这一目的,他们还是需要教士来保证宗教生活的连续性。如果他们的信仰得不到充分的巩固,如果他们有太多的疑虑,那么宗教虔诚就会逐渐衰退——或者更准确地说:最初的宗教观会逐渐被另外一种宗教观取代。

神秘体验从未在您的思想或个人生活中发挥过特别的作用吗?

我不是神秘主义者。但我从这一原则出发:无论多么边缘化,神秘体验对重要宗教的历史产生过持久影响。

在您看来,知识和宗教的关系在认识过程中扮演何种角色?

显然,知识范畴与宗教范畴在根本上是不一样的。基督教的教理一上来就实现了这一分离,而且还使之成为自身的关键特征。但要想知道它如何精确定义其中的分别,这个问题却引发了无休止的争论。基督教历史中一直有一股极端反哲学的潮流、一种抵制一切非宗教知识的倾向,它在圣保罗(saint Paul)的某些书信中找到了为自己辩解的理由。德尔图良(Tertullien)④是这种潮流的代表人物之一,稍后到了11世纪,他又成为那些所谓反辩者的代表。举例来说,皮埃尔·达米安(Pierre Damien)⑤曾说,致力于非宗教科学的修道士完全就像与妓女在一起、欺骗忠贞妻子的丈夫。他还强调:是魔鬼率先把语法教给人类的;它在对最开始的那一对夫妻宣称"你们将和神一样"时将"神"这个词的复数形式教给了他们。随后,亚当和夏娃吃了智慧和生命树的果子,把人类推入不幸之中。圣经闭口不谈这个果子的本质,而我们渴望它却无法企及。然而,对知识的这种追求不仅被东正教教理摈弃,而且也不为新教教理接受。在路德教和加尔文教中,哲学的概念极少出现——并且总是作为一种可鄙的东西出现。教徒坚信哲学是力图理解神圣事物的不详之举,这样它就破坏了

---

① [译注]鲁道夫·奥托(1869—1937)是德国宗教学家、哲学家、基督教神学家。
② [译注]艾克哈特(约1260—约1327)是中世纪德意志神学家和神秘主义哲学家。
③ [译注]商羯罗(788年生)是婆罗门哲学家、神秘家、印度教改革家。
④ [译注]德尔图良(约150—222)是著名的基督教神学家和哲学家。
⑤ [译注]皮埃尔·达米安(1007—1072)是意大利修道士、红衣主教。

人的理智。路德写道,当亚里士多德式的逻辑被应用到神圣的三位一体中时,人就会不再相信后者,这是不可避免的。奇怪的是,新教的非理性、甚至蒙昧主义的态度最终居然转变成启蒙时代的唯理主义——这是一个非常奇特的过程,但它对欧洲文明的历史具有非凡的意义。

否定上帝——包括所有与不可知论和无神论的微妙差别——并不会必然导致精神的虚无主义——这也是皮埃尔·克罗索维斯基(Pierre Klossowski)①提出来的问题。

没有什么强迫我们认为没有信仰的人必然是恶棍,我们也不能假定在那些有信仰的人当中,善就战胜了恶。有些表面虔诚的基督教徒做着应受谴责的事情,而有的无神论者却表现出模范行为。最重要的是下面这一点:我们生活在一个非宗教的纪元,这本身就是一种自相矛盾的现象。因为它的影响力只在这几十年中才完全展开,所以我们不知道一个传统宗教完全被遗忘、丢失、摒弃的社会像什么——先不说这个社会能以道德或精神渣滓的形式存在下去这一事实。但假如我们试图构想一个没有任何宗教的社会,它会在很多方面符合托马斯·霍布斯(Thomas Hobbes)②的几何模型——这个社会将受到焦虑、贪婪的支配,就像被暴君统治着。如果宗教遗产确实消失了,那善恶之分也不再有效。但我无法证明这一点,确切地说,这是因为必需的经验条件无法被满足。

您在谈论与世俗化过程联系在一起的内部矛盾。今天我们面临着一个非常世俗化、几乎垄断式的理性,自笛卡尔以来,它把世界变成了一个唯理主义和机械主义的系统,还差点让所有的生命都变成机器。神话在工业、后工业世界被逻各斯取代。但是逻各斯和理性能不能存在于一个无神话传说的世界中呢?

能,从启蒙时代开始,理性在某种意义上成了信仰的天敌。理性试图实行垄断,驳斥与它雄心壮志对抗的一切事物。理性想要独自规定真正的知识由什么构成,并且建立必须用于当前科学的标准。但这关系到由它自身确定的定义:经验主义的原则本身不是经验论话语,而是强加在我们思想上的任意准则。这类标准的使用价值使之可以检验科学知识,它们在这样的前提下有一定的存在理由。但这决不会让我们免除最终的理性问题。对我来说,真实的概念不仅仅是旧式形而上学迷信的残留。人不能摆脱它,不能把它和实效的概念交换。

您是否相信神话的概念——尽管我们得承认它复杂多样——在当今世界仍然具有意义?我们是否还受到神话的影响?如果是的话,它与自己的古代形式有什么不同?

---

① [译注]皮埃尔·克罗索维斯基(1905—2001)是法国作家、翻译家和艺术家。
② [译注]托马斯·霍布斯(1588—1697)是英国政治学家、哲学家。英国理性主义传统的奠基人,是近代第一个在自然法基础上系统发展了国家契约学说的资产阶级启蒙思想家。

这个问题的答案取决于"神话"被用来指什么。今天肯定也存在着一些宗教和非宗教的神话，它们的形成过程构成了一些真实、半真实或完全虚构的，以及永远都不能去真正验证的故事和民间传奇。我认为它们对民族意识和广义上的民族存在颇为重要、甚至必不可少。在我看来，神话绝对没有"假故事"的含义，确切地说因为它是按照功能而不是历史的确切性来定义的。我复述一下卡尔·雅斯贝尔斯（Karl Jaspers）①的话：神话不是可以从中总结出抽象的精神或形而上学原则的理论，而是一些 sui generis② 的现象。

那么马克思主义呢，您是如何从思想史的角度阐释它的？您已经对它做了好几项研究。现在，也就是在第三个千禧年的开端，作为一个哲学的概念同时又从政治适用性的角度来看，它的价值是什么呢？

显然应该把这两个方面分开。马克思主义是基于某些非常真实的社会局势的乌托邦幻想。虽然马克思关于经济和社会未来发展的预测被表明是错误的，但那些预测至少保留了一种信念，即有朝一日会产生一种不同的人类利益能够奇迹般地和谐共存的世界性文化。马克思与19世纪所有的乌托邦哲学家，与圣西门、傅立叶……共同支持这种观点。

……曾于1825年在印第安纳州建立"新和谐"生活居住公社的美国社会改革家罗伯特·欧文（Robert Owen）③，或是北美先验主义者爱默森（Emerson）④和梭罗（Thoreau）⑤也支持这种观点，后两人的直觉理想主义也是对商业思想和纯粹唯物主义的抗议、对乌托邦公社试验的辩护……

是的，而且如果回想一下维多利亚时代英国工人的生活，这种对同一的人性的怀旧追寻是完全可以理解的。所以无产阶级，这个未来的普罗米修斯的神话不可能与其历史背景分离。回顾20世纪极权政体带来的经历，大家往往断定共产主义运动和与最初的马克思主义毫无关系，但这类解释过于简单了。早在俄罗斯革命之前，各个不同的思想家，例如巴枯宁已作过预言：将马克思主义付诸实施会产生可怕的专制，工人阶级的领袖一旦掌握权力，便会建立比当时存在的制度还要糟糕的专制。然而，应该将这种批判减轻一些，因为马克思根本没有把共产主义与古拉格联系在一起。尽管他的理论和斯大林式的列宁社会主义之间存在着绝非偶然的关系，但大家也经历过某些没有极权导向的社会主义潮流，后者在19世纪下半叶发挥过重要的作用；还是靠着它们我们才得以建立所谓的"高福利国家（Etat-providence）"。不幸的是，"社会主义"的概念被列宁主义者和斯大林主义者利用了，如今再也没有人真正地懂

---

① ［译注］卡尔·雅斯贝尔斯（1883—1969）是德国哲学家、精神病学家、现代存在主义哲学主要代表之一。
② ［译注］拉丁语，意为"独特的"。
③ ［译注］罗伯特·欧文（1771—1858年）是19世纪初最有成就的实业家之一，也是人本管理的先驱。
④ ［译注］爱默森（1803—1882年）是美国散文家、思想家、诗人。
⑤ ［译注］梭罗（1817—1862年）是美国作家、哲学家。

得它被用来指什么。大家会立刻想到古拉格。

您是否看到——特别在苏联解体、东方阵营国家开放之后——有迹象表明跨文化对话有了新的更加紧密的形式？这一对话难道不会有助于超越那些政治和社会的冲突么？那些冲突在20世纪造成了挥之不去的、毁灭性影响。

这种对话可以在这里或那里得到深化，但我不认为可以把所有的文化都放到熔炉一类的东西内。它们的特殊性可能在未来还将继续存在。那种认为可以将这些特性简单消除的想法只是学究的幻想，这种想法与这一事实有关，即在一定层面上，科学家可以不顾文化差异、相互交流。但这种人只是一小部分。

于是我们一方面要面临经济领域的全球化，另一方面要面对种族、宗教领域的特殊化和巴尔干化，就像大家在前苏联和巴尔干半岛，以及世界很多其他地域，比如在卢旺达、印度尼西亚和伊斯兰教传统国家所看到的那样，这一切就像一个人类学温度控制器所显示的那样。

这是一个充满内部矛盾的过程，而且什么都无法预见。因为归根结底，社会主义者似乎和19世纪的自由主义者一样认为，国家及其种族特点会为了统一全人类的世界文化而在不久之后消失。这样的事还没有出现，而且据我看来，它永远都不会出现，因为我们很难让自己与全人类认同。我们显然需要一个可在其中找回自己的传统、感觉就在自己家乡的文化巢穴。世界上的宗教力图把人类集中到一种精神思想之下，但我们离这个目标还远。

因此，您并非毫无保留地赞同在全世界都站得住脚的普遍人权思想——这一"世界性伦理"也是神学家汉斯·昆（Hans Küng）①对自己意愿的称呼。

最重要的是知道我们将哪些权利归入这个概念。列表中是否要添上被称为社会诉求的权利，我对此犹豫不决。以工作权为例，它属于不同于生命权、自由权的另一种秩序。当有人被毫无道理地囚禁、折磨时，某些机关、个人就必须为此受责。可在人失去工作的时候，又有谁来为此负责呢？如果我们假定工作权存在的话，就必须有一个捍卫、保护它的组织机构——并且这个机构不能是政府。因为，有能力为所有公民提供工作的政府具有极权的特征。正因如此，将这类权利归入人权意味着赞同专制的局势。我认为，人权思想是基于人类尊严之上的，只能用于个体，而不能用在群体、阶级上面。作为个体，人具有尊严，无论其源头何在，具有性别和年龄。一旦我们要表述普遍化的人权，这就是我们不能抛开的出发点。

---

① ［译注］汉斯·昆(1928—)又作"孔汉思"，是瑞士神学家和伦理学家，倡导宗教对话。

我对语言感兴趣,这是一种以物质形式接近思想的方法……

朱丽亚·克里斯蒂娃(JULIA KRISTEVA)

陈卉 译

朱丽亚·克里斯蒂娃于1941年在斯利文镇(保加利亚)出生,是文学博士、哲学家、心理分析学家和作家。她于1966年定居法国,在这一时期参加了《如是》(Tel Quel)杂志,和米歇尔·福柯(Michel Foucault)、罗兰·巴特(Roland Barthes)、雅克·德里达(Jacques Derrida)、让-皮埃尔·法耶(Jean-Pierre Faye)、菲利普·索莱尔斯(Philippe Sollers)一起成为作家小组的成员,后来还与索莱尔斯结为夫妇。1979年,她参加了雅克·拉康(Jacques Lacan)的研究班课程,随后成为心理分析学家。接着,作为语言理论学家,她在符号学和心理分析之间构建对话。当时她在纽约州立大学和巴黎七大教授符号学。她也是法国大学学院院士,同时还主持罗兰·巴特中心,该中心的活动面向从跨学科的角度质询文学文本的博士生和助教。2004年,由于她的"在语言、文化与文学交叉领域的问题焦点的创新研究",朱丽亚·克里斯蒂娃获得了"霍尔堡国际奖"(挪威)。她是哈佛大学的荣誉博士。她的思想在后结构主义中具有重要地位。她的研究对女性主义理论产生了巨大影响,在人文社会科学的诸多学科中享有国际声誉。朱丽亚·克里斯蒂娃出版了二十余部作品,其中最著名的当属《诗歌语言的革命》(La révolution du langage poétique, Seuil, 1974);此外还应提到Fayard出版社出版的《我们自身所未知的》(Étrangers à nous-mêmes, 1991)、《心灵的新病》(Les Nouvelles Maladies de l'âme, 1993年)、《心灵的反叛》卷一和卷二(La Révolte intime, t. I et II, 2000),《才女系列》卷一《汉娜·阿伦特》、卷二《梅兰妮·克莱因》、卷三《科莱特》(Le Génie feminin, t. I: Hannah Arendt, t. II: Melanie Klein, t. III: Colette, 2003—2004),《仇恨与宽恕——心理分析的力量与局限III》(La Haine et le Pardon, Pouvoirs et limites de la psychanalyse III, 2005),以及三部小说:《日本武士们》(Les Samouraïs, 1990)、《老人与狼》(Le vieil homme et les loups, 1991)和《占有》(Possessions, 2000)。

*

您非常重视反叛,那是一种持久的反叛,您衷心召唤它……这种愿望的背后隐藏着什么呢?

隐藏在后面的很可能是个人的焦虑和对重新开始的担忧。我认为自由就是重新开始,而不是通常所说的违抗,因为违抗的观点便是认为自由要服从若干规则,而后者极大程度地限制了它。如果将自由看作重新开始,那么人们就会被引导着去依照不同的标准来思考反叛这个词,这些图式化的标准传达给我们不满于现状的意念。不幸的是,对我们当中的大多数人而言,反叛的主题与革命的想法联系在一起:法国大革命、俄罗斯二月革命和十月革命、六八年五月革命,而在以前,革命基本上被当作政治时刻或是政治运动;但我确信,这种关于反叛的观念让反叛思想变得狭隘。如果从这个词的词源——可以追溯到梵文词根 vel——考虑,它还有揭露、发现、回到从前和重新开始的意思。它也是一种体现所有天体力学规律的行星运动,就像人们在文艺复兴时发现的一样。最后还有一种为了追求转世而寻找过去的思想:这是普鲁斯特式的反叛,而且也是——我想这会让您感到惊讶——佛洛依德式的想法!对佛洛依德来说,有意识的回忆就是一种反叛,因为它关系到通过重新发现过去来改变命运。大家通常将心理分析看成一种适应,对于许多人而言,特别是在美国,它是一种恢复正常的方法。但是,按照佛洛依德的想法,反叛的概念在于强调为了获得重生而重返过去的可能性,他也经常使用这个词。反叛这个词里确实有重生的概念。

我通过各种各样的形式来寻找它,尤其是在个人层面上,因为在我看来,如今政治革命受到了限制:它受到了技术、世界新秩序的限制,受到了确保尊重权利的必要性的限制,后者是司法秩序而非反叛秩序。在个体自由和灵性的层面也同样如此,若要保持精神空间的活力,那么反叛的概念非常重要。而精神空间是留给我们的唯一"圣物",为了让它能够在技术、人权、司法消失后继续存在——尽管这几种概念背后藏有种种好处,为了精神空间能够作为一种永恒重生的能力继续存在,恢复作为重新开始、个人化质询的反叛概念是必不可少的。这就是对我来说隐藏在反叛背后的东西。

在尼采(Nietzsche,"上帝死了")之后,在作为"权力"的技术专家政治——古典文化中的战神 Kratos——合理化之后,如今我们是不是正受到一种新虚无主义的威胁呢?

这是当然!我认为应该将虚无主义理解为对意义的毁坏。汉娜·阿伦特(Hannah Arendt)非常强调一件事,即思想处在计算的对面;我们的同时代人在表现出色的时候都是计算的存在物,都是通常服从、在最好的情况下进行推理从而适应的人——可这真是最好的情况吗?如果我们想让作为质询和复兴能力的思想继续作为人类的特效药,那么我们确实可以认为,现今这种能力正在遭受被我称为虚无主义的东西的威胁。虚无主义作为物种的物种生存能力,但它缺乏质询的层面。现实中可以非常具体地看到这一点,科索沃就是例子。那里有塞尔维亚人,也有科索沃人,他们自觉受到了共产主义的挫损,想要通过全国性的国家主义请愿来进行反叛:这就是虚无主义! 为什么这么说呢? 因为国家、身份的概念不曾受到质疑,它们被当成最终的、不可分割的、绝对的知识。一旦有了绝对价值,意义便会消失,便会产生虚无主义。我举出的例子肯定是震撼人心的,但它也威胁着日常生活、技术生活、大学生活和城市生活的每时每刻。

欧洲文化——从文艺复兴到今天,从米朗陶尔(Pic de la Mirandole)①到马尔西里奥·菲西诺(Marsile Ficin)②——是一种质疑和批判的文化。它的道德和美学力量是不是正受到威胁呢?

也许我会让您吃惊,我认为欧洲文化即便不是最高的知识成就,至少也是人类最高的知识成就之一,而尽力保护它、同时发展这一文化是我们当代知识分子命运的组成部分。这涉及几个层面。一方面,欧洲文化是那种强调人类和思想同外延的文化。它是作为质询的能力与思想同外延的,而不是如同其他文明中的计算、交易或者请求的能力。思想则是作为希腊的奇迹、询问的可能性的思想。这点至关重要。另一方面,欧洲文明也强调了这一事实,即人类与情爱体验、爱的能力是同外延的。可以这么说,人人都有色情能力! 还应该像在 18 世纪或者文艺复兴时期那样将它升华。爱情的想法是欧洲的观念,它在中国、印度都有先例,但在欧洲中世纪之末才通过两个巅峰得到了发展,我在生命中的某段时期对这两个巅峰作过专注研究,它们是艳情诗和西都修道会神秘主义。在行吟诗人与圣贝尔纳(Saint Bernard)③时代之间,精神空间作为情爱空间诞生了,其中就有两性的位置。想想看,这真是令人惊奇! 而且很明显,它在更早的年代、随着本纪元 1 世纪插入《圣经》的《雅歌》就开始了,虽然大家认为它始于所罗门时期! 所以欧洲文化有一整条脉络,那就是一面指望着爱情好像它就是人类的精髓,一面又将希望寄托于两性和张力的融洽相处的可能性上。最后,我着重指出第三点,用来强调在我看来是欧洲文化之中弥足珍贵的那一部分,其精髓便是对身份的质疑,即使受到威胁,它还是生气勃勃。您知道,我们如今生活在一个大家认为在身份追索中可以找到防御的世界,我是 X,是法国人、德国人、犹太人、基督徒、波斯尼亚人或科索沃人,是男人或者女人,并且由此将自己封闭在特定的社群中。好吧,欧洲或许比其他地方更明显,我甚至要说只有在欧洲,我们才能想到每种身份都要被质疑:可以从各个方面来分析它、将它解构。今天,正是对于这种形而上学的否定才出现了诸如尼采、海德格尔、汉娜·阿伦特这样的人物。我认为佛洛依德具有同样的特性。这是一种特别欧洲化的想法,现代自由允许我们不将自己封闭在不可避免地与他人处于斗争状态的实体中,正是在此意义上这种想法才建立在现代自由的基础之上。如您所

---

① [译注]米朗陶尔(1463—1494)是文艺复兴时期意大利人道主义哲学家。
② [译注]马尔西里奥·菲西诺(1433—1499)是意大利诗人、哲学家,是文艺复兴初期最有影响力的人道主义者之一。
③ 圣贝尔纳(1091—1153)是法国修道士,被马丁·路德称为"世上最圣洁的修道士"。

知,普鲁斯特是我非常欣赏的人,他曾说哈姆雷特已经达到了总结我们文明的思想境界:"生存还是毁灭";事实上这是本质的问题。普鲁斯特认为法国人不再面对"生存还是毁灭"的问题,而是处于"参加还是不参加"的境地:问题是归属!您也会赞赏这位伟大的讽刺作家独特表述中的嘲弄之意。大家把身份的概念改换成了归属的概念,是维尔迪兰家或盖尔芒特家的成员,还是属于同性恋圈子、天主教圈子、法国人圈子、犹太人圈子等等。普鲁斯特认为所有这一切完全合情合理,而这也是为什么他会描绘这些图腾社会宏伟画面的原因,但他同时也认为所有这一切非常荒唐。所有知识分子的工作、特别是作家的工作——因为这一切最终都在语言中诞生——在于打乱这种身份,在于一直到语言中打乱它,这不是为了毁灭这种身份,而是为了让人颂扬它,为了展现它的崇高。这种质疑到最私密、最家常部分的能力,一直质疑到我们的语言,并把它变成如《追忆逝水年华》那样的玫瑰花环、夸张语句、系列隐喻的能力,它也是欧洲文化的成就。我认为事实上甚至仅仅在人类发展的所谓正性阶段的经济腾飞,即消费物质财富的成果、信息能力、旅游能力等,也肯定对这一切构成了威胁,但是理解这种质疑的能力受到了威胁,理解受到威胁的部分是一种财富,理解要作斗争来保护它,这也成为了我们的使命和担忧的一部分。

您是怎么按照整个复杂性和整个历史维度来看待在欧美的女性主义运动及其飞速发展的?

就像对所有的运动一样,我对它有很多坏的看法,同时我曾是它的一份子。您的问题让我深有感触,因为我和您一样,认为它还没结束,但它恰恰是作为问题、而不是作为运动来说没有结束。女性主义运动随着其他凑巧同时发生的运动而来,依然是蕴含着那种革命——在这个术语的政治意义上——的思想,不是吗?大家曾认为,如果新的普罗米修斯式的人物既不是第三等级、也不是资产阶级的话,那么它将是无产阶级、是第三世界,并且在某个时刻,人们感到在团结起来的广大女性当中找到过他。记得在那个时期,比利时有一份我非常喜欢的期刊,名为《女性研究团体》(Grif, Groupe de recherche sur les femmes)。他们还做过一个被我命名为《女人们》(Unes femmes)的访谈:这意味着我理解产生运动、女性团体的可能性,只要它由无法类比的个体组成,每个人都显示出独一性。这有点像我最近的作品《才女系列》,书名明显略带挑战性,但它的含义如下:针对运动呼吁每位女性的独特性,而且如果这些运动有朝一日将要具有意义,那也只能从独特性开始。如今,关于均等的争论在法国造成的局面再度让人想起靠团体解决问题的必要性。看起来绝大多数法国人都赞同均等,但许多知识分子并不持这样的态度。至于我么,我完全赞同。这首先是出于政治原因:即便只是导向接受女性,即另一半人更多地参与城市的管理和生活的数字上的认可,也将是一项成就。这项成就是否由自发的方式取得并不重要,法律具有象征性的和我称为教育性的使命,而这很可能是因为《宪法》在这个意义上作判断。不过,我并不停留在这个理由上,它只是一个补救的理由——已经对女性造成了损害,她们没有参与过对事务的管理,我们给她们这个机会吧。这已经不那么坏了,但它并不够!我要更进一步,要这么说:《宪法》是我们的"圣物",是共和国的根基,但这一根基建立在独特性之上。我们将它称为共相。让我们来质询一下共相:它不是无可指摘的,这是历史的造物,是形而上学的本质。共相是作为整合人类能力的所在而形成的。也许是参照阴茎象征、还参照父性法则,我们的思考、感受和与他人联结的能力被当作统一体。人类长期生活在认为集中重要的观念中,一神论要求如此,如果可以的话,我们说某些奇迹般的东西让纪律、自我控制、能力整合、个体对自身的某些权力成为可能。然而,除了这些好处之外,还有过许多潜意识的压抑作用,而压抑作用与身体有关:共相不想知道带有多种发音、多样性、形形色色冲动和倒错的身体将导向何方。那个由此在共相中被排除的东西就是女性、是另一个性别,并且往往是陌生的。因此我们可能进入了在政治思想方面极新的时刻,它不在于排斥共相——我们需要它来联合、集中和驾驭能量——而在于确认一点来使其完整,即这种共相可以由两部分构成,可以联合另一个性别。女性能够驾驭控制、具有独一性、掌握权力、成为中心,但要通过另一种方式,她们与自身身体、感觉性和生育的关联确定了另一种与法律、权力、禁忌的关系。因此,这种不同的、女性的感觉性,这种与意义、与另一个性别的人的不同关系很可能会丰富我们文化。现在回到您关于女性运动的问题上,如果我们已经谈到它的话,有一点没有讲到,那就是承认女性作为这样的地位可能会让我们神圣的意义产生变化,这差不多会是一场文化革命,但可能需要几个世纪的时间!剩下一种没有那么乐观的、看到女性在事务管理方面的提升的回答只对最优秀的世界级女性领导人有用,就像大家常常谈论关于撒切尔夫人①、果尔达·梅厄夫人(Golda Meir)②等人的那样,她们做得比男性更好。这种可能性不该被排除,但我坚持看好丰富人类多样性的可能。

您讲到了我们自身中的未知。它是不是我们身份中被隐藏的那部分,是不是消除我们避难所的空间?

您影射我几年前撰写的那本书《我们自身所未知的》……我曾被许多事物吸引……当然,我也曾关注自己的命运:为什么会变成异乡人?这或许是有经济、政治方面的限制,但我内心更深处认为这种异乡人的命运在根本上与弑母罪相联系。异乡人是那些离开了母语、家园,获得新身份的人。这是一种重生,意味着已经有过死亡,这是一种非常危险同时又非常振奋人心的经验。有的人可以从中看到不幸,这是异乡人的悲剧。另一些人,比如犹太人,从中看到的却是上帝的选择。在我看来,在如今关于异乡的思考中,人们局限于经济因素,局限于政治、法律干预的问题……诚然这些都很重要,但除了包括我在内的分析界之外,大家没那么重视这种未知命运再度降临所必须的人类变革:因为如果一度有过异乡人,那么事实就是随着技术的发展,随着商业、互联网、交流等的发展,我们已经进入了一个新的人类

---

① [译注]玛格丽特·撒切尔(1925—)是英国政治家,于1979年至1990年任英国首相。
② [译注]果尔达·梅厄(1898—1978)是以色列创国者之一,曾任劳工部长、外交部长及第四任以色列总理(1969—1974)。

空间。这一新空间意味着所有人,或多或少地、而且越来越多地是——如果目前不是,以后也将成为——异乡人。这将我们带到了非常远的地方,因为这意味着人作为根基的身份的某些东西被推翻了:我们将不止有一种语言,不止有一个家园,这在以前是我们中间大多数人的命运,而它可以成为巨大的痛苦。我有许多病人,他们的病历卡我是按照这种异乡人的命运来看的。好吧,这不是件容易的事……大家很少敢说这一点,因为害怕这会被解释成对异乡人的控诉、诉讼,解释成完全否定。但这完全不是我的意图,我只是尽力让人来关注异乡人脆弱的心理空间。因为没有基础语言、没有固定身份和场所,危险便从精神基准的缺失中产生了。我不是没有法则,而是有好几种:可以是一种解放,也可以是诱人腐败、参加非法组织的劝诱。或者,我们没有表现内心冲动的语言,我的所有语言都是外语,都是无关紧要的胶片,结果就是出现躯体化的症状。大多数在大学城医院接受治疗的外国学生都有身心问题,如果不涉及抑郁的话,因为学会的第二种语言完全是第二语言,与冲动性无关,留下了未满足的、根本性的哀伤。所以这就是异乡人命运的消极元素。其他的、积极的元素就是如果越过了一切障碍,便有重生的可能,由此产生巨大的创造性、巨大的创造能力。您知道,佛洛依德是那种将人看成是旅行中的存在物的人,在他关注19世纪末到接下来一个世纪30年代的维也纳中产阶级的命运时,他没有研究这些力图生活得更好的人心理上的小小不幸。他研究的是宗教人的命运:佛洛依德式的人是冰川人,他们发现有意义存在,而这种意义可以被称为上帝,可以通过物神、图腾、禁忌等来表现……佛洛依德根据他那个时代的人在躺椅上向他展现的东西开创了宗教人类学,但他对人性的看法是进化观点。从洞穴时代到如今,宗教人的禁忌发生了变化,但他在本质上还是服从宗教禁忌、拥有神圣意识的人。今日随着外来的再度发生,我们是不是还未进入这种人性的关键期?神圣本身的意义是不是正在受到质疑呢?如果是,就像我认为的那样,那解决之道又是什么呢?重返以前的宗教是一种解决方法,但这种方法向所有的保守主义、也许还有所有的原教旨主义敞开大门。也可以认为我们接触的是对神圣的简单调整,是新元素的插入,比如女性特征、倒错、精神病,或者还有现代艺术给我们带来的、应该整合到这种进化人性观众的一切。您看到了,未知的问题怎样在人的思想和意义层面上打开视野……

显然还有其他参数引导我作此思考,那是更加明显的政治性参数。法国的排外催生了一个具有顽强生命力的重要政党,那就是民族主义政党,眼下的国民阵线,看起来它正处于衰退期;这对法国的文化空间接受异乡人带来了诸多问题。我热爱法国文化,从小就开始受它的熏陶,因为我父母当时极其明智,让我在索非亚(Sofia)①的多明我会②幼儿园注册上学。然而到了法国,它的文化尽管热情开放、具有世界性,可在我看来它也是极其封闭的——这也许有很多原因。因此,在我刚才所说的形而上学、心

---

① [译注]保加利亚首都。
② [译注]天主教托钵修会的主要派别之一。

理分析之外，还有这种法国文化不包容异乡人的感觉。我们学生抱怨说从来没有受到过家庭的招待，关系仅限于喝喝咖啡，大家从来不会邀请你们，其中存在着某种排斥。我们尽力对此作出补救，法国的犹太团体知道这一点，他们已经看到，尽管其成员被赋予了大革命以来的公民资格，然而继续面对的不是激烈的排犹驱逐，而是隐蔽的排斥态度。我个人感受得到这一点：虽然各处都接受我，可我永远不会是法国人，虽然与之相悖的是，我在海外又被当成巴黎时尚的精粹！这一切都对法国文化及其政治基础等提出了疑问。这种封闭有久远的历史，它穿插在国家行政、王权、各种机构中，从法兰西学院到法国科学院，所有这些东西都在语言和文化中强化着民族自豪感，但也对将来异乡人口的整合，欧洲范围内的法国人、英国人和德国人等之间的流通带来了问题。这就是为什么我在最近的选举运动中非常同情支持欧洲的各类党派的原因，因为我发现他们展现了一个新的、绝对需要鼓励的法国，它还远远不是整个法国，但它是法国思想中的超前部分，大家可以在例如启蒙时代的意识形态中看到，可不幸的是，它依然还是少数派的主张。

未来学家、甚至那些重要人物——从赫尔曼·卡恩(Herman Kahn)①和他在美国的赫德逊研究所(Hudson Institute)到布鲁塞尔欧盟委员会(Commission européenne)的远景规划部——一直都弄错了……那么可以对未来作些什么预言呢？有什么危险在窥伺我们呢？

这个问题不该问心理分析师，也不该问作家，因为更确切地说起来，我们研究的题材是记忆和过去……不过，我也许可以按照我所知道的事情大致描述一些有可能危及我们未来的危险。举例来说，我和某些同事都关注一件事，即我们今天的病人和佛洛依德的病人不一样，我也用通俗点的术语讲到过"心灵的新病"。这些心灵的新病源于这一事实，即分析师要求更高，倾听领会也和以往不同，变得更加敏锐、更有批判性、更加多样化、更加洞察入微，又或者人类发生了变化？我认为这两个原因都在起作用。在所有个案中，我们观察到的东西朝着或许是未来给我们预备的艰难方向，甚至是心理空间毁灭的方向进行，我觉得这非常让人不安！我刚才和您说，在我看来西方最伟大的成就之一不是建构了心理空间（各个纬度上的所有人类都做到了这一点），而是将它变成了研究和理解的对象。这是从希腊人开始的，他们随着柏拉图、亚里士多德对灵魂甚至医学发生了兴趣；这一切又随着普洛丁(Plotin)②谈论裸露、随着重新采用埃及方法将亲爱的那喀索斯(Narcisse)③与其影像面对面转变为合掌祷告的基督徒凝聚升华，心理空间在这种冥想中进一步形成，如同在迈向彼岸，或踏入地狱、或走向天堂——这都无所谓——的路途上的人类的内在性。但这是一个研究的、内省的领域，允许我们接触最好的和最坏的事物，既有进步的东西，也有卑劣的

---

① ［译注］赫尔曼·卡恩(1922—1983)是美国战略理论家兼未来学者，是库赫德森思想研究所的重要创建人之一。
② ［译注］普洛丁(205—270)是罗马哲学家、新柏拉图学派的奠基人，对西方哲学有深远影响。
③ ［译注］那喀索斯是希腊神话中的美少年，爱上了自己在水中的倒影，憔悴而死，死后化为水仙。

东西。不过,我们有一种感觉,这个佛洛依德以他的方式勘探到的、人们在躺椅上向我们展现的心理空间处于危险之中。为什么呢?我们的病人忍受着各种冲突,但他们却没有话语将之说出,甚至连意象都没有!他们看电视,只是为了让自己平静而不是思考、不是为了找到话语;如果您问他们看到了什么,他们无法说出来。画面只是抹去心理空间的手段,这最终是有好处的,因为它在某段时间内可以让人平静,但只是在某段时间内,随后冲突又会卷土重来。那么怎样解决这类冲突呢?有好几种解决方法,但都是消极的。身心疾病是:我没有表象、没有话语、没有意象,是我的肝脏有病,或者是我的胰脏、我的喉咙、我的脑袋有病,我感到疼痛……但在生理层面却没有发现任何器官受到损坏。尽管如此,依然是那些器官在代替那个到那时为止已受到人类关系中的冲突影响的中介空间,也就是心理空间忍受折磨。第二种选择是:过度依赖麻醉药品、酒精或其他物质(而且越来越依赖),以此来忘记,来避免深入内心、心理空间……这是缓解,却不是解决问题的办法!第三种逃避途径是:破坏公共设施、过渡到行为、或多或少地自由加入某个非法组织,总之是暴力和腐化,是包含如此之多的破裂和违抗、不遵守任何禁忌的各种行为。所有这些现象都极其令人不安。而当我们这些分析师在实验室的情景中、也就是在躺椅设置中观察这些现象时,我们力图通过给予缺失的话语甚至意象来找到缓解这种焦虑或衰弱的办法。我在自己的一本书中提到过一个病例,那位病人就是因为无法讲述自己的冲突来找我;他使用一种极其图式化的、非常理智的语言,所有属于个人的东西在他看来都过于幼稚、或者不够恰当,一直到我发现这个人——一位工程师——在画画为止。事实上,那也不是图画,而是拼贴。我对他的活动表示出兴趣后他把作品的幻灯片带给我看,此时我才理解。他把世界名人、比如政治人物、电影明星或者演艺明星的脸或身体剪成碎片,并且按照他的方式把它们组合起来:这是一个破坏加重组的暴力行为。他还会加上自己喜欢的、通常是非常强烈的颜色,从而把这一切做成实体。于是我开始用非常天然、非常幼稚的语言和他谈论他表现出来的暴力,一开始他拒绝承认这种暴力,我们发生了冲突,直到他找回自己的话语为止。所以我说分析师做的工作就是陪伴,就在于进入他人数不胜数的痛苦之中,在于几乎像教婴孩讲话一样把语言交给病人。由此开始,他人会拒绝我们加给他的话语,并找回自己的:这几乎就是一项重生和自我重塑的工作。显然,社会生活中不能做这样的事,这是一项极其微妙、极其漫长的工作,因此我赋予心理分析重要的意义,那种心理分析适合心灵的新病、能够察觉新的不适、能够让人找到交流的、并在某种意义上完全改变这些不适的语言。心理空间被摧毁是未来的危险之一,明显关系到教育、文化和政治问题。其后果之一就是阅读和书写的困难,这是两项与心理空间紧密联系的能力。如果我们缺乏那种在思考中感觉安心的心理舒适——这也取决于家庭生活的某种平衡——我们就白白学会了阅读、书写,白白精通了这些技能,它们在生命中的某一刻会被剥夺而去!我可能让你们感到惊讶了,但有一些躺椅上的病人是在媒体、出版社和电视台工作的,他们对我说无法再阅读了;他们开始看书,两分钟一页,却不知道看了什么,因为心理空间不再接收,它不够安宁、不够坚实,不能吸收、重建这一切。这也意味着没有"他人",没有关系、爱和社会的关系来保障这个心理空间。总而言之，由书写和阅读构成的、我们的文明作为基础的这个文化基石正在破裂，原因就是这项困难、甚至是心理空间的这种毁坏！

您在讲心理分析和信仰之间的关系，那么对您来说这个关系包括什么呢？

信仰是一个极其宽广的领域，我基本上是从这个层面开始研究它的，那就是与他人、与信任之间的联系层面，就是信经（credo）①，是基督教的信仰。《信经》来自于交回心灵的根源，我把心交给你，同时希望得到回报。这一层面与财务借贷的层面相似，是一种投资。这看起来像在亵渎神灵，但在这类信仰中有类似于"我投资到银行，然后等着分红"的逻辑。信徒在某个使者，即灵媒的地方完成了若干心灵的活动，同时期待慰藉、或许还有永生；这也是一种交易。那么在心理分析中是不是存在着这种情况呢？是的，同时也不是！说是，因为来的病人把他们的创伤、落空的爱情、受到的侮辱、性无能、身心疾病、读写障碍和我们知道的一切交给我们，为的就是通过移情——一种不过是对这个医生、对这位神圣的被假定为知道所遇之事的男人或女人，即分析师的新爱情，他能够期望什么呢？他期望的不是永生，甚至不是慰藉，而是发生在他身上的事情的意义。他期望一种意义，他要知道这意味着什么，那我就向他展现无意义，从而把意义交给他。而且分析的答案和信仰的答案颇为不同，它们的区别也是在这里，因为在赋予意义时，我们表明了这一意义不可变为资本，也就是说赋予意义的那个人、即分析师并不拥有意义，没有一个会是绝对意义的决定机构，也没有法规、没有彼界、没有上帝。大体上分析师说的意义是可以建构的。现在我们就可以在我们两人之间，通过联结我们的移情、反移情把它建构出来，而且在某个时刻，您会重新处于"脱离时间"的状态，就是说您将中断契约：我让您脱离联结我们的契约，您让我脱离您的到来、您的移情、您的记忆和您的记叙。不仅我们会彼此分离，您将没有任何联结，但这会把您送回潜意识，它本身也是脱离时间的，因为这是断开联系的地方，是具有野性、与死亡关联和粗蛮的欲望的地方。好吧，从那里开始您将做什么呢？你仍然会对我们的关系保有模糊的记忆，这有点像法律契约，但这种模糊的回忆不仅引导您忠实，而且让您有创造性。您将按照您的能力彻底改变这一切：这就是创造性的维度，那里有分离、有无意义和空虚，是心理分析的领域，相对制度甚至法律来说，神秘主义是分裂的、质疑的，正是在这个意义上我觉得这个维度与某种神秘体验不一样，但并不是与它不相干。不过我认为，先前任何一种神秘主义都不能像分析那样具有明晰的、被我称为不被调和的或不可被调和的人性观。有信仰的人是调和的人：我信仰上帝，我与他合为一体，这样我不仅会在永生中找到慰藉，而且会在与意义和权力的决定机构的整合中找到慰藉。好吧，就像心理分析展现的那样，基本上男人和女人都是欲望的存在物，他们最强烈的欲望是死欲，他们都是不可被调和的存在物。我们是冲突的存在物。调和是暂时

---

① ［译注］信经是基督教权威性的基本信仰纲要，源于拉丁文 credo（意为"我信"）。

的,冲突不仅构成了我们的特性,而且让我们得到享受:处于心理装置不可调和中的是萨德(Sade)①、阿尔托(Artaud)②、普鲁斯特(Proust),是享乐的维度。因此,显而易见,承受这一点非常沉重!您将对我说:那么这一切的道德出路在哪里?因为以前有信仰,人就有禁忌、有道德规则,那时后者可以是约束性的,但它仍然存在!对于不可被调和的、也就是心理分析意义上的人,道德是怎样的呢?好吧,这是一种创造的、创新的道德规则,我们还没有准备好来面对它,它不是尼采的非道德主义,把我们带回到每时每刻都要创造规则的必需状态。

您的语言学研究源自不同文化的历史实例,包含了巨大的政治潜力,您怎么看待这一点?

我是从唯物主义的角度对语言学产生兴趣的,这可能让人惊讶,因为大家不习惯把语言当作物质来理解,但是作家会理解我的。普鲁斯特说,在写作的时候,他置身于一种新异的、令人清爽的玫瑰色物质当中,他把语言称作物质。好吧,对我来说,我对语言感兴趣,这是一种以物质形式接近思想的方法。当我在1960—1970年代开始研修语言学时,有好几种流派开启了接近语言的有形的、从而是具体的途径,其中一方面是索绪尔(Saussure)③的语言学派,它与雅各布森(Jakobson)④和俄罗斯形式主义一起催生了结构主义;另一方面是乔姆斯基(Chomsky)⑤的语言学派、生成语法学和班维尼斯特(Emile Benveniste)⑥的陈述语言学,班维尼斯特对我产生过很大影响。这些不同的流派互相争夺语言研究的最高权威。20世纪60年代盛行结构主义,尤其是罗曼·雅克布森结合诗歌语言发展起来的结构主义语言学。乔姆斯基学派受笛卡尔主义的影响,主要与语法综合、句法动作和其假设的既是逻辑学的又是语义学的发展有关系,它也拥有自己的信徒。随后我被班维尼斯特的研究深深吸引,他成为了我一位非常好的朋友,给了我大量的鼓励;不幸的是他英年早逝。我们一起创建了国际符号学协会,如果我的记忆准确的话,时间在1968—1969年。他是非常罕见的,也许是第一位,最终也可能是唯一一位对语言在佛洛依德发现中的位置感兴趣的语言学家。他曾以这个题目写过一篇令人难忘的文章(《关于语言在佛洛依德发现中功能的评注》),还对语言在潜意识中的位置做了评论,他的潜意识与拉康的概念颇为不同,而且打开了仍未被涉及的视野。他对被称为陈述语言学的东西,也就是在对话互动中创造意义非常感兴趣:说话的人对另一个人讲话,对对方回答的预先假设影响着我赋予自己话语的意义。这一点极其重要,并且应该在我们这个没有在意识形态上那么重视语言学研究的时代被重新采用:它还可以提供很多东西。那时我对语言

---

① [译注]萨德(1740—1814)是法国小说家和哲学家。
② [译注]阿尔托(1896—1948)是法国剧作家、演员、诗人和戏剧导演。
③ [译注]索绪尔(1857—1913)是瑞士语言学家,为20世纪的语言学发展做出了极其重要的贡献。
④ [译注]罗曼·雅各布森(1896—1982)是俄罗斯语言学家和文学理论家。
⑤ [译注]乔姆斯基(1928—)是美国语言学家、哲学家、认知科学家。
⑥ [译注]艾米尔·班维尼斯特(1902—1976)是法国结构主义语言学家、符号学家。

的边界状态感兴趣,而且从60年代起我见过两种这样的状态。第一个是儿童学习语言,也就是说一种语言的阶段和结构,此时语言还不存在,它要从音调、模仿开始生成;我把这种状态称作"符号阶段",它先于被我称为"象征体系"的,即一个开始看到以物体为对象、和人交流的、被句法建构的符号的阶段。我想强调的第二种边界状态是在精神病中对语言的破坏状态。在我看来,这两种边界状态让我更好地理解了语言在现代文学经验中的位置。因为显而易见,从马拉美(Mallarmé)①、洛特雷阿蒙(Lautréamont)②一直到超现实主义和阿尔托的文学文本——就像它们从19世纪末开始展现的那种特性——互相提供晦涩难懂的材料,对于一般大众,它们很容易被认为不可理解。不过这种不可理解、不舒适源于一个事实——这是我的假设——即它关系到某种心理极限体验、痛苦体验,关系到某种抑郁而恍惚的体验,后者接近于精神病,或许还接近于自闭症,如果自闭症的意思是难以被言说的感官纵情的话。为了进入这些构成了一个常常滞后于交流的世界的语言,必须能够进入语言的肉体:因此我才对语言学感兴趣,这事实上是为了研究那些严格说来不属于语言学研究对象的内容。符号学便由此产生,就像索绪尔在19世纪末定义的那样,它把以语言为基础的人类活动作为对象,但并不限于交流的语言。当您拿起马拉美的诗或阿尔托的文章时,它们是语言,但大家立刻明白它们并不以即时交流为目的。那它们以什么为目的呢?一种"用我们的心弦……做旋律的编码",就像马拉美说的,也就是将难以言称的感官生活向语言组织的迁移。为了理解这些语言状态,我必须穿过语言学,并且从中走出来。我会一直记得20多年前和乔姆斯基的第一次会晤。当时我们和雅克布森在一起,我对他说我对文体感兴趣,他马上告诉我文体不是语言学的研究对象。哎呀!对我来说,我那时感兴趣的是通过语言学来重新发现文体,也就是说通过语言材料来表达主观体验,就像文本所说的那样,语言就在这里成为肉体。正因为如此,我必须永远都不离开文学文本,而且它们考问语言学、有时还迫使后者自我调整。因此在我看来联系临床和在理论上发展某种正在发生作用的语言学,这越来越有必要。所以,开始研究心理经验时,我总在思忖怎样联系审美经验来辨读这样或那样艰涩的、甚至是不可理解的言语,而从那时开始,这些审美经验已经变成了我的特别爱好。

您在讲女性特质、感性经验的重要性,把它们当作技术理性和职业、私人生活、经济的野蛮化的解药——丹尼斯·德·鲁日蒙(Denis de Rougemont)③已经讲述过这个事实了——您甚至还谈论女性对我们世界继续生存的重要作用,是不是这样?

是的,我竭力探讨女性和我们已经讨论过的女性主义运动之后的当代文化的关联问题,主要从两个方面着手:女性和意义的关联、女性和物种存活的关联。人们经常讲到意义,它是我们的神圣物,是构成人类特性的东西。这种与特定的、作为神圣

---

① [译注]马拉美(1842—1898)是法国重要的象征主义诗人。
② [译注]洛特雷阿蒙(1846—1870)是法国诗人,对超现实主义有重要影响。
③ [译注]丹尼斯·德·鲁日蒙(1906—)是用法语写作的瑞士作家。

物的意义的关联可以有两面:献祭的一面和繁殖的一面。我们发现,特别在印欧语系中,神圣这个词具有二种意思;就像班维尼斯特展现的那样,甚至在古希腊语中,神圣也有双重含义,可以追溯到献祭仪式的供祭的含义和力量、生育或生机的含义。在这一切当中女性拥有特别的态度。首先对献祭来说,大家认为意义就是废除身体时显出轮廓的那个东西:献祭一株植物、一头牲畜来建立一种垂直的关系,就是这头牲畜或植物对于上帝的意义;同时还建立一种水平的关系,就是献祭的修士之间的协约。每个词都有这种涵义:它放弃了物质,返回到在被视作神圣的界限上它可以成为的意义,同时他还建立了交流。那时被献祭的就是感性的对象和感受性,心理分析学家会说是冲动,而且也是每种感觉。当我说桌子时,我没有看到各种桌子,也没有感觉到、触摸到它们,也没有听到它们的声音,出现的是桌子这个词的意义。这样,语言中的献祭的维度就能被人非常好地理解。女人和大家一样,也属于这个献祭的维度,但是差不多最重要的区别是:因为她们更加接近属于同一性别、并与之建立日后无法重现的最初潜移默化关系的母亲,既然她改变目标——男性——,便出现了在压抑之中保持着与母亲关联的转变。您看到了,感觉在女性存在体中依然具有极其重要的位置,它被压抑了,但积极活动着,我想说是在深层次上活动着。这正是女性将给她们的神圣经验和文化经验提供的一个方面:即按照下列意义凸显神圣的价值——神圣回归感性的、被波德莱尔曾经形容成芬芳的、海绵般的身体,而且这也是联通童年极乐世界、联通母亲影响的身体。我想回过头来再讲的、关于女性的另一方面是生殖。我们在一个各种技术都已为男性、女性所支配的世界中。我们这一代人已经掌握了避孕药,生育不再是厄运或宿命,它成了一种选择。但是还有基因改变、人工生殖、克隆等等。在这种背景下,大家看到许多女性渴望生育,这不仅因为像佛洛依德说的那样,它是获得阴茎和权力的一种方式,而且也因为它让她们接近自己的母亲、接近自己感性的身体和创造力。我们不知道要对这种新型生育的需要说什么,我说"新型"是因为这种生育是被选择的。诞育生命这个行为意味着传承文明、传承语言的意义、传承文化等的文化使命,我们不知道要对许多女性具有的诞育生命的欲望和感性意义——在这个术语意义上的——说什么。所有陪护生育的工作仍然是我们文明中的一个需要。而且这是会在未来的年代更加沉重的事情,因为在我看来,不应该把保持作为男女特性的出生率丢给原教旨主义的宗教去操心。目前只有教皇和某些宗教人士在为此作斗争,而大部分的非宗教人士要么低估了这个问题,要么认为它可以自行解决。我认为这是我们的重大责任,而且女性的依然要成为人类的母亲,同时爱恋男性的欲望或许是我们抵抗机器人化的最可靠的方法之一。

您在与圣母玛利亚的联系中将生育和神圣结合起来,这颇为少见!

我出自东正教,有时会扪心自问我对玛利亚的坚持是不是一种返祖现象,因为大家知道她在东正教里的重要意义。我说这些是为了给自己一些托词,但这只是反话,事实上我认为玛利亚是一个极其有趣的人物形象,我们还未对她做过考古研究。我们在西蒙娜·德·波伏娃(Simone de Beauvoir)①和所有女性主义者身上都看到过她具有的与身体牺牲有关的消极因素;她是名处女,这意味着潜意识的压抑作用在基督教中通过玛利亚的形象影响着女性的性爱,这一点已经被人讲述、揭露过,我就不回到这个话题上去了,我完全赞同这种观点。玛利亚的神话中有好几个元素,它们超越了压抑,升华了生育的文化使命并凸显了它的价值,这样的事实也是存在的,它们没有受到重视,而在我看来对它们重作思考很重要。这里有对女性的恐惧,比如说。女人是引起恐慌的形象,美杜莎(Méduse)和其他巫婆的神话就是证明。这是不是因为没有明显生殖器的女性身体令人重新面对阉割的意象?这是一个应该被人认真对待的推测。这又是不是起因于母亲对孩子的影响力,从而产生了这种对于母亲绝对权威的恐惧?这是另一个维度了。我试图在去年的一次主题为斩首的展览会中解释这一切,那次展览中我很荣幸被卢浮宫提问。在被斩首的圣约翰(saint Jean)形象之前,我们的文明展示了被斩首的美杜莎,许多形象令我们重新面对人类具有的这种与想象的赋予女性的力量分离的需要。然而童贞是基督教徒为了减轻对女性的恐惧带来的幻象;这导致对女性性爱的亵渎,但这也让那些开始描画女性脸庞和女性身体的艺术家平静下来。这样我们成功地解除了对表现女性身体和普遍身体的抑制。可以详尽地说明消除负罪感的口语性、儿子吮吸处女母亲乳房的权利是怎样消除他与父亲的俄狄浦斯关系的犯罪感,怎样使他们的表现成为可能。没有玛利亚的神话就没有基督教艺术:所以这是个极其丰富的维度,我们不能细致地进入其中,但我想强调这条线索。此外母亲的使命在于与自己的孩子分离,这就有一个无可避免的牺牲的大问题。显然这会带来许许多多的悲惨主义和女性性受虐狂,所有的人都知道这一点并为此感到遗憾。这个是我的一部分的孩子将变成分开的、完整的主体,这一点也是事实。大家说孩子是对象,但这不是情欲的对象,也不是纯思想的对象,这是卓越的升华的对象,而母亲们奇迹般地独自做到了这一点,她们超脱了自恋,因为她们把孩子怀在腹中。从她们自身来说,她们摆脱了快乐或者摆脱了这个孩子对于丈夫意味着的怨恨,她们把这个情欲的对象变成独立自主的存在。我们处在某个人与另一个人的关系的初期。这是个体的人达到的奇迹,而且是母亲们做到了这一点。基督教曾力图思考这件事。因此《圣母悼歌》(Stabat Mater)很了不起!如今我们世俗之人是不是感到在这方面拥有财富,我们有没有在她身上找到现代的共鸣?没有什么比这个更不确定的了……

咱们谈到了神圣的丧失,这种丧失是从启蒙时代、狄德罗(Diderot)、笛卡尔(Descartes)、帕斯卡(Pascal)②开始的。今天您怎样看待这种不仅在人文科学中有,而且在政治、日常生活中也有的形而上学的、超验性的缺失?这是不是我们缺乏的东西?

---

① [译注]西蒙娜·德·波伏娃(1908—1986)是法国著名作家、存在主义哲学家、女性主义者、马克思主义者和社会理论家。
② [译注]帕斯卡(1623—1662)是法国数学家、物理学家、作家、发明家和天主教哲学家。

我不会比我读到的而且或许是以我的方式诠释的汉娜·阿伦特走得更远。您知道，她作品中的关键思想之一是极权政体——斯大林式的和纳粹主义的——都基于两件事：摧毁思想和摧毁人的生活。这是在极权政体两个阶段的被人以不同的、但又是导往同一方向的方式发现的两种现象。是不是超验性的缺失和神圣的缺失容许这种双重摧毁发生？美国的超验主义学派说是世俗化和上帝的缺失导致了极权政体。而汉娜·阿伦特的回答非常巧妙：一方面世俗化是至少可以追溯到中世纪的运动，因此不能把现代世界的恐惧仅与超验性的缺失同化；另一方面，正是同样的超验性的缺失打开了视域、催生了自由；其实，那些试图让我们重新皈依上帝从而克服现代世界的恐惧的人是对上帝实行了一种虚无主义的利用。为什么呢？因为他们在使用上帝，就好像他是一种价值。我们丧失了若干价值，又在上帝身上找回了一种价值，但没有什么比把神圣当成一种价值更虚无主义的了。神圣如果在我尽力通过美学经验和心理分析经验诉说的意义上是真实的，那么它是人的焦虑不安，是一种质询意义并把它变成连续重生地的可能性。将神明的、神圣的和固定的价值作为现代困境的解药带入宗教机构，这是一种虚无主义的举措，违背了神圣的强大意义。

您讲到了全球化(mondialisation)或者像英国人说的 *globalisation*①，您用的是一种强烈批判的方式，尤其是在谈论美国的狂热新自由主义加给世界的沉重威胁时。

我对美国文化持既欣赏又谨慎的态度。欣赏是因为它的热情、对外来者的开放、好奇和它赋予每个个体教育的意义吸引了我。所有这一切都是毋庸置疑的，而且还有若干全球化元素在往这个方向发展：疆界的开放、世界主义和扩大的允许我们和所有人交流的信息。这里关系到一种不该被妖魔化的成就，而且特别在法国有这些被称为独立主义的、倒退到被人认作神圣的、源自法国雅各宾主义的倾向，而在我看来它们恰恰非常落后、并且往往极其有害，正因为如此，我要更加强烈地讲述这一切。相反，我们应该对被我称为图解式的激进主义保持警惕，它源自美国文化中的一个同化欧洲文化的元素，从而将之诠释为与其他价值对立的价值的重要倾向。我们在欧洲的关于辩论、质疑、深入和不安的意义丢失了。这立刻变成了或多或少可用电脑计量的价值，这里有一些极具限制性的、每次都让我谈之变色的东西。接着，全球化中还有一种对于世界主义理念的背叛，因为理论上全球化应该成为康德式的世界主义，也就是说文化多元性，但往往会为了某种单一文化——明显是美国文化——的利益而抹杀这种多元性。如果占优势的是这种意义，那么我认为我们会有很多人反对，从而走向相反的理念，即也是这方面的阿伦特的理念，它会是一种文化多元性。

如果想到诸如让·吉东(Jean Guitton)②、瑞士的乌尔斯·冯·巴尔塔萨(Urs

---

① [译注]英语，意为"全球化"。
② [译注]让·吉东(1901—1999)是法国天主教哲学家和神学家。

von Balthasar)①、或者雅克·马利坦(Jacques Maritain)②那样的神学家,是不是应该认为基督教的末世论已经随着基督教的非神圣化而改变了呢?

是的,也许应该这样认为……它已经随着非神圣化而改变了,在这个意义上人们质疑神明的绝对机制。如果这是一种随着所有的解构思想之后而产生的倾向,那么更确切地说这是一项成就。从另一方面说,在我看来这种非神圣化至少保留了基督教末世论中的两个对我显得很重要的元素,它们是像在比如邓斯·司各特(Duns Scot)③著作中看到的独特性的意义,和作为开始的诞生的重要意义。这或许需要某些解释……在我记得住的基督教末世论的优点——比如他们开始寻求现代的自由——中有对独特的强调:我们在邓斯·司各特的作品可以找到这一点,如您所知,此人坚决主张这一点,即不存在普世的价值,也不存在唯名论的逻辑,唯一的价值在每个 sui ecce④ 的人的具体现实之中。指称动作 sui⑤ 以典型的方式展现的正是这种独特性。这是基督教传统中没有中断的东西,是我们的非神圣化的遗产,并且构成了人权最主要的部分。接着又有经过圣奥古斯丁(saint Augustin)⑥大力发展的、作为自由的本体论基础的诞生概念。如果诞生是自由之中根本的东西,也就是说开始的可能性,既然每个人以来到世上的方式开始物种的历程,我呢,我就通过开始做个新动作的形式来开始我的自由,从这张椅子上站起来,开始写一部小说,或者开始回答您的提问,所有这些开始的元素都是在反复一件事:我出生了。自由的动作和诞生的动作之间的这种联合是基督教诞生主义的基础。我发现这种我不称为价值、而称为消息或对基督教的问询的价值没有中断过;在我看来,相反这一点通过非神圣化表现了出来,如果它不是被用来指平庸的无神论而是指质询的思想的话。

您说在我们的现代性之中,我们失去了人性的积极定义。"人性是什么"的问题被人以越来越激烈的方式提了出来。

是的,因为我们具有的人性定义是消极的。举例来说,大家站在人性的对立面上谈论犯罪,突然体会到人性存在着,但是 a contrario⑦。我们拥有的积极价值只有我刚才指出的那些,它们是被非宗教化的基督教的遗产:独特性和诞生——开始的自由。

如果想到泰瑞莎-达维拉(Thérèse d'Avila)⑧,想到奥克塔维奥·帕斯(Octavio

---

① [译注]乌尔斯·冯·巴尔塔萨(1905年—1988)是瑞士天主教神学家,被认为是当时最重要的神学家之一。
② [译注]雅克·马利坦(1882—1973)是法国哲学家,是20世纪最重要的托马斯主义阐释者之一。
③ [译注]邓斯·司各特(1265—1308)是中世纪最重要的天主教哲学家、神学家之一,绰号"精细博士"。
④ [译注]拉丁文,意为"个别的"。
⑤ [译注]拉丁文,意为"种类、存在、独特"。
⑥ [译注]圣奥古斯丁(354—430)是古代哲学家、基督教神学家和作家。
⑦ [译注]拉丁语,意为对立地。
⑧ [译注]泰瑞莎-达维拉(1515—1582)是天主教圣修女,也是16世纪的修道改革者。

Paz)①和关于爱情的伟大篇章,或者想到伊曼纽尔·列维纳斯(Emmanuel Levinas)②的话,您是不是认为爱情的体验与象征性、想象和现实联系在一起?

对于爱情关系,我问过自己很多次,因为——我们在访谈一开始就讲到这个话题了——这是西方思想最重要的主题之一,而且也因为佛洛依德重新将爱情当作分析关系的基石。移情—反移情,这就意味着爱情关系。那么,为什么它是真实的、想象的和象征的呢?这都是拉康的术语,而我以自己的方式重新接受它们,因为有象征的动作、想象和真实,象征的动作是恋爱双方的契约、承诺,想象是在这个契约的基础上发展自由话语的可能性,自由话语为我们自身的幻觉提供资源,我们可以通过它来和爱我们的人交流,既然我们不能用它来和其他人交流,于是在爱情关系的内部就有了一个幻想的、对他人揭露自我的空间,而真实则是发展中的、一直到情人们面对攻击性和暴力的夜晚最终实现的性行为方式。

在从奥古斯特·孔德(Auguste Comte)③到 20 世纪的卡尔·波普尔(Karl Popper)④的实证主义斗争中,在今天尤尔根·哈贝马斯(Jürgen Habermas)⑤关于科学和认知过程的讨论中抬头的阵线不再在后现代时代发挥作用了。它们被什么取代了?

我不确定自己是否理解了这些关于后现代的思想。我想我理解了它们涉及到什么,但更确切地说我感到假如这类思想在于质询经过某种非常纯粹、非常正式……的先锋主义之后还有什么留给我们,那么,整个传统都有待于我们重新评估。我想到了普鲁斯特说过的一句话:"当代作家就是全体作家,而且只有一个。"可以这么说,从荷马(Homère)到普鲁斯特只有一位创作者,这或许显得非常雄心勃勃、非常矛盾,但更确切地说我相信这一点,也就是说相信这一事实,即当代的创造性通过分析和以自己的方式重塑传统、从而包含了整个传统。但我们没有和过去断开,大家不是从天上掉下来的。彻底的质疑是对源头的重新评估,而且如果不这么做,就什么都做不了。

您怎么解释人类进化史中语言的起源?关于这个主题的哲学思辨从未停止过,宗教信仰则将源头、动物世界归功于神圣的力量。

我要和您说,语言学在这个问题被禁止的那个时刻就被创立了。巴黎语言学协会在它的章程中写着,不问自己语言起源问题的人才是语言学家,因此对我来说,这个问题和所有其他的起源问题一样不存在。相反,从心理分析的角度来看,我面临的问题是要知道为什么有的孩子能够理解象征性表示,而有的孩子却没办法制造语言。而在这里我发现自己面对着两个参数。一个是生物参数,哎,大家对此了解不多,但可以合理地假设存在着某种适当的装备,它允许或阻止对各种象征的习得。接着还

---

① [译注]奥克塔维奥·帕斯(1914—1998)是墨西哥作家、诗人、外交官,也是 1990 年诺贝尔文学奖得主。
② [译注]伊曼纽尔·列维纳斯(1906—1995)是法国哲学家、犹太教法典评论家。
③ [译注]奥古斯特·孔德(1798—1857)是法国哲学家,实证主义创始人。
④ [译注]卡尔·波普尔(1902—1994)是奥地利、英国哲学家,被认为是 20 世纪最伟大的科学哲学家之一。
⑤ [译注]尤尔根·哈贝马斯(1929—)是德国著名社会学家和哲学家。

有一个我现在正在钻研的、由梅兰妮·克莱因①开始研究的维度，它显示与佛洛依德的描述正相反，人不是象征的使用者，而是象征的创造者。怎么呢？她是从儿童和母亲的关系中看到这一点的，而这种关系返回到女性的特质和母亲的文化和文明地位，母亲不只是生育者，也是文化的传承者。这是一种既可以让他人安心、有信心，又同时可以与他人分离、对满意和痛苦产生作用的方式。梅兰妮·克莱因非常强调痛苦、分离或空虚的部分。她就象征的源头讲到了抑郁，但您马上明白这种痛苦和抑郁如同平稳的羽管键琴一样应该非常温和，从而使其给出象征而非疾病。而母亲在这里起着极其重要的作用，我正是按照这种观点而不是想象的源头来作研究定位的。

---

① ［译注］梅兰妮·克莱因(1882—1960)是奥地利裔英国心理分析学家，对儿童心理学和当代心理分析具有重大影响。

消融于虚无,这并不令我担忧

克洛德·列维-斯特劳斯(CLAUDE LÉVI-STRAUSS)

陈卉 译

以下文字来自温特的编译版本。

克洛德·列维-斯特劳斯(1908年在布鲁塞尔出生,父母为法国人)是我们时代跨文化研究的最主要人物之一,也是20世纪最重要的人类学家之一,其影响远远超出了本身所属的领域。他先学哲学,并通过教师资格考试。1934年是其人种学家生涯的开端,那年他已被称为结构主义者,受邀到圣保罗(São Paulo)教授社会学,并在那里一直待到1939年。在巴西,他组织了生平第一次探险旅行,造访了印第安部落的南比克瓦拉族人(Nambikwara),并在稍后发表的《忧郁的热带》(*Triste Tropique*,PLON,1955)中描述了这段经历。从1939年起他到美国生活,第二次世界大战期间他在纽约结识罗曼·雅柯布森(Roman Jakobson),通过他接触了结构主义语言学。那时他意识到将结构这个概念运用到社会现象上是卓有成效的。

1948年他返回法国,在高等研究实践学院(L'Ecole pratique des hautes études)任教。他提交答辩的文学博士论文《亲属关系的基本结构》(*Les structures élémentaires de la parenté*,Mouton,1949)专门探讨亲属关系,标志着"结构"这一概念被引入人种学研究。

1958年,他发表了《结构人类学》(*l'Anthropologie structurale*,PLON)。同年他又被任命为法兰西公学院(Collège de France)社会人类学教授。1962年其著作《今日图腾制度》(*Le totémisme aujourd'hui*,PUF)和《野性的思维》(*La pensée sauvage*,PLON)出版。随后他将结构主义的方法应用到神话研究中,通过PLON出版社陆续推出四卷本《神话学》(*Les Mythologiques*):《生食和熟食》(*Le cru et le cuit*,1964)、《从蜂蜜到烟灰》(*Du miel aux cendres*,1967)、《餐桌礼仪的起源》(*L'origine des manières de table*,1968)、《裸人》(*L'homme nu*,1971)。

1973年,列维-斯特劳斯被选为法兰西学院(l'Académie française)院士。1975年,他发表《面具之道》(*La voie des masques*,PLON)。他在法兰西公学院执教直到1982年退休。随后相继问世的著作还有:《遥远的目光》

(*Le regard éloigné*,PLON,1983)、《嫉妒的制陶女》(*La potière jalouse*,PLON,1985)、《由近及远》(*De près et de loin*,O. Jacob,1988)与《猞猁的故事》(*Histoire de Lynx*,PLON,1991)。

*

克洛德·列维-斯特劳斯,您认为西方文化终于应该下决心向那些被视作"原始"的文化及其神话学习,在它们那里宗教感与人类创造的原初力量表现一样强烈,这一点列维-布留尔(Lévy-Bruhl)、米歇尔·莱里斯(Michel Leiris),以及保罗·拉丁(Paul Radin)在其著作《原始人的世界》(*The World of the Primitive Man*)中都指出过。

我认为需要这么做的与其说是我们的文化,还不如讲是我们哲学和科学的思维方式,因为向另一个方向演变的是后者。我们应该明白,扎根于神话中、具备其自身特有能力的人,他提出的问题就是我们自身的问题,是我们期望各种不同的科学专业予以解答的问题。神话研究让我确信,这些思维模式、想法、意见和倾向有明显的特征,那就是它们与进化的各个阶段之间有密切关联。

您在《野性的思维》中解释过,古代视角和现代视角之间不存在本质的区别。因此,我们也无权出言贬低这个原始世界。

我从未断言过这个世界会比那个世界更好一些。但是作为一名20世纪的西方人,我认为被西方接受的科学研究方式更加"进步",即使它也不曾把我们从自身的使命中解放出来,这个使命便是研究现实的其他形式,并将其纳入到我们的思想之中。

这样大家就不能指责您在您的文化人类学中,抛弃了编年史的概念,而共时性地看待人类的整个空间,是不是这样?

是的,的确不能这样指责我。在内心深处,我把自己当作一位历史学者。但我以为,一个秩序的中心展现着不同的现实,想要了解这个秩序的起源以及运转方式,必须得准确地知道它由哪些结构元素组成。

那么我们也不能断定"原始的"文化是无时间性的或静止的,而拥有先进文明的社会可免受人类学的考量,因为就像罗歇·巴斯蒂德(Roger Bastide)指出的,后者遵从于历史进程。

不能,绝对不能这样断言!我们称之为"原始的"文化——今天它们几乎都消失了——和之后的社会一样,它们也处于历史之中,也面临着战争、流行病、迁居这样的事件。真正的差别在于,某些社会关注历史并尽量从中获益,而另一些社会则对身处历史之中感到遗憾,并竭力幻想自己好歹能超越历史。但是这种趋势也会在具有文字传统的社会里占据优势,不过不是赋予它们独特表达方式的唯一元素。

您从未考虑过研究史前文化的转变吗？安德烈·勒鲁瓦-古尔汉（André Leroi-Gourhan）在思考研究中曾提到过这一点。您是想在人种学与现时之间建立联系、让人种学进入到和现代文化的对话之中吗？

我只做过几个直接面向我们社会的研究。这是我在巴西生活期间的事情了，那时我要求年轻的学生在他们自己的城市，也就是圣保罗做实地调查。我们一起完成了关于社会形态学的整个系列的研究，现在大概在当地大学的档案室里还能找到一些与此相关的资料。我个人在法国还没有做过这种类型的项目，不过倒是做过几个项目的鼓动者和监督人。由我创建、指导的社会人类学实验室也发表了对勃艮第若干村庄的大量研究。

在您眼中，神话是不是可以用来诠释世界的内在范式，就像人类学家克利福德·格尔茨（Clifford Geertz）和玛丽·道格拉斯（Mary Douglas）曾经探讨过的那样？

我不使用"内在"这个术语。这是个份量很重的词，应该先对它的精确含义有个统一的认识。但神话确实代表了一种诠释实体世界和社会世界某些侧面的意图，它将人类遇到的困境和同一事实的某些其他层面依次联结起来，以此揭示同一件事件会在几乎所有层面上展开。

您曾经把南北美洲印第安文化的神话比作欧洲的圣杯传奇（Graal）。这种比较如何是如何成为可能的？人们是否可以预先假设在时间和空间上相隔甚远的文化之间存在这种类型的相似结构？

这个问题很不好回答，它并没有单一的答案。我们所知的一切都让我们认为智人（homo sapiens）的先祖，比如直立人（homo erectus），已经能使用语言了，而年代早得多的能人（homo habilis）也已具备语言的某些形式。看起来从这一时期起就开始有神话出现了，其雏形保留了很长一段时间；因此很有可能存在着被传播到世界各地的旧石器时代的文化遗产。即使我们对史前状况不做此类纯理论的探索，人类还是拥有了大脑，它时时都在运作并总是以同样的方式运作，也正因为这样，思维内容的协调一致和横向联系才会显得完全合乎常理。

理查德·瓦格纳的作品在您的神话研究中扮演了一个怎样的角色？

在这一点上，我还不是很明确。可以肯定的是，我父母崇敬瓦格纳，从我进入童年起就让我熟悉他的音乐和思想。很久以后，当我研究神话的时候，我观察到在对《尼伯龙根》（Nibelungen）和《埃达》（Edda）的萨迦①处理上，瓦格纳所遵循的思路和我本人的迥然不同。诗歌的文本已经提出了一种明确的阐释模式，而音乐也在自身范围内给出了一个几乎独立的臻于完美的诠释。我正好相反，希望揭示神话有一种分层结构，只有经过多层面的观察才能把握它。不管怎样，瓦格纳的这种方法，也就

---

① ［译注］萨迦（saga），是指冰岛及北欧地区的一种特有文学。词源来自德语，本意为"小故事"，后来演变为"史诗"、"传奇"的意思。

是使文学诠释与音乐诠释相谐调,有可能被我无意识地当作范式。

在我们这个讲究精确计时的时代,神话是否仍然有意义呢?

科学家在物理、化学、气象等现象的阐释上不再需要依靠留存下来的神话。但无论如何还有一个领域,它拥有的价值几乎相当于神话在古代社会中的价值,我是说历史。对历史感受与评价的方式使我们还能重建过去、理解现在、塑造未来。

自然科学不是也要获得形而上学、有时甚至是信仰的支撑吗?它们不是得借助某种诗的力量来接近自己的目标,从而真正地开启人类和进化范畴内所有生命体的智能吗?

我不能对这种背景下的形而上学和信仰发表什么看法。但有一点是肯定需要的,那就是在着手研究一切问题、尤其是面对那些涉及自然科学和关乎所有生命——无论是人类、动物类或植物类——的问题时,我们得具备美的意识。美是帮助我们理解这一切的关键。

阿尔伯特·爱因斯坦从未停止过对科学和宗教之间关联的思索,在1931年发表的题为《我的世界观》(Comment je vois le monde)的短文中,他曾写道:懂得还有某些我们不能洞悉的东西存在着,体验到那种只以其最原始的形式接近我们内心的最深邃的理性和最灿烂的美——正是这种意识和这种感受构成了真正的宗教感情……能让我满足的是关于生命永恒的奥秘,是对于现存世界奇妙构造的觉知,是对于理性显露在自然中的那一部分的诚笃感悟,无论感悟到的部分多么微小,对我已足矣。

是的,我知道这个段落……

爱因斯坦的理念是不是包含了自然科学和人文科学的某种原始密码?

是,也不是。我对此有所保留:对于宗教信仰,我确实一直深怀敬意,也把自己绝大部分的时间用在与之相关的研究上;但在我看来,它仅仅指出了人类无法理解的东西并使之具体化。正是因为人对这些东西所知甚少、心里滋生出了无能感,所以他才会尽力把这个消极的事实转化为积极的存在,并最终将其命名为"上帝"。这类行为给他带来了思想上和情感上的满足。另一方面,我非常理解爱因斯坦面对宇宙的深奥和美,面对我们周围所有生命的这种态度。不过,那种被某些人称为"神圣感"的感觉,我只有在面对特定的某朵花、某个动物时才体会得到,而且只能比较朦胧地体会到。

那么在您看来,科学和信仰之间不存在根本上的矛盾喽?

不存在。经验告诉我们,有些优秀的科学家同时也是虔诚的宗教信徒。尽管如此,我并不在其列。成为某种信仰的信奉者,这对我而言是绝对陌生的事…然而,比起待在理性主义者身边,与信仰宗教的人为伴常常让我感觉更好。

真的是这样吗?您是如何与后者取得一致的呢?

有信仰的人具有对神秘的意识。他们在神秘中看到了一些积极的东西，而我看到的则是完全消极的东西。但是他们的态度还是催生出一种让我们可以彼此交汇的氛围。

大家是不是可以支持这种论点，就是人类得避免生活中所有领域的代数化，同时就像大物理学家维尔纳·海森伯(Werner Heisenberg)和卡尔·弗雷德里希·冯·魏茨泽克(Carl Friedrich von Weizsacker)(后者同时还是哲学家)指出的那样，一切只运用数学度量术语进行思考的方法都是非人性的？现在这种量化的、非宗教的观测方式不仅在科学领域盛行，而且在艺术领域和日常生活中也占据优势，您还是将它视作一种威胁吗？

是的，即使需要先逐个确认这种量化方式在各种情况中产生的后果。无论怎样，传统社会的显著特征就是在一个人人相互视线可及的社群里，人与人之间的交流是真实的。与之相反，如果我们考虑到现代社会遭遇的巨大的人口变化，即遭受到的人口爆炸性增长，那么大家也可以清楚地看到，人口的构成本身也发生了质的变化。由此特别衍生出的一个后果，就是社会关系丧失了真实性。社会关系实质上都受到不同中介机构的操纵，而这些中介机构事实上都在进行量化、数值化。人们建立统计数据，设立表格，实行普查，等等。这自然是我们社会的一个不足和缺陷，我们有时为进步高唱颂歌，而这就指出了进步的阴暗面。

这种沦丧伴随着古代和原始文化的没落，它不令您伤心吗？这种人类认同的丧失不让您难过吗？

这种丧失令我感到沮丧，因为在我看来，人性的丰富和迷人之处恰恰就在于信仰习俗的多样性，在于人类所能创造的文学美术表现形式的多样性，可是我却最近距离地体验到了这些表现形式的消亡。我安慰自己说，某些传统的元素还是能留存下去的。此外我还想到：如果人类制造不同是出于天性，那么将来他也会从自己身上发掘出同样多的不同，只不过这些不同并不是我熟悉和喜欢过的不同。其他暂且不说，那时人类至少能够摆脱这种同一状态——现今，人类似乎自觉是这种同一状态的受害者。

在您全部的科研和写作工作中，您的注意力集中在人类进化史上那些没有文字的小型文化上。您对它们的描述既逼真又富于人性。您在五十年前发表了《忧郁的热带》，在此书中您已提出要小心防备西方文明"单一文化论"的破坏性影响。这类技术力量的全面侵袭从那时之后还在不断推进，它是否正在彻底毁坏人类的知觉能力和感受能力呢？

这种危险确实存在。但是由于人类存在的时间已长得无法追忆，而他的表现又始终证明感觉是其天性的根本元素之一，所以他的感受能力很可能将以其他形式表现出来。人类没有任何理由在日后往不同的方向发展。只不过我们不再看得到这种感受能力现今展现在哪些领域，也不知道有朝一日它又会以怎样的形式出现。

它会以艺术、文学、绘画、电影的形式出现吧。不过,请允许我着重提一个问题:我们在现实的各个层面所看到的技术的同一化会不会导致大家通常称为"人类之间感性与思想的联系"的丧失呢?这不仅在诸如马达加斯加、巴西或玻利维亚这样的"周边"文化之中存在,在我们国家——所谓世界的中心——也存在。

这是肯定的,但退一步说,倘若我们真能说出这种关系出现在哪些领域,这些领域就毫无新奇可言了。还有,假如一些新的领域就在此时此刻出现,我们也会一无所知。新领域显露的方式与我们养成的习惯、接受的教育和至今为止所过的生活相悖,正是因为如此,我们不了解或者不接受这种方式。

将来是否会有像我们时代的凯逻斯(kairos)①那样名副其实的跨文化对话?抑或这始终只是一种乌托邦式的理想?

我认为跨文化对话一直都存在,理由是没有一种文化曾与其他文化完全隔绝过,各种文化之间始终保持着一种沟通和交流。而且,虽然今天我们拥有各种沟通手段,但是比起以往某些时期,跨文化对话的形式却没有那样紧密了。从文艺复兴一直到18世纪,欧洲的精神生活极为活跃,其显著的特征是:不同国家之间有多种双向联系。不幸的是,所有这一切也为伪哲学开辟了道路;跨文化对话成了国与国之间的虚与委蛇。

这就意味着电子传媒、互联网和网络空间对鼓励跨文化对话并不适用……

在当今世界,人们不愁没有沟通,倒是苦于交际过度。您提到的那些技术手段对研究工作的用处是毋庸置疑的,但是它们对跨文化对话还是弊大于利。

全球化被援引的频率如此之高,那么到下一个世纪,人们是不是应当起草一套全世界通用的道德规范来与之相平衡呢?抑或就像人类学家马歇尔·萨林斯(Marshall Sahlins)所质疑的,这样做不就否认了文化的多元性么?而人类在进化过程中形成的不同特点正是通过文化的多元体现出来的。

您的问题直接关系到我刚才提到的交际过度现象。以前由于地理上的间距,要在不同文化之间建立联系没有那么方便,这也就是为什么每种文化都能够发展出各自独特的道德观念与风俗习惯,同时又不妨碍到其他文化。当代人面临的问题恰好相反:其他外来文化要么进入其国度,要么就在他的身边安顿下来,可他却难以容忍这些文化。于是他幻想能有一套放之四海而皆准的道德规范来逃避这一烦恼。但是一种文化的道德规范在某种意义上是自然的,是经过数百年、甚至数千年的岁月洗练而形成的,整合了许多具体规则。人工缔建的道德规范完全与之背道而驰。举例而言,人权在美国和法国的宪法中都已有精确的定义。如今,不断有新的权利被发现,可是只要人们让它从属于某些利益,它就变得毫无用处。关于那套全世界通用的道

---

① [译注]凯逻斯(kairos),希腊语,原意为合适的契机。

德规范，我们大概都能同意一种说法，那就是人人都有让自己幸福的权利。这当然是一种理想的状态，不过我个人以为，它不可能实现。

好吧，那么您对人类尊严又持怎样的看法？乔治·杜梅泽尔（Georges Dumézil）曾经说过，这个概念不仅在西方传统哲学中具有重要价值，而且对印度教、佛教、儒家学说这样的亚洲教理，以及南美洲文化都有重大意义。

对我而言，人有尊严原则上在于他是个活生生的生命体。如果他由此而拥有某些权利，那么比起其他生命体来，他的权利并无特殊之处。我们应当从这一角度来思考人类现今面临的种种问题。这是因为，当人类把自己设想为一个相对其他造物单独存在的实体时——我用造物这个词是出于简化表述的考虑——我们眼下处处可见的关系到人类最深层本质的那些巨大鸿沟就形成了。

一旦脱离尘世的自然、宇宙秩序，现代人会不会丧失许多东西？要是没有彼世的概念，奥古斯丁（Augustin）和托马斯·阿奎那（Thomas d'Aquin）著作中描述的世界是否还能存在？

实际上，人类应当每时每刻都把自己当作宇宙秩序的一部分，我认为这种意识才能引导他走上智慧之路。同时也必须考虑到，宇宙秩序是体现在多个层面上的。它也体现在太阳与月亮的循环节律上，它们决定了入睡与苏醒之间的关联，也调节着器官的机能。此外，飞达月球所需的时间也是这种秩序的表现之一。正因为如此，我们不能说人类可以从宇宙秩序中完全区别出来。恰恰相反，他只是从其中的某一个层面移动到另一个层面。

这样的话，您是否认为在人类进化过程中，征服太空是另一个具有建设意义的步骤呢？

我认为是的。在我看来，这事显得既有趣又重要，虽然不必夸大它的意义。登陆月球或者火星的太空航行仅仅发生在地球周边一个相对狭小的圈子内，与以数十亿光年为衡量单位的宇宙距离相比，这点成就严格说来算不了什么。在广袤无垠的星际空间，那些对人类历史显得意义重大的事件顿时便消融得无影无踪。

如菲利普·阿里埃斯（Philippe Ariès）所言，死亡是人类的最终归宿，人类面临的困惑是：死亡之后等待他的是什么？自然科学不能解答这个问题。他如何使自己适应这一虚无的威胁呢？

您可是在同一个已迈过九十岁门槛的人说话，此人很接近生死的边缘了。我承认消融于虚无不是一件让我心情轻松的事。但这也并不令我担忧。

奥克塔维奥·帕斯（Octavio Paz）、伊曼纽尔·列维纳斯（Emmanuel Levinas）或德尼·德·鲁热蒙（Denis de Rougemont）的作品中都讲到了爱情和爱情的形而上学，它们是否能赋予生命某种意义呢？

我不知道。我坚信生命没有任何意义,任何东西都没有意义。如果您想引导我谈论一些宗教思想,我的回答是只有一种宗教与我意气相投,那就是佛教。

佛教?

因为佛教不尊奉以个人形象出现的神祇。另一方面,它支持或包容这样的观点:意义并不存在,终极真理存在于意义的缺失之中,存在于无意义之中。我可以毫无困难地接受这类信仰。

行乞者更高尚……

费德里戈·马约尔(FEDERICO MAYOR)

邓 岚 译

马约尔(Federico Mayor)在1987至1999年间任联合国教科文组织总干事。在任期间,他启动了"联合国教科文组织和平文化"方案并成功争取使联合国大会宣布2000年为"和平文化国际年"。他支持一项倡议,该倡议使联大后来在1998年11月10日宣告2001至2010年为"为了世界儿童促进非暴力及和平的国际十年"。他是"非暴力及和平文化的十年国际联盟"的支持委员会成员。1963年,身为生物学博士的他先到格拉纳达大学(l'Université de Grenade)任生物化学教授,随后转到马德里自治大学(l'Université autonome de Madrid)。作为脑代谢和新生儿分子病理学专家,他参与编写了不少科学出版物。在此期间,他积极准备一份预防智障的国家级计划。在接任联合国教科文组织总干事之前,费德里戈·马约尔曾任西班牙科学教育部部长,也是欧洲议会的议员。他还出版过四部诗集和若干散文。在完成教科文组织的两届任期后,2000年,马约尔教授在马德里创立了"和平文化基金会"并担任基金会主席。

*

在我们这个时代可能有"世界内政"①吗?如果这是众望所归的话,它是否正建立在这个多极世界中?

很不幸,我认为我们活在完全相反的情况里。在苏联解体这个震撼人心的时刻过后,我们曾认为理性思考的时代来临了。我们曾相信有可能开辟新的经济轨道,尤其可以触及世界发展的社会形态。令人惋惜的是,这种您提及的世界内在秩序已经被市场遗弃。一直被遗忘在沉默和暗处的国家曾认为他们的声音将得到重视,他们的存在将被平等对待。走出这种前所未有的制度以后,他们曾相信将被世界民主所接纳。事实上,迎接他们的是生意人,这些向上述国家鼓吹市场经济的商人就是活跃

---

① [译注]指一种新的世界内在秩序。

其中的重要角色，他们以商人的态度与这些国家往来。

十年过去了，我们对市场经济的进程没有丝毫的矫正，也没有任何在社会层面和民主层面的措施。亚洲四小龙或四小虎的情况亦不过如此，一点没有"龙虎"的本色。一切都是泡沫的装扮。资金是外来的，股东是外来的，根本没有"世界内在秩序"这回事，有的只是某些国家强加的外来秩序。

所以我猛然觉得还是避开谈全球化比较好。这个概念是个陷阱。某些世界（经济）的"操盘手"利用市场经济的手段来控制世界。许多国家事实上被纳入全球化范围，等于说他们没有任何前途可言，没有丝毫解脱的希望。在第三个千年伊始之时，全球化实际上只是"全球贫穷化"。

相反，世界上一部分国家的领导人试图通过所谓的"第三种途径"来制定新的出发点。这些不同国家或政府的元首包括巴西总统卡多佐（Cardosi）、英国首相布莱尔（Tony Blair）。意大利总理普罗迪（Romano Prodi）也属此列，还有德国总理施罗德（Schröder）。这些领导人对市场经济有着相同的看法。

最近我去过多哥（Togo）和尼日尔（Niger），特别访问了一个全体都感染麻风病的村子。我当时在想，我们把那么多钱花在宇宙航天的研究上真是疯了（然而我自己是个科学家）。我没有忘记太空探索给我们带来了丰富的知识，但是我也不能忘记这种不可思议的贫穷，人们由于没有钱购买药物而死于疟疾和艾滋病。我认为，不久我们将为所有这些疾苦付出代价。我们躲在（世界的）北方的象牙塔逃避和保护自己是徒劳的，这种代价会变得更为昂贵。

来自耶鲁大学的历史学家肯尼迪（Paul Kennedy）曾撰写了关于大国兴衰交替的振聋发聩之作。在新的千年里，这些大国将何去何从？

从我任联合国教科文组织观察员开始，就悟出了一个道理，即有表现力的国家与超级大国之间没有任何关联，尤其在军事上和经济上。才能、创造力与权势没有关系。最棒的创见可以在很小的国家里产生。因此应该对超级大国们重申，再强的国家也有需汲取学习之处，再小的国家亦能做发人深省之功。

我们在一些国家身上尤为感到他们对精神性、对必须活在西方的唯理性之外的渴求，在这些自称是"非主流"的国度里，技术文明是否一如罗丁森（Maxime Rodinson）所想，可能会使这神圣尊严之池干涸？

事实上，技术所带来的东西盖过了个人的世界。我总是爱强调我们已经变成了受屏幕导向的观众，电视屏幕、电脑屏幕，还有家庭电子游戏机的屏幕，我们成了被动的接收器，不再是积极的参与者。然而，当我们阅读的时候，我们在发挥一项很重要的才能：与书的原作者进行持续的对话，充当书本内容的"合著人"。我们与这个句子或那段篇章内容的共识和分歧构成一种有建设性和创造性的思考。这种创造性才能是人类固有的特征之一。而技术掩盖了这一才能。

人类有革新、发现、梦想和超越现实的渴求。我是一个科学家，但当我无法解决那些非物质的精神本质问题时,我也是个教徒。只是我乃非正统的异端,因为我不参加任何典礼、仪式或礼拜。即便我对自己提出一些找不到答案的本质性问题,我拥有着(人类)鲜明的普遍价值。这些价值使我们每个生存于世的人都不尽相同且独一无二。在人生的每一刻,每个人都是唯一的,无论在生理上抑或在社会、文化上。这种嵌在多样性里的独特性是我们的财富,因为这些特征与我们形影不离。在这五十周年之际,"世界人权宣言"勾画出人性的精神前景,我们的力量就在这个统一体内。

从布鲁诺(Giordano Bruno)到佛洛依德(Sigmund Freud),大家都在思考人类历史上苦痛的根源何在。

在阅读历史后,我们清晰地发现引导历史走向的力量是暴力和战争。所以我在教科文组织里建议裁减军备,在某些国家已经开始这样实行了。我们力图指出一些历史的转折点并非由政权和军事力量决定,而是决定于知识分子、思想家和哲学家。我是加泰罗尼亚人,所以我挺注重某些特征。历史上,商人曾经占重要地位,而今我们看重的是辩证法、思维模式。我们仍在古希腊人的影响下,因为他们创造了民主,得益于这种制度,人民的声音成为国家的统治力量。在西班牙,经过数个世纪的帝王制度、交战恶斗和权力之争,我们注意到是画家、作家和哲学家们锻造了西班牙的历史。

因此,历史归根到底是智者造就的。今天我想对当权者说:在过去的几十年你们已经造成了足够多的苦难,人类因思考而与众不同,因而,请让位给那些有能力思考和在理智思考的基础上采取措施的人们吧。

在古老或是传统的文化里——在埃及、美索布达米亚、希腊、巴比伦,在印加和阿兹特克民族里,神话总是占据中心地位。当今世界,这种神话已消逝,然而神话对于人类生存不可或缺这个思想却牢固下来。21世纪人类会有哪些必不可少的神话新形式?

依我看,最重要的不是神话。深层的人文价值才是(人与人之间)相互影响、相互关联的根源。我认为,这种人文的张力,这种同情怜悯之心在本质价值上体现为团结、慷慨、敬爱和平等。这些价值并非谬论,而是纯精神的产物因为它们是我们信仰的一部分。这些信仰无法被论证。如果我们坚持要去证明,那么就失去了这种信仰,原因是我们依仗在经验论结果的基础上。

现今人类群体只有一小部分与神话有联系。近日我去了一个非洲村落,那里的居民没有时间讲述神话,过去大概也没有。他们只是尽力维持生活。人性中还有一部分在维持着某种神话,那就是我们的。我们维持着(人类)进步的神话、科技的神话。这一小部分富裕安逸的人属于人类社会文明的最上层,尤其由年轻的个体组成的他们跟随物质生活的走向,加入物质神话的群体却不感到快乐。若要合意,得先有梦想。我们不可能喜爱先前没有想望过之物。应该向往去奋斗,为了在奋斗结束之时得到快乐。那时候,我们才是自己生活的中心,才完全投身在这个过程中。相反,单凭丰裕的物质生活所得来之物带有物质神话的色彩和随手可得的直接性,以这种方式得到的物品毫无价值。因而,神话的价值就是追求梦想的价值,是为实现梦想而奋斗的价值。

莱里斯(Michel Leiris)在《魑魅非洲》(L'Afrique fantôme)里写到的非洲村落,里面的人有特殊的感知能力。在我们这个极端理智的世界里,与感觉的联系已所剩无几。西方社会变成了一种缺乏感知的体系。人类的高尚可贵之处难道不是根据我们在高科技社会或是传统社会而转换成不同的形式了吗?人类是否还有共同的伦理道德准则呢?

原则上,行乞者比那些意识不到自己所拥有之多且不加以利用的人更高尚。重要的是共享。我们应该共享,应该更好地进行(资源的)分配,因为这种严重的不均将世界投进紧张的关系、暴力,甚至也许是另一场世界大战中。套用一句老话来概括我所想:"以前他们用武器杀害我们,而今他们用遗忘来使我们灭亡。"要明白所有那些不为人知的默默受苦的人们,他们就在这样的状态下生活。假如我们真的明白,假如我们真的从个人的角度受憾于这种情况而非上教堂,所有我们中的宗教信徒都会宣布弃教。那样,只要真正的共享没有建立,他们会拒绝重返教堂。共享并非献出人们所拥有之盈余。共享是指给予的对象是全人类因为大家是自由和平等的。共享乃是发觉真理在他处。

在这个千年结束时,我们面对强大的宗教原教旨主义——不仅伊斯兰教,还有印度教,甚至在佛教和美洲的其他新教文化里。这难道不是一种正在成为危险的反现代主义甚至恐怖主义形式的对全球技术均一化的反抗吗?

这涉及排他的问题。我们也是暴力的,因为我们接受贫穷,而贫穷是一种暴力的形式。小孩流浪街头,这不暴力吗?世界最富裕的国家里成千上万人无家可归,难道这不是一种暴力和排他的形式吗?所以,当我们谈到原教旨主义时必须谨慎。在我的国家里,存在一种不是建立在宗教基础上而是建立在国家主义感情上的极端主义。按照我的理解,一切强加于人的感情皆为原教旨主义的形式。

我们这个富裕的世界也充斥着一种"金钱至上主义"。金钱的物质主义不就是西方社会特别是(北)美洲的原教旨主义吗?

一切强加于他人的形式都是暴力形式。这种有形的直接暴力可能并不显而易见。我们用年轻人吸毒并产生非正常幻觉的情况为例。这些都是有知觉的人,关键是正确真实地对待他们。这些个体是正常人,但对药物或酒精的依赖必然需要一些长期的医疗救助。我们如何解囊相助?我们有像对待一般人那样给予他们全身心的关爱、照料和他们应得的爱吗?我们的做法完全相反。

所以我不太希望对第三世界的宗教国家征税。我们有自己的原教旨主义。我们在自己的环境里,在我们富裕庄严的城市里也包容所有无家可归、流浪街头的人。我们在教科文组织里声明:如果想要和平,那么让我们直捣冲突的根源吧。例如根除侵略和暴力。它们的根源是什么？排他的思想和行为是首要深层原因。如何消除？我们大概得紧密联合政治和社会的领导者来处理这个问题，以便能够介入并影响这些人的行为，他们从自己的宗教感情或国家感情出发，自认为有权以牙还牙、以怨报怨。

在力所能及的范围内，教科文组织可以建议这些人去接受他们生命里某些时期所缺失的教育，例如在他们童年或者青少年时期。也就是说，现在搭乘这趟原本没能登上的教育列车还为时不晚。我们还应该把这套理论灌输给被社会遗弃的人，表明他们将不再生活在这种环境下，他们将重获做人的尊严。

亨廷顿曾经发表著名论文关于文明的冲突及否认不同文化间对话必要性的理念。可以说他把伊斯兰教的原教旨主义评价为相当于以前苏联的角色。冷战过后，这种文化间的对话机遇在哪里？

我认为亨廷顿在进行挑拨。我不能相信他是认真的。但他引起了对抗、压制和矛盾。批评声不断扩大。这可能正是他想要的，对这篇论文的反驳。不管怎样，我愿意这样来理解这件事。

然而他的确是政治学教授、美国总统们的亲信、白宫的顾问。如果他是人类学家或哲学家，人们会听信他的言论吗？

我比较倾向于假设那些强硬的主战派与亨廷顿一样睿智。他们之间的区别在于后者能够发表一套理论，然后记录并接受由之引起的反应。相反，主战派们将他们的选择强加在日常政治活动中，且他们的决定并非仅仅止于理论。这种情况的现实性如此强烈以至于在克林顿总统任期的尾声阶段，共和党的主战派掌握了几乎一切作决定的主动权。

这次的亨廷顿现象与福山（Fukuyama）现象属于同一类别。这位教授在柏林墙被推倒后曾预言历史的终结。当时，我立即发表了一篇文章作为回应，总体上我在文章里拒绝认为这个重大事件标志着历史的终点，而建议将其视作战争、压迫和权力倾轧史的结束。紧随这段历史而来的，我希望是本意上的人道历史，它建立在我们强大的表达、思考和对话特性的基础上。

这并非是服从化的同义词。我厌恶服从化。它将一切付诸实现的可能性扼杀在摇篮里而不管这种实现的机会有多重要。远离一切服从化，因而我倡议保持思考的才能及其多面多产的使用结果，倡议使我们的声音得到聆听，因为我们的未来有赖于此。

在非洲、亚洲和拉丁美洲，我们面临着产生于古老文化的传统被抹去的局面。以前的世纪消失在虚拟的世界里。这种全球技术的统一化难道没有对世界各国的文艺、文化身份构成威胁吗？

从许多方面尤其从媒体向我们传播的信息来看，所有人都在说同一种语言。然而，即使我不是乐观主义者，我仍保持希望，因为人们已经录得这种现象的反应。联合国教科文组织因从纳赛尔大坝储存的湖水里拯救了阿布辛贝勒神庙庙而闻名。我们还挽救了其他的石质遗迹。您知道，狮身人面像随着时间流逝而遭受侵蚀。然而这并不阻碍我们辨认出这位以斯芬克斯作为肖像的王。对于教科文组织的成员来说,我们清楚文物遗迹不及人类那么脆弱易损。因此教科文组织想从此保护人类。

我们所遗留的尤其是非物质和精神遗产。它同时也是基因遗传性质的,教科文组织制定了一份《人类基因组共同宣言》,已经获得批准。我认为这很重要,因为我们从此可以说能够精炼道德遗产这个理念。在这项保护非物质遗产的使命里,语言是构成大千世界的要素。我们应该保护这笔财富。最后,在抗击均一化的危险上,我们应该保护文化。面对危险,关键是对选择进行考虑:保护什么为先以便捍卫多样性?那些认为一切均可买卖的世界力量的领导者和推动者们应该为这场文化保卫战注资。

从托克维尔(Alexis de Tocqueville)到洛克(John Locke),从杰弗逊(Jefferson)到汉密尔顿(Hamilton)和潘恩(Thomas Paine),从法国大革命到美国宪法,整个关于人的西方理念史都建立在个人自由权的基础上。在有儒家思想传统的中国,在印度或佛教文化里,对自由和个人有另外的理解。西方在自由和自主权方面有没有可以向这些文化学习的地方?

自由是向所有其他精神尺度开启的门。若没有自由权,若宿命论占了上风,那么我认为我们已不再是人类。所以我们有一半生活在光明里,一半生活在黑暗中。这种共存是永恒的,且自由权正存在于此。人类喜欢同时相信与不信,想法时常变换,也正是在这种平衡的活动里人们最终决定自身,不带任何的成见和命运必然性的思想。自由权是必须的,因为它是人类表达和沟通生活经验、思想和想象的成果。

历经数个世纪的世俗化、启蒙时期、功利主义和实用主义以后,从边沁(Bentham)到杜威(John Dewey),西方社会丢失了神圣的观念。这种神圣的尺度层面有没有找到新的意义?人类可以不在神圣的观念中生活吗?

过度的世俗化与缺乏世俗化一样危险。这些进程要求自由意志,想法与做法上的自由。过去,国家自称神圣的代言,将某些思想模式或信仰强加给国民。然而,对宗教或信仰的选择属于个人。这是每个人对神秘和本质问题的解答。现今,我们的情形与过去相反。从某个阶段起出现了对强迫的反抗。这种反抗旨在使人得以按自己的方式做一个完全的、完整的人。在宗教裁判时期,只有上帝才是完整的。让我们回忆起伽利略和贝拉米诺神父(Belarmino)的对话,后者建议这位科学家与神长谈以便获得救赎。在教科文组织内部,当人们提醒我某样事情是规矩或是条例时,我总是问这是关于什么条例。我们在这里是为了修正法律条例使其适用人性社会。我们在这里是为了将受托的使命变成可能:学会懂得通过教育和文化的手段用智慧来构建和平的环境。

所以我并不认为那些与神圣观念敌对的意向是威胁。相反,宗教礼拜仪式的简化是有益的,因为它们经常以宗教感情以外不必要的方式强加于人。心中的信仰感情才是我们要传给下一代的,是一种对身心有益的张力形式,而非典礼仪式。应该传给他们决定事情的方式,同时远离世俗化缺失和过度的情况。由此可见,教育占首位。如果我们授予他们生存的能力,还有思考和感受的能力,那么就不会有危险。

现代性的契机难道不是文化的交汇、文化与文明间的对话吗?

现代性的契机过去一直是,现在是,将来也永远是爱。施与爱,这是人类最深厚的感情赠与。身为联合国教科文组织的秘书长,我对文化的真正意义和极致的文化表情做过非常深刻的思考。这种极致的文化表情就存在于我们日常的行为当中,因为我们每天都按照先祖延传下来的传统结合我们的所听所想、所回忆所遗忘、所创造所发现来生活。此时此刻,我的行为就是以上这些的综合结果。文化是世界上最重要的行为表现,是互动、宽容和施与的深刻感情的符号。在我看来,施与是最重要的行为体现,因为施与即受取。我正是在这个基础上构建对团结的理解。爱是一切的基础。

在世界的其他地方,例如非洲、拉丁美洲,从16世纪的天主教经院哲学派开始,文化的传统与现代技术并存。某个米德(George Herbert Mead)或某个斯宾赛(Herbert Spencer)的达尔文主义,还有加尔文主义和北美的经验主义都比拉丁美洲的超验精神遗产更能兼容现代性。同理,在同样拥有相当经验史的日本,从1868年的明治维新以来,传统的神道教更好地适应了技术的发展。那些更抵制这种模式的社会是否用其文化身份的代价建立起来的?

我们应该以回顾的方式来看待和思考这个问题。技术的统一化及其控制性的影响对传统确实产生了非常不利的后果。但技术也包含它好的一面。技术的创新使我们达到某种完善,而且这也是知识的一种体现形式。所以必须避免认为科学技术驱散了一切传统、一切其他的人类才能。我想起了一个对某意识形态很狂热的拥护者,她曾向我声明自己只接受艺术领域的事物,并且是在绝对不与他人有关系的情况下。我问如果她的两个孩子生病了,她会选择怎么做:是去找医术业务最精湛的医生,还是理论知识最强的医生?她向我承认将选择前者。于是我对她说其实科技、进步和知识也是这个道理,总是应该选择它们对人类较有利的一面。

我们拥有两大支柱优势:高端科技和人类高敏感的特性。将来,人的高敏感性与高科技同样必要。科技这个人类知识的顶峰体现得以产生是因为存在发现和发明创造的能力。我时常想起曾经与生物学诺贝尔奖得主克雷布斯(Krebs)教授的对话。以前我总是在牛津大学生物化学实验室里对着完善的设备仪器熬夜工作,他进来问我在做什么。我告诉他自己正在利用这些高科技器械来完成某些活。他对我说:"到外面去看看"。研究探索,就是要看到别人看不见的,想到别人想不出的东西。科技本身就来自人类这种看和想的特性。我们必须捍卫这种高敏感性、个性产物、传统创造力,这些东西定义了我们的文化品格。

从经济的角度看,相同物品的批量生产属于工业技术范畴。与此相反的是人类高敏感特性的产物,它们来自个性化的生产过程,与前者非常不同。这两块领域是生活的两大标志性方面。

可能有非西方化的现代文明吗?

在历史长河的各个时期里,现代文明曾属于中国、希腊、印度和玛雅民族。这样的结果很幸运。若当初不是这样的话,今天全球化早就来了。不管怎样,希望我们找到方法遏制这种只有单一文化和文化模式表现的现代化。

存在普遍的社会准则、世界性的道德规范吗? 是否会有极权普遍主义的危险?

人权宣言是人类宝贵的精神境域。一切目的都应归于上帝之爱和对他人之爱。同理,我们可以说人的一切权利都表现在人类尊严的版图规则内。这种尊严是一切事物的本质,但它必须以自由、公正、平等和团结为前提。这是联合国教科文组织得以创立的四条先导条件,是人权宣言里最重要的本质。

哪些人物因其在20世纪的作为而值得纪念?

在科技领域,成功的人和事有很多。在哲学方面,我特别钦佩乌纳穆诺(Miguel de Unamuno)和苏比利(Javier Subiri)。我想起一段有趣的轶事。在苏联有一位总出现在国家要人近旁的画家。这个艺术家趋炎附势,我虽然欣赏他的作品,却反对他的做法。一天,他给我送来一份礼物,向我宣布他自认为从今以后自己的地位足以重要到公开成为反对派。事实是,这个表态做微不足道的反对派的人非常快就销声匿迹了。

德蕾莎修女(Mère Teresa)曾因其慷慨的善心和捍卫宗教的能力而备受赞誉,即便她的思想不能为人所接受。罗斯福(Roosevelt)在大萧条后的成就是他鼓舞集体的士气,每天晚上在收音机里动员美国的民众,向他们推行新政(New Deal)。这项成就非常重要,因为他使自己的同胞相信重构美国梦的可能,这个美国的梦想后来被发扬至全世界。

戈尔巴乔夫完成了一个基于缄默、统治、压迫的帝国至关重要的过渡。他开启了自由和民主的窗口,如果说这种开启还不稳定牢固的话,它也是这千年伊始的主要希望之一。

经济财富的分配不均不能使人快乐。联合国和世界银行的数据证明了这点。您提到过"人类的高敏感的特性"以及非洲和拉丁美洲特有的知觉智慧。难道把我们的物质主义强加给所谓的第三或第四世界就不危险吗?

毫无疑问有危险,但还是这个道理,如果我们的投资用来帮助他们的建设、发展建筑工业而非用在军备系统上,那么一切威胁都不会存在。正因如此,在1974年的一次联大会议决定了富裕国家支付他们国民生产总值的0.7%用以帮助发展。除了瑞士和挪威外,没有一个富裕国家能够遵守这项契约。我们在教育方面也作了相同的准备工作,同样,继而在里约热内卢的环境峰会上,仍旧无进展收获。然而,给地球上的全体人民带去教育非常必要,因为这也是我们能够控制人口增长的突破口。在这点上唯一的好消息是,得益于教育的发展,人口增长的速度已经逐步放缓,从而使九十年代的悲观主义预言不攻自破。随着教育的发展普及,男女老少都意识到他们是自己人生的主人,因此也表现出积极。七年来,印度限制了其人口的增长,由于它加倍了对教育的预算投入。如果相同的做法能够在全世界内得以效仿,那么威胁将会消失。

20世纪里,社会主义对最有名的智者都产生了重大的影响,例如奥威尔(George Orwell)、萨特、加缪、墨西哥大型壁画画家迭戈·里韦拉(Diego Rivera)、作家布尔加科夫(Mikhaïl Boulgakov)和作曲家肖斯塔科维奇(Dimitri Chostakovitch),还有阿拉贡(Louis Aragon)和库斯勒(Arthur Koestler),甚至还有斯珀泊(Manès Sperber)。今天的情况依旧,建筑师尼迈耶(Oscar Niemeyer)和马尔克斯(Gabriel García Márquez)都自称社会主义者。如何解释社会主义在经济上遭遇失败却能够鼓舞如此多的知识分子?

我无法接受一种不能从开始就宣告人类是我们一切努力的中心的经济理论。社会主义曾宣告这点,所以所有的智者都向其蓝图致敬,这个蓝图要根除差异和不均,建立更公平的共享体系和对土地的重新分配以避免有人无地或有地无人的情况。所有上述现象都是现今存在的问题,而这样一幅憧憬的蓝图聚集了一切它能吸引的力量。然而,事情进行得怎样?这个规划在一些国家被实施,尤其在前苏联阵营的国家。但共产主义阵营瓦解了,源于一旦建立了平等,它便遗忘了自由。反过来,资本主义也会因一旦实现自由便忘记平等而遭瓦解。换言之,社会的敏感度在对自由的渴求下,也要求公平、团结和正义。在多哥,一位领导人告诉我:"你们不能要求我们在持续的贫困中保持和平。"显然,他说得有道理。

你提到了加缪的名字。他有句著名的话:"你们可以,但你们不敢。"勇气十分必要。我年轻的时候随家人一起去牛津。当时我已经在西班牙做教授,但我仍想提高自己的生物化学的水平。一进牛津,我就发现了校徽上的这条箴言:敢于求知。事后,我明白了一个道理,就是学会勇敢大胆和如何变得勇敢,它们与求知一样重要。如果我们认为自己有某些理念、论据需要传达,那么我们必须要大胆。然而,我们却变得很沉默。这是怎么回事?每当我以前去苏联为了打开微小的交流窗口,使一些科学家在回国前被授予名誉博士的时候,我总是说:"太遗憾了,这个缄默的世界,人们都无法自由表达言论。"而今,沉默已经停止。然而,那些应该明白事理并提醒各国领导人世界处于危险中的学者和院士们在说什么?一到两个世纪以后人们还是否能够呼吸?我已经重申了许多遍,时代的道德准则是最基本的。如果我们知道一个过程不可逆,并这个过程可能到达不能回转的点上,那么不要去触动它是我们的责任。明天,一切皆为时过晚,决定就在今朝。关键须首先唤醒过于沉默的科学研究群体。

躺在尘土中的人也可以伟大

耶胡迪·梅纽因(YEHUDI MENUHIN)

陈 卉 译

耶胡迪·梅纽因(1916 年生于纽约,父母为俄罗斯犹太人,1999 年逝世于柏林)是 20 世纪最著名的小提琴家、交响乐指挥之一,更是一位伟大的人道主义者和和平主义者。他与查理·卓别林(C. Chaplin)、贾瓦哈拉尔·尼赫鲁(J. Nehru)、甘地(I. Gandhi)、玛琳·黛德丽(M. Dietrich)、伊戈尔·斯特拉文斯基(I. Stravinski)相识,同时也是世界各国元首、王室成员尊敬的朋友。梅纽因师从路易斯·帕辛格(Louis Persinger)、乔治·埃奈斯库(Georges Enesco)和阿道夫·布什(Adolf Busch)。作为神童,他早已表现出纯熟的造诣、轻松自如而又深湛的演奏技艺,这些特点贯穿在其丰富多彩的艺术生涯中,淋漓尽致地展现了他的天才:他 7 岁时在纽约卡内基大厅(Carnegie Hall)举行首场公众音乐会,11 岁在巴黎登台演奏、开始了他在欧洲的巡演,13 岁时由布鲁诺·瓦尔特(Bruno Walter)指挥、在柏林爱乐乐团伴奏下演奏巴赫、贝多芬和勃拉姆斯的作品。这场音乐会结束后,阿尔伯特·爱因斯坦对他叹道:"我现在才知道,天上果然有上帝。"梅纽因在 80 岁高龄之际还举办了 110 场音乐会。1962 年,他在英国创办耶胡迪·梅纽因学校。1965 年,他获得不列颠帝国骑士勋章(chevalier de l'Order of the British Empire)。70 年代,他在联合国教科文组织(Unesco)担任国际音乐理事会主席。80 年代,他与斯蒂凡·格拉佩里(Stéphane Grappeli)一起录制爵士乐唱片。1985 年,他成为英国公民,其荣誉骑士的称号转为正式的骑士头衔。1993 年,他被封为终身贵族——这是一个非世袭的头衔——成为斯托克德阿勃农(Stoke d'Abernon)梅纽因男爵。1980 年,他又成立了耶胡迪·梅纽因基金,旨在培养全世界有天分的年轻音乐家。该项基金的获得者中包括奈吉尔·肯尼迪(Nigel Kennedy)和乔治·夏米娜(Jorge Chaminé)这样的重要人物。这位伟大的人道主义者一直支持弱势群体。第二次世界大战期间,他在世界各地举办了数百场音乐会,随后又为科索沃和平举办了多场音乐会。同时他也积极帮助吉卜赛人和全世界的少数民族。梅纽因还在晚年创办了"欧洲文化议会"(Parlement européen des cultures)。

＊

耶胡迪·梅纽因,您经历过尼赫鲁、纳赛尔、罗斯福、阿登纳和戴高乐的时代,也在民族社会主义和斯大林主义盛行的年代生活过。爱国主义是否总会带有民族主义的危险?在您看来,爱国主义这一概念是否还有意义?

它是有意义的,因为当这种概念把个体的生命和他所属的国家联系在一起时,它自然符合人类的感情。这一概念的发展应该带有一些人为因素,因为主权国家本身就是非自然产物。国家在保持统一的同时也能接纳各种少数民族、反对派或应该共存的许多元素。这就涉及到创立一种基于信任之上的忠诚方式。这只有通过既符合自然、又经过深思熟虑的方法才能实现。不幸的是,大家看到发展出来的是一些服从的方式,其中爱国主义之类的东西与国家的概念混在一起,进入了邪教和宗教的范畴。在加利福尼亚发展出来的宗教圈子就是显著的例子。这些创造可以既真实,同时又完全无用、虚假、欺骗人。我希望以后以主权国家的名义牺牲自己生命的人越来越少,即使还有不少人依然愿意、想要这么做。在这一方面,撒切尔夫人发动的马岛战争显示了一股不容置疑的强烈的爱国热潮。她认为爱国主义依然存在。我没有她那么肯定,但我确信年轻一代心中充满了潜在的理想主义,他们比我们在那个年纪知道的多得多。如果能够让他们确信,我们正力图创建一个更好的世界来保护他们,这个世界对孩子更好、污染更少、更加公正,对第三世界也更加平等,我认为我们将得到他们的大力支持。如果欧盟可以比迄今为止组织得更好,从而发展出真正意义上的欧洲意识,拥有欧洲的警察和欧洲的军队,那么很多人都会支持这样的演变。眼下我们还处在一个严格的国家干预的模式上。诚然,这不再是准备干预的爱国军队,而一些军队的残留物,它们在阅兵和按动核武器按钮时依然有用。相反,如同第一次世界大战中甘愿在战壕中牺牲的广义上的爱国主义——不是只针对单个主权国家的爱国主义,而是欧洲爱国主义——那样不可抑制的爱国热情,和它的所有理念一样,不复存在了。总而言之,在每件事上我们都处在一个中间的过渡阶段,乱七八糟、事事棘手,既混乱又危险。

今日发展的原教旨主义趋势是不是一种建立在某些传统基础之上的反现代和反西方模式?

在我看来,就像大家说的,我们已对此作过探索。我们探讨过这些传统和受这些传统影响的地区,比如殖民地。眼下我们面对两种趋势,它们分别朝两个方向发展。第一种是联邦主义、全球化趋势。从各方面看,全球主义已经存在:我们有全球动荡、全球科学、全球交流。一切都是全球性的。在这种发展潮流中,主权国家依然是最落后的元素。这些国家是最不具备全球性的实体,而且失去了自己的威信和货币,原因是它们缺乏全球化思想。但人依然是一种动物,或者更确切一点,就像我习惯说的那样,人是宗教动物。因此,他需要发展与他本身的语言、位置、境况、习惯、生活场所和行为相联系的这部分生命。

面对这两种趋势,原教旨主义是对混乱的、难以区分利弊的全球化的一种反动。面对这种身份的丧失,属于某些特殊群体的人就变成了极端和彻底的原教旨主义者。最近看到,一位犹太东正教徒询问人是否有权在星期六抠鼻子,我认为他得到肯定的回答后这一问题就已了结。我不知道这是不是值得在犹太教堂讨论,或者它是不是还属于私人范畴。但这个问题是严肃的。在穆斯林当中,这可是一个如同是否要将小偷的手砍掉一样的决定。这些原教旨主义的讨论与我们时代没有任何关系,但还是存有一种关联,因为它们会导致数以千计的人死亡。

领导人利用这种原教旨主义操纵那些肯定会被引导和迷惑的狂热分子。没有人意识到这一情况的国际性意义。我想到一种世界权力。它并不意味着回到由某个单一国家实行的殖民主义,而是通过统一欧洲来实现秩序和公正。我们应当介入阿尔及利亚事务、暂停政府的职务,按照法国、英国和美国总督的伟大传统、设立总督。麦克阿瑟就属于这一类总督。我们需要有具备如此魄力的个体来领导阿尔及利亚、不计代价。资金来自于阿尔及利亚继续出口的煤气、石油。这是一个有保障的收入来源。但愿阿尔及利亚出产石油,但愿这份资金能有助于维持欧盟施加给它的制度。没有其他的出路了。我补充一点,这名总督可以是穆斯林教徒:穆斯林当中一些有价值的人能够胜任这一职务。

美国政治学家塞缪尔·亨廷顿出版过一本至关重要的随笔集《文明的冲突》,认为在东方政治集团、前苏联及其卫星国解体之后,世界形成了多极化格局。他写道:在这个世界上,面对中国和伊斯兰国家,西方国家将失去其重要地位。继苏联集团的威胁之后,世界受到来自中国和伊斯兰国家新的威胁力量的影响。

我认为这并不可信。如果站在严格的数量类比的立场上看,这些地区拥有更多的人口,也许有朝一日他们的科学和工业会更加先进。讲到文明的冲突,这个理论当中有一样东西让我讨厌,那就是它的媚俗。为了卖书就需要表现得如此咄咄逼人吗?我认为这没用,各类文明的反差和多样性需要另一种表述。

毫无疑问,看到以色列造成的这一动乱根源,美国喜欢出面干涉。这恐怕不符合以色列人的意愿。本雅明·内塔尼亚胡(Benyamin Netanyahu)认为这是最后的办法,他属于那部分认为这还有可能成功的人。但不可能再有什么成功的机会了。他们却依然执迷不悟,还想加紧对穆斯林世界发动战争。这便是冲突所在。这一冲突没有必要。他们如果能宣布目前向海湾派驻军队是为了维护和平,局势可以被控制得好很多。他们应该表明自己不会率先开火,只有在有人妨碍和平时才会打仗。这种态度会赢得阿拉伯世界的支持,后者很想摆脱萨达姆·侯赛因和他那些危险的玩意。如果在得到联合国支持后才出面干预,我们还会取得俄罗斯、中国的支持。这也将赢得美国的大力支持,不过世界上有好几个地方眼下都颇为讨厌这个国家。然而,如果美国在以色列问题上采取主动,它会激发希伯来国家邻邦愤怒的对抗,这主要是由以色列造成的。民族仇恨可以比宗教、种族仇恨更糟。犹太人已在过去的经历中发现了这一点。

您知道马尔罗(Malraux)的名言:"21世纪将成为宗教的世纪,否则21世纪就不会存在。"那些重要的宗教:基督教、伊斯兰教、印度教、佛教会以更强的姿态走近这个世纪吗?可能产生的宗教复兴会造成威胁还是带来好处?

这一复兴的危险在于会将各类宗教区分开来的原教旨主义。相反,希望在于这些宗教能够提炼出某些东西。重要的是它们能够和我们对当前世界的所知所闻融和一致。我们得明白:再相信上帝工作六天,第七天休息,那是荒谬不堪的。我肯定他还在工作,而我们是其存在的一部分。我们全都属于这个宇宙。我们都怀有无限感和永恒感。这是所有人的标志。我们短暂的生命属于一个漫长的连续体。如果承认我们身上具有无限性和创造力,而且正由此产生了创造的欲望和挥之不去的谋划未来的需要,那么在这个基础之上,或许可能调和某些宗教,至少是泛灵论宗教。尊重树木,尊重大自然赐予的一切元素,这已足以对纸浆工业产生巨大影响。

迥然各异的传统中都存在着慈悲这一基本观念,它能将各种宗教联合起来。跨文化同一性是为了将宇宙观各异的数百万个体凝聚起来。

疏导人类某些具有攻击性的能量也是必要的。与其利用这些能量,还不如对它们作出不同的引导,将其导向某些表达领域,导向某些冒险活动,比如太空探险、海洋或地质勘探。这类能量可以用一千零一种方式表现出来。我认为,应该教育个体克服其天然习性,从而能够甄别坏人和好人。这并不在于能否阅读书写,也与是否掌握知识无关。这取决于能否同时接纳两种对立的思想。崇教狂、原教旨主义者只能接受一种思想。他认为世间只存在一条正道,那就是他自己的法则,无论这个法制是要砍去一只手,还是像伊朗那样禁止女性唱歌。在这类人当中,某些人更精于算计,也更加残酷,利用那些感情来控制别人,叫人去送死还让他们相信会直升天堂。这最害人。好的个体是那些会对自己说"这就是我所信仰的",同时也能对其他思想开放的人。最重要的是,这些好的个体知道自己也有可能受到那些恶人的侵蚀,这是他们不同于恶人的地方。相反,恶人却会因为自认为的好意而变得更加可怕。

今天强烈的物质欲和消费欲支配着世界各国,从中国到俄罗斯、欧洲和美洲都是如此。人们如何在经济自由化的影响下保持文化、宗教、精神身份,特别是在阿根廷、智利这样的发展中国家和非洲、亚洲这样的地域?

我们已经看到人类为这种发展付出的代价。不仅您提到的地方会发生骚乱,在政府无法支付退休金的德国也会有动乱。印度尼西亚也由于国际货币基金组织强行规定的食品价格产生暴乱。食品价格只是这个国家为了恢复经济基础而付出的一部分代价。只有经济富裕才能生存下去、才会拥有生存下去的权利,这种思想具有无法估量的影响。

对我而言,我更想看到经济中的大型产业部门更大程度地依靠志愿、义务服务。我想看到失业者不再遭到各种歧视,后者只因没有得到一份工厂里的活儿就被人指手画脚。他们有权得到同样的待遇,理应获得报酬,不是以钱的形式,而是通过其他载体,比如类似能够让他们去电影院、体育场、度假和承认他们娱乐权利的信用卡,只要他们不损害他人,并且这种公益工作被认可为精神契约的组成部分。这样,欧洲1200万没有工作的人会更倾向于一种没有钱的生活,会有梦想、跳舞的愿望,只要他们符合不对邻人造成任何危害以及为社会福祉作出贡献这两个条件,大家就可以承认这种权利。

举个例子,我听说有些市立游泳池曾因缺乏清理资金而被迫关闭。有了1200万失业者,这种做法就没有必要。如果他们有权选择工作的行业,有权拒绝进入金融、建筑、商业,能选择一些不追求盈利的工作领域,如果这样的选择不让他们低人一等,我们远远不会有1200万名失业者。

这种对于贫穷的观念一直都很重要。看着委拉斯开兹(Vélasquez)的画作,我们可以说:"瞧这乞丐:躺在尘土中的人也可以伟大。"没有物质财富、身陷贫穷却依然伟大,这是某种地中海传统的典型思想。正如奥克塔维奥·帕斯(Octavio Paz)在《孤独的迷宫》中表达的、或者还像卡洛斯·德拉蒙德·德·安德拉德(Carlos D. de Andrade)和豪尔赫·路易斯·博尔赫斯(Jorge Luis Borges)作品中表现的那样,活着是为了"存在"而非"拥有"。这一观念在加尔文派系中却不流行。在美国,尘土中的人不大可能伟大。就像在纽约、伦敦、巴黎,或者非洲、拉美、印度感受到的那样,贫穷和尊严不是一回事。

两者的差别很大。在印度,村子里刚够吃饱的穷人可与尊严、节庆、娱乐共存,孩子们得体地成长,大家都有强烈的财产意识。相反,在诸如加尔各答、孟买这样的大城市周边的贫民窟中,贫穷有伤尊严,因为贫穷在那里与金钱息息相关。穷人们没有土地,没有任何支持他们的传统,而且完全依赖富人的经济。在地中海周围,贫穷并没有妨碍人对面饼、油、酒和橘子的分享。而眼下这一切都被掺入了化学物的劣质食品侵占。

物质主义可以是一种危险。金钱是不是危害人的关系?这其中是不是也包含着人的团结意识?

金钱的匮乏令人产生嫉妒,因为他们以为金钱能满足欲望。事实上,金钱可以解决某些困难。但它终究不能消除不幸。在拥有钱财却依然不满足的个体当中,自杀的人数要多得多。金钱买不到生命的真正价值。这些价值只有通过奉献和交流才能得到。大家在马路上可以看到有人抱着教导和服务交流的宗旨照顾一群孩子,我喜欢想象此人的内心。可现在,我们把路上擦肩而过的每一个体都当作可能偷窃抢劫的潜在敌人。人人都在痛苦中长大,那是嫉妒、报复和仇恨的痛苦。我很庆幸自己可以在远离这类情感的环境中成长。

作为一名音乐家、艺术家,您的生命意义何在?

生命的意义在于快乐。我的快乐就是分析一部作品,想象自己喜欢用怎样的方式去听它。生命的意义在于将我们最迫切的需要升华成艺术,无论那是生活艺术、还是饮食艺术等。换言之,一切都从粗胚开始,逐渐被完善。意义就在这里。意义还在于需要不断地学习、理解、给予和帮助。缺少这些,生命的最终、绝对意义便会离我们远去。我们从来都无法确切地知道死后会发生什么事。我们只知道自己已出生,以后会死去。永恒的生命不允许有未来。

是否就如哲学家勒内·吉拉尔(René Girard)设想的那样,正是死亡赋予生命以意义和强度?

实际上的确如此。但我认为,现代生命个体的问题就在于他们并不这么想。此刻他们丧失了所有的期盼,只追求瞬间的满足。我讲到快乐的时候,也意味着人满足于自身所拥有的东西。如果我们生活在一个健康的环境中,周围的树木状态良好,呼吸的空气纯净,食物质量好,道路美观,那么我们应该能够满足了。

大家将您和艺术与音乐的神圣性、人类的智慧联系在一起,对您来说,历史上劳作的力量、人类发展的力量是什么?

现在它们都已简化成经济力量,并且不幸的是,它们与控制、权力、统治、军事力量和某种形式的传统智慧共存,而那种传统智慧把资本主义、民主、自由和愉悦视作性质相同的价值。如能得到其中一个,其他的都会接踵而至。这明显是错误的。

真正构成生命、存在的是什么,我们应该增加、丰富这方面的阐释。例如,我就拒绝认为我们所有的安乐和劳动利润都取决于一个百分之二或三的增长率。假如这个数字降到 0 以下,那是不是意味着我们会变成互相残杀的野蛮人?事实上,能决定我们行为的只有一件事,那就是早晨能够怀着一些希望醒来。这种希望源自社会,也源自内在。我们需要在实现了一点小小进步的心情中结束每一天。不过,这取决于个体,也取决于他的环境。否则,这种进步和希望将迫使他人生活在可怕的境况中。

19 世纪产生的社会达尔文主义和斯宾塞(Spencer)、菲斯克(Fiske)思想认为最适者生存。这类观念对盎格鲁-萨克逊文明和美国文明发生过重要影响,它们是否依然有意义?它们是不是危险的?

在达尔文的世界里,最适者能够适应一定的环境生存。今天的环境是不自然的,所以最适者也是最狡诈的人。在美国或其他地方,最适者还是最不诚实、最腐败的人。从遗传角度看,很难证明这类人的子孙后代也继承得到他的绝妙天赋。完全相反,只要有机会,他的后裔可能会有良好的教养、与他截然不同。以前有很多这样的事情。贵族就是一个例子。披着甲胄的骑士保卫想象中风姿绰约的贵妇。他们随时准备为了优雅和美丽的名义牺牲自己。可如今,呈现在我们眼前的例子只有贩卖军火和毒品的生意人!

要是没有意义、宇宙秩序和自但丁《神曲》以来的历史传统,人不能生活、也无法生存下去。对您而言,传统意味着什么呢?

我喜欢传统，如果它不伤害任何人、并能与时俱进。在这一点上，我是一名拥护君主立宪制的传统主义者。这种体制所处的位置就像是台风眼，没有人会抨击它。做一个不遭到任何非议的人已经是件不可思议的事了。这是谦恭的开端，是非政治性的。君主立宪制意味着国家中地位最高的人物，比如总统，不会被推翻。从这一点来说，克林顿总统面临的局面颇为荒谬。美国的外交政策有没有受到他个人行为的影响？我觉得没有。这涉及到两个不同的范畴，不该混淆。尽管如此，如果一个人拥有发动战争的权力，那么他必须受到某些制约。

1939—1945年您在世界各地举办了多场音乐会，非常积极地参与和平事业。正义战争的概念能否得到支持呢？

实际上存在着一些正义战争的例子。用强大得多的力量去占领一个国家，这可以是非常重要的事。第二次世界大战原本可以是这样的战争。反抗德国的战争和德国、俄罗斯之间的战争本应正当，如果它们旨在保护茨冈人、犹太人和斯拉夫人，是面对匪徒的正当防卫。如果这场世界大战是为了捍卫这些原则，那么他们原本可以发动一场正义战争。但是那样的话，这场正义战争10年前就该发动，在那个阶段或许还能避免一场世界大战。事实上，美国被日本、俄罗斯推入这场战争，因为它受到了侵略。只有法英二国是只为着与波兰的契约才对抗德国的。英国只是为了保卫世界，毫无战胜的把握。但不幸的是，为这场战争申辩时总体上无法将它与任何有价值的人性本能相联系。

甚至美军的诺曼底登陆也不能算入这种战争吗？

从战争的角度看，这是一次正当的行动，但它的出发点并不正当。它的目的不是为了保护少数群体和广义上的人类。

从一个世纪到另一个世纪，人类历史是理想政治和现实政治、伊拉斯谟主义和马基雅维利主义的辩证。那么其中的平衡在哪里？

我觉得，这个问题的答案一直到相对近的年代都被认为是显而易见的。引发战争和种族大屠杀的政策始终被视为是完全可以接受的事，即使在过去的文明国度，比如希腊、罗马也同样如此。对于文化的仇恨、对城市和人类的毁坏也从来不能让它消失。无论怎样，文化总会留下印记。

当今时代，您提到的理想政治应当有良好的导向，起到保护的作用，使人类能面对日益压迫的世界性挑战。这种政治应当整合个体在各个层面所带来的东西，这不仅指个人利益、选票，也不仅涉及地区、国家层面，而是涉及连续几个越来越大的同心圆般的范畴，其中最大的一圈是宗教（没有更确切的术语了），最小的一圈则从新生儿开始。政治行为总被看作是首先为了保护某个特定的社会，然后随着选举制度的普及逐步获得更大的支持。不过，除了这些政治行为的圆圈之外，还存在着其他范畴。不幸的是，政治家，即特定社会的代表，并没有意识到这些更广大的范畴。

如今全球生态受到严重威胁,气候、能源、水、太空和海洋无一幸免。能否存在一种现实的环保政策呢?

即使没有足够的文化代表,我们依然拥有一些主张环保的绿党,他们持有一种政治家从来不会支持的民间意识,除非后者表现在选民身上。绿党获得许多人的支持,这说明他们从现在开始对政治产生影响了。

相反,从纯粹的生态角度看,我觉得可以走得更远。我认为,政府若是由利益集团把持,就会违背大多数人的意愿。在美国,盖洛普(Gallup)调查显示人民大众具有高得多的生态福利及其义务的意识,而且这种意识并不局限于保护森林及其所有者。

总而言之,我们并不是生活在具有代表性的民主政体中,而是在一个典型的阶级和商人的制度中。

根据马基雅维利的理论,有时人在政治中会被迫从事不道德的行为。您对此作何感想?

不仅在政治中是这样。"不能偷窃"是十诫之一。但我很高兴最近看到一条消息,某位在超市偷窃食品的法国妈妈被宣告无罪,因为法学家找到一条18世纪的法律,它允许人在极端必要的情况下偷盗食物。换言之,究竟在多大程度上我们可以把这些戒律看作是绝对的?对于所有者来说,他们拥有绝对的价值。对于一无所有的人而言,这些价值就没有那么绝对了。"不能杀人"的戒律也是如此。杀人什么时候合乎正义呢?事实上,杀人有时可以是正当的。

在您的艺术家生涯中,您始终是一位伟大的人道主义者,而且您在公众生活和政治生活中也是如此。您经历过专制。那么历史上的罪恶、即一直让您如此忧心的托马斯·霍布斯(Thomas Hobbes)和索伦·克尔凯郭尔(Sören Kierkegaard)意义上的罪恶的根源是什么呢?

真正的罪恶是最粗暴、冷酷的偏见及其自我辩解的结果。人作恶是为了使自己的权力、安乐和安全更加稳固,为了利用人民遵从罪恶的能力。我重复一下,好人具有自己可能作恶的意识。这是基本点。相反,坏人在这一点上都颇为盲目,他们作恶只是为了抢先一步、生存下去。在竞技体育中,大家可以证明胜利者就是最好的,失败者也能不失风度地接受败局。但在生存竞争中,这就是涉及生死的问题了。要是只剩下一点食物给十个人,其中一人会将食物占为己有,而其余九个人则无法分享。

从荷马的《奥德赛》到《吉尔伽美什史诗》(l'Epopée de Gilgamesh)或者瓦斯科·达·伽马,人类不断地对自身的命运提出疑问。从目的论角度来看,人类的历史是否具有意义?

在我看来,人类在许多方面是遵循某些特定发展方向的。知识、人文理解、心理学、地质学和历史学本身都是例子。知识就是把表面上无关的元素联系起来,观察它们互相影响的方式。于是,我们拥有了一个不断增长的知识库,它囊括我们本身,我们接触、思考和想象过的一切。

我们的知识不断扩大。用生理术语来说,所有元素若能彼此供养,生命便会循环不息。我会一直记得我们1953年到印度的最初那几天、那几个小时。英迪拉(Indira)开车来机场接我们。马路上车辆不多,到处都看得到母牛,它们走路的样子庄重尊贵,圣牛的地位令它们充满自信,它们将牛粪、牛奶赐给众人。大家还可以看到绝顶美丽的女子提着装满圣牛牛粪的篮子。这可是最重要的东西,因为它是用来交换的最原始的物料,包含一切:肥料、热量、建筑材料。那时树上满是猴子和鸟,它们会到母牛的背上捉虫觅食。最后还有人。大家明白,这一切形成了一个完整的循环圈。如果我们当心不去破坏它,树木可以充当猴子和鸟的支撑物,猴子和鸟能以母牛背上的虫子为食,而人则靠着母牛的牛粪、牛奶过活。这里的人神情高傲、姿态优雅、穿着华丽,走路的气派远远胜过第五大道的任何一个行人。

这个循环圈几乎可以无限扩大。然而,就像已经做的那样,人们打破了这一循环圈,决定把猴子送到欧洲变成实验室动物,让汽车占据马路,驱逐母牛,摒弃牛奶、牛粪;它们从此丧失了神圣的价值。

托马斯·斯特尔纳斯·艾略特(T. S. Eliot)曾经提过这个问题。科技是不是发展的力量,无论它采取何种形式?它有益还是有害?

与其他力量一样,科技可以是良性的,也可以是恶性的。科技的最初影响必然是震撼性的,因为它打破了自然的循环圈,随后我们不得不重新建立非自然的循环圈。而且还必须考虑我们应当弥补的不足之处。阅读、书写的缺陷就是让人丧失记忆和直觉,某些个体还有办法取代这些机能。实际上,电脑也使人丧失抽象思维能力。所有的发展都伴有缺陷。如果我们能承认这一点,并且将对他人的同情、直觉、记忆教给孩子们,那么就能弥补读写为他们带来的缺失。为此,每天都应当教他们读诗、唱歌。

在现代性中,假如没有神话(mythos),"逻各斯(logos)"——技术理性——无法被体验到。没有神话人就无法生存。现代社会赋予神话以新的形式。在罗兰·巴特(Roland Barthes)珍爱的"日常生活神话"之外,21世纪的神话又将怎样呢?

这是一个重量级的问题。事实上,我们需要神话,因为我们需要对自己不知道的东西作出解释。受教育水平最低的人也至少应该对世界如何被创造出来、创造过程需要多少时间、谁是世界的创造者怀有确定的信心。这正是我们创造神话的原因所在。既然我们不能将这一认识建立在任何物质证明之上,那么证明只能是神话式的。有时这种证明美妙非凡、充满想象力,酝酿出了诸多优秀的画作和乐曲。这就是我们的神话,它是现实的替代物,是让我们免于自相残杀的替代物。

当今的神话把某些英雄搬上了银幕。首先是英雄、流行歌曲和爵士乐。然后便是在不同领域、体育运动中的英雄,那些赚了许多钱却欺骗了许多人的人。如今还出现了一些野蛮的、非常有害的神话。它是关于那些前进时清除沿途一切障碍的人的神话。清除障碍成了自我的神话。它与那些以冷酷无情的方式抑制同情心、越过约束的人有关。这些个体获得了一种极其强烈的英雄气度。只要看看孩子想要大人去买的玩具和他们给小汽车起的名字就知道了。

米尔恰·伊利亚德(Mircea Eliade)和鲁道夫·奥托(Rudolf Otto)用过一个德语单词das Numinose，它指那些在生命意义上被传统社会认为是自然的、本质的事物。现在，您是怎样看待这个Numinose的？

我认为，对于真正的价值、对于这些价值能够反映Numinose，还存在着足够的真诚情感。我这边会把Numinose翻译成不可触摸之物。

不可触摸之物是否就如诗人奥登(W. H. Auden)所言，是潜在历史的隐藏力量、是无形存在的力量？

这个范畴还存有另一种概念。大家试图劝说越来越多的女性不要再按照《圣母与圣婴》的样子来哺乳。目前，女同性恋者可以抚养另一名女同性恋者的孩子。我们打破一切自然规则、开创了史无前例的新局面，这种局面考验我们的感受、行动能力。我们失去了"怎么样"、"为什么"的概念，我们陷入困惑之中：这是一位和孩子在一起的母亲吗？这是一个人工生育的孩子吗？我们不再肯定。我们只能确定自己经历过、感受过和认识到的一切。

您提到了印度。在这个世界的其他地域，在非洲、亚洲、拉丁美洲，仍然存在着一种传统的生活，它留有深厚的形而上学和精神性的经验，是具有感性、真实的创造性、想象力、和日常文化的生活，是艺术美学和街头美学的生活。面对工业化和现代性，这些宝藏会消失吗？还是会继续留在某些地域？

印度就是这样的地区之一，但腐化一直存在。首先，印度是工业非常先进的国家。英国航空在印度建立了信息处理中心，因为印度人非常聪明，而且比英国工程师便宜。印度人一直都是一个具有思想的民族。您知道伟大的印度科学家，霍米·巴巴(Homi Baba)的精彩故事。他到美国时接受《时代》杂志记者的采访，他不满足于仅做一名科学家，还了解我们的艺术、音乐、拜访过拜罗伊特(Bayreuth)、通晓印度音乐，是一名中世纪或文艺复兴意义上的上流社会绅士，像印度那样落后的国家竟能产生像他这样的伟大科学家，对此他如何解释。他答道："您瞧，印度的夏天漫长而炎热，我们会在大树阴底下思考很多时间。"这就是他的回答。他就这样告诉他们，印度人确实没有发明汽车、飞机或冰箱，但这时候他们在思考。

这种思考的能力，尤其是带着通感和直觉智慧去感受的能力是不是正在这些国家逐渐消失？

恐怕是。

从那时起，想象力和感受性会在哪里继续存在呢？要知道它们已经让位于工业化国家的技术、现代性，当代的代数化、时间的精密量化，日常生活的标准化和对纯利润的追求了。

出于殖民的目的,我们曾经疯狂地勾画笔直的边界线,因为外交官都有抽雪茄的嗜好,我确信瓜分非洲可以让他们抽掉数以百计的雪茄。这些直线不符合天然的界线、部落的边界,不符合任何东西。我们剥夺了当地人的身份,随后还企图让他们皈依民主。结果当然是失败。眼下这些人陷入了可怕的境况之中,战争几乎常年不断,某些更狡诈的人则成功地将我们注入这些国家的资金占为己有。

从严格的经济角度来看,苏联集团解体后,资本主义的势力得以扩张。那么,硬币的另一面在哪里呢?亚洲、伊斯兰、拉丁美洲的传统社会除了丢掉自己的身份之外就没有其他选择吗?

资本主义体制突然被捧得很高。它成了一个无与伦比的制度,越来越多的个体、甚至整个人类都心怀希望,期待自己能获得物质财富,摆脱所有烦恼。它和美国代表的一切,比如民主、自由等混为一谈。然而,这一制度的寿命非常短暂。它自我损耗、非常迅速地衰竭下来。资本主义和民主的完美幻象在无数地方露出破绽,一种新的社会意识却在那些地方出现。虽然意大利共产党不再高举镰刀和锤子,但它并未失去社会制约感。我们也会看到经济需求和人性需求之间是否会产生全新的冲突。

采访氢弹发明者爱德华·泰勒(Edward Teller)时,我试图思考自然科学与人文科学之间的关联。那个缺失的环节便是现代性的凯逻斯(Kairos)。一直到莱布尼兹(Leibniz)和斯宾诺莎(Spinoza)那里,数学依然和哲学连在一起。到了19世纪,申请重量级大学的哲学学院还需要物理学的博士学位。现在不一样了。作为弗朗西斯·培根(Francis Bacon)的嫡传弟子,泰勒(Teller)认为自然科学领域中凡是与人有关的,人类都应不遗余力地将其实现。

他有没有考虑过运用某些发明所必需的预防措施呢?就比如炸弹。

他认为,人类在进化过程中总能找到平衡点。按照他的想法,里根总统的"战略防御计划"、又称"星球大战计划"就是一个例子,这一计划为自己找到了合理解释。因为它最后加速了苏联集团的解体。他认为道德问题就在这里。由此可见,他对自然科学的伦理范畴几乎不感兴趣。您对自然科学的道德范畴是怎么看的呢?

人既能行善,又能施恶。实际上存在着一种天然的道德观。不幸的是,我们倾向于把它划分成各种类别:宽容、自由等。这些词可以用来教导孩童。对我来说,像这样用枯燥、不自然的方式进行道德教育是行不通的。相反,我们可以把他们放到彼此通常显得宽容的情景中,如果他们懂得从这类情景汲取教训的话。个体从进入学校的那一刻起,就应该明白人要互相依靠。如果一个人明白,离开在厨房、实验室、飞机等工作的数以千计的他人的帮助,任何个体都无法存活,他心中便会形成一种自然的道德观。这就是我会称之为鲜活的道德的东西。

我们也需要学习所有外来的、不同的东西。这是自我充实的源泉。从某种程度上讲,男人和女人在生物层面上是有差异的,而且这个差异是根本性的。接下来,文化如同鲜活的树木,彼此之间也有差异。但我们却筑起了屏障。道德的源泉就在我们身上,恶的源泉也是在我们身上。道德的源泉就在我们所有人努力完成的工作之中,在我们尽力从他人身上获得的信任之中。没有信任的生活是可怕的。而生活在对一切事物的憎恶中也不见得好过多少。我并没有把道德看成是上界颁布的戒律。

那么道德观是不是应当通过超验知识来让人接受,无论这种知识来自彼界还是另一种源头?道德观是否该在后天经验的人性中增长呢?

是的,但我们必须为这种增长创造有利的环境,就像对温室里的植物那样。必须有合适的温度、适合每种植物的潮湿率。这不是机械操作能够达到的。我认为,这就是我们无法接受某些国家的态度的原因。

这可以说明我们前面说到的正义战争的特征吗?

是的。但是发动这种战争应该基于不容置疑的权威。这类干涉不应该是美国或者欧洲的那种行为,它应该来自整个世界。

道德源自对昔日的伟业、伟人的尊重,源自这样的意识:我们在自己的生活、艺术、学问和对他人的信任中是依靠这些伟业、伟人的。这便是我所支持的实用道德的基础,它与伟大的哲学传统一脉相承。

没错,诗歌能拯救人类

切斯瓦夫·米沃什(CZESLAW MILOSZ)

邓 岚 译

以下文字来自于温特的编译版本

1980年之前,也就是在米沃什(Czeslaw Milosz)还没有被授予诺贝尔文学奖的时候,他只在文学界里享有盛名,即使在家乡波兰亦是如此。他于1911年出生于立陶宛的谢泰伊涅(Szetejnie),后来在立陶宛首都维尔纽斯(Vilnius)完成中学和大学学业。二十二岁出版第一部诗集。在拿到前往巴黎学习的奖学金后,他曾先后在维尔纽斯和华沙(Varsovie)的波兰广播电台工作,二战期间,他积极投身抵抗纳粹侵略者的地下运动。1945年至1951年间,他曾先后于纽约、华盛顿和巴黎担任文化参赞。在流亡期间完成了一生中的几部主要著作,例如散文集《禁锢的心灵》(La pensée captive)(Gallimard,1953),就是在这部集子里,他宣布了自己与波兰斯大林制度的决裂。后来米沃什移居美国,在伯克利大学(Berkeley)教授斯拉夫文学。他的政治(立场)使他并不满足于批评波兰的现状,还对西方及其文明危机进行了批判。

米沃什于2004年8月14日在波兰的克拉科夫(Cracovie)去世。

他有一些作品被翻译成法语:《诗歌集—1934—1982》(Pomes 1934—1982,Fayard,1986),《从波罗的海到太平洋》(De la Baltique au Pacifique,Fayard,1990),《神学论》(Trait de thologie,Cheyne,2003),《官员的狗》(Le chien mandarin, Mille et Une Nuits, 2004),《入门》(L'abcdaire, Fayard, 2004)。

*

切斯瓦夫·米沃什,您出生于立陶宛,年轻时生活在维尔纽斯这个您曾经形容为被"十三次易手"的城市,维尔纽斯就像一个能聚焦的放大镜,常常深陷于东欧的可怕形势之中。这些军事冲突的焦点突出反映在文化与语言的认同问题上。在您的童年时代,维尔纽斯是一个波兰的犹太城,甚至可以说是犹太教的中心城市,在这个时代背景下,作为一个用波兰语写作同时又深深扎根于立陶宛语的诗人,您对此如何看待?

从一方面来说,这确实是个矛盾的现象;另一方面,立陶宛有两种语言——举个例子,就像盖尔语和英语共存于爱尔兰一样。但是,当盖尔语在爱尔兰逐渐在人们的记忆中变得模糊时,立陶宛语却在19世纪末20世纪初得到复兴,随后成为了立陶宛独立后的官方语言。我的父母和先祖们都是立陶宛人。然而这并没有阻碍我的祖先从16世纪初就开始说波兰语。

您青年时的那个立陶宛已经不在了,就像您童年时代的沙俄一样,这激起您怎样的感觉?

我觉得这是个距离的问题. 在一切文学作品中,距离都扮演着重要的角色。我们可以用不同的方式来实现它。例如利用时间的流逝——就像在普鲁斯特的作品里面——要么因为国家被新的疆界所划分,要么因为它们消逝在历史的行进中;还可以利用自身的流亡来实现。对我来说,立陶宛恰恰具备这一功能:我可以思考它,写作关于它的事情,仿佛它是一个神秘的国度,只存在于我的记忆里。

那么,对于您来说,历史不仅存在于维尔纽斯的建筑,也存在于被大河孕育的富丽风景中,存在于立陶宛的橡树林里,您崇尚古希腊罗马文明的祖先们在这些橡木林里传承着太阳、黄昏和月亮的神话,是这样吗?

我所处的文化阶层在当时受到了西方思想的影响,这一点极大地反映在建筑上。哥特式艺术熏陶着整个波罗的海地区,并加以影响,尤其在里加。相反,维尔纽斯却更多地受到来自于意大利的巴洛克风格影响,皮埃尔-保罗(Pierre-et-Paul)教堂就是巴洛克风格的典范之作。我年轻的时候常常收集一些漂亮的邮票,这些邮票上就有教堂拱顶内描绘的圣经人物形象。正是这些深刻印象促使我不断追求巴洛克艺术的形式,直至维尔纽斯城市上空的云端。关于您说到的那景象,我曾在位于立陶宛中心的一座木制小教堂内行洗礼,一座四周被橡树环绕的教堂。这些橡树似乎还浸润着异教精神①,因为立陶宛是欧洲最晚被基督教化的国家。不管怎样,如今我依然对有关树木的神话有浓厚的兴趣。

在那个年代,也就是14世纪末,基督教的传统取代了一种以表现神奇力量为基础的自然宗教;然而,尽管祭司们手中的永恒圣火已熄灭,圣树也被砍倒,这个宗教却从没有覆灭。

的确,异教思想无所不在;与此同时,它进入到罗马天主教的宗教仪式中。我认为,这种古典思想与圣礼仪式之间的元素混合对我的童年以及对我的感情生活都产生了巨大影响。

---

① [译注]"异教思想"是指非天主教的思想。橡树在高古时代是神圣和纯粹精神的象征,古希腊的荷马等诗人都有提及。基督教进入欧洲之前的德鲁伊教(Druide)也崇拜橡树。

在当时拉丁语既是教会使用的语言也是文学使用的语言。立陶宛语和波兰语都与拉丁语有颇多相似之处,也由此证明了印欧语系诸语间紧密的联系,因而,在某种程度上,罗马同时成为您文字创作里的地理外延和思想核心。

没错,我十分清楚自己诗歌的构建来自于传统的波兰诗,最初,波兰诗歌是用两种语言来写的,再加上当时的诗人都是用波兰语和拉丁语一同写作——波兰诗的韵律机制建立在中世纪拉丁文的宗教圣曲基础上。因此在语言层面上与意大利方面的相互作用和影响是肯定有的。在几个世纪中,拉丁文被完全认为是欧洲之语,文人学者一直使用它直至18世纪末。要知道就连林奈(Linné)这个与科学命名法紧密相连的科学家也是一直使用拉丁文,斯韦登伯格(Swedenborg)也是。

很明显您被斯韦登伯格深深吸引,对他的关于大自然的神秘主义哲学以及他的灵界记闻相当感兴趣。

他让我着迷,至今为止还没有人能解释斯韦登伯格现象。当然也有人认为他得了精神分裂症,但这同样也没有任何依据。他没有一丝我们今天所认为的精神分裂症的病症。他能穿透灵界至今仍是一个谜。

同时代的另一位作家,也同样吸引了您的注意力,我是指英国诗人:布莱克(William Blake)。我想你们在理性思考方面之所以相似,是因为你们都拒绝极端的理性主义以及各种空谈理论的意识形态。

布莱克长期以来给予我很多积极的思考动力。您知道的,在英美他也很晚成名。我在伯克利任教时,许多68年那一代的学生[1]都带着无限热情阅读布莱克的诗,不单单是我还有相当多的其他作家都被他的神秘主义倾向所吸引。但他不仅是个神秘主义者,因为最主要的是他完成了一项强度很大的工作,这项工作涉及他所处的那个年代发生的各种事件——在他的研究里,法国大革命占有重要的一席。除此之外,他还批评了盛行于18世纪学术界的简化主义阴谋和理性主义阴谋。

如此一来这就显得合情合理了,凭借您对形而上学基本问题的直觉,您在莫扎特的歌剧《魔笛》(*La Flûte enchantée*)中体味出了直觉与理智之间、神圣与世俗之间的和谐互动,并视之为追寻整个真理的不可或缺的条件。

在音乐史上也好,在思想史上也罢,很可能都存在一个确定的基点,我们可以借此打破这个整体[2]。我对《魔笛》的思考是受到了波兰作家密茨凯维支(Adam Mickiewicz)的启发。早在年轻时,他已经看过这部歌剧,而且他属于一个小团体,其目标是拯救世界,就像莫扎特作品中的共济会成员那样做。他们的神秘主义作风与纯理性主义的做法并行不悖,后来在浪漫主义中发展到巅峰。他们坚信这两个流派毋须相互排斥,相反,我们可以将其统一起来使之上升至一个高级阶段。

---

[1] [译注]1968年各种社会矛盾日益尖锐,以青年学生为前导,法国掀起了"五月风暴"。

[2] [译注]这里是指冲破对事物原有的理解。

自从启蒙运动以来,世俗化的进程就没有经历过如此大的进步,以至于打那以后,可能已经有人认为这是对神灵的亵渎,您说不是吗?

在我看来,还有严重得多的事情发生:神圣被形容成一种幻象,人们否认它,耗散它。在各方力量下,它逐渐衰落。

大家总在您的作品里发现一些似有若无的暗示涉及这个事实:基督教文化遗产的失传成为20世纪的核心问题。

这个问题时常使我感到忧虑。但与大多数基督徒和基督教神学家相反,我认为我们全都在同一条船上,信教也好,不信教也罢,我们所面临的困难是客观的,即并不取决于我们是否维护某些宗教信条。

这就等于说,由于科学和技术使我们的生活越来越统一化,无所不在的科技阻缓了宗教实现其最为特定的目标?

从某种角度讲是的。不管怎样,科学理论与宗教理论的对立富有教益。毫无疑问,达尔文的进化论曾被视作是宗教的一大威胁,因此宗教对其予以打压。因此近来罗马教皇的一些言谈使我感到诧异,言谈似乎暗示对这个理论的肯定。我倒不是那么想求证这个理论的真伪,让我更感兴趣的是它在19、20世纪能影响人们的思想到何种程度。可以肯定的是,由此导致的知识转变已经破坏了宗教想象。此外,我们还不应忘记,科学理论一旦在某些斗争性小论文里得到普及和强制,就构成了一种真正的威胁。再允许我补充一点,有为数众多的马克思主义者是隐蔽的达尔文主义者,因为他们认为最强大的阶级方可生存下来。而由于无产阶级更容易存活,资产阶级就只能位居其下。

对神的尊重、形而上学的哲学思想、创造力:这一切不就证实了人类在进化中的特殊性使人能够认清自我并从纯粹的生物因果关系中解放出来?从而我想到了古尔汉(André Leroi-Gourhan)关于史前各宗教的著作,抑或卡西尔(Ernst Cassirer)关于人作为符号的动物的作品。

人有意识这个事实总是对我产生一种巨大的吸引力。意识与大自然本身相对,带着在它产生过程中的一些决定论的观念,意识产生一种包围效应,在其中我们缔造了历史的进步以及面对这些进步所采取的立场。我们以宗教、艺术和文学的手段来进行。我们正是在这个范畴内部思考、行动和感悟。这些可能与法国哲学家德·夏尔丹①(Teilhard de Chardin)的某些观点相似——但我并不赞赏他,因为我认为他制造了一些幻象。然而,他毕竟界定了意识的范畴,由此定义了人类。

您能解释一下您在那些方面不认同德·夏尔丹的理论?

---

① [译注]其中文名字叫"德日进"。

他的乐观主义,他笃信人类可以通过自身内在的修行从而不断接近并最终与基督相会。但是人所承受的无数苦难说明了什么呢？德·夏尔丹的理论体系没有向我们阐明这一点。《约伯记》(Le livre de Job)已经在很多方面激起我们的愤怒,因为说到底,约伯(Job)收到比原来多两倍的骆驼、绵羊和牛,并且他被赏赐了新的子女——然而先前死去的孩子们又成了什么呢？这里涉及生命中必须付出的代价这个问题,而这也正是我们所反抗的。这就是为什么德·夏尔丹的天真的信念里有些不人道的地方。

您是否认为从事生物学方面的工作对您的世界观以及写作事业产生深远的影响？

是的,例如我十四岁在高中里组织过一些关于达尔文和进化论的辩论。从此以后,生物学对我有所影响,那就是它充当了一个投影的平面,我把反对进化论的论据都投射到这上面。我恣意地阅读叔本华的著作,他给予艺术工作者们如此多的启发以至于被哲学家声讨。他的观点与生物学的发现紧密地联系在一起。天生有超凡想象力的他把艺术的精髓高高置于大自然因果力量之上,并赋予了对天地万物的怜悯关怀一种崇高的价值,他为反驳纯粹的生物学法则创造了圆满的条件。正是因为这样我推崇叔本华而非其他思想家。他是从邪恶的欲望循环、从人世的煎熬和一成不变的世界秩序里解放出来的哲学家——这是一种通过艺术和崇高的境界表现出来的解放;此外他还是第一个自称是佛教徒的西方思哲文人。那些他在过去所圈定的问题现在依然存在。

尽管全世界都在鼓吹世俗化的科学治国,我们还能有一丝希望看到有一天科学家们重新回到把现实看作神奇之物的理念上吗？在古代,炼丹师、艺术家和诗人就是这么做的,从米开朗基罗(Michel-Ange)到威廉·布莱克都这样。

这确实是个重要的问题。如果说是在谈论现代物理学,又如果以量子力学的角度来看世界,我们会发现这个宇宙不能被搬进现有的一般概念里。这就是问题的关键所在:确定是否可能在现代科学所阐述的理论与文化、艺术的表达形式之间构架起一座桥梁。我们的生活在很大程度上还伴随着来自19世纪的图景,它们吸取了进化论并在进步中产生信仰,然而物理学也步入21世纪很长时间了。

爱因斯坦在他平生的最后几年里做了大量关于宗教社会学的工作。姑且先不提有没有可能把新物理学的研究课题及技巧纳入我们的理解范围,这些研究如何改造了我们的思想,并在未来可能将其提升至哪个层面上？

直至20世纪初,牛顿的绝对时间和绝对空间的假设几乎被看作是不可动摇的。爱因斯坦的相对论则认为空间和时间有起点——关于宇宙大爆炸理论①的研究肯定了这点。这点让人感到自相矛盾——因为牛顿在骨子里是个信奉宗教的人——,牛

---

① [译注]大爆炸理论是宇宙物理学(physical cosmology)关于宇宙起源的理论。

顿的世界就像一座牢房,在这种情况下,统领思维的机械论观点毕竟是否定信仰、想象力和艺术的。难怪布莱克用"魔鬼的三位一体"①来形容牛顿、洛克(Locke)和培根。爱因斯坦使我们从所有这些中解放出来。如果存在一个确定的由来的话,神秘主义思想也有他们的道理,因为他们把永恒定位在高于时空连续体②之上。因此我想说——而且我与我的表兄奥斯卡·米沃什的看法一致,他的哲学论著对我起到了决定性的促进作用——爱因斯坦作出的这个革命性的发现从根本上改变了宗教思想并且在即将到来的新世纪也会继续改变它。

在您要求人们摒弃那些19世纪的过时倾向时,我想到您的朋友柯拉斯科夫斯基(Leszek Kolakowski),他肯定也赞同您的观点。

我既敬重柯拉斯科夫斯基又重视他关于哲学和宗教问题的著作。在疏远19世纪的实证主义的同时,他尝试涉入一个还相对陌生的、科学与宗教汇合的领域——尽管他处在一种相当奇怪的境地,在信仰与非信仰之间游移。他不是一个神秘主义的思想家,而更是一个清醒的思想家。也恰恰是这份清醒有时令他感到有些心灰意冷。

您对共产主义意识形态的明确批评迫使您50年代初期移居国外。这种批评也许不单单与您对共产主义教条在纯粹主义上的解读有联系,而且还与您的宗教感情有关。您曾在伯克利大学讲过关于陀思妥耶夫斯基的课,这两股力量不正集中到了陀斯妥耶夫斯基的光辉形象里么?

正是,我拒绝教条式的共产主义是受了宗教信仰的影响,尤其是因为我接受过罗马天主教教育。甚至连我的异教倾向也起了作用,这种倾向使我采纳了一种摩尼教的观点:一种二元性质的深层感知,既受善与恶的支配,同样也受一个二元的上帝的控制。同这些形而上学的思考相比,人们所奉行的共产主义在我看来极其空洞。当然,我并不是说马克思主义——或更确切地说,马克思主义版本的黑格尔哲学——没有在我眼里形成过一种诱惑。我的《禁锢的心灵》一书叙述的正是我自己曾受到这个诱惑而最终抵抗住它的故事。我在书中尽可能多地表达了我对马克思主义的感激之情——而且我也许把陀思妥耶夫斯基作为了参照对象,他曾极大地支持无神论,但是继而又将之抛弃。

这解释了为什么陀思妥耶夫斯基对于您来说既是个参照点又是一个对抗的对象:他体现了这种俄国的救世主信仰③,圣城莫斯科从前被命名为"第三罗马"。

救世主信仰似乎是斯拉夫人民的一种病态。我,一个波兰的天主教徒,当我讲授关于陀思妥耶夫斯基的课时,处在一种何等矛盾的境地,他厌恶波兰人和天主教

---

① [译注]亦有人叫"地狱中的三位一体"。
② [译注]爱因斯坦的广义相对论提出了崭新的引力场理论。根据相对论,时间是四维空间的第四维。牛顿所说的万有引力,在爱因斯坦看来,是时空的一种属性。在这种成曲线的四维时空连续体中,根本不需引力,天体按自己应有的曲线轨道运行。
③ [译注]又叫"弥赛亚信仰"或者"救世主降临说"。

徒……然而他给自己披上的俄国救世主信仰在波兰的救世主信仰里却有相似之处。在这两种情形里,这场运动都被一些异教思想所推动,这些思想认为并非基督,而是民族使永恒的救赎成为可能。如果说我得以探讨陀思妥耶夫斯基,那是因为我既反对俄国的救世主信仰也反对波兰的救世主信仰;这是另外的一个不乏吸引力的版本。

一方面共产主义的失败,另一方面宗教的衰落——在这个典型的灰暗的历史体系中您赋予诗歌怎样的价值?

一种崇高的价值。我们到了一个转折点,在这里诗歌探索的是所谓"深处的东西",然而这很困难。很显然,许多人在它身上看到了替代神学的作用;鉴于这些特性,它有可能成为新世纪的神学家们灵感的源泉。与此同时,我认为,在某种意义上,诗歌带来了救赎,因为它与往往很危险的空想没有任何关系,而是与可触及的东西相关。专注于一个简单画面——例如在壶里的水——使得我们免除分心和不切实际的理论。没错,诗歌能够拯救人类。

您依然把自己的诗定义为一种对真实的狂热追求,这也是我们能从意大利哲学家诺伯托·鲍比欧(Norberto Bobbio)的作品里找到的一种思想。

我们可以从两个方面来理解这点。一方面,唯一真正的真实,是上帝,因为阿奎那①认为,上帝是纯粹的存在体,在这个前提下对现实的追寻等同于追寻纯粹的存在。此外,我不断地尽力把握客观事实。这就意味着我拒绝主观性涉足诗歌,主观性会把诗引向纯粹随意的词藻堆砌上。

这种关于主观赋予的思考让人想起希腊诗人卡瓦菲斯(Constantin Kavafis)②,他把自己的诗句深深扎根在希腊化时代的世界里——从荷马的年代一直到拜占庭帝国,当中包括萨勒西德(Séleucide)王朝。

受法国象征主义也许还有一些英国作家像罗伯特·博朗宁的影响,卡瓦菲斯是一位开拓了新纪元的现代诗人:他把希腊化时代世界的历史占为己有。这促使了他去写一种客观的诗——而恰恰不是像他的欧洲同行们所写的感受上的、精神状态上的诗歌。这绝对让我吃惊。除此之外,我在他的作品中看出了预言的色调。在他的名为《等待野蛮人》(En attendant les barbares)的诗中,他预见了20世纪那些可怕的历史事件。

我们的访谈行将结束。您认为,脱离了神决定论、失去了自我的当今人类,还可以感受到某种像安全感一样能使之幸福的、像天堂的东西吗?

天堂这个概念于我总是很有吸引力。我写过一首诗,也许是战争期间我在华沙写的其中最好的一首;它以朴实的韵律试图重建那个本该呈现的世界——与现在的

---

① [译注]托马斯·阿奎那,意大利人,中世纪著名的神学家。
② [译注]希腊著名诗人(1863—1933)。

这个世界相反。此外,诗的名字叫《世界》(Le Monde),它描述了——在纳粹的占领下——重新被发现的天堂,那个孩提的天堂。除了令人绝望的经历以外,总是还有对天堂的光绚的怀念。

您渴望回到立陶宛吗?

我的这个夙愿在五十二年后已得偿。我到过我出生的城市,在今天那儿有一个切斯瓦夫·米沃什基金会。有的人不愿重返他们度过童年和青年的地方,因为他们惧怕自己最初的记忆可能会被抹去。我则不然。我游历立陶宛,过去的景象与我的思想相系相连,尽管我目睹了今天这一切。

保卫国土的战争比任何建筑的问题都重要

奥斯卡·尼迈耶(OSCAR NIEMEYER)

王 建 译

以下文字来自于温特的编译版本。

　　建筑大师奥斯卡·尼迈耶1907年出生于里约热内卢。他的设计赋予建筑以声音。尼迈耶曾在国立美术学校学习。1934年他在卢西奥·科斯塔的工作室开始了自己的职业生涯,并参与建设了里约热内卢的教育和卫生部大楼。随后,他与自己的精神导师勒·科布西耶(Le Corbusier)一起竞标了联合国纽约总部大楼的设计工作(1947)。从1951年开始,他设计了圣保罗伊比拉普埃拉公园的众多展览馆;1955年尼迈耶受到了以邀请知名设计师参与街区建设而闻名的柏林世界博览会的关注。1956年,巴西总统尤塞利诺·库比契克(Juscelino Kubitschek)委任尼迈耶为巴西新首都巴西利亚设计公共建筑。随着阿尔瓦瑞达宫、总统官邸、三权广场、议会大厦、总统府、最高法院、各部委办公大楼、国家剧院、机场的建设,尼迈耶逐渐成为令世界瞩目的设计师,巴西利亚大教堂更是成为了巴西新首都的标志性建筑。这一群建筑的雄伟壮观及造型艺术使得巴西进入了"现代"。

　　在巴西政变时,尼迈耶逃亡到了法国。在那里,他设计了法国共产党总部法比安上校广场(1965—1980),在圣德尼他设计了人道报报社大楼(1989)、博比尼的工会大厦、勒阿弗尔的文化中心(1976—1978)。在意大利,他设计了米兰蒙达多利出版社大楼、都灵法塔集团大楼。在阿尔及利亚,他设计了康斯坦丁大学。1996年威尼斯双年展,他又设计了巴西馆。

*

　　奥斯卡·尼迈耶,您如何定义"建筑"这个词?建筑如何立足在以前的建筑形式上,原创又是什么?

　　首先,建筑反映了当前的科技,因此我们应当充分利用科技。钢筋混凝土比目前为止所有的建筑材料都更神奇。言归正传,对于我来说建筑是一种发明的标志,而仅仅对以前的建筑进行简单的思考远远不够。如果去巴西利亚,您将会看到那些可能会让你喜欢也可能会让你恶心的建筑,但是您不能够说过去已经建设了类似的建筑。建筑,就是这样的。我走自己的路,设计自己喜欢的建筑。有人出版了一些关于我的作品的书,并不是我看不起这些人的水平,而是因为我不喜欢受到他们的影响。我要自由地创造,由着自己的内心、毫不做作地进行创作。这种态度使我内心平静。这种想法也使我对一些同行提出批评,他们不知道用原创性满足客户,没有寻找到自己的风格。

您的言语让人想起了勒·科布西耶文章中的一句,"建筑,就是一种发明"。

是的,勒·科布西耶在一定程度上影响了我。对他作品的阅读、与他的对话、您刚才所引用的话以及他对我的教导都影响了我。但是在我的第一个项目中,我使用了与他不同的方法。怎么说呢,我喜欢和钢筋混凝土结合更为协调、更为多样化,也可以说更失重的建筑形式。尽管存在很多不同,我们随后又找到了共同点,我们都赞同建筑需要原创性这一点。

但是很显然,你们俩并没有完全取得一致,比如在联合国纽约总部大厦的建设方面。

勒·科布西耶曾寻求我的帮助,因为当时那个项目受到广泛关注。前一周我完全站在他的一边,直到有一天计划部部长将我叫到他的办公室说:"听着,我不会再用你了,你和其他的设计师一样,只会开发勒·科布西耶的设计"。所以我只好进行自己的创造,而勒·科布西耶认为这只会让事情更混乱。像他一样,我将这个庞然大物设计成两部分:用于议会的高大建筑,就坐落在东河旁边那个我曾经居住过的地方,另一个则为较小的建筑。两栋建筑之间有一个亭子,我觉得这对于连接两栋建筑十分重要,我曾经设计出亭子的样子。我的提议受到了广泛的欢迎和一致的赞同——而勒·科布西耶认为这是自己的耻辱。他命令我在两栋建筑之间建设一个最小的建筑,但这就使我的亭子消失了,这让我很遗憾。这个时候我很为难。他是我的导师,而我只是一个年轻的设计师,所以只好接受了。最终,我实施的是他的设计方案,在某些地方他的设计和我的观点一致。

如果说建筑是一种发明,那么它需要直觉。这就是为什么您曾经说过,您的工作诞生于梦中。您知道么,感觉总是出现在创意之前?

尼泰罗伊博物馆建立在海边的一块岩石上,我用了一个主支柱。上面的建筑是圆形的,周围是玻璃,游客可以环绕一圈以便观看玻璃窗外的风景。为了让游客走进博物馆,我特意设计了一个凸肚形走廊。这是自然和建筑的融合。在设计阿尔及尔清真寺的时候,我在想着清真寺应当是什么样子的时候睡着了。当我醒来的时候,我立即就设计出了它的柱子,并确定使用大理石。这又一次说明,我所寻找的答案往往隐藏在最小的细节中。在尼泰罗伊博物馆的设计中,我设计了一个两米的柱子以及一个平台,以便观众能更好地欣赏表演。在设计中有时功能性占主导,有时则是灵感起决定性作用。

20世纪40年代初,也就是在巴西利亚开始建设之前,您在帕普哈开始了自己最初的创作,那时您因为使用现代科技而饱受批评,当时您引用了波德莱尔的话,"出人意料的、奇特的,就是令人震惊的",您是否说出了美的真谛?

作为一个建筑师,我们应当大量阅读。对于我的眼睛来说,一本好的小说要远比一本建筑论文集重要得多。在建筑设计上,我通过素描进行思考。与建筑毫无关系的书籍有时可能包含很多珍贵的信息。谁又能说不同作品之间的美可以区分呢?引用海德格尔的话,"理性是想象的敌人"。这不正是引导我不断工作的动力么?

建筑被看作是一种艺术形式,它正在寻找美,但是始终听从于主导信条或者各种禁忌的约束,这就限制了好的发明的出现。

是的。建筑可以是一种艺术,但是,它需要一种完全的自由。自由,从广泛意义上讲,是人们生活中从事一切的起点。从这一点上讲,教育可以严重抹杀人类艺术的天赋。一个十岁的孩子可以画出令人称奇的作品,但是一旦被大人限定了题材或者被反复灌以经典主义,他就很容易走上常规路线。勒·科布西耶就是一个例子,他从没有上过学。他生于这个世界就是为了设计,这就是为什么他形成了自己的设计风格。他在奥古斯特·佩雷工作室积累了另外的一些实用经验。教学完全是另一种意思——要知道教育是被很好地"控制"的。

在您的眼中存在两种形式的建筑:第一种是朴实的、实用的、日常性的建筑,第二种是精致的、有想象力的甚至能成为名胜的建筑。

在一些情况中,实用性和收益性是第一位的:这种建筑很容易被设计并建造。相反,在公共建筑中,设计要具备支持科技发展的附加功能。当我在巴西以外进行设计时,我不仅仅想表现自己设计的作品,还想向世人展示我们巴西工程师发明的顶尖科技产品。我们设计师要拥有一定的科技知识以便进行更大胆的设计,在这点上国外没有可以学习的地方。

您已经提到了钢筋混凝土。由您看来,它向创造打开了一扇门,因此您将它看作并当作一块人造石使用。是否有例子证明人类既可以使用科技,同时又追随作品的原创性?

如果有足够的空间,钢筋混凝土的自然形式是曲线的。它有控制空间的能力。因此,我们不必强求使用更适合金属制品制成的直线建筑。我只是简单地寻找对于每个建筑来说最适合的方式。一旦我对建筑的结构有了清晰的认识,它的设计形式也会立刻显现出来。

混凝土和诗歌完全不能共存吗?

不,完全不是这样。混凝土可以引起灵魂深处的触动。根据我们的需求,它可以用来雕刻和进行弯曲。这是我们进行创造性设计以及进行多种形式设计的最理想的材料。

您设计的这些自由的、处于失重状态的曲线来源于自然——仿佛您从里约热内卢周围的山、海浪和女人的身体中汲取灵感一样。

巴西被群山环绕,它使人有些喘不过来气,但是最伟大的奇观,便是女人。

您对于自然景观和人类状况的关注使您的作品如此生动,很少遵循惯例并且源源不断?

建筑不是一件孤立的事情,它与一切都有关。当我们从事这项工作时,要变得开放,要学习,要选定立场。每个设计都展示了我们所学到的、赞同的、理解的东西。

作为一个建筑师,您曾经设计了大量的作品,也同时赢得了生活。但是现在,人们很吃惊地看到,您对工作没有倾注太多精力。

我进行设计已经超过六十年了,并且倾注了我最大的热情,这也是我最伟大的时光。但是生命中有比建筑更重要的事情:生活,人与人之间的关系,为了更美好的世界而进行的努力。应当承认人类本身没有受到保护。我们一直在说我们拥有伟大的智慧,我们已经取得了巨大的进步,我们在一点点地征服宇宙空间,我们有一天会和别的星球的兄弟取得联系,我们说科学可以解释一切。但是最根本的问题是:我们为什么在这里?好像生活是很平淡的,人类出生又死亡,自然也不公平。在这种情况下,人类应当适应,应当手牵着手共同进步,共同决定人类该怎样行动并且怎样帮助别人。

您将自己的政治和社会行动放在了给予您名誉的事业之上?

是的,我认为是这样。我们有这种必要去想想那些生活在黑暗中的人,那些头顶上没有遮阳篷的人,那些没有钱的人。面对利己主义所引起的流血,我们有一种良药:高兴地成为有用的人,快乐地给予,互相理解,互相支持。

您设计了很多别墅,但没有简单的居民楼,没有穷人区。为什么您不为那些您关心的人设计一个住所呢?

因为我们的兄弟姐妹在贫民窟里感觉更好一些,住在不舒服的小区里会让他们感觉更加贫困。这些都是经过证实的。但至少,这些区域有它们自己的规律,这里的人对这里的环境更加熟悉,也更能掌握人们的观点。我们知道现在贫困人口急剧上升,我们不应当让这种现象继续蔓延。当某一天贫困人口占大多数的时候,人类就会考虑为一个更好的环境而做出改变了。

现在几乎感觉不到有什么行动。为了缓解这种不正常情况,建筑应当怎样面对?由此看来,您如何评价您的巴西同行的工作?

一些建筑大胆的、自由的造型让我很欣赏,但是绝大多数建筑还是让人失望。我们的建筑只是用于服务社会主导阶层,而对贫困人群没有兴趣。面对这种情况,建筑师个人没有任何能力。但确定的是,面对社会现壮每况愈下、生活丧失尊严、希望逐渐破灭的情况,我们必须行动。现在到了革命的时候了。目前是巴西历史上最不稳定的时刻,没有一个时代能比现在更糟。资本主义正处于危机中,全世界都是。这种危机正在愈演愈烈,不是么? 拉美正处于危险中,因为我们听到美国存在一种建立国际领土的声音,而这需要我们进行一场抵抗运动。爱国主义在经历过一段时间的沉寂之后又被赋上了新的意义,因为人们向往无国界的世界,但是现在还没有实现。帝国主义思潮重新回归:巴西,乃至整个拉美都将受到压迫、开发和重新被殖民。不幸的是,我们的政府有屈服于美国的趋势并正在出卖我们的祖国。但是如果美国人敢进攻拉丁美洲的话,那么等待他们的将是士兵和民众的抵抗,这种抵抗是为了保护那些只知道一点巴西文化的人。保护国土的战争比任何建筑的问题都重要。

在您的一生中,您一直是重视人文的社会主义的信徒,而不是理想社会主义者。所以对于您来说,设计法国共产党总部大楼并不是一种偶然,您还是菲德尔·卡斯特罗的追随者,他曾在对巴西的官方访问中与您会面。他是您眼中拉美文化的象征么? 即使在苏维埃政权倒塌后,您仍继续支持共产主义么?

我在共产党里面见到了最优秀的人、最大度的人和一些尽最大努力维护司法公正的人。世界的悲苦实在太深重了,以至于我们不能实现全世界的人道主义和团结。即使苏维埃的共产党垮台了,但是他们的这些观点还是取得了胜利。试想一下,当非洲还有那么多儿童因为饥饿死亡的时候,这也能叫做全球化么? 至于古巴,它是拉丁美洲很好的一个例子。菲德尔·卡斯特罗带着几个追随者就杀死了巴蒂斯塔并开始实施他的社会改革计划。这个英雄主义行为让古巴人引以自豪,并且不会因为美国人强势的封锁政策而感到胆怯。古巴甚至用平均主义来接济贫困人群,以便继续自己的斗争。今天,任何国家都不能约束古巴或者干涉其内政。我称这个为勇气的胜利!

您曾经指出,巴西利亚这个您创造了众多公共建筑的城市不可能成为代表未来的城市,因为它至今还属于过去。巴西利亚的这些建筑已经成为一个无底洞,但是您设计的这些令人惊奇的建筑被看作是理想主义的一种幻觉,这难道也是过时的?

十年后重新思考自己说过的话难道不是件好事吗? 不幸的是,一些贪污受贿者掌握了政权,他们与巴西的一些根本性改变没有任何关系。这就是为什么这些建筑要比以前任何的一次都花费更多的钱,因此我们要选出廉洁的官员。在巴西利亚,我想给我的国家,乃至整个世界一个看得见的身份象征。我至今还在继续这项工程,现在我们正在建设一些纪念性建筑。博物馆、图书馆……巴西利亚用了四年从无到有,用了四十年才基本完成建设。这同时展示了激情、意志、方案、乐观主义和巴西人民的力量。任何别的地方都不可能用四年时间建成一个城市。城市的一切都从最初的建设房屋、道路、广场以及电力供应、渠道开通开始的。我们的目标过去是,现在还是创造一个适合人类生活的地方。

在巴西被军事政权统治的时候,您在巴黎定居和工作了。1967 年至 1972 年,您生活在巴黎蒙帕纳斯。您对那段生活存有什么回忆?

我在那里遇到了完全不同的人,比如安德烈·马尔罗,他曾给予了我很大帮助。他是一个很有智慧、令人印象深刻并敢于接受一切事物的人,他是个进步主义者,总是遵守诺言,他是一个具有威信的人,总能够用别人不能模仿的方式来叙述当时的文化潮流。当他参观巴西利亚的阿尔瓦瑞达宫时,他对我说"啊,这是我看到的最漂亮的柱子"。我同样和萨特保持联系。他是个十分聪明的人,但也是个悲观主义者,坚定地认为人类的存在是被判以失败告终的。但是他的悲观主义也有建设性的一面,并不仅仅在于这种态度可以更好地享受生活、娱乐自己,这种态度也可以用在战争中:他总是设法帮助别人。有一次他对我说他总喜欢口袋里装些钱以便施舍别人。尽管他的观点很清楚,但他仍然保有一份激情,这也是我欣赏他的一点。另外,我还认识雷蒙·阿隆,他想让我进入法兰西学院,但是我拒绝了,因为我不愿意与那些教授进行学术讨论。有一次乔治·蓬皮杜邀请我到爱丽舍宫共进午餐,当我们谈到我设计的法国共产党总部大楼时,他笑着说"这是你做的唯一一件漂亮的事"。很吃惊吧?他那时是戴高乐主义者。要尊重像他们那样的人。每个人都有每个人的长处。当人们都有这种意识的话,整个人生就会轻松和平静许多。

在萨特的存在主义中,宗教是一大缺失。从表面上看,宗教在您的思想和情感上没有留下任何踪迹。

不,我不相信任何宗教。

您曾经说过,您愿意成为一名天主教徒,以便能够相信彼岸世界的存在。

自然的宝贵规律就是:出生、成长、死亡。这个规律适用于所有物质,包括最小的砂砾。如果像科学中所说的那样,一切都是永恒发展的,那么人类就没有任何理由去接近这些具有幻觉的宗教。但是在我的建筑世界中,我把自己放在信仰者的角度。我最近设计的教堂是半透明的,在里面人们可以睁开双眼仰看天空。这一点曾让造访巴西的教皇很是高兴,因为这个地方给予人一种无限空间的感觉,让人们觉得上帝在等待他们。但是,我认为教堂只是一种想象力的产物。

即使您拒绝了宗教,但是您的原始感觉和主要知识毫无疑问都和宗教信仰者相似。我们的存在和活动都是有限的,尤其是在科学和技术领域?

人们有权利去相信:一切都有可能,人类的智慧是无限的,人类总是能够寻找到问题的答案。当然还有更复杂的事情,比如生活、死亡的问题,人类永远解决不了。宇宙正在扩张,新星不断出现,而另外的星星又消亡在黑洞中,出生和死亡是永恒的,人类也处于其中……是的,睁开双眼看看天空是很好的一件事,我们可以认清人类是多么渺小和微不足道。通过这种方式,人类可以更清楚地了解自己在地球上的存在。

在这第三个千年之初,您是如何看待智慧、宇宙和人类政治的?它们将走向何方?

在我看来世界正处于一种停滞状态。对于现实的不满和对未来的怀疑占据了主导。金钱是唯一的力量,不是吗?我们不能够说我们自豪地走向下一个时代。目前来讲,我很难想象未来会怎样。

今天,当回顾创造的这么多作品时,您是否有已经完全发挥了自己水平的感觉?

我不明白您指的是什么。每个人都做自己的工作,有做得好的有做得差的。我得到的所有奖章和获得的敬意对于我来说都那么荒谬和可笑。我只是运气好罢了,我掌握了一些东西,可能把握的机会比别人多一些。这没什么特别。

假设您还有一个愿望的话,您希望它是什么?

(尼迈耶指着一幅画:一个人站在深渊旁边,正准备跳向死亡。)

您知道我是怎么想的?看看这幅我挂在墙上的画。看一分钟!不要分散注意力,集中精力看这幅画。您现在理解了么?

我热爱沙漠,我是一个生活在郊区的人

阿摩司·奥兹(AMOS OZ)

王 建 译

阿摩司·奥兹(1939年生于耶路撒冷)毫无疑问是世界上知名度最高的以色列作家:他的作品被翻译成三十五国文字,获得了众多荣誉和文学大奖。出生在一个祖籍俄国和波兰的家庭,奥兹于1954年更改了自己的姓氏,将克劳斯纳改成奥兹,这在希伯来语中是"力量和勇气"的象征。他曾在耶路撒冷希伯来大学学习哲学和文学,后又在牛津大学和科罗拉多大学教书。在六日战争之后,奥兹开始出版作品。1977年他成为"现在就要和平"运动的发起人之一,这个国际性组织寻求以谈判的方式和平解决以色列和阿拉伯之间的冲突。作为日内瓦公约的签署者,他经常接受国际媒体的采访。他于2006了出版了小说《森林深处的不经意》(*Soudain dans la forêt profonde*, Gallimard)。下面是伽里玛出版社组织翻译的奥兹作品:《爱与黑暗的故事》(*Une histoire d'amour et de ténèbres*, 2005)、《另一个地方》(*Ailleurs peut-être*, 2006)以及《如何治愈一个狂热者》(*Comment guérir un fanatique*, 2006)。奥兹曾在艺术和文学部任职,并于1988年凭借《黑匣子》(*La boîte noire*, Calmann-Lévy)获得费米娜外国文学奖,以及1992年的法兰克福和平奖。他生活在内格夫沙漠北边的阿拉德小城里,并在本·古里安大学教书。

*

您的作品中对以色列社会以及社会中的男人和女人进行了详细、中肯的描述。您的书被翻译成三十二国语言,并都成为当地的畅销书,但是您的作品丝毫没有让人感觉到这是一本以色列小说。我们是否可以这样认为,您成功的原因之一就在于人类的文化和存在的各种问题在其他国家也都存在?

我不认为我的作品是要向全世界展示以色列。对于我来说,书的本质就是文学的魅力。书越具有地方性,越具有乡土气,它就越能成为世界的。这就是文学的魅力。当一本书以国际化为目的,那么它就什么目的都达不到。我的书具有以色列特色,就像契诃夫的作品具有俄国特色,福克纳具有美国密西西比特色,加西亚·马奎斯具有哥伦比亚特色一样。

请允许我重新梳理一下刚才的问题:您是否认为,男人和女人,整个人类的所有问题在整个世界、在所有民族中都一样么?

这是一个很美妙的问题,因为在一定程度上,我们所有的秘密都相同。在一个更深的程度下,它们又不相同了,但是如果我们继续深入研究,这些秘密又变得相似了。我们有很多层的秘密,一层接着一层,我们阅读别国、别的文化以及其他时代的文学作品是为了发现我们和他们的相似之处以及不同之处。这就是我们需要阅读的原因。

您选择了居住在以色列南部。我们知道以色列南部的内格夫是大卫·本·内格夫的未来梦想,我们也知道他的梦想并没有实现,因为大部分以色列人喜欢中部而不是郊区。因此可以说,穷人居住在南部,以色列的文化中心聚集在国家中部。您是否认为,尽管遇到了很多波折,但是随着和平进程的发展,这种现实能否得到改变?您是否认为南部地区以及以色列的其他边区能够得到一种融合,以色列是否能在地理政治学的版图上实行改革?

个人来讲,我生活在南方有几个原因。首先是我热爱沙漠,我也喜欢生活在郊区。我是郊区的人,我不是中部的人,郊区让我感到很自在。如果和平来临的话,会有几万以色列人在郊区定居么?我不知道。这取决于几个因素,不仅仅是理想主义,还可能取决于生活的质量、土地的价格、房屋以及类似的别的东西,这些对我来说都不重要。我想以色列的建国之父和建国之母对此也不完全满意。始终处于上帝许诺的美好状态,处于梦想中的纯洁状态是梦想的本质。当梦想实现,并最终完成的时候,总有一些失望的。写作一本小说是这样,一次美妙的性行为是这样,建造一个花园或者建立一个国家也是这样。以色列是一个成为现实的梦想,因此它包含着失望。

为什么您热爱沙漠呢?

沙漠使我重新回到了平衡状态。从几年前开始,我就养成了一大早起床后在沙漠中散步的习惯。我看着这些山丘和山谷,一万五千年以来它们就再没有改变过。然后我回到家中,喝杯咖啡,打开收音机听那些政治家不断重复"决不"、"总是"、"一直",我知道外面的石头不会笑,因为沙漠的永恒不同于政治家的永恒。沙漠给予了我谦虚的源泉,这是一种有益身体健康的谦虚。

您生活在以色列,这些年来,那里的人有意让犹太教的新思潮自由发展,并成立新的组织、新的意识形态。一种反对运动也诞生在犹太教内部,阻止其进入新世界。您认为,这种思潮会取得成功么?在您看来犹太教的未来——不远的未来——在哪里?

如果您想让我变成预言家的话,我就会向您说明犹太教的未来,但是我向您承认这对于我来说太难了，尤其是在以色列，这里预言家的行业竞争太激烈了。犹太教是一种游戏，在解释、再解释、反解、重新解释上非常的开放。犹太人的传统中存在着无政府主义的基因。犹太人没有教宗，也从来没有能够选择一个，这点很不容易。如果有人敢声称"我是犹太人的教宗"，那么所有的犹太人都会过来抚着他的背说："你好教宗，你不认识我，我不认识你，但是我的祖父和你的叔叔曾经一起在明斯克或卡萨布兰卡做生意，闭上嘴听我说五分钟，我会告诉你上帝真的想要我们做什么"。这是犹太教的本质。很显然，我们看到了对犹太教新的解释、新的方向，但是这种现象一直都有。这是犹太的本质。

但是现在的不同之处在于以色列国家的存在，以及犹太教和国家政治问题的互相依赖。这不是一个新的问题么，这个成立五十年的国家是为犹太教和犹太人存在的？

不，我认为现在的形势很简单。国家应该独立存在于这些之外。国家应该让犹太教处于和平状态。犹太教取得成功、进化、发展或者自行演变，国家不应当帮助或者阻止它。国家不应该促进或者改变犹太教。国家有很多工作要做，它就是一个公司，应当组织运输、医院和排污沟的疏通，而不是犹太教。

很显然是这样，但是目前来说并不是这种情况。事实上，犹太教和以色列是一个整体！

在欧洲文明世界，教会和国家的分离，或者国家与犹太教的分离都已经存在几百年了，通常都是以血的代价换来的。不要忘记法国以断头台的代价而成为法国，英国用了两百年的内战才分离了教会。在以色列，我们不要一场内战，但这需要时间。国家和犹太教、宗教和国家的问题始终处于未解的状态，这可能需要一个世纪甚至更长的时间来解决，但是比起血的代价、比起只用六个月就能解决问题的内战来说，我更喜欢这种慢。我不想要内战，我不要六个月内解决问题。

基布兹（Kibboutz）曾是您第一个家的所在地，现在很多人都在反思：为什么基布兹死亡了？您认为它死亡了么？

基布兹的状况很糟，并且会更糟。我认为这种理想，或者这种概念，仍会有一个伟大的未来，就像约翰·邓恩几年前在诗中写到的一样，任何人都不是孤立的小岛，我要加一句，所有的男人、所有的女人都是一个半岛。在外面的达尔文世界中，人们的工作要比他本应该做的更加艰苦，而这只是为了去挣一些他不需要的钱，以便购买他没有真正需要的东西，以便让那些他不真正喜欢的人震惊。我认为平等公社的理想仍然有远大的未来，在以色列以及在别处。基布兹的未来就像霍拉舞一样，我不知道。但是基布兹永远不属于民俗研究的一部分。基布兹的未来可能要建立在高科技上，而不是继续喂养奶牛。但是不管怎样，建立平等公社的想法仍然很有前途，即使我们现在遇到了不幸。

作为推动力的这种平等的想法也没能够避免基布兹的失败。今天，我们注意到基布兹的大部分成员都离开了，尤其是那些年轻人。另外，基布兹人现在拥有资产，再加上您对以色列社会取得成功的忧虑，这难道不能够证明乌托邦不可能取得成功吗？

我们生活在一个弱肉强食的时代。对人类本性的了解让我幻想，有一天很多人能够放弃要变得比别人更强的想法。他们拒绝在年轻人中间开展那种达尔文式的竞争。这时他们就需要仔细研究基布兹在哪一点上失败了。基布兹的失败是从它要将人类本质改变成唯一的一种范性的时候开始的。这太具有雄心壮志了，太理想主义了。未来的基布兹应当更具有诙谐性，对待人类的弱点和缺陷更具有耐心。如果基布兹拥有更多的包容之心、更耐心、更有趣的话，它将会成功。

在基布兹碰到的各种危险中，很主要的一个就是它试图改变家庭的概念和现实。您是否认为，这种改变家庭概念的愿望带来了基布兹如今所遇到的困难？

家庭！我自认为是家庭方面的专家。因为四十年以来，我主要的写作主题，几乎我的所有小说，几乎我的所有故事都和一个词有关：家庭。我发现，家庭是历史上所有东西中最奇怪、最神奇、最自相矛盾，同时也是最有力的事物。在几千年的历史中，人类一直不断预言家庭的灭亡。柏拉图要和家庭一起灭亡，耶稣要和家庭一起灭亡。所有的革命都是由对家庭的分裂引起的。然而，我们看到家庭还是存在，在德黑兰和朝鲜、在格林尼治村和欧洲、在爱斯基摩人和非洲人那里都存在。这个结构是神奇的。基布兹应该重新考虑它要取代家庭核心的这种想法。只要人们愿意由基布兹充当家庭的核心，那么建设一个大家庭的想法就不坏。总之，家庭非常艰难，但是又很坚韧。

在新的千年中，家庭是否占据着核心地位？

您现在要求我做预言家，预言的不是未来十年的事情，而是一千年的事情！即使耶稣在做千年宣言的时候也得十分小心。我只根据眼前的东西来回答您：不管好坏，家庭、夫妻、父母总会存在。实际上，您刚才提到的全球性的家庭破裂并没有在全球发生。这种破裂涉及到了地球的西北区域。但是在印度和中国，在纳米比亚和拉普，这种家庭观念还是十分浓厚。在西欧和北美的一些地区，家庭观念略显淡薄。但是这部分区域不代表整个世界。即使家庭受到了破坏，但它还是存在的。我重复一下，家庭是一个远比我们通常想象要强大的多的结构。

您是否相信，在民主缺失的国家里，民主的概念越来越有被禁锢的危险？

我可以向您说一说我的期望，但我不能向您预言未来会发生什么。我希望民主的概念能够进行一次根本性的改变，因为对我来说，达尔文的民主，罗纳德·里根或玛格丽特·撒切尔的民主没有任何前途。本质上来说，他们的这种民主就是一场化妆舞会，富有的、势力强大的企业集团决定由谁来掌管政府，决定通过哪种制度进行管理。另外，政府将会看到自己的重要性在减小，因为这些大企业比任何选举出来的政府都更有势力。所以，要么在全世界范围内进行一种彻底的改变，将穷人的财富和生存状况考虑进去，要么就是民主将丧失它的含义，人们继续拥有选举的权利，他们可以在两个、三个或者五个候选人中投票，但是所有的候选人都为这些同样的大企业谋利益，所以候选人之间就没有什么区别了。要么我们社会的经济概念进行一次根本性的改变，要么就是民主将变成一个礼节性的东西，一个毫无意义的事情。

换句话说，您认为对经济领域的改变要比对于民主本身的改变更为重要？

是的，我认为如果不对财富的分配形式进行改变的话，那么民主就会丧失意义。所有的民主事宜都会按部就班，但是毫无意义，因为所有的决定都不再由政府或者议会做出，而是由大财团、由金钱的力量做出。

您是否认为，犹太教是具有民主特性的一种意识形态？

没有任何宗教能够和民主很好地相处。没有任何信仰能够和多元主义以及包容共存，这是因为压力的原因。我觉得犹太教在整体上要比基督教或者伊斯兰教简单，因为犹太教自古就有探讨的传统。没有人容易上当，所有人都要比邻居知道的更多。另外，犹太人同样具有和上帝探讨的传统，与上帝争论、对上帝提出质疑。从这一点上看，犹太教教士从来不缺少勇气。他们质疑上帝，与上帝进行讨论，有时甚至将上帝带到高级法院要求其遵守司法，即使上帝是执法者、是法律的制定者也没用，他没有要求法律进行倾斜的权利。教士们通过这些证明了自己的勇气。这是大民主的基础。所以我说犹太教更具有兼容性，或者说和别的宗教相比，犹太教与民主之间有更少的不兼容性。犹太教和民主可能存在着关系，不是很容易，但是这种关系是可能的。

环保问题现在不处于以色列政治棋局以及政治问题的中心。现在甚至还不确定环保问题是否在您的国家已被列入政治范围内。与西方国家相反，环保问题现在不是以色列政治辩论的中心，您是如何解释这个问题的？

在一个世纪里，以色列既是一项工程，也是一个急救任务，它的主要目的是为犹太人在自己的领土上建立避难所。当您在紧急状态下建立避难所的时候，您不会考虑到树上的鸟的问题。现在，这种情况正在改变，以色列正在稳定。很多犹太人都有了家。是考虑空气、水、河流和草地的时候了。这个时机到了。

我于1999年到您家拜访，您使用打字机来写作，而不是电脑。作为使用钢笔写作的您，您是如何看待信息和网络革命的？对于您来说，这场运动会不会像它发生的那样消失掉，或者这会成为一场真正的革命吗？

个人来讲，我用钢笔，用手写作，因为这更有感觉。纸张和羽毛、墨水和指尖是更有感觉的。机器是没有感觉的。好像我很喜欢感觉，写作以及别的地方都是这样。网络在一定程度上代表了虚幻的世界和虚幻的现实，毫无疑问这很有用，我丝毫不否认这一点,但是这不能作为人类接触的替代品。我不喜欢生活在一个做爱也变成一项远距离操作的世界里。我认为,直接接触的丧失,生活感觉的缺失,面对面、头对头的交流的缺失是很大的遗憾。但是我承认,在实用性方面,这些交流方式都非常有用,但前提是这些东西不要取代真实生活。对于未来的人类,我引用一个非常有名的笑话:"与做爱相比,谁愿意将女用阳具插入自动售货机里以便得到一杯咖啡?",当然是做爱更好了。

对于您来说,希伯来语既是一门新的语言也是一门古老的语言?您怎么看待这门语言?希伯来语这个词本身对于您来说很重要么?

向我提问语言是否重要就像向一位小提琴手询问:"小提琴对于您来说真的很重要?"希伯来语是我唯一并且是我独一无二的工具。从这点来讲我不是客观的。它是我的爱以及我生命的激情。这是一门美妙的、奇特的以及非凡的语言,因为它成为一门口述语言的历史至今不到一百年,而在此之前的十七个世纪它甚至消亡了。实际上,它并没有死亡,它只是处于沉睡状态,它是一个睡美人,而它等了一个世纪才等到了前来唤醒它的亲吻礼。现代希伯来语和伊丽莎白一世王朝时期的英语很相像,这是一个火山爆发式的语言,一种混合式的爆发:它汲取了方言以及其他语言中的单词和表达方式。这一点和莎士比亚时期的英语很相似,那时的英语能够和半打的外语相融合。我觉得这很奇妙。

在希伯来语中,一些词对于宗教来说是一种意思,对于非宗教来说就是另一种意思。这两种意思对于您来说很重要么?

很多的希伯来语单词,不是所有,都有一种旧的、神学上的甚至是神秘主义的含义,然后除此之外就是一个一般的、日常的含义。这是一种很奇妙的游戏,有时甚至很难,因为我有时想在一个巨大、古老并且空旷的教堂内演奏室内乐,这时我应当担心听觉上的问题,因为我不能够保证我可以在其中插入一个带有回音的词,这时候要么正好不需要回音,要么不凑巧的需要一种讽刺的或者滑稽的回音以便引起深思、遗憾和震动。对于希伯来语来说,这真是一个奇特的音乐厅,尤其是当人们在其中演奏现代音乐的时候,但是如果作家能够清楚地了解这门语言存在的可能性和危险性,那么它就能够带来令人震惊的力量。

以色列有很多以色列人,但也有很多巴勒斯坦人。我知道您拒绝任何形式的预测,但是如果让您揭开未来的一角的话,您认为怎样才能促进和平进程的发展?

和平正在接近,和平正在路上。我不能够给您提供一个具体的行程表并向您证实说和平将在六个月或者三年内到来,但是正在通往和平的道路上。不只是因为有一天以色列人突然发现他们对待巴勒斯坦人太差劲了,然后对他说:"国家属于您,过来吧,爱护我们吧",或者相反,巴勒斯坦人双膝跪下向我们说:"国家不重要了,只要您能够给予我们爱"。像大部分的冲突一样,以色列和巴勒斯坦的冲突最终会因为双方筋疲力尽而解决。疲劳是一个综合症,但是它可能会是一个福音。每个阵营都还自认为有充足的理由,但是未来双方会以折中的方式和平解决问题,并完全放弃对自己公正的要求。所有人都知道解决的办法,这种办法建立在两个国家存在的基础之上。以色列人和巴勒斯坦人不可能成立一个国家,他们要建立两个国家。他们不是一个民族,他们是两个民族。他们现在还不是蜜月期,他们首先需要在公平的基础上离婚,然后是分配财产,这是将要做的事情。我不能向您描述准确的国境线在哪里,需要多长时间,或者是在和平到达之前还需要多少无辜者的鲜血。但是所有人都知道,我们最终会有两个边界共同的住宅。一个住宅,两个套房,两个家庭。

当您在以色列的时候,当您自由谈论的时候,很多以色列人对您说"安全"。在以色列,自由和安全这两个词是一对。这种自由,您是怎样看待的?

当所有人都毫无例外地成为以色列人的时候,以色列就会获得自由了,而这些人必须都是本身渴望成为以色列人的,而不是因为自身受到了拘束。当巴勒斯坦 1948 年难民问题得到解决后时,以色列就会获得安全了。这不可能在以色列范围内解决,尤其它涉及到了绝大部分人,以色列应当但并不是必须承担所有的责任。当几千名巴勒斯坦居民仍处在难民营中时,自由和安全都不可能。如果我是以色列总理,我就会提出一个条件,一个以色列的要求。要么巴勒斯坦接受一个整体解决方案,一个有关住所、工作以及为难民建立国家的方案,否则以色列不会签署任何和平条约。

如果我理解正确的话,您认为巴勒斯坦人需要有一个国家?

巴勒斯坦。土地将在以色列和巴勒斯坦之间划分,巴勒斯坦难民应当在巴勒斯坦的领土上定居,因为他们不能生活在以色列的领土上。如果他们定居在以色列,以色列就不成为以色列了。他们应当定居在未来的巴勒斯坦国家内,在河的西岸,在加沙。

我一直想问的一个就是有关幽默的问题。在您的作品中、您的书中存在很多幽默之处。这是一种犹太人的幽默,还是一种全球性的幽默或这只是您自己的幽默?

我希望这是我自己的,但是我也希望犹太人的幽默和全球性的幽默不存在什么矛盾之处。我希望这种二分法是错误的,因为对于我来说幽默是一个医治者、一个救世主。我的一生都在研究狂热主义。在这方面我是个专家,如果您能保证记录下我用幽默语言对您说的话,我甚至会对您说,我认为我发明了治疗狂热主义的药理原则。这种治疗就是幽默。如果我能将幽默做成胶囊,并让所有人服用,我将会获得诺贝尔奖,不是文学方面的,而是医学奖。我承认这种让所有人都服用幽默胶囊的想法有点狂热。狂热主义具有传染性,我们不能让其收缩而只能将其彻底打败。如果我相信弥赛亚的话,如果我等待一位救世主的话,我觉得弥赛亚会笑着过来,并会讲述一些有趣的故事。他会教我们微笑。幽默是一种相对主义。幽默不仅能够让你用自己的眼睛来看待事情,还能够让你知道其他人看待事情的方法。自己和他人,就是妻子和丈夫,是以色列人和巴基斯坦人,是富人和穷人。幽默的意义,就是看到事情的两面。这就是为什么我相信幽默具有救世主的特性。另外,幽默就是有趣,这是一件好事。

对于这个新千年,您有什么期望?

我有一个很简单的愿望。我希望人类能够停止自我残杀,停止为了生存而造成的死亡。我觉得这段历史,所有的历史,包括过去的这个世纪、以前的一个世纪以及再往前的一个世纪,都充满了血腥。人类为了生存而不断地自相残杀和死亡是人类自身的厄运。如果这种残忍和暴力的事情能够减少,对我来说就足够了。如果这个愿望能够实现,我愿意度过整个世纪,以便在下个世纪相交之际能够再和您一起聊天。

文学的未来是什么?由于电视、电脑的原因,您是否认为人们会阅读地越来越少?如果阅读越来越少,那么写作呢?

从18世纪开始,尤其是受那些不能出去只能待在家里读书的女人的影响,小说、历史故事和诗歌度过了两百年的蜜月期。从历史到现在,人们只是在那个时代看到过读书的好处。我认为情况会一点一点回归正常,书籍将会是一些不能离开书的人的事情。这将会是很少一部分人,书籍将会是很少一部分人的事情。这让我感到很抑郁,但我是个现实主义者。我认为大部分的人将会不依靠书籍存在。相反,他们将拥有屏幕,各种各样的屏幕。但是总有一少部分人,包括我,不会放弃读书的快感。那是一种可以感觉到的,可以摸、折的感觉,人们可以在其中插入书签,可以用指尖触摸,也可以带到床上去。这是一种很多人永远不愿意放弃的非常特别、非常性感的感觉。

最伟大的人是最谦卑的

雷蒙·潘尼卡(RAIMON PANIKKAR)

陈卉 译

以下文字来自纳乌摩瓦(Gala Naoumova)的编译版本。

雷蒙·潘尼卡是最重要的宗教哲学家之一,1918年出生于巴塞罗那,母亲是西班牙天主教徒,父亲是印度裔的印度教教徒。他有自然科学、哲学和神学的学位,先后在从哈佛大学、加利福尼亚大学到罗马大学和印度的瓦拉纳西(Varanasi)大学这些世界上最好的大学任教。他发表的作品为自身赢得了国际性的声誉,再加上他作为天主教教士和印度教教徒的活动,使其成为文化、宗教融合领域中最具原创性的思想家之一。这是一位神学家,也是一位致力于跨文化、跨宗教对话的实践者,是当代文明最伟大的批判者之一。

雷蒙·潘尼卡已成为西方世界和东方智慧之间的"摆渡人",也是40多本被译成不同语言的书籍的作者。如今他隐居在加泰罗尼亚山区,用满怀深思和缄默的目光注视着当今世界。他在法国出版的作品包括Albin Michel出版社的《神与宇宙之间》(*Entre Dieu et le cosmos*)、《关于现实的非二元论看法》(*Une vision non dualiste de la réalité*,1997);Actes Sud出版社的《精神的气息》(*le souffle de l'esprit*)系列中有他的《我们时代的基督显容》(*Une christophanie pour notre temps*,2001)、《吠陀入门》(*Initiation aux Veda*,2003年);2007年《灵性》(*Spiritualité*)系列中包括他的《人的圆满》(*La plénitude de l'homme*)。

*

19世纪打上了不列颠帝国的重要标记。如果考虑到世界大战和冷战,考虑到苏联解体后新自由主义经济的成功,我们是不是可以说20世纪是美国的时代呢?

我倾向于给一个肯定的回答,但是我的这个肯定并不完全,或许甚至可以说这只涉及表面。我认为世界国家的看法属于唯心主义和殖民主义。今天仍然只有一种文化支配全世界,那就是西方文化。回到同一个例子上,不列颠帝国在印度繁荣一时,殖民帝国瓦解后它取得了比以前更大的成功。印度人从英国人那里收回了社会构成的种种要素:议会、语言、民主、选举、司法制度。但什么是最重要的呢?是经济要素还是精神要素,是市场控制还是思想控制?

从经济和政治角度来看,如果要考虑不同官方机构的对外政策,美国肯定发挥着巨大的影响。站在跨文化的角度上,假如换一个视角来看世界局势,那些支持对这个问题作肯定回答的标准,我是不会用的。

今天,全世界都讲英语,整个世界就是一个讲英语的连锁旅店。如果三分之二的世界都接受工业世界定下的规则,那么我们就成了奴才,剩下唯一要做的事就是讲:"这个世纪是美国的,被称之为世界新秩序的东西只是 pax americana①。"如果我们接受,世界将失去精神维度。

几年前,美国历史学家保罗·肯尼迪(Paul Kennedy)以《大国的兴衰》一书获得巨大成功。这本书像很多同类作品一样,只从经济学角度来探讨问题、不考虑人类学的因素,我对此感到震惊。

这关系到对世界历史的抽象看法——即使在这样的情况下,讲述国民生产总值和经济的历史也是合情合理的。这是一部有颇有见地的重要作品。只不过世界历史不只是思想进程,它是人类的命运。只和商品、数字和物品相联系的经济不是人文经济。探讨人类历史时不能将人撇到一边。

从18、19世纪的工业革命开始、尤其是在20世纪,科技展现出巨大的活力,那么它是人类发展的基本动力之一吗?

毋庸置疑,科技已成为世界上最强大的力量之一——我补充一点,它也是世界上最可怕的力量之一。科技思维渗透到生活的各个领域。技术专家占统治地位——起初是激发人类对技术和机械制造的兴趣的力量、Kratos②——允许人使用科技。这是一种精神状态和思维方式。然而,技术专家政治也是世界历史的一次创新。因为关系到人类的未来,所以这也正是它的伟大和悲剧性所在。我总是说——而且我也为捍卫这种观点做好了准备——技术专家政治和民主政治无法共存。技术专家政治是技术的权力。将其付诸实践是违反民主的:权力、否决权、精英,接着是社团和秘密警察。我们有没有核能都由这种权力决定。核能、核聚变和核分裂,这都意味着什么?我完全不知道。要像一个负责任的人那样回答这个问题,至少要对核物理研究上7年。我们不知道这关系到什么,我们失去了自己的感受力。对我来说,原子裂变就如同宇宙的败笔,我反对它。技术专家政治的实质就是要成为上帝,它想征服天空、到达巴别塔。归根到底,技术专家政治的压力对人类尊严和人类历史具有负面作用。

---

① [译注]意为"美国强权统治下的安定和平"。
② [译注]希腊语,原为古希腊神话中的一位战神,意为"力量、统治"。

这是不是意味着,与在英国,随后发展到法国、荷兰、德国的工业革命的开端相比——从全球角度来说——20世纪并未取得什么进步?

进步的说法不能让我信服。它必须以时间的线性概念为前提,缺乏科学依据。在太阳系内部建立时间概念的推论在太阳系之外是个错误的结论。这也就是说,自然科学的时间不是真实的时间,它实际上只不过是一种矩阵和用来计算的密码而已。它关系到什么呢?它关系到天体物理学的死寂世界,关系到一个我们甚至不知道在何种程度上是真实的世界,或者它关系到人的生命、我们的经验?

在我讲我不相信进步,不相信进步的意识形态时,我不是说没有过伟大的活动、动力、伟大的时刻和人性闪光的时刻。我只是不相信某些单调的、线性的、总在同一层面展开的东西。

结果,科技虽然变幻多端,相反却不能推动人性的进步?科技不能使我们获得更多的自由?

这种假定的自由并不是自由。它是不是指在超市的10种不同品牌之间挑选的所谓自由?自由不是在特定选项中做选择——这意味着,可供选择的东西越多,自由越大。消费不是自由。佛陀说过:"欲求越多,自由越少。"用一种完全矛盾的说法来表述,对必然的认可越深,自由度就越大。受外界的限定越少,我越是自由。大体上,我认为技术专家政治已经有点儿令人丧失人性,它是数量王国的组成部分。

世界越来越代数化,生活越来越抽象化,人类正在失去本质特性。

是的。而且这种现象在西方世界源远流长,从苏格拉底那时就开始了。苏格拉底的天才发明是什么呢?是概念。概念世界变成了真实世界。我们可以操纵概念世界,进行数学运算——人们认为真实世界服从于数学世界。但这不对。今天有一部分自然科学家开始考虑一件事,那就是现实可能终究并不遵从我们大脑的概念架构,他们犹豫不决、又心怀希望。

如果将人类的进化过程提高到六百万年(即使这个推定时间还有争议),如果考虑一下什么是真正的人,或许可以说,归根到底,人类不仅仅是进化过程中环环相扣的生物性的和经验性的链条。那么是什么让他不仅仅是这些呢?事实上,不正是所有这些超验的、形而上的和神圣的观念使人可以称之为人么?

我对此毫不怀疑。相反,那种认为六十亿人中的任何一个人都是独特的,他的存在都可以给世界带来些什么的想法是可笑的。否则,人感觉不到自己是一个人。如果他只是链条中的简单一环,他会变成一台巨型机器;他或许会拥有某些人为的智力,却不再保有人的尊严。如果我们不认为人是一个小宇宙并且是一个小神灵——这里的小宇宙不是指微型世界,否则就会有六十亿个微型世界,不是的,小宇宙是指缩小的全部世界,因此整个人类的命运会体现在某一个体身上——如果我们不相信这些,那么我们已经完全失去了人的尊严。

是什么使人不仅仅是简单的经济人？

是人的自我意识，人在这种意识中发现了自己的道德意识。在好几种拉丁语中，有一个单词表示这两层意思——consciencia①。意识到自己具有道德意识，正是这一点构成了人的尊严；正是出于这个原因，我才是独特的，因为我是独特的、不可比拟的——要比也只能在局部的、类同的领域比较。这就是为什么我要避开各种归类的原因。人是属于三圣合一（圣父、圣子、圣灵）的神秘体。上帝是人，人是神圣的。人是物质的，而物质又是精神性的。应该将神、人和具体的物质区别开来，但不是将三者分开——这是防止现实碎裂的最后一步。三圣合一不是宗教特性，而是人的根本属性。

如果我们观察一下刚刚结束的那个世纪，如果我们观察一下历史，对人的阐释中能不能只存有一种客观性呢？

从完全客观的角度看，这是不可能的。从完全主观的角度看，这也是错误的。在认识论与本体论分离之际，主体和客体也分裂开来，有一种哲学元素介入了这一次分裂，它或是费希特（Fichte）的理想主义，或是符合自然科学的客观主义。这种对立完全是一种错位，因为任何一种二元论的关系都不会建立在主体和客体之间。这将是未来纪元一个伟大而艰巨的哲学使命。世界的结构不是辩证的，它另外有一个不同于此的包含不同层次的结构。

这是不是意味着，回顾历史，试图从中理解甚至推断那些可以得出关于未来的结论的规律和法则，在世界史的意义上并不恰当？

这下又回到我不接受的情境中了：我不接受从偶然性的轨迹得出的这些社会学定律。如果我对世界实行抽象，比如说，认为人不再是人，只不过是一群用两脚走路、欲求可以被衡量和满足的动物，如果这些在我眼中就是人类历史的准则，我大概可以说出几条规律。虽然有生物突变、地质灾难和地震，人类历史上也经历过许多难以想象却还是突然来临的事情。如果我相信人的自由，我就应该把一些个案看作是具有决定性意义的事例——否则，从来就不会有甘地的存在。

是什么在推动历史？是历史规律、个体抑或"思想和行动"——各种观点、思想史、真实历史，以及恩斯特·卡西尔（Ernst Cassirer）所指的象征性力量，还有以赛亚·伯林（Isaiah Berlin）所认为的在观念史上累积并与经济、社会的经验史同时作用的不同价值结构之间的互动作用吗？历史人物——您提到了甘地——是被推动的还是推动性的力量？

两者都不是。是什么决定时代精神？是个体吗？或者正相反，是时代精神将它的能力赋予个体？可能也不是。生命之所以是生命，因为它有内在的活动，否则它就

---

① ［译注］拉丁语，意为"觉悟、意识"。

不是生命,只是物理定律的自动作用。我不相信系统,因为它们赋予生命一种先验性的表述。为什么我反对哥白尼?就因为他已让我们相信,世界、宇宙不是活生生的动物,甚至连动物都不是,而是一堆没有生命、只有外部活动的物体。是什么赋予它活力?是什么在推动历史发展?是个体吗?或者是外部力量赋予它活力?我说过:既不是前者,也不是后者。是生命赋予个体活力。

生命不是一种私人属性,我不喜欢这个词,但生命是神圣的。现实中存在着一个层面,我们应当从属于它,在它面前我们既是演员又是观众。世界的命运、世界历史的命运或许不能由自然科学来推断,也不能按照辩证法或逻辑来推断。否则我们又会变成纯机械的世界概念的俘虏。确实应该关注这种基本情况。西方文明不能独自对此作出决定。其他非西方的文化也无法单独找到解决方法。这就是为什么如果说我们要继续生存下去,对话与合作将是非常紧要的事。

塞缪尔·亨廷顿在《文明的冲突》中写道,20世纪末的世界可能更现代,但西方化的程度会减弱。问题是:脱离西方化的现代性能不能存在?

对我来说,现代性这个十分含糊的词是西方思想的一项发明。这个术语在印度从1950年起就是一个长期存在的问题。有人认为现代性就意味着西方化。另外一些人则说,现代性或者当今时代和西方思想没有根本联系,因为自然科学是世界性的,科技面前一切平等,于是这种秩序就成了世界性的秩序。对于这一点,我明确表示怀疑。科技不是世界性的,尤其不是中立的,它应该与文化相适应。对现代性的追求在西方是内生的,在几乎所有其他的文化中也是内生的。现代性的概念仍然是殖民主义的概念,认为其他文化的进步只能遵循一种现代性模式。在过去的几个世纪,这种现代性依靠武力来支撑;而今天它依靠科技。所谓现代,就是要与时代相适应。适应什么样的时代呢?现代性与西方思想、物质、空间、线性时间的概念有根本联系。

按照伟大的物理学家纳尔士·波尔(Niels Bohr)和埃尔温·薛定谔(Erwin Schrödinger)的理解,这是编年时间的概念。

在这种形式下,时间、空间、物质是一种独特的文化——西方文化的伟大、天才发明。但是我们没有权利把其他文化贬低为简单的民间传统。发展的观念使我们相信,我们处在这种发展的顶端,所有其他文化还不够先进。今天西方文明自认为是世界的征服者,这一点几乎毋庸置疑。如果现代化意味着西方化、民主化和西方所有的原初价值观,那就没有权利将这些价值观普世化。应该在其他文化中找到对应物。我特别反对浑然一体、一元论的极权系统,对于整个世界,它只想要一个单一的模式、单一的概念世界、单一的宗教、单一的意识形态和单一的现代性。

实际上,无论通过技术专家政治还是战争,西方的普世主义已在20世纪扩展到全球,可不可以说它构成了一种新形式的帝国主义?

我会说是一种新形式的殖民主义,"帝国主义"具有一种道德内涵。殖民主义相信,通过特定的文化,人们可以体会、理解整个世界,相信人因此只有一种范式:一个神灵、一种文明、一个民族、一个帝国、一个世界银行、一种世界民主,以及同样多的对于唯一一个神话——即西方神话或殖民神话的不同症候群。这是不正常的,也不符合人的状况。我们应该承认多样化,这种多样化 de jure①意味着承认人类文化和宗教的多样性,意味着宽容和相互尊重。

如今世界上的宗教飞速发展、并具有政治色彩。但任何宗教——伊斯兰教、基督教、佛教、儒教等——都不能担负整个人类的信仰。我们时代的凯逻斯(kairos)②恰恰取决于宗教、文化的融合,取决于跨文化性。

我想,这正是导致亨廷顿宣称文明之间的战争将是宗教冲突的东西,因为他发现宗教代表着所有文化的灵魂。他可能忽视了一个事实,那就是他的文化灵魂本身也是一种追求普世化的宗教。

甚至可以在文化与宗教传统之间、在一方的价值观与另一方的现代科技之间谈论兼容性或不兼容性。某些文化传统的导向比较实际、注重经验,趋向客观逻辑,比如说北美的加尔文教义;有的文化传统也会采用其他形式的实用主义,比如日本神道教。因此,比起那些扎根于强大的形而上学和16世纪以来的天主教神学院修士的精神传统的文化传统,比如拉丁美洲,这些文化传统与现代科技有更好的兼容性。

按照我的看法,它们在某一段时间内是相容的。但最终会产生让人无法忍受的精神分裂症,我们也将为此付出代价。历史总比人要耐心得多。日本就是这种精神分裂症的受害者,它的症状表现为当前的经济危机,这次危机尤其是这个民族本身所拥有的概念的文化危机。

诺贝尔文学奖得主大江健三郎(Kenzaburo Oe)认为,在日本,发展成为泡影,对经济增长的信心崩溃,这就催生了一种语义学上的空虚,使日本人开始产生疑惑。

我对这种说法由衷地信服。技术同质化会使人失去文化身份、宗教身份,最终失去人的本质特征。

在全球市场自由化的政治经济模式与保持各种文化的文化、宗教身份的真实和特性之间,能不能拥有某种平衡呢?

对于这个问题,我想从两个不同的层面来回答。首先,这是一种以欧洲和科技为中心的态度。我从另一个角度来看待世界。对我来说,世界的形象采用了一种非常狭隘的、以欧洲为中心的、政治的、经济的视角,符合征服和保护权力的政策意图,而我认为这种看法与真实世界并不相符。前苏格拉底信徒已经懂得,如果我们失去符合人性的准则,我们也就失去了人性,只会谈论抽象事物。我用"世界"这个词不是指抽象的世界概念,而是指人的世界,人在这个世界中生活、受苦、争斗和死亡。对我

---

① [译注]拉丁语,意为"在法律上"。
② [译注]希腊语,意为"合适的契机"。

来说,这才是真实的世界,而不是报纸、电视或政治的世界。世界是一个活生生的机体、而不是组织结构。然而,您的问题更多地关乎一种僵硬的组织结构。调节活生生的机体的规则有别于调节组织结构的规则,因为机体拥有生命、灵魂、神话、理想和爱;整个人类就是一个活生生的机体。活的机体要遵从的规则、计划越少,它就活得越健康、越快乐。但我们却想把它框住,把它关入具有政治、哲学、经济属性的概念牢笼。这就是说,我想要给这个内容被我批判的问题一个直接的回答。在技术专家政治和文化之间不存在协调和兼容。我们走上了一条错误的道路。当今世界发展的方向是一个会把我们导向灾难的错误方向。

在各个具有伊斯兰传统的国家出现的原教旨主义运动也肯定代表着一种反现代化的倾向,它们对西方世界构成了威胁。美国安全顾问在谈论美国政治在安全和外交方面的必要的优先权,在世界范围里,它可能在某种程度上可能构成了世界安全的必要条件。

您能允许我用一种激烈的或许稍微夸张点的方式来回应吗?我本人也注意到了,这种态度是怎样让许多德国人觉得尚合情理的。当"元首"、政治"指挥员"控制世界并且迫使欧洲接受某种秩序时,世界的安全还有保证吗?尽管这两种情况没有可比性,它们的症状在这里是一样的。一个是反常的政治犯罪,另一个则更微妙、更聪明、更"民主"、更有传教性。

就像从17世纪开始和从1823年门罗主义开始的整个美国对外政策。

我必须承认,去美国旅行之前我并没有真正理解《圣经》。我在美国发现了今天意味着具有选民意识、履行神圣职责的信心和关乎全世界和平福祉的责任心的东西。

19世纪著名的《天定命运》(Manifest Destiny)对于美国文明的想象和觉悟如此重要——几乎与文学中的麦尔维尔的《白鲸》和沃尔特·惠特曼的意义相当。

造成这种安全强迫的政治信条源于现代哲学。它的源头在笛卡尔身上,在实证主义和实用主义中。"我不相信"。不相信任何人。最重要的是要有"确定性"。笛卡尔寻找确定性正是为了摆脱这种焦虑。为了能够生活、研究哲学,他感到需要确定:"我应该是确定的"。安全的政治强迫正源于此处。这是一种不信任的思维方式。不相信超越人类的事物,人就无法抱有信心。我们可以把这种超越人类的事物称作"上帝"、羯磨或命运。确定性代表着更多的权力、更多的财富、更多的武力、更多类似的东西。但这不正常。我不像佛洛依德那样,认为整个文化就是一种反常的症状,但当前的文化体现了制度化的不公正。我是在对美国的政治体系、而不是美国的人民作评价。

谈到人的尊严,自然会提出人权问题。就如在1948年联合国宣言中表述的那样,人权完全受西方思想的支配。我们渐渐明白,其他文化传统——伊斯兰教、儒教、神道教、俄罗斯东正教——也有不同的人权传统。承认文化多元性,甚至由此承认人类权利、义务的多元表现,这是核心问题。另一方面,人们找到神学家汉斯·昆(Hans Küng)提出的世界伦理的概念,即我们越来越需要一种西方意义上的世界民主伦理,越来越需要人权的普世化。您更拥护世界伦理还是价值的相对性、文化的多元化呢?

相对性并不意味着相对主义。正是相对性这一概念使我们意识到一个事实,那就是人的任何一种活动都是真实的,它在关系网络内也具有意义;这些关系构成了背景,将意义赋予文本。人权不是世界性的,我们也不能像在1948年提议的那样将它普世化。在这种形式下,人权属于一种新教的个人主义思维方式。但这并不是说在联合国陈述的那些人权没有价值,也不是说其他文化不该重视它们。这些人权构成了西方的表达方法,这种表达受到限制,沾上了政治色彩,具有一个甚至对其他文化而言也是可行的、尊贵的且有意义的核心。我的对应物理论是第三阶段的类比。我们应该为其他文化找到介入其他系统的对应元素。这就是为什么我在理论上反对昆提出的人权普世化的原因;但在实践中,我赞成他的想法。因为我们需要一个超验性的端点,需要确定的人类秩序,我们应该更加实用地依据普世的价值和司法规则。多面性和双重性就表现在这里。

20世纪末美国独霸结束后,如我们今日一般的多极化世界从此出现了各种重要角色——我想到了中国、印度、伊斯兰国家、日本、俄罗斯和拉美大国。考虑到与世界安全相关的某些利益,权力要怎样分配呢?

权力?我用另外一个问题来回答:哪一个权力集团要为今天人们互相残杀的事实负责:警察、军队还是体制?将近10亿人每日的生活水平低于1美元。每天有2000名儿童死于饥饿。在我们还要努力避免饥饿和战争的时候,世界权力、世界警察、国际安全理事有什么用呢?从那时起,哪一种权力可以监督这个超级权力,使它无法不受限制地放纵自己、走向极端?如果问问自己那个霍布斯(Hobbes)的问题,大家只能说:homo homint lupus。① 所以不存在什么希望,而且任何人、任何超级权力,以及日本、美国和欧洲这三大势力之间的任何平衡都不能拯救我们。这是人性的问题,也是深刻的形而上学的问题。公元前6世纪,柏拉图,一个显然不是基督教徒的人,说homo homint dues est②——人对于任何其他人来说都是神圣的造物。这便是这个问题无法在技术层面解决的原因。我不会仅仅为了与政治权力相关的目的而投入。这种文明、这种思维方式既幼稚又危险。我们在西方是落后的——生活的艺术跑到哪里去了?

说到古老的传统文化的生活艺术,大家想知道在以后的年代,哪里还能找到这样一种继续感性和想象力的地方。想想贫穷、经济降温、商业化,这些都是艺术和文学在欧洲、美国各个生活领域的技术专家政治化过程中经受的东西。在工业化、追求力

---

① [译注]拉丁语,意为"人对人是狼"。
② [译注]拉丁语,意为"人对人是神"。

量的世界里,我们是不是应该从第三世界国家古老、传统的文化中,从它们形而上学和体验式的精神修行中学习生活艺术?

您怀疑工业化世界的现代文化在表现人类感受性方面的能力,我完全支持您。

文学、音乐、电影越来越倾向于将创造意义上、希腊悲剧意义上——比如埃斯库罗斯(Eschyle)和索福克勒斯(Sophocle)的作品——与悲剧有关的元素从20世纪的精神领域中驱逐出去,而这类元素在创造意义上与悲剧紧密相关。您有没有这样的感受?

如果想理解作为典范的希腊悲剧,必须把古希腊整个神灵谱系都包含在内。缺少上界神灵、不含超验性的悲剧把人导向绝望,这正是广告的诱惑力所在。为什么广告让我们如此着迷?因为在专家治国的现代社会中,我们已经看不到神灵世界。无论如何我们都不想要苦难、痛苦和失败。当悲剧真正出现时,我们不得不遵照保持微笑、保持年轻的做法。广告正是利用这种现象取得了一定的成功。但是,古典意义上的悲剧是人类天性的组成部分。这就意味着,人性是自相矛盾的,它不能被人理性地理解。正是这点让我肯定,浅薄是现代世界中最广泛的流行病。它将我们降到动物水平甚至更低,因为我们的自动反应其实不如我们的动物本能发达。某一刻,这种意识会具有另一个层面的含义——如今没有适应的形式。我们应该求助于古老的词汇,不过它们被人滥用、有时还遭到误解,以致今天大家几乎不敢再用它们了。

美国著名经济学家约翰·肯尼斯·加尔布雷思(John Kenneth Galbraith)已指出,假如20世纪下半叶是和平的,那么从1945年开始,世界上会有更多的人死于非洲、亚洲、拉丁美洲的局部战争,死亡人数会比二战时期的总和更多。

每天平均有3000人死于战争。几年前,我向联合国教科文组织提议了一个研究主题:从战争文化到和平文化的过渡。6000年来,我们都生活在战争文化中。这一转变也许是我们的处境在世界历史中的转折点。它关系到知识分子和掌权者——掌握政治、经济或宗教大权的人的重大责任。我们处在转型期。今天我们需要的转型是一种巨变。它最终涉及到精神层面的问题。要么我开发一下"第三眼"、像西藏喇嘛一样讲话、甚至不止于此。这"第三眼"能让我看到世界的、这个现实世界和政治的第三维度,以及另一个无形维度。要么我们失掉所有希望,那就成了一切人对一切人的战争。这样一来,我们就会走向灾难。科技会能使这种魔鬼般的可能成为现实,而以前这都不可想象。在这里,文化、宗教之间的对话具有特殊意义:宗教就如同政治层面、如同一条通往和平的道路。

世界上各种宗教之间的联系在哪里?

在它们相互的丰富、充实之中。特别是在慈悲的思想中,或许用caruna能更好地表达这种思想——这个佛教传统的梵文词几乎可以在各个宗教传统中找到。慈悲,就是对他人的痛苦感同身受。这意味着超越个体性,否则我就体验不到慈悲。这是第一步。

现实政治和理想政治之间总是存在一种辩证。它们的界限和各自的可能性在哪里?

界限与解决对立的可能性联系在一起。如果现实政治是必须与理想对立的东西,因为如马基雅维利所言,现实不合乎道德,那么这就不是真正的现实政治。在人为世界中固步自封的现实政治也不是真正的现实政治。我们生活在一个假的两难境地中:在这个境地中要么选这一个,要么选那一个。现实政治与理想对立。有人某天问甘地:"精神领袖、圣人怎么可能从政?"甘地答道:"不,我不是一位从政的圣人。我只是一位想成为圣人、尽力达到神圣境界的从政者。"他的力量正在于此。

能不能由此得出这样一个结论,即个体能够对历史进程产生真实的影响? 回顾刚刚过去的千禧年,历史有没有意义? 自希罗多德和修昔底德以来,我们一直在问自己这样的问题。现在,轮到雅各布·布克哈特和阿诺尔德·汤因比来叩问人类的普遍性历史了。

历史是有意义的。我能在历史中找到或多或少的人为意义并自觉满足。历史不是朝着一个预先确定的目标发展的。我个人不这么认为。这个意义不是亚里士多德学说的 telos①,也不是基督教的教义(cathologie)。时间的本质是节奏,而不是导向 telos。我只是认为我们有点儿达到了世界历史的极限。我们生活在末世时代,因为时代经历、社会意识,对未来的想法——telos——都陷入危机。古代的思想属于过去、in nihilo tempore②。过去、未来都不再具有吸引力。所有关于救世主、天堂乐园的思想都败下阵来,包括马克思的天堂、资本主义的天堂、美国的天堂。极乐世界不在过去、也不在未来。我们只能透过"第三眼"才能看到未来,看到以后的千禧年。

您是哲学家、神学家。人的生活有没有意义?

有意义的不是个人的、个体的生活,而是人类的生活。每个人本身都是一部分。没有他人,每个人都不可思议,个体本身也是抽象物。如果让我用希腊术语讲,人的现实就是个人。而个人不是个体。个人是我、他和她接受的关系网络:事实不是人人皆为自我而存在。我们是历史的创造者,我们将意义赋予历史。人人都在这个一定程度上现实存在的三位一体的舞蹈中活动。如果生活没有意义,即使这个意义在这里只是象征符号,那么我们所有关于人的尊严、人的性格和个体神圣性的推论都是空话。人的生活是有意义的,我相信这一点。当人发现生活是一份礼物、我们在某一段时期被邀请参加生活盛宴时,他会明白,生命中最基本的东西就是最重要的东西。但这只是个人之见。

在这个21世纪之初回顾过去,您认为,哪些是哲学、科学、神秘主义等方面对20

---

① [译注]希腊语,意为"目的,终极"。
② [译注]拉丁语,意为"太初的神圣时间"。

世纪产生影响的主导人物呢?

　　我在生活中遇到过许多重要的思想家,他们让我钦佩、也给我留下了深刻的印象。一切都取决于能学到什么。世界不是由从政者或思想家来领导的,世界的内聚力也不是由他们来保证的。我们也能从一朵花上学习,学到的或许会比在一位思想家身上的还要多。从一首只被唱诵过一次的诗歌上也可以学东西,我们听到时自忖:这是一个启示。我想说,无名英雄才是最伟大的人。他们不在历史书上,没有把自己看得那么重要,但他们扎根在人心的最深处;他们触及人生存状况的根源。简单来说,最伟大的人是最谦卑的、最默默无闻的。这就是他们能够带着如此显著的快乐生活的原因。他们不需要领奖台,不需要立在上面担当全世界的苦难重负;但是,他们非常自然地担负着。

人决不能活在冷漠里

红衣主教保罗·布巴（CARDINAL PAUL POUPARD）

邓岚 译

红衣主教布巴（1930年出生于昂热的一个葡萄种植者家庭）是若望二十三世（Jean XXIII）、保罗六世（Paul VI）和若望·保罗二世（Jean-Paul II）这三位教皇的特殊见证者。作为若望·保罗二世的前文化司铎，素有博学美誉的他有不少文字被翻译成多种语言。在天主教教廷里，他主张宽怀与宗教间对话。他因在教育、文化与信仰、教会与国家的关系方面的深刻思想而受世人敬重。1954年被授予司祭的圣职后，他在1979年被任命为巴黎地区的司教助理和尤苏拉（Usula）[①]的正主教。1979年他成为专管与非信徒交流对话的主教理事会（le Conseil pontifical pour le dialogue avec les non-croyants）主席之后，1988年他又被授命为主教文化理事会（le Conseil pontifical pour la culture）主席。这两个神职于1993年合并，他后来一直致力于这方面的工作。在本笃十六世（Benoît XVI）当选后，红衣主教布巴曾受任一年的专管宗教间对话的主教理事会（le Conseil pontifical pour le dialogue interreligieux）主席。他写了大量作品，其中有《宗教》（Les Religions, PUF）。他主持领导了巨著《宗教辞典》（Dictionnaire des religions, PUF, 2007）的编写。

*

我们似乎生活在一个对传统道德和宗教价值越来越漠视的时代里，人们貌似无法面对现实。您怎么看待这个现象？

在这个问题上您道出了一个令人担忧的现象，尽管人类天生不可能完全活在冷漠里。人们确实可能对千年传统价值越来越淡漠，因为大家愈发重视短暂的实用性。在被关注的机会有限的情况下，像利科（Paul Ricoeur）所指出的"目的萎缩而手段泛滥"现象便出现了。我们在一辆全速驰骋在无边田野上的列车里，火车司机已经控

[①] ［译注］突尼斯城市 Inchilla 的拉丁名。

制不了机车。就像一位政客说"我不知道我们要去哪,但我们肯定会到达。"这样的话很讽刺,同时我认为,也有些悲哀。

而今我们缺乏信仰和宗教信仰的形而上学,这种形而上学在马里坦(Jacques Maritain)或马塞尔(Gabriel Marcel)的悲剧作品里被讲述过。

当我还是巴黎的年轻神甫,我曾到马塞尔在圣·日耳曼大道的家中就餐,我依旧记得那场持续到深夜的谈话。他是绝妙之作《旅者途人:希望的形而上学绪论》(*Homo viator: prolégomènes à une métaphysique de l'espérance*)的作者。在这位老者心里装着在他看来对人性逐渐流失的疑虑或担忧。诗人埃马纽埃尔(Pierre Emmanuel)在临终前也对我说过类似的话:"就好像我们得了一种人性健忘症……"

数以百万的青年为了迎候教皇来访而聚集。难道这不能证明人们确实需要精神力量吗?

我参加过这些世界青年日,并应邀前去圣·罗什教堂(Saint-Roch)进行了面对公众的宗教教理问答。活动的组织方有些惶恐,他们增派了安保的人手:"不会有人前来捣乱。"当我到达的时候,男女孩们都席地而坐,翘首以盼,就像韦伊(Simone Weil)所说:对真理的期盼。我被建议讲解福音书的章节,当时的情况就有点像在喜马拉雅山南面,耶稣与富裕的年轻人相遇,后者请教如何才能得到永恒的生命。耶稣对他讲:"来吧,跟随我!"然而这个富裕的年轻人却带着悲伤又走了。这则寓言也象征着现在我们的时代文化。许多年轻人拥有我在他们那个年龄时所没有的大量财富,但也许那时我比他们更加快乐,尽管我只有母亲圣诞节给的蓝色小球——那时正值战争。那个蓝色的小球我保留了好几个月,我觉得喜欢这个球的原因是它体现着母亲的爱。从这个角度讲,我们的世界或许就像个没有爱的孤儿……。我们重新找回福音书里的真福之路——"贫穷者至福,因天国的殿堂属于他们。"由于贫穷者知道自己一无所有,所以他懂得自己不能引领造就四季更迭的时间,懂得大江河流终要归海,还懂得阳光使雾气升腾,后者将重落大地以滋润之。我与那些一无所有的人谈话时发现,若不作偏执的对抗,多数的结果是似乎比起其他拥有更多的人而言,这些贫穷者生存得更实在。

在拉丁美洲,几百万人参加了声势浩大的神学解放运动。我们如何回过头来理解这场运动的主要人物,像在秘鲁的古铁雷斯(Gustavo Gutiérrez),或者在巴西的卡马拉(Helder Camara)和波非(Leonardo Boffi)?

我曾到拉丁美洲参观,从它的最南面一直到最北端,经过面积庞大的巴西,它自成一个大陆板块。在人们所说的神学解放运动被发起的时候,我很惊讶地发现它能孕育于浓厚的基督教土壤氛围里,同时它如同一声焦虑的呼喊,那些以极端的方式分担人民疾苦的人和神学家们的呼喊,程度之激烈以至于罗马教廷都为之担忧。但过了几年,梵蒂冈又通过一份呼唤解放者耶稣的文件,对其进行了第一次婉转的批评。二战德国(对法国)的占领时期,正当阿努伊(Jean Anouilh)撰写《安提戈涅》(*Antigone*)

时——他的最后一部"黑色戏剧",是真正带有反抗意识的呼声——,法国的一位传教士发表了用通俗的大众语言翻译的《福音书》,并将之命名为《解放者》(*Le Libérateur*)。因此,有时候目光短浅者以为发现了新事物,其实这只是传统要素的激活罢了。在福音教义的驱动下,我们领悟到耶稣不是来将以色列人民从穷凶极恶的罗马侵略者的手里解救出来,而是劝说前者自行解除人心中的苦痛与罪恶。正是这份罪孽导致了不公正。各条道路也在解放的神学里形成,而现在我相信每个人都以和平的方式领悟到其中所表达的信息。上个月我在洛杉矶的普韦布洛,刚到达的第一天上午,我去瓜达卢佩圣母院做弥撒。那里,圣母以当地人的模样出现,我看到了民众对她的虔诚,她体现了一种文化与精神的认同感以及巨大的神圣感。当我去巴西时,令我震撼的就是那种人文财富。一日,我在科帕卡巴纳海滩上隐约看见一个外形白色的物体。有人告诉我这是"伊查"(*ichat*)①,她既是圣母玛丽亚也是海之女神,说明了这些谦逊的人民没有经过深入的传道就领受了基督教的信仰。千年的道德智慧不总能找得到挑选的方法,可以说它被迫把各种不同的现实汇集在一个画面里。容我这样说,身为基督徒的我栖身在圣约翰所叙述的耶稣的话中,这句话在我看来令人赞叹:"上帝的心比我们自己的更大。"②当我参加大众的礼拜仪式时,我总想着这句话。我认为所有这些文化都有极其强烈的生命意味,它们的表达形式多种多样,其中我们可以找到大地之母、太阳神以及光神。然后还有嗜血的神走上歧途的悲剧,他们索取孩子的血来建城。面对反人道的宗教仪式,我认为信奉基督的宗教就是解放者。这里有我其中的一条坚定信念,就是要清楚在一切文化以及在所有人的心里,有人性的一面,也有反人性的阴暗面。但它不是古代文化所特有的;我们可以用它来形容任何文化。

您是否认为在科学的背景下,人已经脱离了信仰的内心体验世界,脱离了超越性?

在我至今短暂的生命旅程里,我花费了几年时间探索信仰与科学的对话,从伽利略开始这个问题便被提出来了。与我相隔350年的圣父要求我尝试理顺这份凌乱模糊而令人痛苦的案卷。我出版的最后一本关于这方面的书就取名为《伽利略·伽利莱,350年的历史》(*Galileo Galilei, 350 ans d'histoire*)。我认为我们更好地理解了当年像伽利略这样的科学家如何觉察到托勒密(Ptolémée)的千年宇宙观是错误的,然而却无法拿出科学的证据。而宗教界的人,例如红衣主教贝拉明(Bellarmin)——当时我发现了他写的一篇很有想法的短文——文中说如果新的假设是在科学的基础上被建立起来的话,我们最好承认自己错误地解读了圣经,而不要贻笑大方地自以为是。对于我来说,这样的至理名言是信仰和科学之间对话的试金石。我们重新站到真理的一边。没有人可以无限期地活在怀疑里,个人不能,国家不能,文化不能,文明

---

① [译注]这个词是当地的土著语。
② [编按]出处也许是《约翰一书》第3章第18句:"神比我们的心大。"

也不能。人类总要不断提问。从前苏格拉底时期的哲学家开始，我们对世界万象的惊叹也被用来呼应画家高更在绘画塔希提女子时所提出的三个不朽的问题：我们是谁？我们从哪来？我们要到哪去？那么，当我们谈到科学时，我对其浅薄的了解令我使用复数形式的科学学科而非单数形式的科学。我们有精准的物理学、人文科学，而且还有在这些科学学科内部的认识论……简单说来，科学学科总是将更多关于"如何"的知识教与我们，而我们从不问为什么。只要人不与"如何"和"为什么"擦肩而过，人类的智慧就永不枯竭。在我组织的一次研讨会上，我曾请求一位与会的科学家评论爱因斯坦的一句话，我认为这句话说得非常美丽、深刻："没有揭示过奥秘真相的智慧就如同没有看过阳光的眼睛。"爱因斯坦还说过："最不可思议的事，难道不是可思议的宇宙吗？"在此，我们讨论得太远了……

美在宇宙和物质世界的内部都能被感受到，您怎么看待美的种类？像物理学家戴森（Freeman Dyson）以及之前的爱因斯坦所寻思那样，一位科学工作者是否可能承认高层次的、超越宇宙存在本身的智慧呢？

我曾经与罗马宗教科学院联手组建了一个学者文人团，目的是思考科学与文化的相互关系——而非相悖之处。我从古希腊人那里继承了坚定的信念，认为人就是宏观世界的缩影。因此，人在敌对的大自然面前并不感到陌生，而是像《创世纪》(la Genèse) 第 1 章所昭示的那样，人由造物主上帝创造并作为所有这些奇观的总管。在此我们也许可以思考一下现代的一些走入歧途的行径。人类忘记了自己不过是一个管家而非掌握者或大自然的主人——根据人类给自己这个熟悉的称谓，难道不是吗？我们又重新回到了对大自然亏欠尊重的各方面问题上。但在人类逐渐发现的世界运行规则里，科学的特性正是有可能往无限大和无限小的方面探索，建立二者的关系，搭建让人眩晕的天桥……。得益于量子物理学和原子物理学，科学才发现了我们粗浅地看作固定结构如何活跃在恒久的运动中。难道这一切都是偶然与必然的结果？！这纯粹是承认了与文明人不相称的无知。

过去人类经常将千年的结束同《启示录》(Apocalypse) 里描述的图景联系起来。我们纵观人类几百万年以来的进化发展，是否可以说 21 世纪的开端是一个转折点？

您知道吗，当我在芝加哥一个校园里观看电影《现代启示录》(Apocalypse Now) 时，我感到极度吃惊。我自问：到底我们做过些什么使得甚至连美国人都忘记了"启示录"不是"灾难"的同义词？这个词从希腊语翻译而来，来自于看见帕特摩斯（Patmos）幻象的圣·约翰。帕特摩斯指出新大地产生于时间的尽头，它不作为灾难或绝望而新生，并预示了希望与承诺。那是新的宇宙和大地，届时将不再有悲哀、哭泣、惨叫或泪水。因此它与伴随时间抛物线发生的世界末日相反，它从迷失天堂过渡到重返天堂。但是，如果允许我打个比方的话，人类的想象到了如此地步便使自己从诗意里掉落到庸俗乏味中。如果一位女厨师听到我的话，她会想到关于做鸡蛋饼的比喻：若将蛋饼的两端都切掉，那么它便被搞砸了。我们现在也是这样：我们忘记了起源和结尾。我认为需要重读《创世纪》(*la Genèse*)的前三章和《启示录》的后三章……

在不负责任的消费欲望下,我们今天是否已经到了一切人类团结以及支持团结的哲学都消亡的地步?

对,这又印证了我们刚才说到的关于目的萎缩而手段泛滥的主题。我认为,这是一种补偿性的暴食症。但从个人而言,我最终还是会回到创世纪的第1章,那里表明了上帝对自己的创造感到很欣喜。"上帝体会到这是美好的。"当他创造男人和女人的时候也是这样。尽管有这一切的疾苦与不幸,我总是坚信在每个男女、每种文化和文明的心里都有一颗属于自己的、能开花结果的种子。当我像往常那样与艺术家们碰面时,我对他们说:"应当回到我们先辈的超验性哲学上。"也就是"真、善、美、巧"(*unum et bonum, verum et pulchrum*)。苦难来自损耗。我们的文化应该重新找回这个基本的和谐。德日进(Teilhard de Chardin)说:"一切上升之物必汇集。"他说得有道理。我们明白了应该如何不断地使所有相互对抗的人重新意识到大家都同属一个大家庭,在这个家庭里,上帝是父亲,大家都是兄弟姐妹。我认为这就是在人类面前通向新千年的康庄大道。

人是否可能脱离神话生存?利科(Paul Ricœur)也曾思考过这个问题。

在这个问题上,我认为应该把目光对准柏拉图而非海德格尔。柏拉图说,神话的世界比逻各斯更富含哲理。神话本身总比表达神话的言语更丰富。对于基督徒而言,有吸引力的思考方式是"道成了肉身"(*et verb logos sarx egenesen*)。圣言本身通过寓言式的教义被表达,从而传达神意。这是我的信念,当我看见神圣的宗教遭遇危机的时候,我认为危机多少来自于他们的表达变理性了。这些宗教失去了象征的意义。在巴黎,正值那次您刚才提到的百万青年集会,我在隆尚(Longchamp)目睹了这些作为象征的简单的水①流淌过额头,还有别具宗教象征意义的光线和油②,它们都不需要长篇大论的解释就被完全领会。我们应该回到这个理念上,同时专注于这样的事实:我们的文化把这个神话的真理载体变成了不太真实的东西。然而我所说的"神话"不是弄虚作假的神秘之物,相反,它是在圆满真理上的意义,是逻各斯,言道无法包含。

在休谟(David Hume)的怀疑主义、过去数世纪里边沁(Bentham)的功利主义和当代世界里正发展壮大的机械唯物论之间,是否存在紧密的联系?

术语的字眼可以变化:实用主义、怀疑主义、物质主义,我们还能将这张带"主义"的名单拉得很长,此外,至于我自己,则抗拒这些"主义"之间相似性的禁锢。我宁愿随莎士比亚一同认为在哲学书本以外存在更多的哲理,即便我对哲学论著非常

---

① [译注]指圣水。
② [译注]指圣油。

尊敬而且经常与之结谊。但我们总是应该回到存在的日常性中以便抓住其永恒的尺度。最近我与电影人安哲罗普洛斯（Theo Angelopoulos）聊过，之前我和他刚参加了电影《永恒与一天》（L'éternité et un jour）的放映。影片有一种强烈的永恒感，一如它已经存在于时间里一样。这都是信奉基督的宗教精华。行为的神圣来自人将理智的自由体现在自己的行动中，他因此为自己的行为负责。今天，一项重大的教育任务落在我们的身上，用语法上的术语来说，这项任务的目的是在主语、动词和直接、间接宾语之间重建联系。我们助长了年轻人朝三暮四的做法，我憎恨这个词，更憎恨这种做法。他们没有意识到这点，他们任性地寻找快乐。他们面对一幅景象，却忽视了它只是整个系列中的一幅而已。或许这就是我们文化的悲剧：瞬间使人们忘记了从永恒而来亦归向永恒的时间维度。让我感到震动的是，常规固定去教堂的行为在减少而去朝圣的活动却有增无减。朝圣的意义在于离开现时并思考生命的重大问题。这是临近天主教大赦年时才做的事情，并且我认为它具有"助产术"①的功能。朝圣是一段浑厚的时间，它使人们能重新认识到"没有行李的旅者"——借用阿努依的另一部黑色剧本的标题。现代人有点像这个浑身塞满东西却没有行李的旅行者。放下这种日常的负担能够使我们重新找到主要行李的必需性。这就是我的信念。

达尔文的人类进化论难道不与教会的教义相矛盾吗？

教会说了什么？我倾向于做帕斯卡（Pascal）的弟子，我把伟大的范畴同思想的范畴区分开来。有物质范畴、精神范畴，还有爱、仁慈的范畴。我认为无论是最小的孩子还是最伟大的成人，无论是昂热村庄里的葡萄种植者还是巴黎大学的教授，他们都清楚这点。教会表达过对科学工作者和进化现象研究成果的评价。而我认为最尖端的研究成果不止一种进化，而是通过全世界表现出来的各种进步。您与我一样清楚：我们不能把这个叫进化论：理论层出不穷，我们的图书馆里装满了各式理论，而不同于我们所认为的，每种科学理论兴起之时都声称之前的理论毫无所获，或者至少说它不得要领。因此，当我们说到科学进步的时候，我们也忘记了这并非连贯的线性进步，而是跳跃式、否定式和重探式的进步。教会的言下之意，毫无疑问，是指它意识到一种崇高的敬意，认为进化领域的一切科学研究都有日新月异的重要性。在这方面，我们的记忆无限延伸至神奇的尺度。时间变得总是更广大。最新的非洲发现报告了现今为止最早的人类——我记不清到底多少百万年了。这是令人着迷的事。然而，如果我没有说错的话，不管是否存在创世大爆炸，我们总发现自己处在越来越小的分支上——与起点作对比。然而科学绝不会将我们领回起点。我们应该与时俱进，而非止步不前。

在这新千年的伊始，如何将宇宙范畴与物理的世界联系起来？

我觉得在想象中这十分有趣，由于，如果千年不是人类发明用来计数以讨论时间

---

① ［译注］"助产术"是指苏格拉底的辩论术，他通过一系列问题使对话者逐渐发现自己身上以前不为所知的知识。

的无限性,那么,千年归根到底是什么? 没关系。当到了一定的时候,这个象征性的数字便引起人们的注意。也许 2000 年的象征意义又将我们带回到马尔罗(Malraux)在《人类的命运》(La condition humaine)里所说的 1000 年的象征意义。就像安哲罗普洛斯的那部电影,该作品使我们在大宇宙中重建小宇宙。在话语中,我认为我们还有很多事情要做才能重新找到造成"文化是自然被人文化"的维度。那么千年呢? 有人曾读过从前的专栏,说在 1000 年左右,基督教的世界受到教会的白袍庇护。为什么第二个千年不能也是这样呢? 这也是我的心愿。

在今天对新智慧的追寻中,人们说到上帝化身的人,也就是人的神化以及从神到人的同化。神话的人和上帝化身的人,这有可能产生一种后续于中世纪形而上学及启蒙时期以后的新型人文主义吗?

你的问题里包含了许多个问题。我重申刚才所说的关于知识的不同范畴。您知道的,我与孔德(Auguste Comte)相反,也反对他认为的人类历史的三个相继的时代:神学、哲学,最后到科学。他实在弄错了,而在我的《宗教辞典》里,我给了埃利亚代(Mircea Eliade)很大的篇幅,他的信念是人类不仅是"工具制造者、社会规则参与者"(homo faber, homo ludens),而且还"活着(对)上帝之爱者"(homo religiosus)。宗教(religion)、这个词,如果您分析它的其中一个可能的词源,是 religare,意思是连接沟通,而非对抗。所以,它连接天空和大地、人和上帝。我想,如果您在脑子里过一遍世界上所有的文化和宗教,您最终会发现他们都是对一个问题、一种期待和一种渴望的回应。没有什么比圣·奥古斯丁(saint Augustin)在他的《忏悔录》(Confessions)第一行里表达得更清晰:"主,您造就了我们,我们的心将永不停歇,直至它栖身于您。"人来自上帝,也将归于上帝。我想将《宗教辞典》里的一篇文章献给马尔罗,献给追寻超验的不可知论者以及其他很多的人。我们共同的朋友博克尔(Pierre Bockel)写了一本精彩的书,名叫《笑的孩子》(L' enfant du rire),作者先在马尔罗组建的阿尔萨斯-洛林(Alsace-Lorraine)旅里做神甫,后来成为了斯特拉斯堡(Strasbourg)大教堂的总本堂神父,马尔罗曾在这本书的扉页上写道:"月亮有什么好去呢,是为了自杀吗?"这是新千年的第一个基本问题,第二个问题也常常被马尔罗提出来:"如何在没有超验性的情况下建立有相同思想感情基础的宗教团体?"我想,所有人——即便有的人从未上过大学也从不阅读哲学书籍——都有自己一套形而上学的尺度。因为当今就和几千年前一样,男人女人都按照自己的概念安排生活。如果哲学不是对男人、女人、爱情、工作、苦痛、死亡形成自己的理解,那么哲学是什么? 那些本质的大问题可以被忽略,但不代表它们不存在。而一切文化同所有宗教一样,都在试图回答这些根本性问题。当然,我不是苏莱尔太太(Madame Soleil)①,我不会预言未来。贝尔纳诺斯(Georges Bernanos)说:"我们的未来不像牛看着火车经过那样出现,而是由我们

---

① [译注] 法国占星家。她闻名于上流社会,专门在其占星工作室为政客及许多名人占星。蓬皮杜总统曾在一次新闻发布会答记者问时含沙射影地说过:"我并非苏莱尔太太。"

亲自创造。"也就是说,未来也取决于我们的责任自由感。责任自由感可以有很多种不同的理解方式。但在人的行动背景下,总是存在永恒中的时间未来。时常无意中被显现的是,对这种渴望的回答从《创世纪》第一章里就有所表示,男人在女人的诱惑下想选择善与恶之树,因而这个回答便是要登上上帝的宝座。关于这点,也许布隆代尔(Maurice Blondel)在其1893年关于行为的论文中有最好的表述:"凡是人都想当'上帝',但他只想当没有上帝支配的'上帝'、反对上帝的'上帝'或者受上帝庇护的'上帝'。"在此,我认为您的问题已经包括了一切在人类史上前赴后继的被定义了的文化和文明。而对信徒而言——在我看来这是信仰的信念——上帝为自己创造了人类,为了人类能成为上帝。他因而完成了全人类的心愿,由于他是神——名副其实的永恒天父之子,他又是人——名副其实的圣母玛丽亚之子。如果哲学家和神学家们最终不能将这种信仰变成我们所说的智慧,那么我认为在这条简单的陈述上便有更多的哲学和神学产生,远比在一切神学和哲学书上多。

今天,我们应该如何承担生命生成、纳米技术和数字革命的道德责任?

我觉得它等同于又回到我们刚才提过的本质性问题上:什么是人?人难道是像马尔罗写到的那样,是"一小堆卑微的秘密"?至于我,我说过自己是帕斯卡的信徒,人将无限地超越人。在人身上有比人更多的东西。今天我们面临的重大问题是失去了信仰的一致性。人类史上一切时代都充满了冲突和纷争。是在过去,在既定的文化氛围内,存在深刻的信仰一致性,基督教社会、伊斯兰教社会、印度教社会、神道教、道教、佛教社会。在此之后,我们活在多样的当代性里。我们从多元过渡到多元化,也就是我们观察到从多元的现象向一种多元化主义的意识形态的转变。马里坦(Jacques Maritain)说,我们就这样处在人类的困扰中:我们对一切都持不同意见,我们在任何方面都相互对立,因此我们应该重塑人类。您回想一下,当时是冷战初期。也就是说,在这种观点五花八门各不相同的困扰局面里,我们应重新找到我所指的完整的人,而所有的这些年来,我在主教文化理事会里让大家思考这些问题,并在2000年即将到来之际,倡导一种将科学、哲学和神学融合在宗教里的全新人文主义,还不能忘了艺术的审美尺度……这很重要。

在艺术方面,例如您是否可能认为博伊斯(Joseph Beuys)或罗斯科(Mark Rothko)没什么灵性?但是还有贾柯梅蒂(Giacometti)或者新现实主义电影、巴索里尼(Pasolini)的《罗马妈妈》(*Mamma Roma*)和《迷茫的一代》(*Accatone*)、罗塞里尼(Roberto Rossellini)的《罗马,不设防城市》(*Rome ville ouverte*)或者当今的奥利维拉(Manoel de Oliveira)和安哲罗普洛斯(Angelopoulos)的电影以及很多其他作品,像费里尼(Fellini)的《卡比利亚之夜》(*Les nuits de Cabiria*)或《骗子》(*Il Bidone*),或者狄西多(Vittorio De Sica)的《偷自行车的人》(*Le voleur de Bicyclettes*)或《安伯托·D.》(*Umberto D.*),又或者仅仅是聂鲁达(Pablo Neruda)的《二十首情诗》(*Vingt poèmes d'amours*)。这里面难道不存在一种人们可以接受的灵性观点吗?

首先，允许我用马尔罗的另一个词来作答，很明显我经常引用它，它将艺术称为"绝对的货币"。我认为它的意思是人丢失了绝对的意义，他试图在艺术里重新找到它，但没有成功，因为这不可能。在这方面我说得更远些，由于在我看来，存在高尚之路、真理之路、和谐之路——在此，我们刚才提到了伟大的超验性。我认为高尚之路是优先通向真理的道路之一。我曾和纽约的艺术家们一起开了个研讨会，会上的其中一项发现就是，在抽象艺术和对无限的研究里都有可能存在无止境的形式。这是交谈的重大主题。上周我在希腊又一次登上了雅典卫城，去了德尔斐(Delphes)，也再次参观了各个博物馆。皮提亚①不露声色，但箴言刻在古神庙的门楣上："认识你自己。"最近我还去主持了两年一度的青铜器艺术创作展，题为献给但丁。艺术家们能够用如此少的材料来表现无限和绝对……。我认为这是因为艺术能够给物质赋予精神意义，这是一条通过表达美来通向真理的道路。因而它还是一剂强有力精神解药，对抗我们文明里出现的精神物质化倾向。几年前，我从东京去到京都的圣山上，我正好想着西奈(Sinaï)的"神奇及令人敬畏之处"(*fasciclens et tremendo*)：出现在那里的上帝与山有联系。人需要承认自己身上和所有人类生命里的神圣部分，不论它多么被轻视，不论是一无所有的孩子还是病重的老者，都有这个神圣的部分。对于基督徒来说，这种人类神圣性的基础是造物主上帝的行为——人，包括每个男人和每个女人，都带着上帝及其无尽的神秘倒影，即使他们自己没有意识到。

红衣主教德·维也纳(Schönborn de Vienne)近日在《纽约时报》提出了这个问题并引起了争论：信仰是否有能力为进化赋予意义？

文中关于创世(la Création)的内容比世界上一切哲学都多。当上帝说：让我们按自己的样子来创造和我们相似的人类，他并非把人从无到有变出来。他使用了材料，不是吗，亚当原本是黏土。这说明教会总是在物质和精神之间建立联系。但在上帝造出人以后还给他注入了精神。我认为本世纪的历史表明——特别在纳粹主义和马克思列宁主义的悲剧下，在集中营和前苏联的强制收容制度的历史事件下——，当人忘记了自己是按照上帝的样子被创造出来，他也就忘记了自己一直是超验的主体和尊敬的对象，于是他像对待物品一样对待其他人。在人身上，我重申，包括最贫困或最一无所有的人，永远都有人的骄傲。我很抱歉给你引述《马尔多罗之歌》(*Les Chants de Maldoror*)，或许我使用这个援引并不恰当："别人告诉我，我是男人和女人所生的儿子，而我却认为自己远不止这样。"

您提到了20世纪里发生过的大灾难，纳粹主义、斯大林主义的受害者……但有时我们忘记了强权主义国家将战争输出到朝鲜、越南、埃塞俄比亚、布隆迪(Burundi)……。为什么上帝允许如此多灾难和苦痛存在？这里涉及到神正论。

神正论被包含在一系列有机组成的问题里……。在这样的问题组范畴内没有令

---

① [译注]希腊的神，德尔斐城阿波罗神庙中宣示阿波罗神谕的女祭司。

人满意的答案。我这方面只能在神秘范畴里作答。这是上帝的神秘性,他为自己创造了人,他将人类的状况背负在身上,甚至是十字架,他扛着这些苦难直到死去。玛利亚站在十字架脚下,像今天的许多妇女一样,她们在十字架下,她们找不到问题的答案,她们在爱里经历着这种神秘。除了这一面,没有其他方面的解释了。

这是否意味着,像帕斯(Octavio Paz)写的那样,爱的形而上学也许能够找到生命意义问题的解决办法?

爱是圣·约翰的首词。我总是对自己说:"上帝是爱,上帝是人,上帝⋯⋯。我们可以重新拿出从前苏格拉底时期开始的哲学定义,但最终,如果上帝不是爱,他可能以复仇者、伸张正义者的形象出现,只要是我们愿意相信的形象。如果他是爱,一切都会改变。在这点上,我认为我们处在人类奥秘的中心,因为每个人一定都是两个爱人的结晶。生育的行为首先体现了造物主的爱,他使人得以活着爱里。意识到这点可能将使我们摆脱时代的痛苦:没有人可以脱离爱生存。我们这个时代的悲剧,用通俗的话说,就是人们只想做爱而不想"造人",于是我们有了缺乏爱的孩子,我们做一切事情来补偿他。但是爱永远不能被补偿。所以,我认为首要的字和最终的字都是"爱"。

存在信奉宗教的科学工作者吗?

您知道,瓦莱里(Paul Valéry)在他的《小册子》(Carnets)末尾就有。几年前我出版了一本书,名叫《我们笃信耶稣基督》(Nous croyons en Jésus-Christ),在书中我请来了我的几个科学家朋友,像日耳曼(Paul Germain),他一直是法国科学院的终身秘书。我认为应该走出这种在科学和信仰之间的错误对立。科学和信仰属于不同的范畴;不管一个人是不是信奉宗教,科学都可能对他来说是一个障碍或者相反是一个帮助。我惊讶于这里的多面性。我们不能总以一句硬邦邦的空洞的托辞来掩盖自己。也有人说:"一点点科学排斥上帝,很多科学则重归上帝的怀抱。"有时这是真的,只是我并没有总挂在嘴边。归根到底,决定生命不在于某人是作家、哲学家、国家元首、量子物理学家,而在于他是人。当宇航员重返地面,他们回到家中再见屋子的女主人,再见到人类一切的欢乐与忧愁。这就是人的价值。

您说到了当今对孩子的关爱问题,人口的统计数据、贫穷、饥饿对全球一些地区,非洲、亚洲和拉丁美洲说"不应该再生孩子了",而天主教会则说"永远不该逃避生孩子",我们要如何解答在人口的统计数据、贫穷、饥饿和天主教会的教义之间的辩证关系?

首先我要澄清一点,与人们想说的相反,教会并不鼓励生育,教会没说:"应该不惜一切代价来生育孩子。"第二点需要注意的是教会说过:"不应该持有这样的自私态度:蛋糕有限,因此让我们限制分享的人。越过私心,让我们更多地共享蛋糕的份额吧。"第三,教会还说:"不要忘记了创造力。"有如此多的可能性也许被我们的父辈忽略,而我们今天却认识到它们。您提到了人口的统计数据,我不想说它们都是捏造的,我虽没有达到玛土撒拉①(Mathisalem)的年龄,但我观察到不管数据的来源有多么强的官方性,甚至来自联合国,它们总是会回落。也就是说还在我是学生的时候就被预言的人口爆炸没有发生。相反,倒是有其他的炸弹爆炸了。我也算学史学出身,您也知道的:对激增的人口会有相应增长的应对做法。当我去到魁北克,负责接待的神学院院长告诉我说:"我的父亲有十五个兄弟姐妹,我自己有十个,而我的一些孩子没有生小孩。"好,那么也就是说,实际上存在人口出生的调节做法,在失衡的阶段过去以后,这种调节在我们以前称为第三世界的国家里实行,而今天出于维护自尊心的目的我们把它们叫做发展中国家。

每当我从曼谷、班加罗尔(Bangalore)②、马拉喀什(Marrakech)③或者巴西的萨尔瓦多(Salvador de Bahía)④回来,我的巴黎朋友们会问我对什么感到印象最深刻,我告诉他们,在那里我碰到了许多美丽的孩子,他们的眼睛令人着迷,而平时在卢森堡公园的梅迪契路上,我看见的是太太们遛狗,不是么。好……,那么,我认为世界的未来是在我看见的那些孩子们的身上,而不是在被遛的狗身上。我一点也没有蔑视狗的意思,但我想说的只是一个不生育孩子以延存爱的世界难以持久。在爱与小孩之间有着本质联系。而当男人和女人在他们的夫妻关系上绝育时,文明也会随之衰竭、干涸。那时罗马教皇让我向国际媒体介绍他的通谕《进步的种群》(*Populorum progressius*)——那是我经历的第一个新闻发布会——,他一直向社会呼吁承担负责任的父亲身份⑤。从那时起,我的心意就再没有改变。我认为人类通过行使负责的自由权有能力做到这点,因为我们有能力掌控宇宙里如此多的事,也会有能力掌控好人口问题。

未来,天主教会于和平政治方面能在像古巴、以色列或伊斯兰教国家扮演什么样的角色?

请允许我再打个烹饪的比方:教会做的,有点像是在蛋糕上放樱桃,如果您同意这种说法的话。教会不从事政治活动。但它可以对政治活动灵魂给予补给,没有灵魂的话,政治活动会陷入泥沼。这是我要说的第一点。第二点我认为要注意的地方在我出版的首本书中已经叙述过,这本关于梵蒂冈的书出版于1967年,有趣的是很多地方借用了这个观点却不知道它的出处:教会不从事政治活动,如果有的话,那也是出于无奈。然而,我想要指出政治活动和政治的不同。教会不从事前者,但从事前者的人往往与教会都有冲突关系,因为教会对政治的表达方式妨碍了他们搞政治的方式。我不知道自己是否解释得很明白。有一日,庇护十一世(Pie XI)勇敢地说:"仁慈是最大的美德,政治是仁慈最宽广的场地。"

---

① [译注]天主教称为默突舍拉,是希伯来语《圣经》中一位最长寿的老人,据说他在世上活了969年。
② [译注]印度第五大城市卡纳塔克邦的首府。
③ [译注]位于摩洛哥西南部,有"南方的珍珠"之称。
④ [译注]巴西西北的一座海滨城市。
⑤ [译注]指希望大众做有责任感的繁衍者。

马基雅维利(Machiavel)认为在政治上有时我们需要违背道德而不择手段,您同意他的主张吗?

完全不同意。当政治活动封闭在纯理性里,它不可能再合情合理。我认为智慧比理智更丰富。政治的范畴比政客们所做的更广泛。教会希望所有的政客都成为德高望重的政治家。我坚信若望·保罗二世对苏联帝国统治的崩塌和杜瓦利埃①(Duvalier)政权的倒台有过深远的政治影响:他说,这里需要作些改变。他在巴拉圭(Paraguay)也做了同样的举动,还有在菲律宾对推翻马科斯②(Marcos)统治也是。我们大家都知道他那句关于革命毁了孩子的名言。而教会则反过来不停地孕育后代。还有一次,教会说在仇恨里不能建立持久之物,一切都建立在爱上,从世界形成开始,从《创世纪》到《启示录》,爱是全世界的卷首字和卷末字。但必须不断向人类重复这点,因为我们都很清楚,人总是受诱惑的存在体。圣·保罗(Saint Paul)是我最敬重的神圣导师,过去他总是说:"在我身上有两个人,一个作恶但不想为之,另一个不行善却渴望去做。"

您是否认为跨文化和跨宗教的对话在今天是促进和平政治的重要力量?

您知道,我在圣座③(Saint-Siège)负责宗教间的对话。我坚信对话不单有益,而且必不可少。对话沉浸在相互信任的环境里。毫无疑问,所有并非出于相互性的对话都是欺骗性的操纵行为。天主教会很高兴其他宗教的信徒,像伊斯兰教教徒,能够有他们的朝拜地。反过来天主教教徒也需要有自己的朝拜自由:穆斯林有他们的清真寺完全合情合理,但荒谬的是在麦加却不能建教堂。

您如何评价今天的原教旨主义倾向,由于它们不仅存在于伊斯兰教,还存在于美国的新教?

有两种对立的诱惑在相互纠缠。凡是觉得自己的信仰受另一方威胁的信徒是错误的;他在自身的存在上没有坚定的身份。原教旨主义者想要击退另一方,他希望消灭另一方:我认为,刚开始的时候,这是一种害怕的反应。相反,另一方为了方便彼此共存——用我村子里农民的话说——"煮成一锅粥",换言之,他将二者的教义学说都混合起来。真正的信徒与这两种做法都相反,他走在山脊上,路总不会一帆风顺,但它是唯一配得上人的路。因为如果我自己都不能确信自己信仰的真,我便没有资格去使别人相信,因为我就是传道的使者。同时,如果一个人不能尊重对方的信仰,这也是件可耻的事。因此,当我与另一方进行对话的时候,如果我不呈出自己信仰的理由,那么我便违背了自己的信仰。而同时,如果我拒绝聆听对方给我的理由,那么我便缺乏对他的尊重。不管怎样,我坚信通过对话,我们都会朝着人类的人性化迈进。

---

① [译注]弗朗索瓦·杜瓦利埃(François Duvalier),1957年9月当选为海地总统到他去世,是一位独裁者。
② [译注]菲律宾的第十任总统与独裁者。
③ [译注]即天主教教廷。

现今各种宗教兴起，佛教开始在美国甚至在欧洲流行，还有其他宗教、伊斯兰教和各种不同形式的宗教德行、精神折中主义，这样的"宗教教义大杂市"对未来有害吗？

我用那句英语谚语来回答，您也知道的："隔壁草地上的草总是更绿些①"。在我们这些历史悠久的国家存在精神上的疲劳，于是人们便以为自己发现了另一处更加外国式的精神栖息地。这便是刚才我们提到的危险之处。在我看来，转世相对于复活来说是一种文化的倒退。耶稣基督为人焕发新的生命，人于是明白他不需要在苦难中转世或者坚持自我内在的禁闭。我认为基督在超验中带来救赎。我尊重那些不信基督的人，但当我告诉他们这就是我的信仰时，我希望使他们相信我在为他们建议更伟大的自由和光明。

在人权方面呢？

我们刚刚庆祝了《人权宣言》(*la Déclaration des droits de l'homme*)的50周年纪念。当时我正在参加题为"来自宽容里"的闭幕大会。我曾经想把议题命名为"从宽容到相互尊重。追求完满的人道主义"。现今在和平之家有许多住户，虽然我不是预言家，但是我认为这是未来几年的重大讨论点之一。人权有赖于普世的必要性。世上存在按上帝的样子被创造出来的人、人的天性和人权的普遍性，人权有不同的表达方式。在我还是索邦神学院(la Sorbonne)的年轻学生时，没有人会讲干预权。而我们现在都在慢慢走向干预的职责。我们正处在人类史上这样一个阶段：逐渐明显意识到人类家庭的普遍性意义，而后者应该表现在负责任的团结观点里。

两个辩证的问题在我们这个时代里对立：一方面，技术的均一化，另一方面是个性化，政治的、道德准则的、有时是宗教上的解体……。这些矛盾发生在诸如车臣共和国、科索沃、印度、中国、非洲和拉丁美洲。

在我这方面，我同时拒绝解体和全球化。我坚信技术像寓言作家所运用的语言一样，它可以是最好也可以是最坏的。如果大致浏览一下经济领域的话，我会发现曾经有一个时期似乎只有大型企业才能存活下来。而现今我注意到在经济危机中，中小型企业最有能耐度过困境。我对人的天性和这个时代全体男女的智慧有信心：我认为均一化和个性化的两级对抗无法回避，但它们呈现了创造性的张力。当人类忘记了自己是人的尺度，他便不过是孤立的个体。我爱我昂热的村庄。我欣喜地发现自己是法国人、天主教徒、欧洲人，并且我属于人类这个大家族，但我仍旧是昂热人。也就是说，所有我表示忠诚的对象并不对立，它们互补。

---

① ［译注］指永不知足的人，总以为别人的境况比自己的好。

人与自然都是时间的造物

伊利亚·普里高津(ILYA PRIGOGINE)

王 建 译

以下文字来自温特的编译版本。

伊利亚·普里高津(1917年生于莫斯科,2003年逝世),比利时物理学家和化学家,1921年随家迁往德国,在柏林居住一段时间后,全家定居布鲁塞尔。普利高津的科学研究工作的核心是从20世纪40年代中期开始的对热力学不可逆过程的研究,该研究也大大加深了他对艺术和哲学的浓厚兴趣。普利高津的发现为描述从死亡的物质到存活的物质这一过程奠定了基础,并为尽可能多的项目找到了革命性的应用出路,除了化学和生物领域外,还有例如汽车交通、昆虫社会、癌细胞扩散……一直可以应用到对社会体系的分析研究上。他于1997年获得诺贝尔化学奖。普利高津坚持"时间的重新发现",因为牛顿和爱因斯坦都认为这一维度不存在于人类精神之外。他的观点集中在《时间箭头》(*La flèche du temps*)一书中:"时间扮演的是现实的建造者这一角色,它和其他事物一样。如果说有些事情有组织,而另外一些没有,那么没有的这些就是时间的效应"。

其作品被翻译成法文的有:《从存在到演化》(*De l'être au devenir*, Alice, 1999),《混沌理论》(*Les lois du chaos*, Flammarion, 1999),《不确定面前的人类》(*L'homme devant l'incertain*, O. Jacob, 2001),《确定性的终结》(*Le fin des certitudes*, O. Jacob, 2001)。

*

普里高津先生,您对动力学上复杂的物理和化学中不可逆的过程的研究创造了人类和自然对话的一种新形式,您对当今世界的科学版图作出了贡献,我们可以说当今科学是一种革命性的科学。您能否简短地描述下当今科学和弗朗西斯·培根、伽利略、笛卡尔、牛顿以及他们的继承者所信奉的经典力学、机械力学的根本区别?

当今科学能够让我们去探索一个更加丰富、更加不稳定、更加令人吃惊的未知世界,但同样要比经典科学更加危险。经典科学的创立者们认为自然规律是普遍和永恒的,所有的存在、产生都可以用理性定律去解释。人们认为,自然界的所有现象都可以解释,至少在原则上都可以被化解成最小的元素进行一一解释,这样归纳出来的定律不仅弥补了科学的整体缺陷,同样也——在最初的情况下——具有永恒性。因为这一点,经典科学取得了前所未有的胜利:在它的理论猜疑和经验答复之间存在着一种令人吃惊的一致。但是我们知道,自然科学的基本问题能够迅速解决只是一个幻觉,世界好像一个自动机器一样永恒地遵守一些简单的固有的数学公式也只是一种理想。决定论和可逆性只适用于一些情况,例如物理化学系统处于平衡状态时,在剩余的情况中则是不可逆性和非决定性占主导。这就意味着,曾经被科学研究放弃的不可逆过程成为不受欢迎的扰局者,成为研究中心,这种不可逆存在于自然的自发组织过程中,也就是说在这过程中有其他因素突然出现并使自然远离平衡状态。这种情况体现了偶然性和必要性的辩证原理,即微小的变动也可能引起巨大的变化,变动之后就会出现新的平衡和相互作用模式。这里时间又起到了关键性作用:它不仅仅是运动的一个参数,同时也用来测量不平衡情况下的内部变动。时间具有创造性,因此无论在大的宇宙环境中还是小的微观世界里,它都可以作为引领的力量存在。在天体物理学、微观物理学、生物或者化学等学科中,我们都有关键概念存在,比如演化、多样化、不稳定性,这些概念引起了我们对于生物不断增长的复杂性的关注。用一句话概括来说:未来不在现在的时间里面。在这种环境下,我们必须找到与经典科学不同的自然概念。

这样就像在不同的理论间挖了一个不可跨越的深渊?

不,我的研究工作是要将演变过程引入到物理基本规律中。牛顿的理论适用于一些体系,我对此一点不怀疑,但这只适用于人们简而化之、从大处着手的情况,或是将与我们切身体验完全矛盾的可逆过程以及与我们身边注意到的不可逆现象完全矛盾的可逆过程排除在外的情况。例如,行星绕着太阳转是一件确定的事情,它遵守万有引力定律,但这只适用于这些巨大的物体以及稍小些的物体间。它并没有说明每个行星上都发生了什么,没有说明行星的地质进程甚至是生物进程。例如,金星和木星的构成成分就完全不同。这个事实不仅新奇和有吸引力,它同时也反映了宇宙的无限,以及不可逆转所带来的强大力量。每个星球都经历了独一无二的发展过程,但是同时,每个发展过程都朝着同一方向——就像你我看到的过程一样。所有的构造都在通向未来以便获得更高程度的复杂性,这也是演变以及分支带来的结果。我就是想将这些东西引入传统科学中,我认为,随着同行的努力以及精细数学的发展,我已经能够对我们心中的自然法则概念进行复核了。

您刚才描述的自然科学的变化是如何影响人文科学的呢,尤其是哲学和人类学,在克劳德·列维-斯特劳斯(Claude Lévi Strauss)看来,这两种学科都要以平衡、均衡为目的。

西方的形而上学首先关注的是人类。现在则对人类本体论、静止的物质、演化本体论的过程进行补充。在这一阶段,我们对于时间效应以及进化现象的理解加深了。不知道它们将把我们带向何方,有很多种选择向我们敞开。在第三个千年开始之际,我们确信通往未来的大门已经打开,世界并没有关闭或者终结,但是它正走向那一步,因此我们的决定具有举足轻重的作用。从这一点上看,我们的忧虑仍然存在:考虑下黑格尔的观念,他认为比起主人,人更容易成为奴隶,因此我们迫切需要寻找到塑造明天的方法。我们之所以要这样做是因为我们对于自然界演变过程的复杂性有了很好的认识,因此需要承担更多的责任。另外,我们知道,在这个巨大的、异常巨大的宇宙中,我们占据着越来越小并且越来越珍贵的一席之地——我们之所以与众不同,是因为身上具有的创造性。创造性的思想会产生新的东西,因此,这和自然界很相像,自然界永不停止地创造新事物。与经典科学希望的那样不同,自然界不是引领我们走向既定的方向,而是永不停止地再创新。对于人类来说,这意味着他不再孤立地面对一个被动的、缄默的和死亡的自然,并且不再独自面对自然,不再继续觉得其没有魅力了;而是开始与自然对话,通过内在的、本质的对话以便理解自然的种种发明,甚至各种艺术性的创造。人类和自然,两者都是时间的造物,因此两者不可分割。当试图研究时间的不可逆性时,我们正在理解围绕我们并已经融入我们的热力学规律,就像在这种互相作用的网络中的其他任何一种存在的造物一样。我们才迈出第一步,努力的结果还不确定,就如同自然界的变化一样。

在确定时间的不可逆性作为您研究活动的支柱时,您参考了哪种理论?您认为哪个科学家可以作为您的先行者?

从根本上讲,我的想法是继续奥地利物理学家路德维希·波尔茨曼的研究。人们认为他是物理学发展的先驱——就像生物学中的达尔文一样。爱因斯坦向人类证实我们正处于一个发展的宇宙中,并因此创造了现代宇宙论。但是爱因斯坦认为这个宇宙是永恒的,这是一种错误的想法,因为在被世人所一致认同的大爆炸理论中,随着时间的推移,宇宙在扩张,新的星星会出现,但是会在一定时间内消失在黑洞中。爱因斯坦要将所有物理学理论归结为一个统一的理论的尝试是失败的,就像费曼和霍金认为自然很简单,可以用经典力学或者量子力学的一些定律来概括,或者更可以用一个放之四海皆准的定理来概括。对于我来说,这些存在于科学中的遗留物,面对巨大而丰富的自然界是行不通的。想想我们怎么计算世界上蚂蚁的种类、蝴蝶或者病毒的种类。另外我们不要忘记,比如说现在还没有可以完全令人信服的证据表明鸟类是由爬行动物演变过来的,也没有事实来说明这种演变的方式。达尔文理论认为鸟类比爬行类动物更适应环境,这不对:只有一些爬行动物长了翅膀,更为神奇的是,其中一些在能飞之前长了羽毛。猴子也是同样的问题:人类只是从其中的一种或者几种特殊种群中演变过来,而剩下的绝大部分都还是猴子。很多进化都是这样过来的,但是我们不知道这种进化在基因上是怎样进行的。一些巨大的演变,在物质和生命,生命和生命的进化中的演变都是未知的谜,就像宇宙的起源和发展一样。因此,我坚信科学不能够避免力学的演变——21世纪对于它来说将是一个巨大的挑战:爱因斯坦的相对论建立在非欧几里得几何学之上,而未来的科学则是一种故事性的科学,可以和《一千零一夜》相媲美。桑鲁卓每天讲一个故事,并且留有下文等待第二天继续讲述更为精彩的故事,然后继续这样。将这种方式用于我们的未来:宇宙的历史中包含了物质世界的历史,物质世界的历史包含了生命的历史,而生命历史里又包含了人类的历史。从这一点上讲,我们正在理解的自然具有一种叙事的因素,甚至可以说是一部小说。如果我们进一步了解演变的概念,我们就需要理解创新,理解创造性的含义,也就是说需要了解我们自身。根据人类的评价标准,米开朗基罗或者贝多芬的作品具有令人震惊的创造性。我们不能够在宇宙范围内对其进行评价——但是这也不是我们的任务。

无论从大处着手还是从细微之处看,您所描绘的世界都具有鲜明的特性:神奇、秘密、美丽,并赢得了自然科学的崇高敬意。但是您简洁并明确地拒绝了人类中心说:更精确的理由是,尽管具有创造性以及在创造过程中所获得的知识,但是面对自然和宇宙时,人类不能够占据中心位置。人类应当使自己的思想和行为符合无所不在的自然法则的规定。

哥白尼和开普勒开创了日心说,从而代替了地心说。从那时起,人类在宇宙中的位置就不停地在相对化。当我们看到银河系的照片、宇宙现象的图片,再看看卫星发送回来的我们微小的地球的照片时,我们很难继续坚持人类中心说。这个视角从根本上改变了我们对宇宙的看法。最接近这种观点的哲学家是我很钦佩的乔达诺·布鲁诺。他通过思辨的方式宣扬说,宇宙在一种不知名的力量推动下无穷尽地增长。一个单一的宇宙不符合上帝以及有创造力的人类的要求,这种思想跨越了国界。对于教会来说,这种思想不能接受,因为无限的宇宙唤醒了无数本应进行赎罪的基督教徒。这种思想揭露了耶稣独一无二的教义的陈腐,并要求教会脱去其拯救人类的意图这个外衣。布鲁诺的坚韧,以及他拒绝反驳自己坚持的思想的热情都让我深为感动。这也预示着我们的一个根本性猜想:元气只能在一个无限的宇宙中得以实现。因此,我们的思想将向宇宙中心论拓展。

当人类将这种观点内心化后,当人类愿意尊重它,甚至愿意尊重宇宙间的和谐时,人类就对自己本身以及地球上的生命有了更深刻的了解,不是么?在这种情况下,难道不需要在科学和宗教间建立一种新的关系么?就像爱因斯坦在他的《我是如何看待世界的》或《宗教与科学》一书中所描述的那样,在书中他写道对于宇宙的虔诚是科学研究最强大、最神圣的推动力。

对于我来说,在科学和宗教之间没有原则性的对立,相反,科学向我们揭露了一个比爱因斯坦的计算和想象更广阔的宇宙,因此科学也可能正好唤醒了宗教情感,甚至是对圣人的渴望。借助于力学材料,我们将世界看作是一个自动化的世界,人类将成为一个机器,这种唤醒力就不会存在了。当我们以更加深入的形式介入到生命和信仰的复杂性中时,震惊感促使我们联想到一些神的东西。人类应当将这些思想和什么联系在一起——和自然或者和上帝联系在一起。超验性的产生有其根源,要么在自然界之中,要么在自然界之外,即在超自然的创造者身上。我认为今天的人类感兴趣的首先是内在的超越性、是诞生出越来越细腻的形式和结构的本质过程,然而这并不意味着科学能够带来一个最终的解释,也不意味着宗教上始终是天国的和谐能够解答一切问题。世界不只是和谐和美丽的,它同时也是恶劣和残忍的,痛苦让我们保留着生命甚至是宇宙间悲惨的一面,并让我们避免不合时宜的理想主义。唯一确定的事情就是,世界上充满了创造性的行为,思想家德日进就围绕这一点进行研究。但是作为基督徒,作为天主教徒,他认为自然的进化就是人类,这是原始的起点又是终结点,这和神话论的观点相符。随后应当产生的东西在描述时又逃避掉了。这让人想起了但丁的《神曲》:描述苦难者的可怕遭遇要比描述选民狂欢的天堂更加容易。

现代社会被一种极强的合理性规则、一种价值和精确认知的分离所强制,我在开头已经强调,鉴于其在技术领域的使用,这种认知正在经历一个伟大的胜利。当人类试图通过自己的实际经验——他的时间性、与自然的融入、观察者的身份等来对科学研究进行补充时,人类会发现他们不能够区分他们所观察到的,逻辑和神话不再被很明显地一分为二:它们是同一个意识的两种反应,人类正利用这种意识解决生命之谜。

逻辑和神话很少互相排斥,就像科学与宗教一样。神话限定并对逻辑进行补充,因为我们所认知的世界之外还是一个无尽的未知的黑夜。超验性也就是从这一点出发并给我们带来了神话。当人们认为这种神话没有价值,尤其是当人们拒绝它的时候,人类只是获得了证明其无知的简单机会。对于这样的一个人,只需要向他提供日常所需的东西即可。他忘记了所有的活动、所有的行为都是在宇宙这个大舞台上进行的,并由别的星星进行补充说明。因此,宇宙的开发是一个不断创新的工作,也正因为这样,我们才知道除了人类之外,宇宙还存在很多事情。

西方文明很明显正在向其他文明学习——例如印度、中国或者拉美文明,这些文明正在依靠其精神力量和人文价值的传统从而试图重新建立人类与自然、宇宙间的联系,这是好还是不好?

不好。在印度、中国和拉美地区,不平等的现象从史前社会就已经开始了,并且随着时间的推移愈发严重,我们从他们身上学不到什么有关人类尊严的经验教训。在精神或者哲学领域,我也保持怀疑态度。佛毫无疑问是一种宗教象征,我感觉这和基督教有一定相似性,但是我更喜欢十字架,因为佛教是忍受的同义词,它不提供解决问题的实际方法。当我注视着佛祖雕像的时候,我看到的仍然是一个需要思考自己命运的人,一个仍然可能需要自我救赎的人。但是佛祖寻找的解决方法和我的不同:他要解放全世界,解放这个悲惨的、卑劣的世界,以便最终打破生死轮回体系。相反,我认为如果生命是悲惨和不完的,那是因为有太少的人经历了这种悲惨,战争、种族清洗以及相同秩序下的其他一些灾难都只是"现行货币"。人类应当集体承担痛苦,进而将这种痛苦看作是一种幻景,就像佛教中所叙述的那样,所有的生物都是昙花一现,最终还是归于无形。儒教主要依赖的就是其准确定义的行为准则:尊重父母、尊重法律、不准制造混乱——因此,孔教拒绝一切社会改变。我不同意这种思想。

但是,我们将走向何方呢?在第三个千年我们将有什么样的主意、什么样的乌托邦想法以及什么样的神话呢?

过去有段时间,一些人向社会公共生活领域的二百五十个人进行了问卷调查。这个调查存在着一个主导的答案。这个答案就是在第三个千年中,人类希望其与自然以及周围的关系更加和谐。这也是我的乌托邦。为了达到这个目标,民族间的区分应该减少,而且国家间应当减少政治仲裁的次数,以避免危机或冲突的产生。为建设一个和平的欧洲所作的努力已经初见成效:和以前相比,欧盟更加具有同一性,例如在德国和法国之间不可能发生战争。在所有的大陆上,超国家的组织正在起到一个突出的作用。尽管还存在着敌对现象,但是这些组织使得相关国家有了更密切的合作。我看到,在尊重人类和突出理性的基础上,世界正在逐步全球化。我们应当看到,风险主要是由于缺少团结以及过多的无理要求和愚昧要求所引起的——而不是由科学、科技或者是信息所带来的。这些风险让我们一点点认识到,世界具有一个更加复杂的结构,这里美丽与恐怖并存。我们应当超越这种单边的观念,无论它是物质主义还是理想主义:在未来,人类的生存状况看起来可能比以前更悲惨——因此,正因如此,才要寻找新的解决办法。

如果今天托克维尔重回美国

阿瑟·施莱辛格(ARTHUR SCHLESINGER)

林 婷 译

  阿瑟·施莱辛格(1917—2007)是美国20世纪最伟大的历史学家之一。作为一名专栏作者,他的笔锋尖锐,分析了不少政客们的政治生涯,譬如安德鲁·杰克逊、富兰克林·罗斯福、约翰·肯尼迪、罗伯特·肯尼迪等。施莱辛格是一名政治观察员,但同时也是一名政客,因为他曾经是约翰·肯尼迪总统的一名特别助理。由于其立场,他被视为进步人士,以及肯尼迪总统政治思想和"大社会"构想的一个声音。是他称理查德·尼克松为"帝王总统"。施莱辛格出生在俄亥俄州的哥伦布市,他的父亲是著名的历史学家阿瑟·M·施莱辛格。在完成哈佛大学的学业后,他于1942至1945年间任战略情报局官员,1946到1961年间在哈佛大学担任历史学教授,1961年加入美国艺术与文学协会,1966年被任命为纽约城市大学教授。施莱辛格是"美国民主行动"的创始人。阿德莱·史蒂文森、约翰·肯尼迪、罗伯特·肯尼迪参加总统竞选时,施莱辛格为他们写了演讲稿。2005年始,他为"赫芬顿邮报"作出了贡献,出版了二十余部获奖作品,其中包括:1946年,《杰克逊时代》(*The Age of Jackson*)获普利策奖;1965年,《一千天》(*A Thousand Day*, Danoel)获美国国家图书奖;1966年凭借讲述他在肯尼迪政府工作情况的《一千天》再次获得普利策大奖;1979年,《罗伯特·肯尼迪和他的时代》(*Robert Kennedy et son temps*, O. Orban)获得美国国家图书奖。1998年,他被授予了美国人文科学奖章。

*

  施莱辛格先生,自从认为东、西方的意识形态存在对立以来,我们发现种族和宗教方面的冲突大大增加。只有美国遇到这种情况呢,还是说世界上其他国家也有类似情况出现?

  一段时间以来,冷战掩盖了一部分宗教、种族和古老语言方面的冲突。随着冷战的结束,这些冲突又重新显现出来,并且有些国家的情况很令人担忧。南斯拉夫所经历的危险时期告诉我们,这些冲突会导致悲剧性的极端行为,并且这些极端行为足以分裂一些国家。因为宗教原因导致的人与人之间的相互厮杀远远多于过去其他原因导致的厮杀。对那些想行使极权的人来说,这是最大的威胁。当然,按照亚伯拉罕·林肯的话来说,基督徒的唯一特点就是有能力把处于弱势地位、易犯错误的人们的注意力吸引到极权分离的差别上来。极权者们按照自己的意图行事,那些希望认清或者认为认清了极权者意图的人们被认为犯了不可饶恕的罪过。

种族和宗教的冲突是否已经代替了冷战时期的意识形态方面的冲突?

我觉得是的。在意识形态方面,政治上民主已经取得了胜利,经济上市场经济占了上风,从前的共产主义者在合资企业里赚足了钱,生存了下来,同时还把极权政体里的腐败习惯带到了民主体制里。

美国,这个没有共同种族基础的国家,如何在经历了两个世纪之后变成一个政治统一的国家?

作为一个主要由新教徒和白人组成国家,美利坚合纵国有一个优势:这个民族不是依靠共同种族的基础,而是依靠宗教基础。美国公民不以种族来划分,而是以对宪法和国家法律的不同态度来划分。劳伦·彼罗(Laurent Bellow)的国民信仰,在我看来是谬论,因为宗教意味着超自然信仰。但是,美国拥有一种大众文化,从理论上说,每个人都可以融入到这种文化中去,即使实际上我们在生活中不知道该如何与这种文化的道义达成一致,因为所谓的各种族融合、同化的国家所能容忍的同化十分不平等。因此,很长时间以来,爱尔兰人被排除在外,随后是意大利人、东欧人、东欧犹太人,最后是东方人。至少,少数黑人并不是自愿来到这个国家的,奴隶制度的开始使得他们长期在美国社会中无法拥有完整的权利。但是,断断续续地,我们也记录下了一些进步:约翰·肯尼迪是第一位爱尔兰天主教总统,那时候的一些政客们提出抗议,质问一个天主教徒是否有资格被选举为总统,但是,在目前看来,这是一个毫无意义的问题。不久之后,轮到一位犹太人入主白宫。1964年,身为犹太人的巴里·戈德华特①(Barry Goldwater),宗教信仰上坚持主教至上,成为了宗教授职候选人。再然后就轮到了妇女。妇女是少数被压迫的人中的少数派。我们还从来没有一个女总统。直到1930年,罗斯福在他的政府里第一次任命了一位女士。我们正在朝好的方向一步一步前进。从排斥到同化的这一个过程是美国历史的主题之一。在我的青年时代,也就是上世纪50年代,大概半个世纪以前,联邦高级法院里有黑人法官,军队参谋部有黑人将军,弗吉尼亚有黑人总督,南方的一些城市,譬如新奥尔良、达拉斯、查尔斯顿、伯明翰,甚至芝加哥、纽约、洛杉矶、底特律、堪萨斯城、西雅图有黑人市长,主要的棒球联赛有黑人球员,这些在当时都是难以想像的。引用罗伯特·弗罗斯特(Robert Frost)的话,我想说的是,在睡

---

① [译注]身为政治家,戈德华特被视为是1960年代开始美国保守主义运动复苏茁壮的主要精神领袖,他还常被誉为美国的保守派先生。

觉前,我们还有很长的路要赶。

　　已经有人要求您给美国文化下个定义。您举了克雷夫科尔的例子,著名的《一个美国农民的信》解释了什么是美国人。对于这个存在了一个世纪的老问题,您会给出什么样的答案呢?

　　从历史观点来看,美国有英语和新教的基础,这是我们制度的熔炉。然而,一些讲其他语言、信奉其他宗教、来自其他文化的人来到了我们的国家,改变了这个基础。换句话说,同化是一个相互的过程。这些人来了后便学习英语,将英国司法体系的思想融入进来,但他们同时也改变着当地的文化。当然,英国与美国之间的差异很大,有些差别还得归功于那些新移民,他们推动了美国文化的发展。社会学家奥兰多·帕特森(Orlando Patterson)指出,世界上没有任何一个国家的人民能像美国黑人这般改变并丰富着统治文化。在《美国正在丧失统一》(*The Desuniting of America*)一书中,作者强调了分离种族、民族、宗教团体的危险性,他因此拥护同化、融合。并且,美国社会最具有代表性的统计数据显示,婚姻正在跨越宗教、种族、民族的界限。今天,美籍日本人与美籍日本人结婚的人数少于美籍日本人与从欧洲来的美国人结婚的人数。同样,很多的美国犹太人与非犹太人结婚,以至于一些人开始担心美国犹太人社区的存在状况,甚至担心将来它们会消失。很长一段时间以来,在许多国家,黑人天主教徒和白人天主教徒之间的婚姻被视为不合法。然而五十年之后,我们发现在现在的一代人里,这样的婚姻已经翻了四倍:在我看来,爱和性欲总归会击败那些希望美国分裂的人。

　　人们已经把领地的征服定义为"新的国界",然而从法律上看来,美国内部的边界在19世纪末就消失了。弗雷德里克·杰克逊·特纳(Frederick Jackson Turner)分析了"边界"对于美国的决定性角色。美国寻找新国界的想法不涉及任何其他民族,不同于一些老殖民地或者自治领地,譬如阿根廷、澳大利亚、加拿大,这些国家很大一部分的国土也是对殖民地开放的。

　　五百年之后,20世纪的人类还会留下什么呢? 冷战、第二次世界大战都是很使人狼狈的事件,这就好比是我们当代人看待三十年战争,或者是17世纪的人看百年战争一样。然而,就在20世纪,人们停止了对陆地的争夺,开始了对太空的开发。我曾经从儒勒·凡尔纳和H. G. 威尔斯的作品中了解过一些关于太空的知识,但我从来没想过在我有生之年人类能在月球上行走。

　　假如大部分的美国人都按照种族进行区分,那么美国历史的限度有多大呢? 经济史上也存在着一个限度。

　　我不认为大部分美国人会把自己归为这个种族或那个种族,因为他们都是不同种族间通婚的结果。这种类型的婚姻比例很高,使得评估变得很难:一个人很可能有意大利人父亲和犹太人母亲,或者英国母亲和黑人父亲。所有的美国人都是这种混合婚姻的产物,如果非要对这些人进行种族的区分,就显得十分造作。第二次世界大战之后,我们经历了一段对"种族"的疯狂崇拜时期,在此期间,一些空想理论家、一些种族观念的推崇者、一些政客们玩转着种族牌。人种的多样性对于这个国家来说,是一个丰富的资源,就好比是中国、意大利、法国的美食。可能在美国的每一个城市,都会有一个中国城和一个小意大利,甚至还有约克城区,第二次世界大战期间分散的这种多样性是有益的。相反,一个将语言、宗教、人种进行隔离的民族必将会与美国的本质背道而驰。

在21世纪,美国会占据一个重要位置吗?它在世界文化里扮演一个什么样的角色呢?

我希望美国领导人能认识到美国无法通过单独的力量达成我们想达到的目的。我们经济和军事超级大国的地位是暂时的。我们需要与别国合作才能得到我们所希望得到的很大一部分利益。美国对联合国的欠款是当今世界最大的丑闻之一。诚然,联合国组织还是有不完善的地方,但不管怎么说,它都是世界上唯一一个合作机构,每个国家都应该支持它。

托克维尔出身贵族,他出生时新的民主、新的时代刚刚到来。他观察了美国的情况,并且预测了美国政治、宗教、哲学以及社会生活等文化发展史上的许多事件和未来的特点。他什么地方是对的,什么地方是错的?

托克维尔对于美国民主的大部分观察都是贴切的。他的某些预言很冒风险,例如他对于种族战争的预言就是错误的,但他对于未来种族压力的判断被证明是成立的。托克维尔一百六十年前来到这个国家,那时候大概有一千两百万到一千三百万居民。然而,他的判断与美国两亿七千万人民的联系足以证明美国特点的持续性、连续性。如果托克维尔看到在他之后五十年里新闻界的变化或者关于美国政党的变化,他会立刻明白他们缺少规章。他写道,美国的政客、美国国会的立法者依赖他们的选民多过于依赖他们自己的政党,这很好地解释了美国政治的一些方面,这点让更习惯于遵守政党体制规章的欧洲人感到困惑。欧洲反对集会自由、国家自治、出版自由,然而托克维尔认为这些都是构成自由的基本要素。

托克维尔还强调了美国缺少自己的哲学。他写道,如果真的存在美国哲学,那么这种哲学肯定倾向于实用主义和逻辑性强的经验主义。您是否认为,美国哲学史所反映出来的美国文化的思想、价值的历史,有某种超验的或形而上学的影响呢?甚至先验主义者爱默森也受到了他那个时代的社会策略以及新英格兰乌托邦社会团体的一些经验的影响。在拉丁美洲,思想和哲学的历史则吸取了18到19世纪的传统经验,这些经验完全是形而上的、精神层面的和先验的,与经验论的事实没有任何关联。拉丁美洲没有一点实用主义的特点——不是维特根斯坦、不是社会达尔文主义、不是乔治·赫伯特·米德,不是赫伯特·斯宾塞——拉丁美洲靠直觉行事。拉美可以接受柏格森、存在主义的传统,但是无法接受逻辑实体论或者分析经验论。有着约翰·杜威、威廉·詹姆斯和查尔斯·皮尔斯的实用主义哲学传统的北美与拉美表现出了两种不同的行为方式。托克维尔是第一个注意到北美文化对思想和哲学史所作出的贡献的人。

实际上,拉丁美洲对于抽象的迷恋是一种灾难。自从国际研讨会上有拉美代表发言以来,人们便不得不听三刻钟没有任何实际意义的抽象辩术,这是传统所致。我们也有我们形而上的担忧,但这种担忧是通过神学的方式表现出来的,这是美国强有力的传统。在独立之前,殖民地文化的二重性中一方面是大神学家约拿单·爱德华兹(Jonathan Edwards)所表达出来的,另一方面是发明家、科学家、实践家本杰明·富兰克林所表达出来的。歌德唤醒了德国,同一颗心中拥有两个灵魂,爱德华兹和富兰克林是美国心中的两个灵魂。但是,爱德华兹被归为与比利·格兰姆一类的普通说教者。然而,本世纪最有影响力的美国神学家雷茵霍尔德·尼布尔与爱德华兹属于同一级别的人物。威廉·詹姆斯最杰出的工作在于将本杰明·富兰克林的生命观系统化,将实用主义变成一种哲学。实用主义就是这样诞生的:一部分是借鉴个人的经验,另一部分是借鉴心理学的原理。威廉·詹姆斯刚开始是一名心理学家,他的《心理学原理》是心理学的基础。同时,他还吸取了源自爱默森的传统,一些在我看来是爱默森思想中最有趣的东西,并非关于先验主义,而是更让人捉摸不透的观点,这些观点在他的关于命运与历史的随笔中可以找到,尤其体现在爱默森对于人类本性的尖锐观察的文字中。尼采也被这些文字吸引了。另外,詹姆斯的父亲和爱默森是朋友,他就是在这样的氛围下成长的。最后,威廉·詹姆斯还是一位很棒的作家。而皮尔斯呢,他的思想比詹姆斯的思想来得更新颖。詹姆斯是个很慷慨的人:当皮尔斯找不到工作时,詹姆斯在数年的时间里从经济上支持皮尔斯。

因此您认为美国文化是向着独创的形而上学的方面发展?

我想说的是朝独创的神学方面发展。我们已经容忍了黑格尔的灾难。威廉·詹姆斯关于黑格尔著作的论文是对黑格尔影响的出色反驳。受到休谟(Hume)和洛克(Locke)的影响,我们更偏向于传统的先验论。

在您看来,美国特性从来都不固定,而且一直在变化。如果这是一个无止境的进程,它会走向哪里呢?

如果托克维尔今天重回美国,他将会重新认识这个国家,认识到美国特点的连续性。从排斥到同化的这一渐进过程丰富了这一特性,改变了这一特性,以至我们不再满足于仅仅吸收法国、意大利、中国、印度或者日本的烹饪文化,还要吸收所有奇怪的有异域风情的姓氏。传统的英文古名词越来越少地出现在世界政坛、戏剧、文学、教会里头。各种族融合同化的国家终于得以运转,这花费了我们大量的时间。

在您看来,救世主降临说——几个世纪以来美国对外政策的标志,以及19世纪在菲律宾、拉美、中国、古巴——在美洲比在欧洲来得更强大?

这是一种带有修辞意味的救世主降临说。对于其他国家来说,美国是个榜样,但美国不干涉其他国家。问题在于美国进行干涉所引起的反抗:六个美国人被杀害,人们到国会前抗议,全国都在抗议,于是美国军队很快就撤军了。夸张点说,我们能应对一切,但是实际上呢,这要以我们士兵的生命为代价。我们喜欢空战,因为它很简单:我们只需要起飞,按几个按键,降落,然后吃一顿丰盛的晚餐,喝一杯好酒。

世界经济还有行为准则吗?

唯利是图一直都是人类一个很大的特点。在南美,教士们支持奴隶制,因为在他们看来,游戏和舞蹈都是一种罪孽。不管是在今天还是在之前几个世纪,自满一直都是最令人反感的一种性格特点。商业领域也需要行为准则和道德规范,但实际上它们只是工具,用于赚钱、制造财富、发明新事物的工具,然而这些工具也可以带来灾难性的后果。市场必须根据这些目的进行调整。当资本主义对那些弱小的人和毫无防备的人进行攻击时,即使我们竭尽所能控制毁灭的程度,新出现的破坏仍然是资本主义进程的一部分,

您认为在马达加斯加或者秘鲁这样一些拥有古老的传统文化的国家发展自由经济,会不会导致这些国家丧失自身的宗教和文化特点呢?

生活是变幻万千的,我们不能让历史止步不前。马克思在说到印度时认为,虽然英国人和意大利人在这块土地上犯下了罪行,但是殖民主义把这块土地从亚洲萧条中唤醒,带领这块土地上的人们生产发动机、火车、铁路,引领他们进入了现代商业。从某种意义上说,所有这一切都是不可避免的,它们让印度人决定自己想要什么,而不是从西方获得什么,因为没有人强制什么,没有人掌握这个权力。

CNN是现代传媒界的典型之一,他们强迫赤道地区或者哥伦比亚的居民从他们的总部亚特兰大接收关于他们自己的政治环境的信息。为了避免这样的弊害,难道不应该通过世界信息中心鼓励在文化多样性中保持信息多元化吗?

在我看来,存在比这严重得多的弊害。人们接收他们想要接收的信息? 这有什么坏处呢? 如果他们想抵制好莱坞,那就抵制好莱坞好了。我不会做任何限制人类选择自由的事情。

您也将其归为市场经济了?

您知道我相信人性化的市场经济。民主的强大力量在于有能力进行自我纠正。在一个健康的民主体制,如果一个人表现出太强悍、不怀好意、破坏性太强,就会出现纠正的行动。这些自我纠正的过程又总是有点过度。

您对新世纪的愿望是什么?

我希望屠杀能停止。我希望国际机构的发展能让人类的关系更亲密,能给人类带来福利。但是我不寄希望于一个世界性的政府,因为那将是一场灾难。

只有美能拯救我们

米歇尔·塞尔(MICHEL SERRES)

陈卉 译

以下文字来自温特的编译版本。

米歇尔·塞尔(1930年出生于阿让的一个乡村家庭)是哲学家、哲学史家和科学史家。他于1955年获得哲学教师资格,1956到1958年在法国海军多艘军舰上担任军官:包括为重新开通苏伊士运河而建立的大西洋舰队、阿尔及利亚舰队和地中海舰队,1968年完成博士论文答辩,随后在克莱蒙费朗、万森讷和巴黎一大教授哲学。在众多著作中,他特别热衷于研究科学史(《赫尔墨斯》Hermès,1-5卷,Miniut,1969-1980年)。他的哲学思想把感受力和概念知识当作研究对象,致力于在精确科学和社会科学之间寻找可能的契合点。1990年他被选入法兰西科学院,并荣获法国荣誉军团勋章。作为严谨的认识论专家,他并没有减少对教育和知识传播的关注。从海军学校到法兰西科学院,米歇尔·塞尔走的是一条非典型道路,使他显得卓然不同。从1982年起,他每年都有一部分时间在斯坦福大学教授历史。塞尔于1990年出版的《自然契约论》(le contrat naturel,F. Bourin)被读者视作一部关于自然的后现代哲学作品。他在书中对世界化的环境问题作出了回应。2006年,Le Pommier出版社出版了他的《周日晚间小专栏》(Petites chroniques du dimanche soir)和《桥的艺术》(L'art des Ponts Homo pontifex)。米歇尔·塞尔不赞同大西洋彼岸①的文化,对新科技的发展持绝对乐观的态度。作为科学史家、作为一名富有远见卓识的人,他把当前的社会巨变也纳入人类发展的连续体中,这是他不同于诸多同行的地方。

*

米歇尔·塞尔,您的哲学作品展现了精确科学和直觉智慧之间的成功联系。在您看来,哲学、科学和文学认识过程之间的互动是怎样展开的?

---

① [译注]指美国。

您的问题关系到法语中一个非常古老的传统，这一传统在德语、西班牙语和意大利语中也同样可以找到。蒙田、狄德罗、伏尔泰都是哲学家，尤其是科学哲学家，但他们都不讨厌讲故事。尼采、塞万提斯和但丁也是如此。即便今日，大部分物理学家、天文学家、生物学家或生物化学家的书都以一种通俗的方式叙述浩瀚的历史——例如始于大爆炸的那段历史，它随着星体、星系的诞生，继而是星球的冷却、生命的萌发、人类的出现等等不断延伸。科学看起来是以某种方式围绕着一个美妙的叙述构成的，这个叙述被人永无休止地重复、修正、重塑——这些都依照科学在各类情形中研究得出的结果来进行。但在整个思想史上，今天科学不曾构建出任何比已知的更有条理、更贴近现实的叙述。这就意味着，我们对精确的科学知识及其叙事性表述进行了非比寻常的综合。我们的整体思维模式都与无机物、生命、人类、言语的独特传奇相对应。探索和记录具有如此魅力的发展历程，这让人类成为像我们今天这样富有知识的动物。

您的文本中有两位人物占据了中心地位：赫尔墨斯和阿勒甘(Arlequin)①。赫尔墨斯在知识、生活领域之间扮演着某种中介原型的角色，而另一个阿勒甘则反映了生活光辉灿烂、也时常杂乱无章的多元性，这样一来，他们从不同的角度对科学和艺术的互相渗透作出了说明。

哲学家不仅应当酝酿思想，更要构思哲学人物。大家知道，赫尔墨斯是翻译者、信使、商贩、小偷和交流者敬仰的希腊神祇，我觉得自己和赫尔墨斯高度相似，这已经有很长一段时间了。这有点儿违悖20世纪60年代的哲学潮流，后者更加关注普罗米修斯——一位在神界盗火、某种程度上已成为人类"劳作之神"的神祇——，我的思想出发点是：我们从19世纪继承得来的生产型社会将让位于交际型社会，因此普罗米修斯也将被赫尔墨斯取代。我认为这一假设已被证实：我也许是第一个预见到交际型社会的人。而这正是哲学家的角色、使命和目标所在。至于阿勒甘，我之所以选他，首先因为他代表着源自commedia dell'arte②的哲学人物，莱布尼兹本人后来也演绎过这个人物。我想借助他来探讨文化的混合，探讨不同传统、不同言语之间的交融。在我看来，阿勒甘非常适合担当这一角色，因为他总是穿着汇集各种尺寸、式样和颜色的布料的衣服。我在他身上看到了一种象征，这个象征体现着如今被人抽象地称为多元文化性的东西。

科技发展一直都从阿勒甘代表的创造性混沌以及令人惊叹和出乎意料的东西中汲取灵感。在这种背景下，您以前有一天也解释过，诗兴与自然科学丝毫都不抵触，诗兴甚至是科学真正的万能灵药。

19世纪末20世纪初，法国数学家、哲学家亨利·普安卡雷(Henri Poincaré)有一个绝妙发现：在牛顿的概念，即表面统一的天体力学概念中，出现了一些线性方程也

---

① ［译注］意大利喜剧中的一名丑角，身穿各色三角形布头拼凑而成的衣服，头戴黑色面具。
② ［译注］意大利语，意为"即兴艺术喜剧"。

无法明确阐释的失真。所谓非线性的现象随后又催生了我们今天知道的混沌理论。柏克森（Bergson）曾将一种完全创造性的、用概念方式无法捉摸的发展思想用到生活本身、用到宇宙整体上——对历史尤其对思想史来说，很简单，这意味着它也服从于偶然性。实际上，科学史是难以预料的，它总是采用骤然发生、时断时续的转变形式来表现自己。只有傻瓜才会一直知道自己将要说什么，而聪明人始终考虑到可能会有意想不到的事情发生。正因为这样，对意外的整合构成了智力、智力劳动的决定性特点，它也必定成为科学的特点。科学和诗歌——从词源上来说，后者源于"制作"一词——也许是通过同样的细心和同样的专注联系在一起的：一边关乎方法程序，另一边则涉及言语的准确运用。

的确如此，但从笛卡尔以来，自然科学以及越来越多的思想科学都建立在严谨的理性准则上，这种准则结合了客观性、求证和不带价值偏见的独立性——价值是一个经常被人滥用的概念。相信人类知识的力量只要把握住这一方向，就可以随着时间的推移夺取一切，总而言之这一信念决定了伦理问题和形而上学问题都被排斥在外。那么，在这样的情形下，人类如何将它们重现找回来呢？如何重新发现通往无穷无尽的世界本质的通道、继而更深层次的生命终极性呢？

您在这里限定的话题极端复杂。的确如此，我们对科学成果越来越确定，但我们也越来越疑惑科学该走什么路。我们在这里又一次碰上了无法意料和无法预计的界限。如果您向我询问生命的意义、询问在特殊情况或一般情况下的意义和生命遵循的方向，我的回答是，我们从来都不懂。我们既不知道未来发展的目标，也不知道历史本身的目标。非常幸运的是，孩子们有时会不听话，他们会做出乎父母意料的事，并用这样的方式解决掉那些让成人不知所措的问题。当然，他们自己随之又会弄出新的问题来。从那时起，生命的意义就展现在这类方向转变中，这些转变就如同树木的不断分叉一样。

诺贝尔物理学奖获得者查尔·胡比亚（Charles Roubia）曾经说过，外部宇宙的美和内部物质世界的美在他心中引发了深深的赞叹。他虽然从事精确科学的研究，却崇敬一种更高层次的秩序，这种秩序无限度地超越了那种认为这份杰作只是偶然性和统计学结果的思想。他认为这份作品要归功于凌驾于宇宙之上的智慧。

这里查尔·胡比亚习惯于一种完全个人化的信仰，我尊重这一点。对我来说这里有两个层面很重要。第一个就是我提到过的科学和诗歌的关系。当人致力于天文学、生物化学或同类学科的研究时，他特别会对美有强烈的感受。他不仅对世界的和谐性或令人不安的多样性印象深刻，而且具体一点说，他是对展现在比如说胎儿机体内数个细胞组合的奇迹印象深刻。如果在怀胎九月后把这个胎儿的 DNA 链排成一直线，其长度要超过地球、月球之间往返距离的百万倍都不止。女性能将一个构造如此精妙的生命带到世上，这件事一直令我惊讶不已、欣喜若狂。由此可以说，如果人不懂得美，那严格说来他什么都不懂。正是美，也只有美能拯救我们，它从来都不能与真分开。这样我们就到了第二个层面,神学。面对如此奇妙的奇迹,人们倾向于相信存在着一位造物主。那么信仰又是什么呢?我们完全可以按照下列方式给它下定义:让我们取 0 到 1 之间的间距,这一段的 0 端表示确信上帝不存在,而 1 端表示确信上帝存在;这样,信仰就是思想在不容置疑的无神论和对上神力量无穷无尽的认可之间的持久旅行。正是在这种彻底犹豫的状态中,我们在两个极端假设当中不停摇摆。而且这只是基督教发明的东西,因为其他宗教有传统却没有信仰。"信条(credo)"这个简单的词被人从罗马法借鉴过来,引入到基督教神学中,它为另一种社会秩序做准备:那就是我们的社会秩序——它建立在信仰之上,建立在信仰按照一定的定义所作的不同程度的表达上。

在我们这个被科学主宰的时代,人们能不能设想一套没有信仰的伦理?

我不知道。伦理正面临一个困难:它无法预先受到科学的支配,确切地说因为学者的自由无法被限制,此外研究结果事先也无法预料。因此,人们竭力在事后提出严格的伦理准则,但每得出一个研究成果,这套伦理就随即被抛弃,因为科学一发现新的可能性,技术就会立即竭力将其付诸实施,人便顺理成章地想要将这项发明据为己有。既然伦理不能事先发挥作用,过后又没有用处,那么它还能做什么呢?今天科学领域中关乎化学、生物化学和基因实验的伦理问题早在 2500 年前就已在希腊被人提出过。那段时期解剖学的发展蒸蒸日上,使得医学获得令人瞩目的成就,这也多亏了希波克拉底(Hippocrate)学派。希波克拉底立刻明白医生可以说是病人生死的主宰,也正因如此,他为自己的研究工作增加了一份追加遗嘱,它就是如今在各发达国家名闻遐迩的《希波克拉底誓言》。这份著名的誓言证明了伦理可以保持相当长的一段时间:今天任何一位刚刚出道的医生都要在毕业之际宣读这个誓言,一如往昔。从此以后,我们就面临着一项任务,那就是现在要将希波克拉底誓言扩展到所有的科学学科中去。5、6 年前,我已经提出过一份科学誓言,科学工作者都要在完成学业之际表明遵从此誓。这意味着,他的意识强制他对自己所作的研究承担起属于个人的责任,而且这一意识也会确保他行为的伦理特点。我认为,现代研究所提出的伦理问题的解决办法就在这里。

您讲到过快速,技术就是以这种快速把科学在理论上建立起来的可以利用的东西这一点一直到思想、文化史的某一程度为止都还不太令人不安,因为技术是在一个多多少少带有形而上学标记的思想背景下发展起来的,而归根到底,形而上学为它指明了界限。但技术本身已经变成某种机器上帝,或者至少成了一种教条,在这样的情形下,我们不能不扪心自问,还有什么能够抑制技术的进步,阻挡它对文明与日俱增的威胁性后果呢?

进步的思想源于 17 世纪和启蒙时代之间的一段时期,它保证在科学知识的领域会有持续提高的进步,这种进步会对人类的福祉一直都有好处。一切迹象表明,这一进步一直持续到 20 世纪,随后就遇到了颇为严重的断裂。广岛和长崎的原子弹爆炸让人一下子醒悟过来,科学家——尤其是他们当中的某些精英——有能力制造出一种在瞬间置数万人于死地的武器,这种武器经过新的改良后可以夺去数百万人的生命,将地球上的所有生灵都毁灭殆尽。这场惨败动摇了物理学的根基;化学也在某些引起严重环境污染的问题上败下阵来;最后,生物科学本身也提出了伦理问题,因为它的某些活动迫使它面对这些问题。各门科学学科都先后发现自己重新面临着种种阻挠进步思想的障碍。这个阶段产生了对科学和技术持绝对否定态度的一代人,以前人们颂扬科学和技术的力度有多大,他们谴责这两样东西的力度就有多大。我认为,无限制发展的想法,就像对这种想法的彻底批判一样,都提出了一种过于极端的解决办法,不应该把它当真。科学发展过程就和人类所有的事情一样,包含着某些意想不到的和无法预料的东西,既有好也有坏,既有得也有失。一切都要付出代价。科学或许还将继续给我们带来诸多好处,但我们也得为此付出代价。

鉴于人类最近五、六百万年间的发展历程,您觉得人作为创造象征、可以接近超验性的智慧生命,能否赋予这种发展以一个超越纯粹的生物、经验过程的意义?

对于事物在这些漫长时间内的发展方式,我们还没有详尽的认识;另外,按照我的看法,有多少位生物学家就有多少种发展的理论。每个人都在构想自己那套形式的达尔文主义,这也就是为什么他们在这片纷乱里重逢极其困难的原因。应该已经拥有一种观点,它既全面、又能不带妥协的、用确信的语气肯定人是这样或那样的。唯一可以确定的事情是,人由多个不同的侧面组成。举例来说,人类发明了交际过程中的言语,它确实发挥着良好的作用——但它并不一定比单细胞生物所发现的方法高明,这种方法使单细胞生物能对周围的困难作出反应。这一发现随即在毗邻的单细胞生物中非常迅速地传播开来——几乎就像今天通过互联网传播一样。总之,我希望我们的命运被置于超验性的影响之下,但是这一点没法被证明。

有没有看到互联网、网络空间,以及现实完全被虚拟置换的传媒有取代古典形而上学甚至宗教的风险呢?这里的观点是,网络空间是一种有益的和超验性的技术形式。

这可能讲得太过分了。在神秘主义和宗教的传统里,世界的造物神与交际系统并无任何直接联系。通常都是那些附属的生灵负责传递信息,比如我们刚刚提到过的赫尔墨斯,或者是基督教的天使们。今天,我们看到传递、关系网络的全面发展从根本上改变了信息的编码和传输。人类的早期也产生过同样的现象,那时书面语言带来了社会、政治和科学的巨大变革,接着 16 世纪又是如此,印刷术的发明对宗教、对价值的探寻和等级化产生了难以估量的影响。我们因此目击了数据传载和信息交换的第三次革命。它造成的后果并不比先前两次革命的要少。

今天我们尊崇信息技术,却不曾对内心做过什么思考,在这样的情形下,我们将生命的精神本质特征逐渐从意识中排除出去了。那么,这种文明可以从古代文明中汲取些什么来阻止这一丧失呢？比如说，如果考虑勒鲁瓦-古朗（Leroi-Gourhan）①关于史前宗教的著作的话？

可我们在自身的许多行为中都是古代人！只要简单回想一下：我们血液中的含盐量与海水相同，因此它可以仿造出我们的祖先、海洋生物的环境。经过长达数亿年的演变，我的身体才具备了原始生命的所有特征——而且依据我所拥有的生物化学或当代哲学的知识，还有一些全新的东西。这一想法对我们的文明也同样适用。一方面，我们被明确告知一流科学家的最新研究成果；而另一方面，古代思想却在我们心中根深蒂固。正因如此，在我看来，让孩子们发现旧日的寓言、圣经的传统故事、希腊神话等，这是一个基本的教学目标。如今人们经常会忘记或摈弃昔日文化的文献资料，但正是它们展现了我们来自何方、是什么。

然而，这种遗忘以令人印象深刻的方式展示了我们在智力、精神领域造成的严重损失，以及工业国家带来的技术同一化。西方人难道不应该心怀伤感地注意到，周边更加贫穷的国家的生活形式和艺术作品还是充满了更加显著、更加卓越的灵性和创造性——从本义上说，他们也比我们更加文明？

我们生活的世界再也没有中心了，因此周边也不再存在。新型的交流渠道形成了遍布全球的网络，这一网络与圆圈、方形都相反，它的中心遍布各处，没有一个地方是它的边界。人无论待在哪一点，总能以某种方式处于中心位置，别人就在旁边，即使从地理角度来看他生活在远方。这样，您讲的艺术作品就无法通过中心和周边的分离来解释，而更多的是要通过苦难来解释。它们仍然与生活最根本的常态、痛苦、悲伤、死亡保持神秘的联系——而在这几点上，我们今天读得到的伟大的南美小说和希腊神话并无任何区别。不，这些作品不是在外面或边缘位置上——它们实际上又远离了什么呢？富裕国家的人只是过于肥胖、过于迟钝，缺乏基本的经验；不过，重要的作品是首先随着人的身体被创造出来的。

今天经常会说，21世纪应该加强跨文化、跨宗教的对话，免得20世纪那些难以言表的惨剧再度上演。您认为这种想法是可以实现的、还是乌托邦式的空想呢？

首先必须注意到，在整个人类历史上，统治阶级还从来没有这么无知过。为了鼓励文化之间的对话，政治人物还有紧随其后的掌握经济权力的大亨都得拥有一种普世文化。如果以前他们更加聪明一点的话，城市、乡村就不会遭到如此损坏。文化的概念通常指两样东西：第一，在人类学释义中，它是家庭、部落或民族习俗的总和，而这些习俗都要通过一种特定的语言被人使用、被加工处理；第二，从学术角度来看，它是一种上升的、旨在高雅和美的精神发展。我加上第三层含义，它是我们自身文化和普世文化之间的互动。文化就是各种文化之间的对话，这种对话一直在进行，而且由于我们的技术手段和对外来世界更大程度的开放，它或许在将来还会深入发展下去。

---

① ［译注］法国史前学家。

最后，是不是因此就要重新获取爱，将它作为我们时代的凯逻斯呢？爱是我们艺术、文学、诗歌和电影中缺少的东西、而且也是日常生活中缺少的东西。

爱是唯一的解决之道。但是它很稀有，而两个人之间的爱还要罕见。一般来说，它被权力、金钱、竞争和离散消耗掉了。而那些对爱忠诚的人就成了人类当中的神秘贵族。大家很少遇见、看到这类人。他们既不是共和国总统，也不是科学家或金融家。他们的淳朴令人惊讶。淳朴或许就是开启神性的钥匙。正如《福音书》所说，他们是土地的盐分。爱是每个个体的解决之道，但没有人想要它。最后，许多人都在谈论爱，但在生命的每时每刻都应该带着决不动摇的忠诚从心底感受爱、表现爱——不幸的是，这却是很少见的例外情况，它很可能就是我们最大的悲剧所在。

我们充满超验性的欲望

渥雷·索因卡(WOLE SOYINKA)

陈卉 译

以下文字来自温特的编译版本。

  作家渥雷·索因卡于1934年在尼日利亚西部的伊萨拉村出生,1986年成为第一位获得诺贝尔文学奖的非洲作家。索因卡在本国受到的崇敬不限于文学领域,他从未停止过对尼日利亚的政治事件发表看法,该国的独裁者萨尼·阿巴查(Sani Abacha)曾于1995年下令将作家肯·萨洛·维瓦(Ken Saro Wiwa)处决。索因卡本人也在尼日利亚遭到多次监禁,其中包括在卡杜纳监狱的两年隔离。随后他在巴黎、纽约及洛杉矶附近生活。1998年夏天阿巴查死后,渥雷·索因卡重返尼日利亚、暂住了一些时日。他凭借小说《阿克,童年岁月》(Aké, les années d'enfance, Belfond, 1994)在国际上获得巨大成功。这部小说以童年回忆的形式对夹在大陆传统与受到欧洲价值观影响的资产阶级之间的非洲社会作了生动简洁的描绘。

  他先后在尼日利亚、加纳、英国和美国任教,同时从事悲剧、喜剧、诗歌、小说和自传文章的写作。渥雷·索因卡在1997年成为国际作家议会主席,他也是该组织的创建者之一。他现在担任北美避难城联盟副主席,该组织的使命是为全世界受到威胁或遭到流放的作家建立避难所(鲁赛尔·邦克斯担任该组织主席,萨尔曼·鲁西迪担任副主席)。索因卡的剧本《巴阿布王》(Baabou roi)参照阿尔弗雷德·雅里(Alfred Jarry)的《愚比王》(Ubu Roi),将独裁者萨尼·阿巴查和他的疯狂杀戮搬上了舞台。

  他也是《以巴丹,那些动乱的岁月》(Ibadan, les années pagaille, Actes Sud,1997)和自传作品《纪录小说》(docu-roman)的作者,他在后一部作品中讲述了自己在祖国走向独立的时期开始写作生涯。

  他的作品包括:《口译员》(les interprètes, Présence africaine,2000)、《黑暗的循环》(Cycles sombres, Harmattan,2004)、《非洲:恐怖的气候》(Afriques: Climat de peur, Actes Sud,2005)、《巴阿布王》(Actes Sud Papiers,2005)、《戏剧集》(Collected Plays, Oxford University Press,2006)。

*

渥雷·索因卡,您有一次说过非洲的宗教和神话学完全有理由以谨慎和怀疑的态度考量其他宗教、特别是基督教。

是的,在我看来,无论对基督教、伊斯兰教还是印度教,这种不信任绝对必要。另一方面,这些宣扬博爱的所谓世界性宗教已经历过极端分离主义的血腥阶段,这是他们直至今日都无法摆脱的历史。基督徒排斥非基督徒、穆斯林排斥天主教徒、印度教徒排斥穆斯林,他们攻击"敌人"因为后者不是同一种宗教学说的信徒,这种时候人性的概念变得狭隘得可怕。相反,我知道的大部分非洲宗教都不准备接受和实行这种类型的分离主义。举例来说,我的先辈约鲁巴人(Yoruba)就不会把本教的信徒和其他信仰的信徒区分开来。他们反而深信每一个体一出生就有自己独有的造物神。它随着幼儿的长大、成熟而成长;然后,在个体的青年或成人时期,新的守护神会取代原来造物神的位置。这是一个过程,在这个过程中诸神相互制约、相互替换,而不是相互杀灭、相互摧毁。因此,约鲁巴人不把基督教徒视作异类,而是把他们当作与自己同属一个世界的人。

这种开放对待他人的非洲思想被看作是自我的一种扩大形式,在某种程度上也是自我的映像,它直接由宗教情感转入文化领域,后者如非洲神学家约翰·莫比提(John Mbiti)所言,表现出神话的多样性及日常生活的生命力。

可以肯定的是,非洲各部落的不同神话及其始终各具特色的世界观存在于一种互补的关系中。那些一开始是陌生的东西会被同化而不是排斥。我给您举个例子来解释这种情况,它也能让人理解神灵是在何种程度上介入那些明显是世俗的事物的。约鲁巴人认为,尚戈(Shango)是闪电之神;在某些情况下,它也是恢复性司法的代表。如果它的崇拜者碰到来自另一个世界的现象——例如电——他们不会把它当作大逆不道的东西、魔鬼的造物一样诅咒。不会的,他们会研究本族迄今为止的神话解释,会寻思:我们难道没有一位力量、作用可与这种现象对应的神灵吗?有啊!电和闪电依靠同一种力量,体现同一种基本原理,于是尚戈立刻又成了电之神!这种宗教吸收陌生的外部经验,使其与自身习惯的象征物调和一致,它继续与这些经验共存——并通过它们来丰富自己。

在这样的背景下,您还强调这样一个事实,即在非洲的前殖民时代历史中找不到为了宗教目的而发动的战争,冲突都是由纯粹的政治或经济原因引发的——这种思想也始终贯穿在尼日利亚作家钦努阿·阿契贝(Chinua Achebe)的文学作品中。

对这一点我深信不疑。在寻找世界性的人性化宗教学说的过程中,大家可以从某些非洲宗教——尤其是约鲁巴人对他们的奥瑞莎(Orisha)神的崇拜——当中汲取经验。他们不会为了满足私欲而发动战争,不会以不可见神祇的名义动用武力迫使他人皈依,尽管神在现实中传授非常仁慈的信念。要是将摩西的故事和十诫放到一边,将属于先知的特别天赋也摆在一边,没有哪个人能确定从至高无上的造物那里得到过直接、真正的指令和学说,因为没有人见过这类神祇。我们只不过拥有先知、预言家和宗教学者给我们的信息。对我来说,任何一本智慧集的价值都不会比另外一本集子的更多或更少。

非洲文化之间的另一个共同点体现在这一事实中:它们都尊重、崇敬生命的奥秘。以理性和技术可行性为主导的西方精神传统正逐渐失去这样的态度。在这种背景下,您怎样描述非洲在理解人与土地、人与天空更加隐晦的关系上作出的贡献——这是在对让·鲁什(Jean Rouch)的研究中非常受重视的问题,比如作品《我,一个黑人》(Moi, un Noir)。

非洲世界观的首要特征是具有真正的人道主义。整体的人和存在的人构成了它的核心。这就意味着人不能成为科学、神的启示和任何假说的牺牲品。它总是关系到人的实质,其中包括那些我们尽力获得知识的领域,而且也恰恰就在这些领域之中。这就是为什么非洲的许多神祇不是完美化身的原因,相反,它们被重新降到常人的水平:它们会死亡、会犯错,也得为自己的错误付出代价并接受人的审判。在我眼里,这是具有决定意义的特点。它消除了原教旨主义式的精神错乱妄想,这种错乱妄想建立在宗教或精神学说的基础之上,纠缠、损耗着这个世界。非洲的宗教不会产生这类现象。

非洲思想本身就丰富多彩,西方的思维习惯则一直更加刻板,而西方工业国家迅如闪电的机械化进程又最终破坏了文化的多样性,那么您认为,更确切地说,非洲、西方思想之间的鸿沟具有怎样的特征?

西方世界的问题在于膜拜科学技术,并让生活都服从于膜拜的对象。非洲的宗教则相反,人们对每一个文明进程都有心理准备。换而言之:只要一直不带偏见地吸纳新元素——而不是颂扬它们,知识可以扩展到无限。人类关系中存在着某些不受创造能力妨碍的主导线,这就是科技始终必须为关系、为社会的有机发展,以及为获取知识的某些基本方法服务的原因。这些扎根于人性深处的主导线证明了团体的凝聚力;正是它们决定了什么应该付诸实施、什么会破坏文化内部的平衡、什么应该在技术征服的范围内考虑。人们不说:因为我们有原子弹,我们被它操纵,所以我们想让它爆炸。或者:因为我们处在网络时代,可以进行完全的交流,所以我们也有能力交流一切。不,人们会对内容进行控制,会把自己置于新技术试图强行规定的要求之上。在我看来,这构成了非洲社会和机械化思维的欧洲社会之间的根本区别。

人们能不能从那时起谈论一种具有非洲本质的哲学——只要它是在传统教规基础上展开的?哲学和神话之间的互动采用何种形式?

非洲哲学和非洲宗教、非洲艺术一样,具有极小的同质性。举例来说,多贡人(Dogon)的观念与约鲁巴人的和夸祖鲁人(Kwazulu)的就有明显差异。因此在这里大家得避免用单向度的解释模式来研究。而且就像在所有其他社会中一样,哲学源于神话。神话是象征建构,在这一前提下,哲学显得像是它的抽象衍生物。但事实上,哲学建构本身拥有与神话建构同等的价值,因为它也以解释现象、产生知识为目的。在这两种情况中,我们接触的是一个极端复杂而又迷人的思想建筑,其中反映着世界的图式。

但这里应该记得,21世纪初期的西方社会显然已经丧失了它们与神话——至少与古典形式神话的联系。

您强调"古典"这个词,这非常有道理。是的,西方已放弃了古典神话。但相反的是,大家看到新的神话不断出现,例如与宇宙空间有关的神话。如今,我们又唤醒了这些古典神话,给它们换上新的版本,在电影里尤其如此。显然在这种情形下,它们与精神神话根本无关;我把专注于人类内心深处的事物和依靠科技而存在、并在科技中找到传播方式的事物区别开来。神话既含有本能、也含有思想的印记,为了推动它的发展,人们重新回归伴随自己成长的宗教。这份精神遗产一直留存着。不幸的是,它在当前的欧洲文化中式微了,因为它不再滋养诗歌和音乐。我希望我们非洲人能够避免这个问题。

这正是我最终想谈的问题。世俗化的后果是丧失精神性,它剥夺了人的一种可以从形而上学角度阐释的层面。最迟从文艺复兴开始,西方思想就与这一层面日益疏离,而且还为了符合经济的可测性、收益性的公设而否定它。要抵制这个过程、重新找回的平衡精神和宇宙、对政治生活也发生影响的事物,欧洲能采取怎样的行动呢?

它必然应该回归群体,把群体作为重视的对象,从而结束精神上的放逐。但与此同时,我们必须谨慎使用"精神安全"一词。人们将思想家、学者绑到轮子上或架到柴堆上焚烧,因为他们对所谓的"精神安全"、一种表面上确定可靠的秩序提出质疑,这正是在前科学时代发生的事。中世纪的等级制度通过全力镇压一切反对意向来行使权力。这就是为什么我只尊重知识的原因,它辐射到各个生活领域,在教士、妇女和儿童当中传播。我参照的精神安全就是它。

您在说个体和群体之间重新建立联系的必要性。但是西方人受教育的程度几乎达到饱和,又遵从主观主义和自由主义的准则——从18世纪由约翰·洛克(John Locke)论述的、但在洛克以前就已经存在的个人主义思想开始——,他们能找到建立这种联系的途径吗?在此期间,这一"自我"在经济中已被赋予绝对的价值,他们有多少可能将它克服?

这种个人主义一定构成了另一种形式的原教旨主义——一种自由和尊严的概念被发展到极致的意识形态。这些概念起先还合情合理,因为它们能让个体避免在人群中淹没。然而,群体正是由个体构成的。如果个体忽视这一事实,如果他否认作为整体中的一个元素就必须为整体利益服务,那么他就会处于边缘状态。个体利益与群体利益始终都应该平衡好。不可以牺牲个体;同样地,个体也无权从群体中自我异化出去,利用群体来满足永不知足的权力欲。不管怎样,我同意您的这一观点:如今风靡一时的个人主义是一种可怕的精神危害。

它不仅仅造成危害,更糟的是,它从内部瓦解西方社会,影响它们与所谓的周边文化的关系,而这种关系经常从高度种族中心主义的角度出发表现出来。举例而言,您指责德国的非洲专家莱奥·弗罗贝纽斯(Leo Frobenius)从未真正地深入过非洲的思想和生活世界,从未认真地尝试理解非洲的实质。

弗罗贝纽斯的概念和范式是现成的,他从中整理出自己中意的东西,将他拒绝接受的或没有理解的内容都排除出去。面对一种蓬勃发展的非洲文化,他表现出令人难以忍受的倨傲,甚至断言该文化不会是当地人创造的,而是由来自更加发达的远方文明的不知名移民创造的,非洲人只是他们智力落后的后裔。他只不过没有能力识别尊重民众、文化和创造性之间的关系。他甚至缺乏更贴近地研究神话,将它与呈现在面前的丰富文化见证物联系在一起的谦卑之心。他跑来搜集了一些自己想要的材料,拿它们来构筑漂亮的、表面上具有典范价值的人类学套话。

欧洲人和北美人从未放弃过这种傲慢的态度。现在他们特别对自己眼中"表现良好"的第三世界国家——这是指政治上和经济上的表现,通过国际货币基金组织、世界银行或发展部门——给予财务和经济援助。但是他们却常常不考虑各国固有的本土价值观。他们出口的外来科技常常与相关国家的文化、宗教价值观相矛盾,那些国家会有丧失本色的危险。文化不仅仅是"民俗",科技必须"适应当地文化",每种文化都有自身的"创造性资本"以及政治"资本"。

是的,这些施舍是一种耻辱。但我认为,出资者有权、甚至也有义务知道他提供的资金用在何处——它们是否在外国银行中失踪,或者被某国元首用来镇压那些不得不承受大量痛苦去创造经济利益的民众。当制定的目标、生活水平的提高没有实现,付诸实施的不过是另一种形式的奴隶制时,就该轮到富裕的国家重新考虑一下他们的发展援助了。

不久以来,他们确实有这种意向:一方面免除某些非洲国家的债务,另一方面给予这些国家自主决定权。您怎么看待这类举动?

为什么他们需要给予自主决定权呢?难道贫困国家不应该立即要求收回这种权利吗?是的,我们知道这个题目需要详细的说明。但如果探讨一下发展援助中仅用于现场派遣专家的接洽的高份额——我们10年前研究过的一个非洲国家的比例甚至达到了85%——大家都会感到震惊,无法理解怎么会形成如此全面的依赖。后殖民时代并非自由时期,而是将原材料输送到原先的殖民大国,后者从中牟利、日益繁荣的时期。之所以说如今人们保持着一种非常不平衡的关系,是因为给予援助的国家希望支配某些统治者,即非洲独裁者,通过他们缔结无须付出大量对等物的贸易。但在这样或那样的时刻,我们的每一个国家都要思索需要多久才能让那些剥削我们的富裕国家对我们的不幸承担责任,事情总会发展到这样的程度。那时我们只会简单地说:够了,我们想摆脱腐败的领导者,用更公平的条件和商业伙伴洽谈,并且创造我们自身需要的物质财富。

要抵抗吞噬一切的功利主义思想漩涡,有意识地再度借助本土文化的精神传统抵制可能是一种方法。非洲人是否追求回归自己的本源?

在这种情况下,不考虑他族本源的危险一直都存在。另外,任何社会都无法重建原来的状态。但是我们心中始终怀有一个源头,一个集文化、心理和历史于一体的核心,以及一个我们逐日构筑、不断塑造的根基。在我看来,对它的追想是必不可少的。

在非洲思想中深深扎根的超验能力为之提供了最好的条件,特别因为这种能力消除了祖先、生者和未出生的人之间的严格区别——举例来说,我想到了从马达加斯加一直到尼日利亚的众多非洲文化中的"祖先崇拜"现象。

是的,这片大陆上几乎所有的宗教都支持这种想法:这三界构成了一个独特的连续统一体。这只是一种思想模式,也并不只体现在不同的宗教仪式和节日中,这种观点确定了一种即时感知。因此,刚刚出世的婴儿具有和祖先同样的特征,大家很早就把他差不多当作成年人对待。对连续统一体的笃信就像一根红线一般贯穿在非洲社会的社会结构中。

在这里,被西方人排斥在意识之外的献祭扮演什么角色呢?

当人们知道自己被祖先或神明环绕时,当这个世界不断为我们提供进入无形彼界的通道时,象征性祭献的主要功能是维持各个存在层面之间的互动。

您在您的小说《阿克,童年岁月》中写到了猴面包树,这是一种历经多年才能长成,在一切变动不居的东西当中代表坚定不移的时间的树木。

是的。这里我们触及了永恒和变化的悖论,它构成了个体与整体意义上的社会的特征。事实具有两面,而我们同时面对这两个面。

这种观念也是文学人物布科拉(Bukola)的基础,您小说中的这名年轻女孩历经生命的无限轮回(abiku),死去又不断重生。她化身为被神灵附身的年轻女萨满,开始与死者的灵魂接触。您认为萨满传统会在非洲延续下去吗?

我们永远不会让它消失,我们国家不会,其他国家也不会。不幸的是,它在欧洲社会采用宗派的形式,因为那里的人无法再自然地进入魔幻现实、触及自身存在的萨满状态。形而上学的压力一旦消退,它会立刻折磨人的心智,在这样或那样的时刻以有害的方式释放自己。这证明我们充满超验性的欲望,而且无法回避它。

这种欲望从潜意识中迸出,通过直觉显露,在宗教和艺术中得到有效的表现。

欧洲思想家也意识到了创造性的源头;比如亚瑟·柯斯勒(Arthur Koestler),他多次强调过影响分析能力的直觉因素在精密科学中的重要性。对于艺术家来说,直觉、创造力和不同程度的附体现象彼此联系、不可分割。他有时在睡梦中运用潜意识工作，醒来时一个隐喻、一串文字、一组音符突然闯入脑海。但随后，他要运用意识的工具来处理它们；与某些偏见相反，非洲艺术家也不只在精神恍惚的状态中创作。

彼得·布鲁克(Peter Brook)说过，每个欧洲人身上都藏着一名非洲人，按照这种观点，他的话非常正确。

这种思想或许可以让西方世界摆脱机械、刻板的世界观。但是我们不要忘记：反之亦然。

技术不是暴力

爱德华·泰勒(EDWARD TELLER)

邓 岚 译

以下文字来自温特的编译版本。

美籍匈牙利裔物理学家泰勒(Edward Teller),原名伊德(Ede Teller),1908年出生在布达佩斯(Pudapest)并于2003年在斯坦福(Stanford)辞世,以其氢弹事业闻名于世。他先后在德国的卡尔斯鲁厄工业技术学院、慕尼黑大学和莱比锡大学求学。1941年,他成为美国公民。同年,他致力于旨在制造原子弹的曼哈顿计划。十多年间,在芝加哥大学和新墨西哥州的洛斯阿拉莫斯(Los Alamos),他一直与费密(Enrico Fermi)合作此计划。1952年,他在伯克利大学任物理学教授并领导在利福摩尔①(Livermore)的放射实验室(今名为劳伦斯国家实验室)的研究工作。1975年,他从教学岗位退休,仍留任发射实验室的荣誉领导。他是公认的氢弹之父,但与好些共同合作曼哈顿计划的科学家们相反——尤其是奥本海默(Robert Oppenheimer),泰勒是这种武器虔诚的捍卫者,而这导致他与科学界的其他成员关系破裂,他们之间存在如此大的分歧,以至于拉比(Isidor Isaac Rabi)宣称:"如果没有爱德华·泰勒,世界将更美好。"

*

每个世纪都有其重大的发现。15世纪有古登堡(Gutenberg)的金属活字印刷术和哥伦布的航海大发现。17世纪有牛顿、伽利略、笛卡尔和洛克。19世纪有贝尔和电话、爱迪生与白炽灯等。反观20世纪,您如何评价它?

坦白说,20世纪在我看来,完全不同于以前的时代。在20世纪初,人类就有了十分重大的发现:爱因斯坦的相对论,玻尔(Bohr)及其弟子的量子力学。事实上,普通民众乃至知识分子都几乎完全不明白这些发现。但从知识、哲学的角度讲,它们与

---

① [译注]美国加利福尼亚州西部城市。

过去的最大成就一样重要——例如发现地壳运动的规律——,甚至有过之而无不及。问题只是大家不理解这些理论。

然后事情籍此契机顺势发展。两次世界大战发生,其中科学技术扮演了重要的角色。于是,这成为了新演变发展的部分原因,所有人都会立即想到是核能量和原子弹爆炸。在这点上有两个原因使人们感到恐惧,首先是他们所不理解的相对论和量子力学,其次是他们所害怕的原子弹或氢弹。结果是,20世纪的后半叶,运动和理念大规模地发展蔓延。没错,我们是走得太快了。我们没有权利弄懂和发现如此多事物。应该放慢脚步。否则,我们必将自毁。

我认为,很明显的例子就是对克隆的探索发现,也就是从一个细胞复制出生物。1930年,我们本来会在喜悦的欢呼声中迎来新的克隆细胞。今天,人们却惧怕这项技术。而我,我不怕,我只怕人们的恐惧。我认为我们想继续勇往直前,但前提是需保证我们的发现不被用在错误的方面。

爱因斯坦的发现使我们的世界发生了惊天动地的变革。

爱因斯坦做了两个彼此密不可分的重大发现。第一,时间和空间以比人们之前认为的更有趣的方式相联系。例如,我们不能在还没有建立准确的地点关联的情况下说两个事件同时发生。另一个大发现是对万有引力的独特解释。我这样说,但当然解释不仅仅如此简单:万有引力是空间的弯曲。它与量子物理学没有任何关系,与原子的牵扯也不大。对原子的探索发现是在量子力学的范围内做出。其实真正的大发现,应该是我们能够弄懂和确定许多事物,但这些决不足以预言未来。当我们回首过去,我们的确无法驳倒原因与结果的联系,然而当我们利用这些仅有的因果关系时,未来还远不能被预见。未来或命运很有可能是一种自由意志般的东西。这也许就是玻尔和他的学生们所做的最重大的发现。然而爱因斯坦不理解这点,他反对这个观点。

爱因斯坦的论理在何种程度上改造了牛顿的观点?

牛顿扮演了非同寻常的角色。他讲了些错误的东西,但也讲了一些他该讲的重要内容。他做了清晰的阐释:"在时间的覆盖范围内,它以不变的方式流动,因而无论何地,我们都可以确定同时性。"爱因斯坦反驳了这个观点,而且他是正确的。牛顿虽然错了,但他有一个很大的优点,就是不能以"差不多"的方式含糊地接受自己这个不甚准确的构想:所以他准确地将其描述出来,从而意味着他也容许以同样准确的方式被反驳。

身为物理学家,您是否认为作为历史产物的人可以用数据精确计量?利用量化的手段是否可能完全理解人类?在认知的过程中还存在其他的角度和方法吗,像直觉或情感同化?

一个科学家能说出的最重要的东西,是四个字:我不知道。我不知道何为生命,何为意识。我在经历着这些,但没有完全弄明白。可不可能我没明白的东西还不止这些？我要说的是,我着实知道我们——我和我的理解——如此渺小,以至于好多事情都没有弄懂。而对自己,我也不十分了解。最好的答案是:上帝知道。但"上帝"是什么我们不知道。

对一个物理学家来讲,可能存在上帝之类的事情吗？

我不谈任何我不懂的东西。我曾经尝试去理解"上帝"这个词的涵义,但没有成功。所以我只好又回到那四个最重要的字上:我不知道。

20世纪是科学和技术的世纪。于您而言,科技在人类共同的历史上究竟是不是人类发展进化的决定性动力？

我完全不认同您在问题里用的措辞。20世纪初,科学在理论和实践领域都有了重大进步。到了下半叶,保护环境的运动发展壮大,主要原因是许多人认为科学将产生严重的后果。他们觉得应该慢下来,停下来。我认为这场运动非常消极,它强烈质疑我们未来的进步,我觉得这完全错误。我认为害怕才是危险的根源。

在将来的生物技术操作性潜能上,例如克隆人,您的立场是什么？您是否认为从道德角度上应予以抵制？

我认为未经本人同意进行克隆是不能接受的。这确实有可能发生,应予以禁止。第二,克隆为动物的饲养提供了许多重要的潜能。此外,我完全可以想象有人希望再造自身。有人生了十兄弟并用道德准则规定他们的行为,这应该被制止吗？我不会制止。对未来的恐惧是害怕新的事物。我不害怕。虽然我不害怕,但我承认这种转变的发生是有可能的。应该要进行正确的理性思考并对自身的恐惧加以调节。

这意味着对您来讲,技术是人类进步的积极力量？

技术不是暴力。技术本身提供可加以利用的潜能,它可能被正确利用也可能遭缪用。1900年的时候,人们普遍认为技术进步非常有益。而今,人们愈发相信它是弊害。我的思想陈旧,我很赞同1900年的做法,不支持随后百年间所发展起来的对技术的反对观点。

但在20世纪,自然科学越来越依赖于技术,从天文望远镜到电脑,还包括核能,您可以想到图灵(Alan Turing)、诺伊曼(John von Neumann)、爱因斯坦、奥本海默、海森伯(Werner Heisenberg)、玻尔和普朗克(Max Planck)。

技术和科学相辅相成。显然,绿党人士和他们的支持者抵制的是人们给予技术的重视。但他们无法做到只抨击技术而不抨击科学本身。我认为科学自身有益且必要,它对人类有积极的作用:不单单对人本身,而是因为有了科学,我们不仅了解更多,而且活得更好。我认为,大家不应该不相信我们能够正确利用新生事物使之为我们服务。如果我们对之疑虑很深,是因为带着二战留下的可怕阴影,那么我们应该弄明白,世界战争本身不是由科学引发的,而是由过激的民族主义导致。今天,例如在欧洲,人们投入巨大的努力来限制民族主义以巩固欧洲大陆。这是好的迹象。当时要是这样做的话,世界大战就可以被避免。我认为大家希望绕开科学寻找一个稳定保险的未来这个想法是个错误。

身为自然科学家,尤其是在核能研究的领域,您肯定也毕生在思考、自问是否有道德权利去探索人类有能力研究的东西。培根和其他人——像迪伦马特(Friedrich Dürrenmatt)在作品《物理学家》(Les physiciens)里——都谈过关于探索知识的限度问题。难道您从来没有过道德上的疑虑吗?您没有想到过我们无法为科学可能达到的范围承担一切的人道责任吗?比方说,那时您致力于原子弹的研究工作或者在里根政府的领导下从事开发研究"主动防御战略"这个换成"星球大战"的名字更为人所熟悉的太空军事征服计划。

我认为科学家有三个任务要完成,还有第四项不在我能决定的范围内;我要为探索发现负责;我要为应用负责;我要为协调大局负责;我不负责建立在新发现上的政治决定。这种决定,以前由国王来做,接着,也许由资本家,再后来,也可以说是由好莱坞或新闻界来做。一切都时过境迁。这些决定依然不应该由科学家来做。在民主国家,应该由人民来做决定。我们必须重新负责知会民众显露的、可表明的真相。至于其他事情,作为科学家,我与两亿五千万美国人一样没有任何更多能说的了。我认为这个错误的问题源于今天人们看见曾经本分地做好自己工作的科学家在不恰当的领域做事。

您有一些物理同行,像魏茨泽克(Carl Friedrich von Weizsäcker)、杜尔(Hans Peter Dürr)或其他的美洲同行,都纷纷在近数十年间与核能的使用保持距离。难道您就不曾因此而迟疑过吗?您一向是核能的拥护者,无论在战略方面还是和平的民事方面。

在这点上,我有清晰明确的答案:我从不曾有疑虑。我认为核能是一门重要的科学,一种重要的进步。它的利用使许多人担惊受怕,然而这并不能贬低它的重要性。

难道您不害怕核能的毁灭性力量会占了上风从而证明了许多人——从奥本海默到费密或魏茨泽克——对它的否定是合理的吗?1945年以后——即使有了广岛和长崎事件,您依旧是极少数维护它的人之一。

我坚信自己是正确的。证据在50年后苏联解体时显现出来。我只是坚持最本意的科学。我没有其他那些人的目的,而且也不想解释这些动机,但是拒绝认识事物在我看来是一个单纯的错误。

那么人类就该实现一切在科学理论范围内可行的动作,无需惶恐也无需操心所有可能影响文明和政治的道德后果吗?

人类应该操心的东西是清楚解释其做过的事情和应该做的事情,以便普通人能够理解。然后,由整个社会团体来做决定。今天就是这样的政治状况——或者说至少包含最少矛盾的政治状况类型。这是民主政治。我并非想说它最理想,我的意思是我们还没其他更好的形式。再加上,这种民主不会因为民众的不了解而得到改善。

您认为政治、哲学和物理学不可兼容吗?

在我的职业生涯中,政治的问题被很尖锐地提了上来。正是因为这样我才被迫来到美国。也是因此我才从事武器的开发研究工作,然而我个人对这个毫无兴趣,因为物理远比它有趣。政治与我的生活发生了许多关系,但与我对物理的感情没有关系。

这意味着身为物理学家的您一直在尝试独立(于政治)获取答案并忠于自身的科研工作的本意?

我只能这样做。我是物理学家,所以我是可以解决某些与政治有关联的问题。但我与政客们的区别在于我是以技术手段处理技术问题,而不是以哲学手段。

在自然科学领域,您认为哪些是人类历史上最重大的事件?

还是我刚才讲到过的两大发现:量子力学和相对论。19世纪,我们了解到许多关于电、磁和光的知识,我认为它们特别有趣和实用,但它们不及本世纪初的两大发现具有根本性的地位。再之前,当然还有关于地壳运动、星际的存在等发现,也就是我们人类不过是浩瀚宇宙中一个极微小的分支这个事实。重大的事件就是这些了。之前肯定还有更古老的发现,但我认为提到的这些在过去五个世纪里占重要的地位。

反观人类历史,您能辨别出人们所说的"进步"的线性规整轨迹吗?

的确存在进步,但它没有规整的时空性,而是在改善生活的可能性里不断地加速。原因不是可能性的问题,而在于人们的意愿。在我看来,最大的灾难不是由本世纪的两次世界大战所导致的非人的事情。最大的灾难在几世纪前就突临了。三十年战争在三十年的时间里把中欧的人口减少了一半。只有一个结果,印证了那句箴言:统治者决定信仰(*Cuius regio, eius religo*)。这句不起眼的话是那夺走无数生命的冲突的结果。我觉得,今天冲突进入了人的意愿,这种状况蔓延至整个地球。不断发展的东西,并不是解决问题的办法,而是待解决的问题和它们的急遽程度。我似乎觉得要是没有技术进步的话,问题也会同样严重,可能更甚。所以我认为解决办法肯定在科学以外,在团结人类的力量里。

新的世纪是否应该有类似世界性的道德标准?那样的话会不会导致人类演化进程的历史性特征——多样化——减少?

共同的行为准则是一种解决办法。如果有的话,那么我完全满足于这样的道德标准,因为世界变得越来越小,一套准则可以使人们更好地相互理解,达到一种平衡。

那您将如何看待文化的多样性和现代的各宗教?

多样性是一个事实。转变必然是缓慢的。要是有人想解决所有的问题,或者有人认为已经将它们都解决了的话，那么他们肯定是错的。

20世纪初，历史学家史宾格勒(Oswald Spengler)带着许多矛盾在他的《西方的衰落》(le Déclin de l'Occident)里写下负有争议的篇章，也就是他预言西方社会的力量会衰亡。您认为这个预言会实现吗？

1900年前后是段快乐的时期。在此之前，最后的大规模军事冲突要追溯到拿破仑的战争。当然，中间还有其他的战争，但没那么重要。近数十年来，和平和进步是主导力量，尤其在西方。史宾格勒感觉到西方完成的并非如其表面般显著的进步成就。他是对的。但我不认为他帮助我们改善了自身。自我改善是件旷日持久的差事，我们将在接受进步并用之于民的前提下完成这个使命。

成为人，完完全全地

杜维明

陈卉 译

杜维明（生于1940年）是中国历史学家和哲学家、新儒学专家。1996年1月被任命为哈佛大学燕京学院院长。他毕业于哈佛大学，曾在普林斯顿大学和伯克利大学教授中国历史和哲学，从1981年起在哈佛大学任教。他也是由科菲·安南和联合国创设的旨在推动文明对话的杰出人士小组成员、美国文理学院院士。他主要研究儒家人文主义、中国思想史、中国哲学传统和亚洲的宗教思想。2006年，杜维明参加了达沃斯全球经济论坛。他的五卷本《中国哲学史》于2001年在中国出版。此外他还出版了若干英文著作，其中包括《新儒家思想：王阳明的青年时代》、《中与庸》、《仁与修身：儒家思想随笔集》、《创造性转换的自我》、《道·学·政——论儒家知识分子》、《儒学与人权》、《东亚现代化中的儒学传统：日本和四小龙的道德教育与经济文化》。

*

您把儒学作为一个创造性转化的过程来讲。您想用它表达什么意思？

儒学传统的主要关怀是学习成为人，完全、完整、深刻地成为人。我们都是人，这一点确定无疑，但与其他动物截然相反的是，我们有意地、尽力地对自己的人性真实。这种儒家的人性学习方式常常被视为与某种形式的社会伦理一体、与学习成为人的思想一体，而在学习成为人时，要和他人联结、扩展关系网络，这是从近亲、父母、启蒙老师，继而是兄弟姐妹、其他家庭成员等等开始的。举例来说，我们的身体是一项成就、一种获得物，但我们不是它的所有者：我们成为我们的身体。我们在种族层面、也在伦理和宗教层面上表达自我。在这个意义上，自我总是处于转化过程之中，而这种转化不是被动的，它是创造性的。

您把儒学描述成一种生活哲学。您会不会甚至于将它描述成可以适合西方需求的知识源头呢？

在某种意义上，所有伟大的伦理和宗教传统都是一致的、普世的。卡尔·雅斯贝尔斯(Karl Jaspers)①提到过像印度教这样的古老文明,我们还可以加上东南亚的耆那教和佛教,中国的儒家、道家以及其他精神传统,最后还有犹太教、基督教和伊斯兰教。还应该提到许多土生土长的宗教传统,它们的数量同样多,为被视作整体的人类带来充满意义的思想,同时依然深深扎根在独特的文化形态之中。这就是为什么对人类社群的某些阶层来说文化认同如此重要的原因。多样性和普遍性都在起作用。

儒学是不是社会道德事务中的社会哲学和具有现实约束力的世俗神学呢?

让我们换一种方式来提问:这里关系到哪一种哲学?哲学是对智慧的爱,是对自我的思考,是希腊意义上的个人认知。但如果我们把所有伟大的伦理和宗教传统都考虑在内,扩大这个词的意义的话,那哲学就成为一种生活的方式或形态。正因为如此,它在本质上与一系列精神活动和教育联系在一起。所以儒学传统把注意力集中在人性的学习过程上,这使它能抓住各个层面。我们学习语言不仅仅要学习口语,还要学习肢体语言、交际语言和自我理解的语言。我们甚至可以参考儒家的观点,即自我修养可以改变身体,使之成为自我的审美表达。换言之,我们通过礼仪、交流、讨论来改变自己的形体,从而能够以后在美学层面上表现自己。美学、伦理和宗教正是在这个意义上被整合到展现人性的整体过程之中的。

儒学——举例来说——和美国哲学家约翰·杜威(John Dewey)②的实用主义之间是否存在着相似性,后者通过对孔子教诲的仔细学习来强调行动的质量,甚至在政治领域也是如此?

事实上,它不仅与约翰·杜威的实用主义,而且与查尔斯·皮尔士(Charles Peirce)③工具主义的象征行动和共生体系思想相似,这种相似程度颇高。换而言之,人类也是象征的动物。人类不仅是符号,还是具有深刻含义的象征。并且这类互动、这类实践可以帮助个体,它不仅是作为一种孤立的仪式,还将人置于关系的中心、置于与他人及自我的交流之中。

您是不是将传统的儒学视作当代世界的哲学?

我认为儒学不仅是当代的,而且具有成为后世重要灵感源泉的必要潜力。大家习惯于把儒学遗产看成一个非常悠久的历史传统。有的人甚至将它当成简单的、属于过去的封建学说。按照他们的说法,我们将会在另一种秩序的力量引导之下进入现代,而儒学在此时不再起作用。但我属于那种认为传统正好可以让人理解当代世界或者未来世界的人。我们需要一个活生生的过去,因为这种过去可以让我们了解自我、了解后人。正因为如此,我们需要看清楚过去、现在和未来之间的联系。在这

---

① [译注]卡尔·雅斯贝尔斯(1883—1969)是德国存在主义哲学家、神学家、精神病学家。
② [译注]约翰·杜威(1859—1952)是美国实用主义哲学的重要代表人物。
③ [译注]查尔斯·皮尔士(1839—1914)是美国哲学家、逻辑学家、自然科学家和实用主义的创始人。

方面,我们接触的还是一个持续过程。所以儒学不仅仅是当代的、具有双重意义的称呼。当代可以帮助理解当下的永恒,或者正相反,帮助显示出暂时性:现在恰当的东西在唯一的当下之外不再有任何用处。正是在这个意义上,我把某种当代的永恒归结于毋庸置疑、归结于儒学传统。

自我修养的宗教层面是不是无神论哲学的新表达呢?

在宗教比较研究中,大家认为许多思想传统具有深刻的宗教性,不过有些传统并非如此,它们更加侧重于在社会或政治领域中渗透。然而,儒学往往被定义成一种非宗教的人文主义,只有世俗社会对它感兴趣,hic et nunc①。实际上,孔子在被人问及神明时,他回答:"未能事人,焉能事鬼?②"在被人问及死亡时,他说:"未知生,焉知死?"

在我看来,某些注释者误解了他的意思,由此认为孔子更关注生者而非死者,更关注人而非神灵。就像我读到的或理解的那样,我在他的话中看到了一种非常微妙的元素,它不是对事物的肤浅理解,那就是:在不理解生命的时候也不可能理解死亡。换而言之,应该把生命当作感受死亡的先决条件来理解,反之亦然,要全面理解生命,就必须了解死亡。如果不了解人世,就不能宣称了解神明,而了解人是有助于理解神明世界的先决条件。所以,对人类的充分理解意味着要了解神明世界。正是在这个意义上我认为儒学传统是彻底的人道主义,是宗教的伦理,或者伦理和宗教发挥着同等作用。而且这是一种对人的非常广泛的认知,包括自我、社群、自然和上天四个维度。有三个支配着这四个维度的基本原则在起作用。

相对应地,要是没有社群的善意支撑,个体的驱动便会陷于停滞。于是就有了互动的空间。同时,整个人类和自然之间也应该有持续、和谐的关系。儒学意义上的自然是人类的家园。人在这里完全不可能有那种被扔入未知的、必须依照以人类为中心的成见塑造的世界的存在焦虑。我们是宇宙的一部分,我们和树木植物一样,都是它的合法成员。最后,人心与天道之间也存有关系。幸而这是一种互惠互利、互相回应的关系,而且正是它使得此时此地的人世和天界之间能够互动,不过那个天界不能简化成自然,它具有一种广泛得多的宇宙观的特性。

儒学的特征不是缺乏对属于独特而明确的历史意志的神祇的信仰吗?而这正是西方哲学的特性。

确实有许多人认定不存在唯一的上帝,即便存在它也是遗世独立的。而且,如果是这位上帝创造了世界,我们这些人,也就是他的造物就不会具备智慧、理性或领会上帝设想的人类意义的某些能力,因为从我们这方面来说,企图诠释神意就是亵渎神明。不管怎样,一神论的传统具有深刻的意义,按照它的看法,我们都按照上帝的样子被创造出来。我们的尊严、我们的灵性都沐浴在上帝的恩泽与慈爱之下。甚至人

---

① [译注]拉丁语,意为此时此地。
② [译注]语出《论语·先进》。

的理性也是珍贵之物。天主教神学家做了许多工作,试图通过理性推理——这也是神赐的天赋——来理解世界。按照非常古老的、甚至是在孔子出现之前的一种说法:"上天创造完美的人",或"上天孕育了完美的人类",儒学家自己也深信,我们的存在源于某种理性。理解不当的话,这便是一个奇怪的概念,会导致人对儒家人文主义的曲解。在这个意义上,宇宙的创造性不仅仅是一种与人毫无关系的外在客观力量。如果这种创造性不属于个人,那它就非常人道,因为它催生了新的真实。作为人,我们要参与的正是这个过程,我们的责任就是辨别出自身创造性在哪里可与宇宙的创造性建立共鸣。

儒学的信徒可能对个人化的神祇理解不一,因为他们在对一个宇宙过程、对一个被定义为天国的超验性作出回应。孔子曾说:如果上天希望这种修养长在,那么那些企图对我不利的人伤害不了我。这里面就有一种使命的维度。在这个意义上,人的修养在继续着宇宙创造性的任务。因此宇宙就被看作是人本身的创造性,人类的自我转化则是这一宇宙过程的延续。

您是不是特别注重儒学的形而上层面,把它当作在日常生活中获得智慧的手段?

这个形而上层面在这一意义上是存在的:即生命的目的超越了仅有的现实体验。自然,我们生活在被您称为世俗社会的地方,但有许多对这个社会不满的思想传统在外部创造了精神圣殿,天主教堂、寺庙、犹太教堂或是圣骨盒,它们都是神圣的领域。儒学家对这种举措颇为敏感,但他们都认同另一种将世俗世界视为神圣的观点。他们没有在这个世俗社会之外创立精神圣殿,而是看重人际关系、家庭、友谊甚至政治和社会关系的领域。所有这些社会层面都可以被人从世俗领域转化到神圣领域。认为儒家的礼仪思想代替神圣仪式的话,世俗可以被看成是神圣的。

您觉得有可能在儒学基础上建立一种具有世界性影响的哲学吗?

我相信可以,而且我也相信,完成这项事业是我们这些受儒学传统影响的人的责任。换言之,我们想为世界社群作贡献,使得本土文化尽管各具历史、种族和文化的重要特性,仍能拥有世界性的意义。这种本土文化的世界格局正是属于某种形式的儒学。这项事业应当被纳入多元世界的范畴。世界永远不会儒学化、伊斯兰化、基督化或者佛学化。在某种意义上,21 世纪世界已经进入第二个价值阶段(*axio-âge*)。公元前一千多年间的第一个价值阶段是一段漫长的时期,各种主要的宗教在此期间诞生并独立发展。有许多生活在基督教世界里的人不与非基督教世界建立联系。我们也不要忘记大乘佛学和儒学对日本神道教的影响。

您曾经问自己儒学的自我的性质。您找到答案了吗?

这个关于自我的问题极其复杂。这不单涉及自我认同,而且,鉴于人类经验的许多层面,它还关系到自我的认识、理解。我研究儒学,也研究大乘佛学。我在好几年里都非常关注佛学中非常强烈的自我观念。这一自我具有复合性,集合了许多和谐的力量,而且相信在这一复合性之后存在自我是一种幻象。我们没有自我。在印度教阿塔曼传统中,真正的自我是婆罗门的一部分。婆罗门和阿塔曼就像坠入大海的一滴水,一旦入海,它就成为海水的一部分。有些人从基督教的观点来提问:自我变成了什么?个人在哪里?事实上,水滴已经消失。相反,如果将自我作为这种力量的联合体来理解,那些力量在水中铭刻了水滴的形状,一旦这水滴落入大海,后者就变成了自我,那就是婆罗门与阿塔曼的融合体。

至于儒学的观点,它让我非常惊奇:首先,它表达了一种强烈的信念,那就是人人都有一个命中注定的存在,它根深蒂固地扎根在社会、政治和文化传统之中。这种自我的特性独一无二、不可变更,即使在双胞胎身上也是如此,他们在这个世上占有不同的位置。这些被我称为原生关系、种族归属、性别、出生地、语言、社会化形式、阶级、年龄、基本宗教倾向的东西正是在这个特殊本质的范畴内变化的。这种组合、这种星运如此独特,每个人都是特别的。

您是不是将儒学的意义和儒学的个体性当作一个真实而特别的过程来理解的?

如果将儒学看成当今世界中一股活跃的潮流,那么重要的是主动涉足这个世界,而不是用某个在它之外的精神圣殿来作挡箭牌。但这种参与应该以批判意识为前提,因为成为某种 statu quo① 的世俗社会的一部分并不合乎理想。应该通过自我改造来改变世界,改变自我是先决条件。在这一点上,儒学与其他重要宗教并无区别。

然而,儒学认为真正的转变是在知识分子发挥公共作用时产生的。我在这里运用了一个现代观念,不过它深深地扎根在儒学的感知中。它可以是社群的组成部分,或是介入媒体、政治、商业、各种各样的社会、宗教组织。通过自我转化,这个个体力图投入社会,从内部来改变它。这里面就有根深蒂固的儒学信仰。

您是不是批判损坏了西方文明的社会构造的极端个人主义倾向?

我对这类倾向持批判态度,不仅仅因为它们属于西方,而且因为它们蔓延到了东南亚和世界其他地区。日语里有一个词 shing shingi 或 shing shingshin,指在大众媒体下兴起的,对压力集团的力量抱有极大希望的新人、新生代。这一代人通过大众传媒进行自学。他们非常个人主义,认为自己是新人类。这类新形势源自市场经济,市场经济的确对经济发展的活力有利,但在其他方面却是灾难。事实上,这是一种关乎私利、认为人是理性动物、人的理性唯有通过个人利益来确定的观念,在这种观念里,人人都在仅由规章条例支配的市场上竭力追求自身利益的最大化,排除其他所有形式的责任,严重损害了社会构造。

我们面临着两大危机,一个是生态危机,它是因为我们不能与宇宙联结而产生的,另一个则是分裂危机,且不说世界共同体,从家庭到国家之间,所有社群的关系都在分裂。

---

① [译注]拉丁语,意为现状。

您是不是认为每个人都具有充足的内在资源来实现这一自我转化并成为佛陀和基督那样的智者?

从儒学的角度来看,这是一个将两种非常强大、表面上完全矛盾的信仰复杂化的问题,但它可以帮助人理解人的状况。这两大信仰首先主张每个人都具有自我实现、成为儒学意义上的智者的内在资源。智者表现的是最真实、最真诚的人性,所以能够获得这种智慧是我们的天性。但与此同时,尽管有此期待,任何人都无法在具体的生存条件下成为智者。

没有人能在生存境遇中达到完美。即使达到最高水平,也总有进步的空间,因为保持这一高度需要调动巨大的精力,就好比精湛的音乐技艺:最好的钢琴家永远不会停止练习。而且如果我们有能力实现人的天性,我们也可以完全实现各种事物的本性,那么归根到底,这让人得以介入天、地的转化和滋养过程中。随后我们就能与天、地形成三位一体,而这三位一体的理想与成为至善至美的人、成为智者的理想一致。在理想上,所有人在人类学现实中都具有这种能力,但是在存在的层面上,这就关系到一个持续的自我完善的过程。这两种态度,即我是智者,我永远不能成为智者,反映了人类的潜力和现实这二种不可分离的维度。

根据儒学中的存在延续性,这一系列自我与现实、造物者与造物、神圣与世俗、文化与自然之间的二元对立意味着什么?

儒学家实际上对这种互动的、整体的、充满活力的模式非常关注。在中国古典思想中——它不仅指儒家学说,而且指道家学说——这种阴-阳模式象征着冲突、张力,甚至是那些对立又互补的趋向。这些因素同时存在,没有男性的力量和要素"阳",或是没有女性的力量"阴",任何现实事物都不会存在,而且这种男女之间的相互作用在创造力和生育之中发挥着作用。这一互动、对立的模式受到青睐,也正因如此,在我们看来许多二元对立体不是排他的,而是互补的,比如根与枝、内与外、部分与整体、开始与结束、表面与深层之间的二元对立。按照儒学的观点,它们描述了人类状况的本质,胜过那些不能导向整合、统一的排他性对立。按照后者的看法,造物永远不能成为造物者,思想不可以是形体。笛卡尔的思想就认为身体不可能是精神性的,神圣的事物也不可能是世俗的。相反,在儒学传统中,如果一个人能够成为造化的创造物,那么包含在这个躯体中的个人也可以是学习成为人的创造性转化的创造者。

儒学不是静滞的、机械化的或是分析性的。儒学的宇宙是生命的自我创造过程。然而,这个宇宙是个不断扩张的系统。这会给儒学引来什么呢?

这种将宇宙视为创造性的、有机的、整体论的、充满活力的、进化论根基的观点不仅只有儒学才有的,它属于中国,在道家思想中也同样存在。这里有一种坚定的信仰,即认为宇宙万物都相互联系,存在连续性的概念便由此而来。宇宙存在于万物之中,包含岩石、树木、动物和神明。随着造化显现,孕育出世间万物,万事万物全都在一个有机整体之内互相连接。因此,作为人类,我们也处在万物的连续性之中,与其他动物、植物、甚至岩石相互联系。由气血联结的万事万物之间存在着一种亲缘关系。无论在世界或宇宙中鉴定出怎样的元素,只要深入探查,它们总是相互联系的,彼此之间存在着一种分子层面上的关系。

自我的完全实现产生天人合一,在这个意义上,认为身体与天地万物合为一体的儒学观念是不是人类宇宙论?

事实上,儒学传统常常被看作是人类学的传统,是一种强调人和人的状况的哲学人类学模式。有人认为做这种强调损害了上天和超验性。有的思想家则主张在儒学传统中,一切都是内在的,没有任何超验性。在某种程度上,我赞同这种定义。

这上面加进了深刻的宗教意蕴,因为天产生了,人也完成了。将解读天意上升到完善它的程度,这是我们的责任。任何对于这个主题的曲解都会显得非常迷惑人。这里有一种观点,即我们不仅仅是造化的产物,这个造化过程还促使我们参与其中。

儒学伦理是不是推动了彻底改变西方传统的工具理性的进程?

这是工具理性的产物,工具理性是马克斯·韦伯(Max Weber)①的术语,在现代西方社会非常强势。科学、技术、政治机构和市场经济都将自身的存在和运作方式建立在这种理性之上。不过这种理性具有多种形态。终极目的的理性与纯工具理性不同。工具理性只是在整个责任范围内,包括在西方思想中的一种形态。比如在希腊传统中,理性与智慧、技艺、知识和自我了解联系在一起。它不仅仅关系到操纵某种工具、按照自身利益控制外部世界的能力。尽管这种理性在现代西方取得了非同一般的成功,我还是觉得西方思想传统、犹太教、基督教、伊斯兰教等对这种特定的思维模式提出了非常难解的问题,同时我还想到我们需要稳定的社会和有利于人类充分发展的经济。

因此,儒学传统非常强调这样一种义务,即把他人当作目的本身来对待。这条箴言很像康德式的命令:不要将他人当成达到目的的手段,而应该当成目的本身来对待。这也同样适用于教育,旨在自我实现与转化的教育。这种思维与工具理性产生了冲突,但它更加广泛。它可以适应那些工具理性正当运转的领域。您提到过杜威、实用主义和工具主义,而且毋庸置疑,应当选择最适合的方法来达到某些目的。应当懂得回答特定的问题,尤其是由公共生活和政治社会现实提出来的问题。这些思考和范畴对于现代社会、民主和市场经济绝对重要。但它们也是更加广阔的宇宙的一部分,那是家庭生活、友谊、宗教、美学、精神转化和所有不受市场经济支配的人类互动形式。我在影射社会资本、文化认识和精神价值。这些领域应当得到开拓,尤其是通过我们所谓的人文科学。

---

① [译注]马克斯·韦伯(1864—1920)是德国政治经济学家和社会学家,他被公认是现代社会学和公共行政学最重要的创始人之一。

西方的个人主义是以约翰·洛克(John Locke)①的私有财产、亚当·斯密(Adam Smith)②的私人利益和约翰·斯图亚特·穆勒(John Stuart Mill)③的私生活的思想为基础的。旨在调和社会的儒学能不能对它作出修正呢?

洛克、斯密和穆勒的这些思想向儒学世界发出了一项重大的挑战。儒学的信奉者明白私有财产对发展个人尊严的重要性,市场对经济活力的重要性,也明白私生活的意义对保护个体权利的意义。儒学家从西方思想家那里学到了许多东西,导致他们开始批评自己的传统,认为比起私人利益来,这种传统赋予集体参与和公共利益过高的地位。同样地,它们也过度强调了政治稳定的作用,以致于损害了经济活力。因此,与西方思想家的接触使他们得以重新阐述儒学思想。

相反地,在150年之后,市场经济的巨大力量、对私人利益的一味关注、轻公重私的现象都促使人对福祉的概念作出思考,它不该仅根据个体或规模有限的团体的利益来界定,而是要按照集体、国家或世界共同体的福祉的意义来确定。

您怎样定义儒学的精神导向?

"精神"一词指的是比宗教存在宽泛得多的概念。儒学是一种宗教吗?如果我们按照三种一神教传统,即存在神祇、教堂和皈依成为宗教团体一员的义务来定义宗教,儒学并不符合这些标准。相反,如果更加宽泛地看待宗教、并愿意撤去某些限制,那么儒学可以算作其中的一份子。许多人认为它具有人文主义的精神境界,但这种儒学人文主义的特点恰好正就是非常开放、不轻视更非无视超验领域。它非常强调上天的重要性。换言之,在儒学传统中,人性最高层次的体现就是人与天的完全融合,中国人称之为天人的统一、互补。这种精神理念深深植根于人类的状况,因此它不包含任何对人的否定。它与尼采的超人有极大的不同,它来自真正的人的尊严,这种尊严存在于人的天性、与生俱来的转化与创造的本性之中。于是,人的意义就具有了精神的维度,同时这种精神维度不仅仅是抽象的理念,它体现在人类的规划中、扎根于此时此地的世界中。

精神直觉在儒学里起什么作用?它是不是与静修、自我了解的终极价值有关系,而与秘传学说和非理性主义毫无关联?

如果用康德的表达方式来改述这个精神直觉的话,可以看到德国哲学强调这样的观点:通过分析,人能理解、研究现象或表象。人类无法理解事物本身。所以对人的理性而言,事物本身永远隐蔽。人只能理解事物的表面构造、而非深层构造。在这个意义上,人无法了解自己,任何人都不能理解人性本身。反过来,儒学家、佛教徒和道教徒在自我了解的可能性上都支持这种深层信仰,它扎根于将天性作为上天馈赠的人性化理解之中。

---

① [译注]约翰·洛克(1632—1704)是英国的哲学家,英国的经验主义三大代表人物之一。
② [译注]亚当·斯密(1723—1790)是英国苏格兰哲学家和经济学家。
③ [译注]约翰·斯图亚特·穆勒(1806—1873)是英国经济学家、思想家、哲学家、古典自由主义思想家。

这里关系到一种不同的理解形式,而不仅是符合某种时态、某个数学公式、某个技术问题的学问。这门学问也不仅是一种思考,它是静修,是对客体的冥想。学问本身就可以让人在过程中转化。这门转化人的学问是具体的、混合的。

伟大的探索者李约瑟(Joseph Needham)①对中国文明做过许多研究,他谈论过终极智慧与人类理性之间的脱节,创造了"有机观"的概念。他想借此来表达什么呢?

李约瑟深受道家学说的影响。他曾宣称,如果自己被视作道家传统的"荣誉成员",他会感到荣幸。关于中国和道家的宇宙观,他提到过这种儒学支持的自生的、没有造物主、没有安排者的宇宙观。这是一个既多维、又整合的宇宙,它就这样按照进化论运转着。他没有将宇宙看成一台机器,而是看成本能创造性的有机显化,因为他是生物化学家。这就是没有安排者也可以被安排的原因。宇宙源于完美协调的创造性过程。这一进化过程使宇宙可以像有机整体一样顺畅、自动地运转。

您怎样区别儒学和西方传统的宗教、哲学思想?

如果写一部西方哲学史,首先会提到希腊传统里的重要人物、中古传统的几个名字,比如圣托马斯·阿奎那(saint Thomas d'Aquin)②或圣奥古斯丁(saint Augustin)③,然后便要讲述具有分析传统和康德、黑格尔这样的哲学家的现代时期。接着如果写一部西方宗教史,也会从摩西、耶稣基督、马丁·路德、克尔恺郭尔(Kierkegaard)④或某些宗教思想家开始。如果比较一下这两种历史,它们看起来互相补充,但迥然不同。有的人会过于简单地说,哲学非常重视理性精神、分析方法,任何前提都回避不了验证和批评性分析,而宗教传统则强调信仰、信徒团体和传统的重要性。相反,如果您写中国哲学史和中国宗教史,主要人物都一样。正因如此,我把哲学和宗教联系在一起,这可能有点奇怪。换言之,哲学思考和宗教承诺或宗教团体的信仰丝毫不冲突。由希腊和犹太基督教传统实行的分离适合西方,但它没有在印度教、佛教、儒学或道教的世界得到认可。正是在这个意义上,儒学传统可以既属于哲学范畴、又属于宗教范畴。事实上,它既不是宗教性的、也不是哲学性的,因为这里面已经有一种属于西方的区分了,它同时兼具这两种性质。

传统的儒学与佛学是不是都具有精神与物质的二元性呢?

在大乘佛教的传统中、在儒学中,物质与精神之间实际上存在着明确的区分,它与其说给人启示、还不如说令人迷惑。这部分地取决于物质与精神、世俗与神圣、身

---

① [译注]李约瑟(1900—1995)是英国近代生物化学家和科学技术史专家,长期致力于中国科技史研究,著有《中国科学技术史》。
② [译注]圣托马斯·阿奎那(1225—1274)是意大利神学家、欧洲中世纪经院哲学代表人物。
③ [译注]圣奥古斯丁(354—430)是古罗马帝国时期基督教思想家、欧洲中世纪基督教神学、教父哲学的重要代表人物。
④ [译注]克尔恺郭尔(1813—1855)是丹麦哲学家,其思想成为存在主义的理论根据之一。

体与精神、造物主与造物之间的一系列对立，它们在二元世界内发挥着良好的作用。

相反，在儒学传统中，身体既世俗、又神圣，如果世界和土地的神圣被认为是一种后天获得物的话。佛教非常批判 samsara①，这个生死的无尽循环只不过是幻像，相对它而言，佛教更倾向于彼岸的精神王国。不过，佛教的禅宗或大乘传统强调此时此地的世界转化，并且认为轮回能够转化为涅槃。这种观念堪与世俗、神圣的观念相比，但身体在这里并非灵魂的囚牢，相反却可以是灵魂与精神实现的地方。在这个意义上，心灵与身体、物质与精神的相互作用永远都存在。古代中国思想中关于气、一种物质力量、生理心理方面的能量的思想认为，世界便是由这股生命能量构成的。

也是由直觉智慧和非二元对立的认知构成的……

事实上，精神和物质的区分不再存在，因为几乎在世界的任何地方都找不到这种区分，即使可以遇到毫无精神、毫无灵性的死物，或是完全脱离肉体、没有物质形态的神灵。举例来说，桌子或者小石头并非简单的、静止的物质实体，而是生命能量持续不断的呈现。这就等于表明世界上任何事物都不是静止的，从长远的历史角度来看，所有的存在都处于转化之中，万物皆动。小石块也是能量场中的一员，这就是为什么可以说石头具有不同程度的灵性的原因。砖块的灵性就可能不及玛瑙或玉，玛瑙、玉的内在结构让它们含有某种灵性力量，把它们与人联结起来。

团体的含义是不是对自我的心灵和精神发展、对儒家思想的实现很重要？

团体的思想首先在信仰中得到证实，这一信仰认为人从来都不是孤岛，而是各种关系的中心，是持续不断的消长起伏。作为这样的存在，人与许多其他的起伏变化产生交流，这就形成了一个团体。我们自然倾向于基于信任的团体，我把它称为忠诚团体，它建立在对于社会基本价值观的忠诚契约基础之上。正是在这个意义上，人不能单独活着。如果人在孤寂中生活，作为人，他会意志消沉、变得贫乏。我曾听说，在集中营里有6岁以下的儿童不可避免地死去，尽管他们的营养和其他方面的物质条件都还过得去。其中部分原因就是他们无人照看、缺乏眼神交流、从来不被人抱护，没有人照顾他们、和他们说话，正是这种沉默和孤独令他们死去。相反，也有一些个体经历了长达数十年的孤寂后仍然活了下来，但这都是年纪大得多的人，他们还保留着曾经被人触抚、与他人交流的回忆，还能回想起自己曾经生活在与外部世界的联络中。感到自己是团体的一员、并扩大这个团体，这对人的生存和充分发展绝对重要。

难道中国的宇宙论没有任何关于创造的神话吗？

这是一个有争论的议题。有人写过几篇极具煽动性的文章，证明创造神话的缺失是中国宇宙论的显著特征。与之截然相反的是，从那时起有许多作者指出，这种类型的神话在中国历史上是存在的。所以创造神话并没有缺失。中国宇宙论的显著特征就是懂得是否存在这样的神话。占主导地位的是关于存在连续性的议题。17世

---

① ［译注］（印度教、佛教）生死疾苦等之轮回。

纪有一位思想家得出下列的观察结果:"让我们想象一下,人经过演变来到世上。人类在一段非常漫长的时期内经历了许多阶段的发展。天地是我们的父母。因此草木动物是我们的表亲。"它极具儒家思维方式的特点,也触及了中国的宇宙论。他们是促进人类进步的过程的组成部分。

中国的思想或思想史中是否存在一种真正的与西方具有明显区别的形而上学?

整部中国思想史和西方思想史截然不同。形而上学是一种超越身体的思维方式,往往与某种形式的静修默想相联系,从来都找不到证据。正因如此,有的人认为这种思维方式属于假想范畴,就如同诗歌、如同对于虚幻世界各种可能性的想象。这在西方是一项很重要的精神训练。在中国,我们也有大量类似的思辨性内省的例子。而在儒学的传统里,恰恰是个体的亲身体验构成了起始点。于是便涉及到对于生命、人的意义和人类状况的思考。这不仅仅是一种叠放在世界之上的形而上学思想。如果我们能够确认某种本体论、某种关于真实是什么的思考、或者某种关注宇宙最终存在方式的宇宙论,那么这些思考就会与被它们当作起始点的世界上的生活体验联系在一起。因此这些并不是在某种程度上仅产生于思辨的形而上学体系。在这个意义上,我们可以说哲学由一系列对于展现世界观的人类直觉的同类思考组成。这种世界观拥有宇宙学的意义,就如同一种本体论。

丰富的想象能不能弥补精确分析的缺失呢?

当然可以,但我要说,精确的分析与丰富的形而上学之间的显著区别在这里可能不起作用。我们倒可以谈谈大量存在的模糊性,它是一种不力求在最小的细节上解决一切的坚定目标的结果。这个目的不是从经验中提取一个经过精心整理的体系,而是期望生活的具体性,即使在缺少封闭的、限定的体系时,它也允许人能按照更加丰富的整体论的观念继续思考,其中可以发现更多的维度。这是一个持续开展的过程。

儒学是不是一种社会伦理的形式?

是的,因为它和社会参与联系在一起。我们持有一种伦理责任的观念,有的时候,它即使不被认为比终极目标的伦理更重要,也与它同等重要。儒家对意志的纯洁性感兴趣。较之为了达到目的的手段,我们的行为更多建立在目的本身之上,但是这些行为的社会影响属于责任范畴。毫无疑问,人总是会面临负面的、不由自主的社会影响,它们不是源自我们的意愿,而是源自事实。然而,在这种观念里,个体被当作负责人,甚至是在这个领域中也是如此。

有意识的集体行为有没有重要性?

从社会伦理是一种集体行为的意义上来讲,确实有重要性。换言之,自我实现是集体行为、是伟大的教育。从天子到普通人,人人都应当把自我修养当成根基。社会则被看作是为了人的充分发展而创造出来的。它不仅为个体带来经济意义上生存的、或是在政治层面享受安定的可能性,而且带来了伦理和宗教意义上让人得以充分发展的环境。

中国美学的内涵是什么？它对中国文明的意义是什么？

您知道现代思想中明确分开的三个领域:美学、伦理学和宗教。它们在儒家思想中相互联系。身体的肉感提供了社会活动和社会参与的基础。伦理学的领域扩展到终极关怀,这让伦理得以充分实现。因此一方面,美学可以被视作伦理学的基础,被视作对自然、对美的基本感受的审美认识,同时也是最高层次的伦理体现。子曰,"从心所欲不逾矩"①。我是什么人和我应当是什么人融合在一个自发的整体之中,美学的这一意义本身也具有意义。

人的尊严在中国的宇宙论里占据了怎样的位置？

人的尊严是人类固有的、上天赋予的价值。文选中出现过这条箴言:"三军可夺帅也,匹夫不可夺志也"②。个体一旦决定行动,那么这个决定本身就是一个转换性的行为。在基督教的思想里,不论个体的地位、权力和影响如何,他都应该被人尊重,因为他是上帝的复制物。但在儒家思想中,个体则是天理的化身或体现。个体的天性是上天授予的,他不仅应当被当作社会社群的合法成员来尊重,而且应该被当成天理在人类事务中的阐释来尊重。

相对于政府和社会,儒家的自我和个体概念是怎样定位的？自律是不是一种统治方式呢？

伟大的教育教给我们一些非常有趣的、关于外部实现和内部规则的东西。它是被人这样陈述的:调和家庭的基础在于个人生活的修养,家庭井然有序,国家才能得到治理、普世的和平才能主宰天下。联合国家恰如其分地发挥着它们的作用就意味着每个成员国都被管得好好的,这真是想不到的事情。每一个国家都能得到很好的治理,因为它们的家庭都是如此,而这又是因为这些家庭的成员达到了某种形式的和谐境界。不过,个人的修养建立在修正自身精神状态的可能性之上。这种精神修正是他们真挚意志的成就,并随着个体学问的增长得以实现,而学问则建立在对事物意义的研究、评估和理解的基础之上。这种内在和谐的过程、这种旨在平衡的对存在的某些深层源泉的发展充当了正当的社会活动、国家治理与普世和平的基础。

杰出的神学家雷茵霍尔德·尼布尔(Reinhold Niebuhr)③曾经提出,在不道德的社会当中也存在着道德的人、道德的个体。在儒家思想中,道德的个体应当为了能够转变社会而自我完善,从而使社会从不道德变成道德。这种观念是建立在一种坚定

---

① [译注]语出《论语·为政》。
② [译注]语出《论语·子罕》。
③ [译注]雷茵霍尔德·尼布尔(1892—1971)是20世纪美国最著名的神学家、思想家,是新正统派神学的代表和基督教现实主义的奠基人。

的信念之上的,那就是个体拥有的影响、权力越多,能获得的信息、财富和思想越多,他们就越具有整治社会的义务。这就促使他们在这项自我转化的工程中表现得更加勤勉。

对于作为中国文明独特标记的权利、责任和义务,您是如何看待它们之间的关系的呢?

最近,我在哈佛大学的一次关于理性和道德的课程中向第一阶段的学生讲授了儒家的人文主义、自我修养以及道德社群的意义。我要求他们在最重要的两类价值中做出选择,把它们按照优先顺序分级。我建议他们先在理性和感应之间选择、接着在法律和惯例、权利和责任(或是义务)、作为个体的人和作为关系中心的人之间选择,最后在个体责任的理念和入世的理念之间做出选择。8年前,当别人将这门关于权利和责任的问题的课程托付给我的时候,大多数学生都认为权利比责任或义务更加重要。时至今日,情况却恰恰相反。

这些选择在美国的环境中都是有价值的。但在中国的环境中,责任和义务被视作行使权利的先决条件。责任、尤其是义务感,不仅仅是指年轻人对老年人的责任、周边地区对权力中枢的责任或是人民对政府的责任。它也是文化和政治精英的义务。儒家传统可以从精英义务的理念中引出人民义务的理念。从整体上看,精英拥有对于人民的巨大权力,精英必须让自身履行某些义务,数量还要在人民的义务之上。因此,他们具有更多的义务来关注社会稳定的维护。在这一点上,如果权利意识在经典儒家思想中从未得到过发展,那么我们可以肯定,人民需要需被尊重,因为他们拥有不可剥夺的权利,而守护这些权利是国家、尤其是强大国家的义务,否则国家不可能履行它们的责任。

中国能带给世界的、源于其文化传统的人文主义信息是什么呢?

近几年来,我非常关注文明之间的对话,而且我也由此极力批判文明冲突的概念。这种跨文明对话中存在着两种迥然不同、但都富有意义的方法。第一种方法旨在保证人类生存的最基本条件,这一点超越了所有宗教之间的重大对立。汉斯·昆将自己完全投入到这种方法当中,它建立在我们已经提到过的两项基本原则之上,其中第一条原则是"己所不欲,勿施于人"①,第二条是一种人道主义的原则,根据它的规定,每一个人、每一个国家都被当作目标本身,而不是用来实现目标的整套工具。但是,这个最低要求应该实现最大化的增长。换言之,我嘉赏他人的作为,因为仅满足于不互相伤害、不互相残杀的处境是不够的;因为分享对人类社群的渴望、从而让我们一起充分成长,这也很重要。

怎样实现充分的成长呢?为了这一点,应该容纳多样性和多元化。不可以再容忍那些恶性的相对主义或那些同样恶性的、极端相异性的观念。应该对他人表示极

---

① [译注]语出《论语·颜渊篇》。

大的尊重,关注多样性和文化多元化,但又不要陷入宗教和相对主义的陷阱中。为了做到这几点,我们应该用对话、讨论和争辩来建立一个连续不断的网络。

在这方面,儒家传统可以扮演有意义的角色。我曾经致力于与基督徒、穆斯林、儒学者、犹太教徒、甚至马克思主义者进行大量的伦理、宗教和跨宗教对话。这些交流让我明白,名词"儒学者"也可以是一个形容词。当穆斯林和犹太教徒进行对话时,大家知道彼此是谁。佛教徒和基督徒之间也是如此。相反的是,儒学者很少会那样做自我认同。他们是儒家的基督徒、儒家的穆斯林、儒家的佛教徒。他们的归属更加复杂。他们就以这样的方式来展现自己(比如儒家的基督徒),因为他们由此要求政治和社会参与、要求文化共鸣。这就等于说:"我不仅对隐修会或未来的神国感兴趣,我对现实世界、转化的手段和创造性地让自己介入到转化过程当中的方式也感兴趣。"的确,儒家的佛教徒将是大家所说的人道主义佛教徒,他不会离开家庭去创立隐修会、走向彼岸的世界。菩萨便是如此,他宁愿在尘世修行,随后获得进入涅槃境界的权利,但出于慈悲,他又返回世间以便改变这个世界。为此,应该尊重神圣的大地、改善人类的社群。

这就是为什么儒家知识分子能够发展各种网络、进行宗教对话、推动世界性伦理的发展,这种伦理不局限于人类生存的最低要求,还在继续其他的追求。

对于某些启蒙运动的价值观,即物质化的个人主义、攻击性的竞争和恶性的相对主义,儒学有没有批判它们无力提出一致的、真正"人性化"的行动指导?

启蒙运动的思想起源于现代西方文明,毋庸置疑,它是这两个世纪的世界发展过程中最强有力的意识形态,而且这个趋势可能在随后的几十年还会继续。我们全都是启蒙运动的孩子。从20世纪初开始,中国知识分子赞同启蒙运动的思想,把它们当作工具理性的最高程度,当作征服自然、推动经济和技术发展的本领,他们也赞同那些现代西方世界特有的价值观:个人尊严,诸如自由、平等、理性这些个体自由的保护伞,这么多的思想和追求从此之后就成了世界其余部分的经验的一部分。启蒙之光在中世纪的黑暗中闪耀,通过这个我们仍然身处其中的过程,人类走向了自由。

但按照人类目前的状况,如果以批判的眼光审视这个发展过程,审视我们作为物种的生存状况,审视可以引导我们度过这场困难危机的意识形态,那么大家就可以明白,对市场经济的颂扬会导致过度的竞争、个人主义和人类中心论。人是万物准则的思想,和我们对自然、对他人、对条件差的人的态度,都在某种程度上受到了过时的、激进的人文主义影响,这在历史上是头一次。

您经常援引哲学家约翰·罗尔斯(John Rawls)①和他在《正义论》中阐述过的、个体是合法请求来源的观点。按照罗尔斯的看法,个体都是他们对于社会的责任和义务的产物。在儒家传统中,扎根的意识与关乎人类社群的全球伦理绝对不是不相

---

① [译注]约翰·罗尔斯(1921—2002),美国政治哲学家、伦理学家,是20世纪英语世界最著名的政治哲学家之一、西方新自然法学派的主要代表之一,同时也是20世纪最伟大的哲学家之一。

容的。那么西方传统中的、特别是如同罗尔斯阐述的个体、正义的思想和儒家传统之间的主要区别是什么呢?

约翰·罗尔斯是一位主张自由的思想家,但他受到了康德和美国实用主义的双重影响。因此,他的立场与另一位主张自由的思想家哈耶克(Hayek)①迥然不同。

当然,按照哈耶克的观点,儒家思想与自由主义相互矛盾。他认为相对于社会福利而言,个人主义更多的是让人了解市场运作。他也反对政府对市场的一切干预。而罗尔斯的立场没有这么极端。

罗尔斯追求适中,愿意让政府发展一些社会政策,强调分配的正义,对最边缘化、条件最差的个体给予优惠。罗尔斯的著作中具有正义理念的社会维度。但他忠于洛克传统,并不重视许多在我看来是儒家传统中、属于公众争议内容的元素。所以他不把宗教当成公共的,而是当作严格私人化的东西,而且他认为政治领域不应该涉及宗教问题。在儒家思想中,宗教是主要的公共问题之一。道德问题也不是私人化的。总而言之,极度个人化的问题由此不被看成是私人的,因为它也包括了一部分公共责任。因为这个原因,公共和私人之间的分隔显得不切实际,即使是在北美也是如此。

儒家对于公共和私人的观点不一样,它涉及到一种更加活跃的关系。举例来说,我对我的家庭具有非常私人化的态度,如果我超越一己私利来关心它的话,但是如果个人只考虑自身利益而不关心家庭,我的态度将受到公共性的影响。

与村落、社群或部落相比,家庭仍然是私人化程度丝毫不低的空间。如果不超越家庭的概念,您将仍然停留在私人空间,没有充分转向公共空间。以此类推,社群在整体上也可以构成一个私人空间,也会被人如此看待。随后,国家的利益、不仅仅是政府或省份的利益,将会凌驾于私人空间的某些关注点之上,但国家本身又划定了一个私人空间。不论美国的影响如何,它面对整个联合国时仍然构成了一个私人空间。美国行使着各种各样的私人权利,可这以损害其公共精神为代价,尤其是它为了某些只在乡土观念上理解美国的保守派参议员而不向联合国缴纳成员费。国际社会也因此对美国的公共精神提出质疑。

但以此类推,整个人类也可以被看作一个私人空间,这不是因为受到启蒙思想的影响,而是受到启蒙运动精神的影响。我们认为,所有在短期内为人类利益服务的事物都是正当的。我们以为能够掠夺自然、破坏自然,迫使各种事物违反天性,却没有觉察到这类由人这个物种做出来的、追求私人目标的行为将会破坏宇宙发展的动力。所以,我们必须学会将公民责任感表现出来。这一客观公正、对更广阔领域开放的要求丝毫都不与在本土扎根的层面相冲突。扎根,这就意味着感觉在自己家中,是种族、宗教或社会团体的一部分。但这并不与个人利益的认同相违背。只需要承认其他人是以不同的方式扎根、表现的。因此,重要的是能够让交流成为可能。这就是为什么扎根也必须以懂得超越自己的根、转向公共精神为前提。

---

① [译注]哈耶克(1899—1992)是奥地利裔英国经济学家,新自由主义的代表人物。

您提到了亚洲的价值观。儒家伦理有没有推动亚洲工业化的发展呢？

这里还有一个复杂的问题，让我非常关注。我感到工业化的亚洲、包括一部分社会主义的亚洲，属于儒家文化的范畴。为了尽力理解这种现象——除了特征和经济力量以外——必须考虑体制因素和政治因素。

如果仅限于对这种现象作纯经济意义上的解释，那么对经济学家来说这是令人满意的，大家可以说因为有美国存在，由于美国市场、国际环境、替代品的进口和出口导向的政策，亚洲在经济上得到了充分发展。如果我们可以不提及儒家的伦理或文化思想，根据国家政策、政府结构和社会力量来解释这一切，那么对我来说这也是恰当的。可这种解释远远算不上全面。它的表面特征促使我们也了解政治机构、社会结构和其它非政治元素、某些外部性是如何介入并允许这些社会运作的。因此恰恰相反，我认为这些推理的不全面会迫使我们对内心习惯、文化等等进行深刻的检视。诚然，在提到儒家价值观之前，必须研究若干其他的元素，考虑经济形势，考虑社会、政治和体制特点。然后必须探讨价值观和文化的问题。

因此这片地域符合文化宇宙论的本义，但其中上升的因素也是促进衰退的因素。这些因素是什么呢？

第一个因素就是政府的主导角色。第二个是作为社会基础的家庭结构，这种家庭网络可以提高经济生产力，或者相反，阻碍市场的透明度和开放性。接下来，教育是必不可少的，不过在它亚洲类似于世俗宗教。东南亚的教育过于注重科学和技术，对文化的关注却不够。这些国家也意识到了这个漏洞。最后，在正义之外、在一切法律约束之外，还有一个公民义务行为的传统。这就是我们称为"惯例纠正"的东西，它是解决冲突和压力的一种手段。重点更多放在和谐而不是竞争上。在经济领域，竞争力基于个体的主动性，基于某些排斥阴谋诡计、挑战权威的能力。某些受儒学影响的亚洲国家可能对此难以适应。以前，这些社会成功地运用网络、利用政府的主导作用、利用建立在技术基础上的教育来提高收入。从这个角度来看，它们需要转变。

您认为这个世界只存在一种现代性，还是依照不同的宗教和文化传统存在着多元化、多样化的现代性呢？

近几年来，我参加了一个名为"多样化现代性"的项目，这是我先前在一部作品中提出的问题。这儿提出了更加广义的、现代性中的传统问题。它的假设是由于西方经验的多样化，现代性本该从复杂的历史中出现、在西方世界兴起。英语社群与法语社群或西班牙语社群不一样。因此现代性的历史比它表现得更复杂，因为起作用的不仅是一种西方化，而是多种形式的西方化。所以，如果承认存在着一种深受西方影响的亚洲现代性，那么这种影响也并不均衡。在被称为"反聚性"或逆向相聚性的问题上，许多比较文化研究者都犯了一个错误：他们都表示亚洲国家已竭力向西方学习。活力已向亚太地区转移，而这种转移构成了一种模式。轮到美国和欧洲应该向东南亚学习从而恢复活力。在首先触及亚洲经济的金融危机之后，这种模式消失了。

然而,我认为东南亚的这些会从长远角度重新定位的事件启发人作出如下的思考:现代化进程可以具有各种各样的文化形式。它始于欧洲,向多方位蔓延,转移到了北美、继而是亚洲。这就表明现代化曾经有过亚洲形式、东南亚形式,那么它完全可以采用许多其他形式,比如拉美形式、非洲形式、伊斯兰形式、儒家形式等等。如果情况是这样的话,我认为可以提出两种假设,它们都经得起事实的检验。第一种假设强调传统在现代性中的重要性和意义,使得所有的传统形式——美国的、法国的、西班牙的、德国的——都拥有他们特有的传统特征。根据第二种假设,现代化进程事实上具有不同的文化形式,而这就引起了对多样化现代性的讨论。摆在面前的事实极其有趣而复杂,那就是我们亲眼看到了具有两种连续进程的当代世界,这两种进程的同时存在是冲突的源头。我们必须理解它们的相互作用。

如果时间是金钱,那么速度就是权力

保尔·维瑞里奥(PAUL VIRILIO)

王 建 译

以下文字来自温特的编译版本。

  保尔·维瑞里奥(1932年出生,现居拉罗谢尔),城市规划设计师,速度学家,新通讯技术方面的战略专家。他于1972到1975年担任巴黎建筑专业学校校长,1990年起担任该校董事会主席,现为该校名誉教授。在发表了最初的一些哲学文章后,他于1973年担任了伽利莱(Galilée)出版社《批判空间》(*L'Espace Critique*)丛书的主编。维瑞里奥在1987年获得了建筑批判国家大奖。1990年,他成为雅克·德里达领导下的巴黎政治学院的哲学国际学院院长。从1992年开始,他担任贫困人口住房委员会委员。在他的主要作品中,由伽利莱出版社出版的有:《消失的美学》(*Esthétique de la disparition*,1989);《事件的风景》(*Un paysage d'événement*,1996);《信息炸弹》(*La bombe informatique*,1998);《会发生什么》(*Ce qui arrive*,2002);《寂静的过程》(*La procédure silence*,2000);《恐慌的城市:别处和这里一样》(*Ville panique: Ailleurs commence ici*,2003);《原始事故》(*L'accident originel*,2005)。从1991年开始,尤其是在茹依桑诺萨举行的《速度》展览之后,维瑞里奥参加了卡地亚当代艺术基金组织的几个展览。1990年,他和雷吉斯·德布雷(Régis Debray)一起被任命为COFRES(塞维利亚博览会法国区)法国展馆的顾问。他在21世纪非暴力联合基金创立伊始就一直资助该项目。

  直到20世纪70年代末,速度学的概念在古文字学家眼中还只存在一种意义。但是速度学家维瑞里奥的研究工作改变了这一切,随着《马达的艺术》(*L'art du moteur*)和《解放的速度》(*La vitesse de libération*)的发表,他开始了巨大的成功。在《荒芜的屏幕》(*L'écran du désert*)一书中,维瑞里奥赋予了军事科技的发展和电影的发展一种令人震惊的关系。维瑞里奥的思想以科技、知识和哲学的结合而令人着迷。

*

我们是在网吧里见面的,这是一个公共场所,它代表了当今的信息和通讯社会,也向我们展示了未来电子媒介的使用前景。互联网、因特网、网络空间:这种不可思议的形式是不是预示着一个光明的前途?

它既是光明的又可以是令人沮丧的,就像 20 世纪所表现的一样。网吧,是与车站、码头甚至机场完全相反的事物。那些公共区域是出发、离开的场所。而网吧则是到达的场所:图像、声音和幻想,一切都会聚集到这个场所。无论到哪里,现在都不需要旅行了,只需要等待即可。这是对人类与世界的关系的一种颠覆,这是一个对于我来说十分奇特的现象。建立在光波和光速基础上的对宇宙无限世界的投射行为转变为一种吸收行为。

您说这些话的时候,我们有一丝凄惨和悲观的感觉。

是的,人类的第一个自由就是能够没有束缚的自由移动。这一点当然是可行的,但是当人类习惯了信息的便利性,人类就不需要改变住所了。因特网只是这个过程的第一步,随着新的信息高速公路的开通和运行,这个过程将被加速。恐怕用户中的电视技术也将不是原有的那种了,将会变成一种我称之为病态的"静止点"。这意味着世界的中心将在网吧里,郊区的概念将不存在。

请您相信——我们静止不动的像着了魔似的看着屏幕——那些光标和显示符号征服并控制了我们。对于许多人来说,这种现象没有丝毫令人担心的地方。他们反而看到了一种鼓励全世界人们进行相互交流的可能性,一种消除偏见以及到达认知新高度的可能性。

所有的征服都包含着毁灭。一方面,全球化汇集了越来越多的和谐的人文主义,尽管这种进步有时还会存在冲突。另一方面,因为图像都可以直接传输,距离较远的人得以相遇,地理空间变得和时间一样,这让整个世界变得更小。米歇尔·福柯对于 18 世纪有关禁闭的描述在 21 世纪得以实现。这种距离的缩小会产生幽闭恐惧症。因为我自己有这种恐惧症,所以我感觉对于未来一代来说这将是一个病态的威胁。

这样的言论让您获得了灾难预言家、怀疑论者的称号。

怀疑论者,是的,但不是一个精神领袖也不是一个预言家。我以我的方式来解释我的恐惧感。我在七岁到十三岁之间经历了第二次世界大战,这发生在一个由操纵和伪造而形成的虚假背景下,这种背景立刻就摧毁了人们的信仰。那时我们住在南特,南特被来自远方的德国战斗机占领了,而盟军则以自由的名义不断投掷炸弹。无处不在的敌人采用源源不断的宣传攻势来征服我们,而我们的朋友,则用摧毁城市、杀死民众的形式来拯救我们。作为一个小男孩,我再也不相信自己的眼睛了,在这些谎言中,我问自己哪里可以找到依靠。我用极其怀疑的态度注视着这些所谓的事实——我一直保持着这种态度,至今依旧。

1945年后的历史更加增强了您的观点?

我们知道,战争让位于"胜利者的平衡"。在四十年的时间里,我们一直面对着这种看起来很真实的现象。但是看到的危险不仅仅是广岛或者长崎这样的城市,而是整个地球都有可能化为灰烬:世界末日可能随时到来。更为严重的是,我们一直都受所在地的宣传蒙骗,这种蒙骗的基础就是坏人都在东方,好人都在西方。我们有任何理由去反对这种善恶二元论的思想,并且在这两种对立的意识形态中发展另一种道德标准。这正是我所做的。

尽管存在着上述的危险,但是这种个人的重新定位给予了您一种不放弃的希望。

是的,我是一个改变信仰的人。1950年,在一个工人阶级神甫的帮助下,我成为基督徒。因为我出生在左派家庭,他们给予了我几个选择:马克思主义、共产主义、极权主义或者宗教。我选择了后者。

即使能够摧毁一切的核战争爆发的可能性已经变得很小,您还是没有成为一个乐观主义者。我指的是1989年苏联的解体和柏林墙的倒塌。您很明确地表示,一种新的强国威慑体系将会建立,并且还将会像过去一样高效。

我认为美国人会很怀念那个只有他们拥有核武器的时代。这就是为什么美国人至今还在寻找其替代物的原因。而这个替代物可能就是信息炸弹。您知道,在一次和皮埃尔神甫的谈话中,爱因斯坦说世上存在三种炸弹:原子炸弹、信息化炸弹——我称之为信息炸弹和人口炸弹——我称之为遗传炸弹。在原子炸弹后面隐藏的是信息炸弹,因为如果没有电脑的话,原子物理不会经历那么快的发展。同样,遗传炸弹来源于信息炸弹,因为只有电脑才能够分辨DNA并对其进行试验。为什么这种由信息技术引起的能够影响全球的事故不能够代替战争呢,在某种意义上讲,这也可以作为政治的一种延伸? 网络空间作为一种工具也可以阻碍知识和能源的传输。在科索沃,我们可以很清楚地看到:有人通过石墨炸弹将该地区的电力供应切断。在这种世界性的通信中,能够切断通信的人将会拥有至高无上的权力。病毒、邮件中包含的炸弹都只是这种灾难的第一步——这是一场信息化的战争,一场军事战争的革命。

是否还有别的迹象能够表现出谁能够进入并掌握信息流,谁就能掌握这个星球?

我们就只看看NSA吧,即美国国家安全局,它的总部在马里兰州的米德堡。该局取代CIA负责电信方面的事宜——不仅仅是用于当地的间谍活动,而是全世界的信息提供等。这个机构对网络和电话的信息交流进行监控,因此它拥有了政府权力。同样,我们不断看到要求光学终止的信息:这会引起比口头或者书面终止更大的损失,比如第二次世界大战中的口头或书面的终止战争。现在的信息化革命,应该与其迅速的发展一样设立一个终止的计划。这就意味着电视和网络、网络视频和摄像头是揭开世界的媒介也是关闭世界的媒介。整治暴露狂和整治窥阴癖需要同样的力量。这个终止计划还涉及到无处不在的监视摄像头:例如在英国,现在在公共场所有一百万个摄像头。当您在伦敦街头散步的时候,摄像头平均每天为您拍三百次照。布莱尔政府还想在全国,甚至在沙滩推广这个系统。为什么不在森林里安装?为什么不全部都揭开,一切都变得纯洁和简单?这不是奥威尔思想么?总之,电视和网络的未来是这样的:没有图像限制、没有批判的继续传播。

您是通过哪几个关键点将工业革命及其附加现象和18、19世纪的信息革命联系到一起的?

工业革命是生产标准化的同义词:产品同一化以便能够批量生产。这引起的损失——尤其是价值和道德观上——很明显。今天正在同步进行的信息革命引起了这个尖锐的问题。这个决定了人类和社会团体的关系,就像标准化决定产品一样。在这两种情况里,我们都可以看到一种显著的简化法。如果我们提到用于工业或者军用产品的放射性的时候,我们也会想到同样的事情:放射性之于能源就像交互性之于信息。放射性描述的是由射线引起的逐步传染,而交互性则是由电磁辐射引起的立刻传染。信息炸弹——和原子炸弹相反——有个主要的特征:立刻。放射性确实可以保留千年,但是就像我们所知道的切尔诺贝利核泄露一样,这种放射性不会立刻传染。可以这样说:这些控制论的新技术和相互传染的迅速性紧密联系在一起。

尽管您已经阐述了一些危险以及您所讲的一些世界末日式的场景,但是人类通常还是认为信息革命解放了人类自身和人类外部的限制,我们应当怎么办?尽管听到了您的分析和语言,但是面对过量的信息处理、网上冲浪、接收电子邮件,人类还是明显的感觉到很满意,这是为什么?

首先,人类有满足的理由:人类正处于一个金鸟笼之中。构成这些满意的最好因素是什么?语言,信息。这些,任何人都不会怀疑。构成事情最坏的因素是什么?语言,信息。我们正处于这种最好和最坏因素同为一体的进退两难的境地之中。所以我说暂时性的满意完全有根据。高科技产品令人震惊,我也从来没说过不能够利用它们。但是这些产品也依赖于一种幻觉,这种幻觉来源于促销:信息的革命引起了广告行业的一场革命。这种广告控制着人类,就像我刚才说的第二次世界大战时的宣传语一样。而依照我的经验,这种控制已经生根发芽了。我已经学会对这种欺骗手段保持怀疑态度了,这也就是我坚决抛弃广告,尤其是网络广告的原因,它是用不知道几十亿美元的费用做出来的。像比尔·盖茨这样的人控制的不仅仅是一个软件,他还对制造以及使用这种软件的人进行操纵。

有什么办法可以能够阻止奥威尔(Orwell)、布雷德伯里(Bradbury)、弗朗索瓦·特吕弗(François Truffaut)的《华氏451度》、伊斯特·琼格尔(Ernst Jünger)的《太阳之城》中关于人类悲惨未来的预言出现?有什么可以使我们从科幻片里的悲惨世界中解脱出来?

民主。民主已经处于危机之中了,不仅仅是由于几个专制者的掌权——这个以前有，以后也会有——而是由于科技本身及其所带来的巨大影响造成的。人类所实现的科技进步实实在在地扭转了局面——进步的速度代表了一种政治力量的特殊形式。如果时间是金钱，那么速度就是权力。这是一种完全独立的力量，不能够被批准，也不是想建立就能建立起来的。如果要限制或者消除它，那就应该切断电源或者使中央处理器瘫痪……考虑到这个现实，民主迫切需要更新，在政治领域以及在人类经常忽视的企业和人际关系领域。人类不需要为司法公正或自由贸易进行抗争，而只需要争取自我的民主。没有民主，就没有希望。这也就是说——我并不是说民主没有了希望，相反，我认为民主是有未来的，即使道路像以前一样艰难。但是只有一件事情让我很绝望：人类的漠不关心成为了这条道路上的一个污点，它会使人类的思想、精神和身体麻痹。

它见证了您刚才提到的信息炸弹所带来的内部统一这种结果。但是您刚才也提到了遗传炸弹。它的摧毁性结果就是自然界的多样性大大降低，一些被人类认为值得保留的东西才被重复生产。

我禁不住想到，由于基因组能够被分离，生物技术可以用于克隆并产生一种羊头、狮身、龙尾的怪物，这将会是对人类的一个根本性改变。人类愿意去喂养一个人类改进版的超人。我的耳中至今还回响着社会主义者宣传雅利安人神话的声音，所以我觉得遗传炸弹会引起一种优生主义的回归潮。人类正在实验室进行新生物种的研究工作，我对这个毫不吃惊，有些实验室的经验比较成熟，有些还很稚嫩。这里我要提到的是进行种族筛选的奥斯维辛集中营的惨剧。遗传学之父、达尔文的表弟高尔顿（Galton）一直在研究基因组成以便淘汰"低等种族"——残疾人、犹太人、茨冈人、同性恋者——并进行自然选择。随后，门格勒登上历史舞台并在集中营进行活体实验，用残忍的手段来证实其理论。谁敢进行下一步？处于历史游戏中间的始终是人类的自然规律以及这种规律的所有作品——或者，我可以用宗教上的一句话来概括，生活之书。遗传炸弹的爆炸危险系数要远比原子炸弹和信息炸弹要高。我们正在接近人类历史上这个最后的伟大战争。

您应经提到这个了词，西方正面对一个决定性的局面：宗教、形而上学和超验主义的丧失。在宣布上帝死亡之前，我们为什么不能够将上帝要求的那些品质赋予网络空间呢？网络是无处不在、看不见的，也是即时通讯的，网络空间就是上帝的一种技术形式！或者更确切的说是一种令人失望的、人工的超验主义！

我已经做了暗示，网络空间的信息全球化以一种力量为标志，这种力量能够让一些人对网络、对科技产生崇拜。无处不在、绝对视觉、即时性：这都是上帝的特征，现在虚拟空间也具备了这些特性。远距离操作、控制、影响、直接连接所有通讯手段：这些特征也证明了网络和上帝控制间的相似性。因此网络空间实际上就是将自己伪装成无宗教者，而它也能够继续得以发展。

我们知道安德尔·马尔罗（André Malraux）的一句名言：21世纪将是宗教的或者

没有宗教的一个世纪。您认为通过何种必要的方式，受到精神力量浸润的人类内心才能够又一次真实地表达出来？换句话说，人类的内心世界应当建立在一种什么样的新形而上学理论之上？

在谈到形而上学的时候，我们不应当忽略其与死亡的关系。我们这个鼓吹消费的物质世界是丧失道德信仰的社会。所有严重和危险的事情都被歪曲——从死亡开始谈起吧，死亡是生命的本质，是生命的目标。人生下来就是为了死亡，我们得以生存只是因为我们是朝生暮死的生物。因此我认为人类在没有引入死亡的概念前是不可能树立任何哲学观点的。另外，我怀疑遗传技术只能通过基因克隆的不死来战胜死亡。直到现在仍然很令人震惊地看到，有关或多或少与死亡有关的科技——包括军事科技——抛弃这种克隆技术的争论是多么激烈。遗传复制在我看来似乎是逃避死亡的最后一种尝试了——但是如果使用这种方法的话，生命也就面临即将脱离轨迹的境地了。

几千年以来，人类一直在渐进中前行，人类总是为自然界中出现的超自然力量而担心，总是为这个或那个超自然力量担心。从这点上讲，人类可以称得上是一种形而上学的"动物"——同样也因为在各种文化中，人类是唯一一个能够清楚知道死亡的"动物"。然而，现在人类放弃了他的能力和品质。这不是要连根拔起人类的文化底蕴么？

人类看起来是丢失了一些形而上学中的核心东西，这些东西曾经给予了人类思想的轮廓和一些经典的言论：象征性语言。它是语言缺失的牺牲品，这种语言缺失造成了很多严重的错误。除了一些理论家和哲学家外，没有人会说这些象征性的语言，也没有人能理解这些语言。这也是交流缺乏的原因之一：我们现今使用的科技在不断调节和精细，这也促使了象征性表达方式的消失。但是我们不能够放弃这个语言，在机器和各种工具的面前，我们比以前更需要它。我们需要重新发现或者重新创造这种语言。但我怀疑这件事的可能性。

如果人类越来越远离他们的文化和生物根基，我们是不是应当担心，人类正丧失其与这种看得见摸得着的实体之间的联系？模拟技术是不是就进入了一个完全合成的世界？

在我眼里，真实既包括眼前的现实世界也包括虚拟世界。现实世界生产关于真实空间的图像，比如在15世纪，它不仅给予了马萨乔、德拉·弗朗切斯卡或者是乌切洛以具体的绘画形式，还给予了文艺复兴的城市和马基雅维利的工程以图像，因此现实世界由美学发现和政治发明组成。今天，这个第一种图像——带着它的高音和低音、立体声技术和立体观察——正向第二种图像敞开胸怀，这就是虚拟空间，这两种图像共同构成了一种立体-真实世界：当前的真实空间与现实世界和实体社会联系在一起，虚拟世界和即时直接的图像传输联系在一起。因此我们的未来正向立体-真实的世界发展，我们的目光也要转向这两种图像。这两种真实世界相辅相成：它们使人类不能够在不真实的事物上面停留。尽管我的目标是这样,但内心还是产生了这样的感觉,那就是真实世界这个立体引起的震动可以和意大利文艺复兴运动所相媲美,在世界的团结上我们拥有了一种革命性的视角。对于电子学家和图像工作者来说,为这个运动准备并掌握一种方法和理论是一项伟大的使命,哲学家和理论家更是如此,他们需要回答这个问题:在一个分裂的真实世界中,人类如何生存?

因此这是一个变革的时代,这个时代的人类明白,除了他之外,没人能够决定信息开发的方式和技术使用的手段。人类继续掌握着自己的命运。

在7世纪,希德嘉·冯·宾根(Hildegard von Bingen)写道:人类是上帝造物的终结(Homo est clausure mirabilum Del)。这意味着:人类不是世界的中心,但是他的目的在于完善这个第五元素。人类是创造的最高形式,也是创造的终结。但是宗教和科学都对这个事实进行了歪曲,因为它们坚持人类中心论和地球中心说。而希德嘉的话揭露了一切。

倾听见证者的话,自己也会成为一名见证者

埃利·维瑟尔(ELIE WIESEL)

陈卉 译

以下文字来自温特的编译版本。

  作家埃利·维瑟尔于1928年在特兰西瓦尼亚(Transylvanie)北部的锡盖特(Sighet)出生。他是一名犹太商人的儿子,在虔信哈西德主义的精神氛围中长大。1944年,他和家人被押送到集中营,先关在奥斯威辛(Auschwitz)、后又转到布琛瓦尔德(Buchenwald),1945年4月11日他在布琛瓦尔德获释。他是家中唯一在纳粹大屠杀中幸存的成员。随后,他动身到巴黎索邦大学读书。一直到1966年,他都是特拉维夫(Tel Aviv)的《以色列日报》(Yediot Ahronot)在巴黎和纽约的常驻记者。从1972年开始,他在纽约市立大学(City College)教授文学、哲学和希伯来自然科学。埃利·维瑟尔获得过众多嘉奖,并于1986年荣获诺贝尔和平奖。目前他是波士顿大学(l'université de Boston)的人文科学教授。他的作品包括:《夜》(*La nuit*, Minuit,1958)、《黎明》(*L'aube*, Seuil,1960)、《不可能沉默》(*Se taire est impossible*, Arte/Mille et Une Nuits,1995)、《审判者》(*Les juges*, Seuil,1999)、《背井离乡的日子》(*Le temps des déracinés*, Seuil,2003)、《疯狂的跳舞欲望》(*Un désir fou de danser*, Seuil,2006)。

*

  埃利·维瑟尔,您认为纳粹屠杀犹太人是人类历史上一场亘古未有的悲剧。在这样的情形下,如何解释这一观点:种族大屠杀成了循环重现的历史现象——让我们来想一想柬埔寨、卢旺达、亚美尼亚的上百万死难者,再想一想苏联和它的古拉格。

  种族大屠杀和纳粹屠杀犹太人之间有区别。如果屠杀和暴行继续出现,那是因为世界还没有吸取教训。对这类现象我们可能只有很小的责任。或许我们还不能用合适的词汇来表达。如果奥斯威辛都没有改变人类,那还有什么能让他发生变化呢?如果奥斯威辛都没能教会人摒弃仇恨和邪恶、种族主义和反犹主义,那还有什么能做

到这一点？有些人竟然拒绝接受这一教训，对此我无法理解。两年前在德国的一场卑劣的论战①给我造成了巨大的痛苦。我并不是想说谁的坏话，但是像马丁·瓦尔泽这样令人称道的作家都说他再也忍受不了直面纳粹大屠杀，如果连他都不忍正视，那些不及他聪明、有天赋、有教养的人又该如何呢？瓦尔泽的言论之所以令我如此痛苦，那是因为他先前为我的小册子《夜》德语版写过序。这就是说他已经读过这本书，但很明显他一点都没读懂。正因如此，我希望我的德国编辑在日后的版本中取消他的序言。在书上，我的名字不可以再出现在瓦尔泽边上。

以这种或那种方式抹杀集中营制造的闻所未闻的惨剧、给所有这一切都画上句号，这些企图并不比在评价精心设计的灭绝犹太人方案时产生的误解和错误更新鲜。举例来说，汉娜·阿伦特（Hannah Arendt）在《纳粹战犯艾克曼在耶路撒冷》（Eichmann à Jérusalem）一书中使用"平庸无奇的罪恶"一词来形容此事，接着她被认为是不受以色列欢迎的人（persona non grata en Israël）。

我是从艾克曼诉讼案时期开始认识汉娜的，当时我们一起跟进此案。这是一位伟大的女性，她的社会、哲学思想具有重要意义，她对极权主义的研究也具有历史价值。不过在我看来，她对于艾克曼的言论显得有失妥当。不能对着惨遭屠杀的六百万人说"平庸无奇"。关于杀人，那时有一整套计划、制度、甚至理论！1933年以后颁发的所有排犹法令都是朝着最终的解决方向发展的，万塞（Wannsee）会议毫不含糊地制定了最终解决的方案：多余的1100万犹太人应当被铲除。预备消灭整个民族、让它从地球表面甚至历史上消失，如此份量的决策构成了一个末世学的现象，而不是平庸无奇的现象。汉娜恰恰在这一点上弄错了。这样说又对她太苛刻：她只不过强调了某一个方面、弹出了一种特殊的调子。

按照您的观点，画面并不能传达奥斯威辛的体验。在内心的最深处，您本人拒绝拍摄这类题材的影片，因为您绝对不愿亵渎受害者，将幸存者二度送入地狱。

奥斯威辛的经历无法搬演。我们在这里撞到了临界线——诚然，这是一个令人遗憾的界限，但它始终存在，不能对此视而不见。世上有一种苦难，它没有名字却实实在在，我们应该知道、确认这一点。否则，我们会开始将它平庸化，这也许比忘记它还要糟糕。我不想在再现的画面中看到在最好的情况下也只能用言语表达的东西；这不是虚构，无论在电影还是文学作品中，它都专属于文献纪录一类。当然，我们应该把所有的事情都回想起来、拥有完整的记忆：包括语言、焦虑、死亡甚至沉默的记忆，这是我拒绝对这段记忆保持缄默的原因。但这不会在画面中展现，我们也不该用画面来支撑它。

犹太神秘主义和哈西德的智者一直强调：最深刻的体验只能通过沉默来传递，您

---

① 马丁·瓦尔泽（Martin Walser）在法兰克福（Francfort）的德国图书和平奖的颁奖典礼上发表了一篇演讲。随后瓦尔泽和以伊格纳茨·布比斯（Ignaz Bubis）为首的数名德国犹太人团体的代表之间爆发了一场激烈的论战。

是在参照他们的观点吗？保罗·策兰（Paul Celan）的诗《死亡赋格》（la Fugue de mort）好不容易从沉默中脱胎而出，所有这些能不能与他的诗句建立联系呢？

保罗·策兰是一位杰出的诗人，也是一位先知，他的《死亡赋格》就是证明。我组织过几场策兰作品的研讨会。有一次我还邀请了策兰的传记作者，斯坦福大学的约翰·费尔斯蒂纳（John Felstiner）教授。约翰·费尔斯蒂纳教授带来了由策兰本人朗读的《死亡赋格》录音。听到他的声音读到"死神是来自德国的大师"时，我们完全震惊了，我们沉默无语、呆若木鸡。这首诗里萦绕着一种深挚的沉默。我不同意说沉默否定言语，沉默本身也可能包含着言语。一部作品的意义总可以按照它所蕴含的沉默来衡量。正因为如此，我深信无一人能描绘奥斯威辛的故事。不管怎样，就我个人而言，我没有能力写这类题材的小说。我从来都无法再现走向死亡的孩子、或者默默走入毒气室的老人心中的恐惧，或是眼睁睁地看着孩子被拖走、毒打的妇女内心的焦虑。在这种痛苦、这种未知之前，表明自己的卑微是一项神圣的义务。

如果我们想到沉默的语言，那也应该提一下奈莉·沙克丝（Nelly Sachs），她援用了《圣经》和《佐哈尔》（Sohar）①——卡巴拉（Cabale）②的《光明篇》——的传统，并且说："全世界的神秘性都体现在其中了。"她历尽艰险、幸免于难，但一直到生命的最后时刻都遭受迫害，她一方面求助于诸如雅各布、丹尼尔、约伯、大卫和所罗门这样的圣经人物，另一方面表现神秘主义的思想，试图从恐惧之中找到一条通向上帝的道路。她的语句如"死亡曾是我的主人"或者"我的创伤就是我的隐喻"应该和您的表达非常接近。

我读过奈莉·沙克丝的作品，也和她有过私人会晤。她起初肯定参照接触上帝的希伯来语记载。但是还有其他东西。奈莉·沙克丝不信任自己的母语，这话她和我说过好几次。战争爆发后她来到瑞典，这时她意识到德语已被扭曲、亵渎、曲解，她再也不能使用它了。很可能就是这个原因促使她转向古代的文本。尽管我不写诗，但我也一样，对言语的无力感非常熟悉。有时在我看来，文字显得极其贫乏、软弱，毫无意义。然后，我翻开了例如《约伯书》这样的作品，或者还要好的《耶利米书》——我只在后者中找回过原初的力量。昔日的词汇又在我今天的词库里焕发生机、熠熠生辉。

奈莉·沙克丝研究过亚伯拉罕（Abraham），他是一个原始人，是第一个拒绝假神祇而敬仰真神的人。在亚伯拉罕身上，奈莉·沙克丝看到的不是一位历史人物，而是一种基本的人性态度：神圣的愿望和超越世间万物、超越瞬间，从而接触无形、永恒的能力。因此，亚伯拉罕代表着对我们最初目的的信心，此外，他也铸就了以色列按照圣经的启示、为全人类命运扮演的角色。您同意她的阐释吗？

---

① ［译注］应作 Zohar，指犹太教神秘主义对摩西五经的注疏。
② ［译注］又作 Kabbale，犹太教神秘哲学（由中世纪一些犹太教士发展而成的对《圣经》作神秘解释的学说）。

在犹太传统中会出现这样的事情：人们亲切地争论谁是最伟大的犹太人。对迈蒙尼德（Maimonide）来说，最伟大的犹太人是亚伯拉罕；而对其他学者而言，摩西（Moîse）才是最伟大的。亚伯拉罕是信仰的化身，摩西则代表着法律。当然，大家一致确认，犹太人具有强烈的愿望探索什么是绝对真理，什么让我们成为混合了尘土和灵魂的造物。我对亚伯拉罕的兴趣有时变得具有强迫性。这不仅仅因为他是第一个信徒，更是因为那个非比寻常的、甚至是神奇的解救以撒（Isaac）的故事。亚伯拉罕居然准备牺牲爱子，这是一位怎样的父亲啊——同时，提出这一要求的又是怎样的一位上帝啊！亚伯拉罕的驯顺一直让我不舒服，更何况我们还在他身上看到了优雅、同情和慈悲的精粹。正因如此，我对这一章提出了一个体现哲学伦理阐释的假设：亚伯拉罕从一开始就决定不服从上帝。对他来说——就像对上帝一样，所有这一切都是考验，正如他俩自己说的：我们等着，看看谁会赢。按照米特拉斯（Midrash）的说法，实际上亚伯拉罕宣称："你给我下达命令，所以我就执行。"而上帝回答："这是不可能的。"亚伯拉罕对此提出了条件："如果你想要我赦免以撒，那你得做这事、做那事。"棒极了。这样一来，亚伯拉罕不仅仅发现了上帝，他也是第一个与上帝作对的人。如果我把亚伯拉罕和当前的世界观（尽管它是相当无神论的）联系起来，那在我看来，他就像一个具有才能——同时怀着巨大的勇气竭尽全力——摧毁我们那些伪装的偶像和那些缺乏人性的神祇，或者至少驱散环绕在他们周围的光环的人。我指的是例如电脑、被人发射到太空的飞行器这样的东西。

在某种程度上，亚伯拉罕精神构成了全世界基督教全体教会合一运动的交接点，您认为犹太人、基督徒和穆斯林之间有可能实现秉承这种精神的对话吗？

是的，在我看来，这种对话不仅必要，而且有可能实现。这把我们摆到了一种新形势之前。诚然，犹太人和穆斯林之间的对话即便没有消失在战争冲突之下，也还处于最低的水平上。这很令人遗憾，因为在我们最重要的思想者，尤其是生活在 12 世纪萨拉丁（Saladin）宫廷里的哲学家、犹太教法典研究者迈蒙尼德都使用阿拉伯语写作的时期，他们曾经紧密相联，那是一段黄金岁月。然而，我的同时代人更重视与基督教的关系——在这种情况下，我们与基督教的对话显得完全可行。我要说，在这 2000 年的历史进程中，我们之间从来没有过像今天这样硕果累累、卓有成效的对话。让我们来回顾一下过去：中世纪君主想要折辱犹太人时，他就会把本地或本国的首领召来，迫使他与基督教对手展开争论。对于犹太团体来说，每次通过禁食来为代表人提供精神支持都是一段焦虑不堪的日子。如今，双方都怀着由衷的快乐和真正的尊重相互会面，他们经常交谈。按照我的观点，这样的转变主要归功于教宗若望二十三世，他可能是教会有史以来最伟大的教宗；正是他取消了基督教的反犹礼拜仪式。但起先我并不相信现任教宗。这个来自克拉科夫（Cracovie）的人在邻近的奥斯威辛为受难者举行弥撒时，也就是说他在施行最主要、最神圣的基督教仪式时，居然没有同时让犹太教徒念祈祷文，"犹太教徒"一词居然没有到过他嘴边。这事让人难以置信，但它是真的：他在犹太民族苦难最深重的地方讲道，却不提犹太人。他是不是打算让所有被杀害的人在死后皈依呢?幸好,他从那时起改变了做法:他承认了以色列并与它恢复后者要求的外交关系。他将作为一名尽力调和各个宗教——主要是基督教和犹太教——的教宗被人铭记。

您坚持认为,犹太教是人数不多的教派,但他对整个人类产生了非常深刻的影响。那么今天是不是还可以说,犹太人是上帝的选民?

如果前提是每个人、每个民族、每个国家都是上帝的选民,那么犹太人也是的。小时候我以为只有我们犹太人才是上帝的选民。后来我长大了,研究了我们的起源和其他教徒的起源,改变了自己的看法。我肯定,没有任何一个民族、任何一种宗教有权认为自己高人一等。是的,我是作为犹太人来到世上的,但是,我每天都会再度让自己皈依我的宗教,再度成为选民。天主教徒、穆斯林、佛教徒、不可知论者抑或无神论者,谈到自己的信念和自身时都可以这么说。这是尊重的问题。我尊重他人,这是出于尊重他本身、他的欲求和他的所作所为——自然,前提是他也尊重我。

您曾经如此专注地研究马丁·布伯(Martin Buber)的理念,他在《我和你》(Je et tu)一书中探讨过这种基于对他人的基本尊重之上的互动。

《我和你》是我读的第一本布伯的书,相比他的哈西德主义作品,我更喜欢这本书。这是一部杰作——它的哲学理念和语言形式都一样让人折服。有一天,1947年或1948年,我在索邦大学听过布伯的演讲——他是一位真正的伟大人物。当时的大会议厅几乎被挤破。他就站在那里,那位来自圣地的犹太宗教存在主义哲学家。假如那时他用英语或德语讲,有一半的听众能够听懂;假如他使用意第绪语,仍然有五分之一的听众可以听懂。但他却选择用不够标准的法语演讲,这使在座的人几乎都没听懂。但无论如何,大家都感觉自己经历了一次非比寻常的体验。

您非常欣赏另一位研究人性和他性的犹太哲学家:伊曼纽尔·列维纳斯(Emmanuel Levinas)。他的作品是否对您的精神历程发生过直接的影响呢?

没有。虽然我们在同一时期师从同一位教师:默德采·寿沙尼(Mordechai Chouchani),但我们彼此并不认识。在这位老师的教导下,每一个学生都要独处,而且只能与寿沙尼保持对话。只是到了后来,当我发表了几篇关于寿沙尼的文章时,列维纳斯才来找我,然后我们对各自的观点进行比较。我欣赏他的研究工作,尤其是他关于《塔木德经》(Talmud)的注释。但是通过神秘主义和哈西德主义,我已经熟悉了"他性"的思想。哈西德主义者从来都不会离群索居,他生活在团体中、生活在与他人不可避免的接触中,由他人来教导他爱和宽容。在某种程度上,列维纳斯把自己向"你"的转变变成了他那宏伟的哲学体系的试金石;在我看来,他和亨利·柏克森(Henri Bergson)都可以跻身于20世纪最杰出的思想家行列。

在您的小说、杂文和随笔中,大家经常看到,您觉得自己被卡巴拉神秘主义深深吸引,就像您受到关于《塔木德经》的朴素阐释的吸引一样。很明显,从青年时代开始,有一种意愿始终伴随着您对宗教和形而上学领域的奥秘的研究,那就是进行具有理智、清晰特征的推理。对这段时期的回忆还会给您带来力量和希望吗?

正如莫里亚克(Mauriac)所言,文学构成了童年和死亡之间的桥梁。在这一点上,他说得有道理,这毫无疑问。童年是内在资源和教化的源泉,死亡是烦恼和焦虑的源泉。说到底,我今天知晓的一切早在童年时代、尤其在祖父身边就已学过。父亲为我带来了哈西德主义,母亲促使我对《塔木德经》睿智的方法论产生兴趣,而我的卡巴拉老师则让我接触到神秘主义的歌唱和庄严之美。我在不停地学习。我每天都研读《塔木德经》及其注释,但不涉及神秘主义。

记忆在您的个人传记中扮演着什么角色?

记忆对其他个体是什么角色、对我也是什么角色。记忆是生活和生命意义的基本元素。没有记忆,过去就会沉入深渊,这样它会丧失和现时的一切联系。没有记忆,就不会有历史、文化和文明,不会有道德伦理、义务意识。忘掉对死者的责任之时,我也会忘记对生者应负的责任。多亏了记忆,我才认同超越我的东西。在这种情形下,必须提到我的一篇关于阿耳茨海默氏病的小说,它无疑是我最阴暗的一本书。再也没有什么比这种侵蚀心智的绝症更糟糕的了。病人就像一本书,书页被一张一张撕掉,直到只剩书皮。他甚至不再将世界当作真空,他活在完全的无中,活在真空的无中,活在无的无中。他认不出对面的人,也不认识自己。以前构成小宇宙中心的"我"变得微弱无力,它消失了。这种可怕的痛苦表明记忆具有多么重大的意义。

在哈西德主义当中,它是救赎灵魂的基本条件。

是的,哈西德运动的奠基人贝施特(Baal-Shem-Tob)强调过,遗忘推迟救赎,而记忆则加快它的步伐。人回忆的时候可以超越时间,这样他就遵从了圣经的指示。

拥有纳粹大屠杀记忆的见证人将来都要离世,到那时这段记忆会不会变得黯淡、甚至消失?

幸存者肯定被这种焦虑折磨着。不久之后,他们中的某一人将会是最后一名在世的幸存者,我希望这个人不是我,因为要承受的负担太过沉重。这是说,历史上的任何悲剧都不曾有过如此透彻详细的文献资料。人们收集了一大批照片、诗歌、祷文和数字,数量之多,足以唤醒冷漠、麻木的人群,向其发出高喊:"别忘记这件事!"此外,幸存者的孩子也需要继续他们的工作。德国的年轻一代处于不幸的境地中,因为他们要承担父辈、祖辈的错误,可是甚至连他们都最经常表示要继续崇敬记忆。倾听见证者的话,自己也会成为一名见证者。从这个角度来说,我丝毫都不悲观。

您展现出来的信心促使我回到出发点上。鉴于奥斯威辛和布琛瓦尔德的暴行,您是怎样成功地保持住对上帝的信仰的?阿多诺(Theodor Adorn)曾说,奥斯威辛之后就没有诗歌了。那还有对上帝的信仰吗?

这是个痛苦的问题。我在集中营里继续祈祷,这是为了父亲做的,也是和他一起完成的，而且这都是拜他所赐。获释之后，我怀着更大的热忱重新投入到宗教研究和信仰中去。内在的声音指引我从被打断的那个地方重新开始生活，过去发生的一切只不过是插曲。但后来，我经历了一场信仰危机，而且从来都没有彻底恢复过来：我的信念已被破坏，它再也不像从前那样坚不可摧。可是我还有什么其他选择呢？没有。教徒即使遇到比非教徒更加痛苦的悲剧，他也会接纳它、忍受它。尤其对于犹太人，大家可以这么说，他可以拥护或反对上帝，但不能没有上帝。这正是我不断开展反对上帝的斗争的原因。

几年前在达沃斯全球论坛上，我听到您说了"尽管如此"这一词。这意味着，尽管人具有魔鬼的一面，尽管世界历史充斥着战争、种族大屠杀，我们还是应该对人类抱有信心。

我属于饱受创伤的一代，有无数理由对人类绝望。我们已知道人能做什么，知道他会对智慧、文化和文明产生怎样的破坏性影响，他又怎样否认、指责团体的不可剥离的价值观。我们看到过"罪恶"占据上风。从那时起，我们完全有权利抗拒那些关于人性、关于救赎许诺的美好言辞。但同时，我这一代人又不应该提出这些合理的动机，我要声明：尽管如此，我相信他人、相信历史、相信上帝。尽管如此，我相信人具有向着"善"的方向不断自我超越的天赋。尽管如此，我相信生活不会停滞不前，应当为后代的将来做一些事情。罪恶应当被克服，而且每当有儿童得救、病人露出微笑、两个灵魂相遇，罪恶就被克服了一次。

后　记

邓岚、林婷、王建　译

（一）

　　对于人来说，世界是双重的，因为人的态度是双重的。双重态度依据的是人所能够说出的基本词、原则词的二重性。原则词并非孤立，而是成双的。其中一个原则词，是成对的"我-你"。[……]原则词"我-你"只能由完整的个体说出。[……]这种在一个完整个体上的凝聚、融合永远不能由我完成，也永远不能在没有我的情况下完成。"我"在与"你"的接触中实现自我：正是成为了"我"，我才体现"你"。凡真实生活即交会。[……]在人类的表现里，心智是人对自己的"你"作出的回应。人说着许多种语言——文字语言、艺术语言、肢体语言，但心智是"一"，它回应那个在神秘深处显现、在谜团里呐喊的"你"。①

布贝尔

　　21世纪伊始，我们试图在一次长篇谈话里提出本质性的问题，我们聚集了一群活跃于关于存在的各个学科领域的重要对话者：文学、艺术、建筑、哲学、历史、宗教学、人类学、音乐、国际政治、生命科学——为了仅举出一小部分的事例说明问题。因此，我们并不需要太多思考或基本论证便可得到作为这些交谈的基础要素——可以这么说，他们的智慧模板。

　　在此书中，我们致力于创造什么样的对话的历史环境呢？

　　支配人与人之间思想交流的程序——人们在思想交流里创造、体验并吸收有意义的信息——的确可以再现在文字里；但文字本身并不能实施这些程序。在这点上应该赞同苏格拉底的意见：光看书不够。我们若要靠近智慧，就应该说出来，当然，也应该聆听。甚至，在柏拉图的思想里也表达了对这一点的领会：说出来的话优于只被写出来的。从这个角度看，当苏格拉底说服对话人游绪弗伦（Euthyphron）关于后者

---

① 布贝尔，《对话生活》（*La vie en dialogue*），Jean Loewenson-Lavi、Aubier-Montaigne 译，巴黎，1959，第7、13、32—33页。

对虔诚的本质定义不能被他本人接受时,他的话就可以被今天的我们所理解。游绪弗伦指责苏格拉底不停变动自己的话:其实他们只是不想停止辩论。苏格拉底赞同并且结束对话的方式是承认自己这么做并非故意——就像代达罗斯(Dédale)创作出动感十足的雕像尽管他本来希望它们静止不动。当我们进行口头思想交流时,语词中的运动和最意味深长的内在张力正在于此。在开放的谈话中,对话双方都试图相互理解,他们频繁地使用相同的字眼——但只有提问和回答的过程才能使人知道他们是否用这些字眼来指代同样的事物。我们在生动的谈话里能体会得到这些过程,但在文字文本里就远难做到。

《斐勒布篇》(le Philèbe)是柏拉图最后几篇对话作品之一。苏格拉底最后一次作为主要对话者的角色出现在书中。值得注意的是,经过中后期的连篇出色的说教性对话后,柏拉图回到他初期的作品所运用的方法上:编成对话体的受教过程与天才的辩证法并不能得出最终的结论,这种技巧也是我们所正确认识的苏格拉底的特征。

这个方法究竟有什么特别,为什么我们有权利提出几乎是确定了的假设,却使它产生如此可贵的结果?在本书所展现的对话进行方式上,到底我们可以学习到什么?

苏格拉底在著名的《斐德诺篇》(Phèdre),这个柏拉图的回忆里进行他的谈话,他解释了出于什么目的一场生动的争论会大大优于对争论的记录。他说,被写下来的文字的确看似生动,但当人们质问这些文字的时候,他们永远只能给出相同的回答。一旦词语被写下,它便在方方面面都被规划好了,既对那些试图理解它的人,也对那些几乎不会从中获益的人。

我们可以满怀信心地把它列出来:问答双方相互一起激发和思考是出色对话的秘诀所在。这也在本书中得到了体现。让我们回想苏格拉底在《高尔吉亚篇》(Gorgias)里的阐述:苏格拉底的对话有别于诡辩家们的方法在于,后者试图说服的同时想将自己的意见强加给对方。而苏格拉底则相反,他在理论对话中致力于培养语言文化和道德态度。必须使人们有能力相互交谈,并能够修正自己的观点。从原则到对话都贯穿着承认所有谈话者的平等,一视同仁。在关于古代的谈话里,实践意图于是与理论意图相吻合。

我们也努力在书中将苏格拉底的对话传统里这两个理性元素汇聚起来。让我们再回想一下:在苏格拉底或柏拉图的对话里,我们尽力对事物本质的"真智慧"进行思考。根据刚才所定义的道德态度的意志特征,苏格拉底必须使修正自身观点的机会大门对外敞开着。必需的道德态度是承认谈话中另一方的平等价值,是重视与尊重双方共同选择的谈话领域。对话是苏格拉底的工具,旨在当长时间的探索结束时能够辨别出真实的本质,而非设想中的本质。对话是一个场地,苏格拉底想从某人可能正确的观点走到经得起所有人检验的观点。在《斐多篇》(le Phédon)里,——就像在《巴门尼德篇》(le Parménide)里一样——柏拉图讲述应该如何铺设构思或事物的本质面:首先要感受它,然后检验它并因此在对话的形式下承认它。在《巴门尼德篇》中,我们自问观念想法与被孤立安置的事物的联系。让我们唤醒这些传统来对辩证史和交谈对话的轮廓作简洁的勾勒,在此框架中也带出了本书的讨论。

另一点在我看来很重要:也许不存在任何主题比真理更加在西方哲学里占据中心地位,说哲学史可以被概述为两千五百年的真理追寻史,我认为这种说法毫不夸张。阿奎那(Thomas d'Aquin)说得好:真理是事物与心智的相辅相成(*Veritas est adaequatio rei et intellectus*)。事物与思想的绝对一致被指定为真理的标准。古希腊末期的柏拉图和中世纪初的奥古斯丁(Augustin)都曾指出进化演变的开始阶段就是我们所说的本体论与意识哲学之间的过渡时期。于柏拉图和奥古斯丁而言,真理的标准体现在控制人类心智或人类明理的操作能力上。随着我们所说的意识主义或内省主义这个哲学流派的发展,普罗塔哥拉的理念开辟出一条越发宽广的道路。在现代社会的开端,由此可以确定某事物之所以闻名,原因不在事物本身,而在于人的理解力和人的付出。于此,我们清楚在文化演化之外没有重心——可以这么说,宇宙间不存在一个世外桃源可以让我们甄别何为通向绝对真理的客观知识。

因此,这些谈话都定位在苏格拉底的对话传统上,后者像古代的对话那样是一种实践的训练,旨在加强沟通,在沟通中训练听力以及明晰概念。本书的意图是在我们这个时代树立典范以重新发扬苏格拉底和柏拉图的这种谈话传统。

(二)

对话的价值尤其在于辩论者观点的多样性。如果巴别塔①(la tour de Babel)从前不存在的话,那么今天就该把它造出来。②

波普尔

经过前面对文化史所作的简短的思考,现在我们来谈谈本意上的"对话"的概念。是什么把本书的所有对话连接起来?

对话的观念总是与被聆听的渴望有关,同时还要渴望相互间严肃认真、诚实、坦白地交谈。在此,我们尝试提出几点准则,它们是贯穿书中对话的基准线——应用在全书中的对话方法。

我们在书中进行的此类对话有哪些值得注意的特点呢?它由哪些基本要素组成?除了倾向于聆听以外,将我们的意见特别是评价欲扬先抑地暂缓而后发肯定也是必不可少的组成部分。在对话中,关键是要勘探思考的领域,不管它在开放的、自由的形式下于我们恰当与否,经验告诉我们所有人一种深层的、本能的意义,我们能够认知的、所谓"现实"的、因而也是丰富的对话意义。这便是使我们深受触动之处,也许德语词 *Einsicht*(字面上相当于法语里的"细察",意思是:判别、领悟)能够给予我们最到位的阐释。

---

① [译注]"巴别"是巴比伦的希伯来名。巴别塔是诺亚的子孙为通天而试图建造的。
② 卡尔·R·波普尔,《猜想与反驳》,Payot,1963。

在本书中,我们试图抓住对话的机遇,放大这些时刻并沿着任何发展至今的思想界限努力。对话总是一个以不同方法来探及问题、形势和多层次共同场景的尝试。我们一直试图使新的情况产生,而它们之间的互动是创造力的来源,跟随思维轨迹的来源。

比起相互学习和自我学习,更重要的是相互构建。每次交谈都是丰富思想的会面经历。我们利用各种对话的方式和角度为了朝新的理解元素和从质量上创新的解决思路进发,以便抓住"对话的智慧"。

在这层意义上,本书收集的所有对话都是认识过程中的表达方式。没有一次交谈带有构建封闭的一元实体的目的。大前提总是涉及到一个共同计划,旨在表明我们可以使不同的意见汇聚以焕发其多样性,而非把文字局限在陈述和定义的狭小空间里。所有的交谈都努力采用对话体的进程,作为对新知识的共同探索方案,其中,学习的态度因而是最基本的。在此也许栖息着成功对话的秘诀,也是永久的学习之道和会友之道、希望之道。

过于频繁发生的情况是,在学者、教师和顾问的角色里,我们都表现为一个装备好知识的人,但我们自身却不能够学习,更不要说能够实现双方都学到东西的双赢过程。人们经常不肯聆听、过于抱怨并罕有相互提问——人们都故弄玄虚,似乎道听途说的确定就是真理。总之:我们过于倾向于建立教授的群体而非学习的群体。于是在此书中,我们努力倾听,同时还致力于思考与共同学习。

这些对话如何开始?通过诚恳地质疑一切在我们脑海里坚如磐石的确定性这个方式?如何在僵化的局面中引入对话?如何相信我们将能够成功地创造出一些东西而它们既不符合"争论文化"的发展又不符合两种"客观情形"间的对比模式?如何解释对话比思想交流更丰富?还有另外一点很重要:人们如何通过对话的方式来培育共同的人性?如何发扬对话的智慧?如何依赖其思考和生活?

如此多的问题回到所有这些谈话里,问题从未停止被提出,且它们都在呼唤答案。我们也许以使不同的声音带出的内心对话不断产生回响的方式来找寻答案。还有,虽然一次对话基本包含了两个人之间的交谈经过,我们自身却还要一直积极地加入对话的行列。在交谈里,我们也应该,如果用本雅明(Walter Benjamin)的话来讲,提出关于"技术的重要能力"的问题:为了达到更精确的程度,这些交谈是如何做到既在质量和深度上取胜,同时在通讯的电子技术和数字革命的纪元里能使人们之间的思考和信息交流增多,而且这种交流以最多元化的技术手段为载体?质量是否让位于数量?我们可否从极性(polarité)出发汲取智慧的教益?尤其是:在人与人之间如何产生富创造性的新事物?在此必须回答一个基本问题:极性能够持续存在于对话里,甚至我们能否将极性保持在平衡状态,以便理性地感知它们的同时在其多样性中有所获益?我们时常寻思大家是否可以都来聊一聊,因为我们可以假设看似离经叛道的观点仍可能包含一颗真理的小种子。本书的指导思想是熟悉这种对话模式,它是从我们的日常经验和相会中培养起来的生活和思考形式。对话的思想要求我们自身最大限度地向其他观点的诠释和说明敞开大门。可以肯定的是,对话里甚至可能流淌悲剧性的意味。我们还可以将这个原理应用到政治上:对话先行,和解随后。如布贝尔所说:"凡真实生活即交会。"

(三)

> 如果你有道理,你能够使自己保持冷静;如果你错了,你不能够允许自己失去冷静。
>
> 圣雄甘地

本书的基本原则在于我们同其他人进行的对话过程中的改变性力量。毫无疑问,在此应该要区别普通的交谈和有意识的对话,还要区分简单的话语交换和有目的性的对话。

对话只是一种看似简单、自然的交流。探求——这也是贯穿本书出版的一条对话主线——重视对话本质的言语,这种言语要求"不言明",借用布贝尔的言下之意,也就是不鼓宣真理或者只沉浸在简单的智力练习中:这才是挑战。

起初编这本书的时候,我们面临着一项不寻常的任务,甚至可以说是一项存在内部矛盾的工程。涉及到既要通过文字书写把主要的谈话过程固定下来,同时又要把它理解为一项共同的探求。如果我们不尽力还原思想的进程和环境气氛所创造出来的东西——在我们努力超越僵化的纲要和轨迹的过程中心里——,被记录下的文字的力量、特别是被道出的文字的力量便有可能无法发挥出来。

长久以来,哲学家和作家们都在面临并试图克服这个问题。他们撰写诗歌甚至长篇巨幅的文字创作,这些长篇巨制用以完善对话抱负的一些层面。例如穆齐尔(Robert Musil)写道:"我无法满足于仅仅相信我所说的东西错误,而且我需要人们说些什么来反驳它。不管怎样,应该要进行讨论。带着这样的目的,真理便不在中心,而是在四面八方,像一个袋子,它随着人们往里放东西而改变形状,然而却变得越来越丰实。"

这些谈话还有一个目的是保存围绕着它们的自发性,直接跟随所有参与者的蜿蜒思路——总之,这个目的就是要听到生动的声音。

在这个意义下,专栏作家就总是自己写的专栏的一部分。我们尽力不断地自我质疑,从某种角度讲,不断地"逆着自己的想法",常常纠缠在知识的多面性与着手提问题的方法的本位主义之间。

但我们过去总是在第一时间就发现一种共有的思维甚至是一种共有的意识,它经常超越各种观点的底线。人们频繁地产生一种感觉,觉得答案根本不会掩藏在各种观点里,答案在别处而且也许出现在沉默的思维活动的自由规则里。因此,我们努力以协调的方式将谈话引导至它们所表达的意义要点上以便更接近真理而且能够参与其中。但要注意:本意上的真理似乎经常躲开我们——正是这点使对话变得如此不可替代,由于对话归根到底注重的是它的意义。若出现意思前后不一致,人们便永无法步向真理:所有的道路在我们踏上以前就被堵死。只有辩证的对话才可能朝一个共同的组成方向迈进,朝一种"共同真理"迈进。因而,必须在此依赖强大的智力能动性不断寻求新的路。在这个意义上,但愿我们能思考波尔(Niels Bohr)和爱因斯坦之间的对话本可以有多大程度的丰硕性。

(四)

在真正意义上的交谈里,我们转向自己的交谈者并如实确切地谈话:因此这是向他表明存的行为活动。每个说话的人在自己面对的与话者身上看到这种人的存在特性。在这个背景情况下,看到意味着说话人一边说话一边在他可能的范围内练习对存在的表现。[……]但是说话人不仅仅感受到对方如是存在;他把他接受为谈话者,也就是说,在轮到他确认的范围内,他确认对方的存在。造成他将对方的存在如实地告诉对方的行为活动就包含了这项确认。毫无疑问,这样的肯定没有一点许可上的意义;但不管我能够有什么样的理由去反对对方,我都对他本人做正面回答以此方式来接受他作为真正对话者的身份。

此外,如果要进行一场真正的交谈,每个参与者将应该为谈话带来自己的贡献。这意味着首先他将要随时准备好道出他对被探讨对象的真实所想。[……]反过来,真正的谈话找到显现巨大坦诚度的办法,在这种坦诚下,我准备在这种或那种情形下说的东西便已经具有了被说出来的性质,于是我有义务不作保留,不把它留给自己。[……]只要存在真正意义上的对话题的言讲,我们应该以最坦率的方式承认它。然而,坦诚正是胡乱空谈的对立面。[……]在言之所该言的过程中,当人们制造的思想效果延伸支配至谈话的气氛内,我们便搞砸了。相反,在谈话的精华显现之时,在真正相互心心相映、毫无保留并敞开心扉的对话者之间,在他们的团体里产生了一种值得纪念的丰硕状态,由于这种状态在其他任何地方都不会再有。每当齐现共存的动能性和基本的相互性使人敞开思路和心扉并透彻地把握他时,谈话便在人与人之间实在地产生了。人与人之间的互动关系为原本可能被拒之门外的渗透开启了一个入口。①

我们不能忘记:这些谈话发生在第二个千年的最后几年和 21 世纪初,也就是在一个各领域知识的专业化区分满溢的时代。因此,交谈也总是一种想要克服我们思想中现代碎裂状态的尝试。用最好听的话来说,它们是在跨学科的精神中进行。决定性的问题组成方式经常被隐藏在大学的不同学科之间——在对话中被谈及的问题

---

① 马丁·布贝尔,《对话生活》,第 215—216 页。

游移在所有人文科学的分系里：文学、心理学、人类学、文化史、艺术和神学等，这些学科只是一部分例子。表述问题之时，我们一边试图朝着对世界的发展进程及所发生的大事件的更深刻看法前进，一边又在更换它们的语境。在此，人类的大脑被设计成一个会学习的构造体，横向思维被用作逻辑的根据，而纵向思维则作为模范的学徒。由此产生了大脑本身执行自然的对话形式。

不断地提出相互有机联系的问题有助于将假设的确定性放到新的角度去研究；在此，出乎意料的事情总是一个有待应对的挑战。对历史的研究表明，对话的理念深深扎根在古代传统和最初"对话"这个词在古希腊的意义中。古希腊人在集市广场——古希腊广场（agora）里进行讨论。21世纪初的世界政治文明本身在日常政治生活的框架下也需要集会广场——这种需求比对圆形竞技场的需求高得多。在希腊文化里，集会广场是民主的平台。在欢愉的情形下，它是集体智慧表现的环境。这点直至今天都没有改变过。对话使每个人确实拥有的智慧潜能得以发挥，但是它只能在交谈中显现出来。相反，僵化的观点与进行优质对话的能力背道而驰。

本书定位在提问的文化传统上——对话很可能是手到擒来的工具，并从更远的意义说，为了促使智力地球仪在更宽广的轴线上转动并不断调整修正它的轨道。

本书也被看作是现代文明的批评选段。我们应该改变自己一元的、孤立的、松散的思考作风，以便通向以对话为基础的思维。这与当今政治、经济有关，也与文化、艺术和宗教有关。在这种精神里，这部作品希望为对话文化的复兴作微薄的贡献，而对话则反对21世纪初后工业社会里技术治国的密集阵线。

在此，所有对话的组成元素都应该被囊括：相互尊重、专注、被理解的感觉。当对话真的成功进行，对话的经历只能用平常限于宗教领域的词"恩赐"来描述。

在行使权力意义上的政治鼓励人以"通晓"的形象出现。相反，学习者的态度则要求我们宽容而且敢于不断地从头开始。这样的学习态度能够使我们创造一个足够开放的空间以便不停地质疑自身的旧思维和行为模式。铃木俊隆大师（Zen Shunryu Suzuki）很早就领悟到如果重新开始的勇气开放了许多潜能的话，那么今天便不会有"唯专家是用"的思想局面，而后者则越来越强烈地攫取着对我们充满技术、官僚主义色彩的现代性的支配权。

一切对话都需要开诚与包容。必须有一个开放的空间用以在条件合适的情况下产生新的领悟、新的磁场。但为了得到富有创造性的新磁场，当面对话的双方只能随时做好准备脱离原有的信条，毫无保留地相互传递自己的思考图像，同时允许自己受对方思维的影响。

这些条件和开放的态度对本书的所有交谈者都起到了决定性作用，然而若在相反的情形下，他们都不可能成为本书里的对话者。

但我们是如何做到的？首先必须对与话者有信心，确信自己不会受到伤害。在辩论的氛围下，更不必说争吵，这种信任绝不可能存在：此时我们处在攻击与防卫的极端上，我们为了捍卫立场而斗争，大家可以说在战争的状态里。然而有时战争胜利了，胜利却不会带来和平：自认为占上风的一方会想登上征服者的舞台。

这样的情况没有发生在本书收集的任何一次对话里。相反,重要的是聆听的能力,交谈都被由毫无保留地被倾听的基本经验所支撑。这种经验好比一块肥田,在这里如果达成相互的理解,个人便可以感受到清新、深刻和有创造性的力量,而每个交谈的对话者也许从来都不敢想象会有这些效果。自然而然,产生共鸣的聆听在交谈进行的时候总是扮演积极的角色。只有当我将聆听深入转化为理解的时候,回答的进程便自然地发生改变。在这层意义下,聆听可以产生智慧的力量和惊人的创造力。倾听总是包含一种转化的能量:我们可以说是新的准认知层面,它开启了未知和新物。

这些谈话还表明,光聆听对方的意见还不够,同样重要的是他也聆听你的观点。这也包含了尊重和对对方的承认。在这个尺度里,成功的对话可以说总是一次内心的修正。如果一个人经过长期的寻觅后找到——在相互承认的平衡前提里——一个他感到被聆听的处所,那么对话的空间便相当于这个人回归自我的经历:他"属于这块地方"。这种"回归"同时是收录在本书的所有对话的指导路线和准则。

相互学习和理解促进鼓励了这种"多产的辩护",后者在这些对话里扮演了主要角色。谈话的参与者都暴露在思考的过程里,而不仅仅面对已经成形了的智力产品。这些谈话的目的是使这些智力进程放慢脚步为了允许双方在共同的空间里一起思考。它们的主要任务是培养这种"内察"的气质,它像地震仪一样,允许探入到确信根基和智力态度的深处。

我们经历了一次共同思考和探索的过程,同时也是一次旨在改变对世界的感知的尝试以便大家能够自由交谈——简单来说就是便于大家了解自我。这些谈话还能够在 跟随共同主题的指导路线的前提下被利用来发展创造性思维的机制。在此,不带偏见的聆听,丰富多产、探索性的话语是必不可少的条件。除了开放思想以外,必需的主要能力是想学习的态度、充满好奇的心、摒弃对人云亦云之物的确信,以便更容易保持对话里的平衡、尊重对方的观点和反过来允许对方的话对自己起作用。说出"内心深处"的观点、超越偏见、捍卫自己的意见以便与自己面对面的辩论方的思路的完整性能够得以保存并且揭示对方所真正思考之物的深层结构,以上这些做法结合起来所产生的才能便是这种"多产的辩护"的基础。

(五)

在行走中我对自己说:我要比那个人更聪明。可能我们中的任何一个都不知道什么是美丽什么是优秀;但是那个人认为他了解一些,但实际上他什么都不知道,而我,如果不知道,我就不认为自己知道。因为我不知道,所以我就不认为自己知道,这就是我比那个人聪明的一点。[1]

柏拉图

---

[1] 柏拉图,《苏格拉底的申辩》,埃米利·尚贝里翻译,Garnier-Flammarion,1965,第32页。

从词源上进行研究可以帮助我们更好地理解"对话"这个词的精髓,就像本书中所表达的意思一样。"对话"这个词来源于希腊词 dialogos。Logos 代表这个词的本意,也代表着引申义。前缀 dia 不是"两、两个"的意思,而是"通过"的意思。在这种情况下,这个词具有系统性,没有人愿意去获胜,另一种情况就是如果我获胜,你就失败了,这在辩论甚至是简单的讨论中经常出现。这种对话主要体现的是充满了假设和建议的思考这一过程,而不是建议本身。目的是为了改善思考的集体协作性。就是这一点吸引了人们的注意力。从思考的处境过渡,人们进展到了共同思考的这一过程,因为我们发现很大一部分的思想都是来源于人类的集体智慧——甚至包括语言,它是人类共同生活的结晶。个体可以将这种态度放在内心,在做出衡量和决定前进行对话。在人类发展的历史上,个人思考的结果带来的往往是粗劣品,集体思考要比这种占据大多数的独立的、纯个人的思考更具有表现力。对于集体性交流的语言来说也是一样,每个思想家都做出了自己的贡献。这也就是说,很少有思想家能够同时推动很多事情发展。

本书中访谈的"对话原则"能够同化对话者的情感,并使被访谈者的灵感和创造不断来临。说到底,所有的人类活动在保持其特性的情况下都可能是一种创造性的工作,但同时也要保证其能够融入到整个宇宙和谐的环境中。在这里,对于自我的灵感的表达完全恰当。

所以,这些访谈都要求一个"对于自我的发现"。托马斯·阿奎那曾表示"这是一个能够联系一切的独一无二的东西",他自然也联想到了宇宙间的和谐,当自我的发现能够引起心灵的颤动时,这种连接就达到了。这种"自我的发现"始终是一个谜,它不存在于宇宙中,即使在最微小的灰尘中也寻找不到。它只是内心的秘密——在物理上我们叫它微粒。不管多么小,我们都找不到一个不依靠同类而独立存在的微粒。就像量子物理中所描述的一样,空间和地点间的界限已经被粉碎了。没有不依靠它物而存在的物体。宇宙的秘密就在于它的无限性,这也适用于对话。

本书刊登的访谈录不仅仅是双方的一次谈话,更是双方拓展新视野的一次尝试。勇于对话的历史就像人类文明的历史一样久远。说到这里,可以很明显地发现,我们所努力实现的对话形式是一个多层次的过程,是一次不同于以往任何访谈以及任何思想交流形式的尝试。一种广泛充满人类智慧的经验诞生了:牢固的价值观、激情、回忆的用处、传统文化的重要性以及现场的经验,而唯独现场的经验能够保证对话的自发性。

在能够接受的最深层次中,我们所尽力追随的对话可以被看作是一个邀请,一个对于人类身份重新审视的邀请,尤其是当共同的思索能够带来知识领域的新成果的时候。我们最终追求的就是"作为人类"的含义,以及探索思索的潜力、打开思考的窗口。

我们在别处也提到了要借助创造性的参与来超越"科学上的分裂"。各部分之间都相互连接,如果这个能够成功,那么谈话就会取得很大进展。我们应当避免那种将本不该分开的世界看作是分裂和破碎的一般及传统的观点。

只需观察所有的文明和政治生活,我们就会知道这样一种分裂必然会导致整个世界处于一种民族仇视的状态,一种经济社会经常遇到危机、宗教间互不往来、价值体系冲突不断、利己主义势头上升的状态。这些都需要我们努力使之恢复秩序。

这就是为什么我们的谈话充满了对社会的具体感受的原因。我们以积极的方式引入各种对立的观点和价值观,对它们进行质疑,思想会让它们更具有创造性。我们将被采访者的质疑和反应牢记在心,而我们不会去对谈话中出现的一些问题进行"修改"。我们不对被访者的观点加以任何评论,而是用一个好奇的心去探索被访者的方方面面,不带任何修饰。对于本书的访谈来说,通常看起来不和谐的两方将通过双方的互动来进行交流。在这充满智慧的交流中,采访者和被采访者常常都会放弃自己的角色。因此,我们在思想上诞生了一些共同的观点,而不再需要提前准备好问题的记录本:会谈就像两个伙伴间的自由谈话一样。没有人需要为自己"辩护",每个人都有自由表达的权利。我们试图创立一种新的积极的形式,一种不排除任何谈话者、没有任何固定内容的访谈形式。会谈就是两个谈话者的一次远足,双方需要共同承担责任,并且如果可能,进行一次共同的反思。会谈也是一次人与人的直接会面,一次需要高度敏感性和倾听性的会面。这些会谈不定位于社会事件、社会现象,会谈的目的也不是为了创造与事实相脱节的景象。而这一点正是传统的科技文明所做的事情。但是我们认为边界都可以相互渗透。我们在科学与现实世界上架起一座桥,以便更好地观察世界的发展。

因此这种智慧的交流要努力达到一种更深层次的自然状态,以便能够出现更具背景和智慧的交流,这时我们就可以使用"没有边界的智慧间的交流"这个说法了。这种"边界的消失"符合深层次的哲学-人类学中对人类存在的基本定义,在这个定义中,宇宙是人类一个内在的需求,即为了接近"生命的根源"而对理解生命意义的需求。

如果我们能够让这些会谈超越科技鸿沟,超越我们上文所提到的科技最终带来的所有政治文化的割裂,可以说这不是人类发展永恒规律的结果,而是我们对不同思想的理解的结晶。

从这点上讲,这些谈话都是对文化的一种批评。它不仅仅想超越科技的鸿沟,而是想跨越这些21世纪初存在的种种文化现状。人类的个人观、集体观和宇宙观在会谈中交织,而在漫长的进化过程中,人类一直被视为具有"想象力的动物"。

这些会谈也被看作是对人类所具有的猜想、知识以及人与人之间的关系所进行的一次全新的试验。

(六)

如果认知的大门能够打开,呈现在人类面前的就是:无限。但是人类总是自我封闭,通过自己居住的岩穴的细小裂缝看待事情。

威廉·布莱克

在这些谈话中总是存在一些默认的东西,一种由内在思想的一致性所带来的默认,一种默认并被谈话者双方所共享的知识。默认的知识也是一种具体的认知。我们甚至可以说反思的具体过程总是在静默的陪伴下进行;思想的交流也总是在静默的背景下进行,这也可以更好的促进交流的表达,但是表达绝不能代表一切。这个默认的过程是谈话者共有的,也是一种分享的过程,当然是指谈话的文学意义。

本书的目的之一就是对这种谈话的过程作出一些贡献,以便在全球政治文明中发现共同的价值观并重新找到思考的能力——尤其是:要共同行动。这些谈话中的大部分精华——以点带面的——对于政治文明来说都有一定意义。现在急需要寻找到共同的价值并确保思考和行动的自由。政治文明始终是人类和制度间的象征,也是唯一能够保证两者共同存在的事物。这就要求人们共同分享和体验一种文化中具有意义的内容。在这里,价值是指意愿、目标、价值观的表现等。没有这些,政治和经济中的文化就会破裂。

当我们联想到现今世界文明所出现的各种悖论时,这些反思就显得很现实,并且也很沉重:一方面来讲,通过电子和数字媒介所进行的通信迅速增长,卫星覆盖了全球每个角落,人们可以通过 CNN/MTV 或者 BBC 媒介来了解世界某一角落发生的哪怕一次最小规模的游行。世界因此被通信科技联系起来,而网络还在逐步拓展,电话则是无处不在,国际航班让世界各地的人感到更加靠近。但这只是金牌的一面。

在现实中,种族和宗教的压力,非洲、亚洲、拉丁美洲、前南斯拉夫和前苏联的军事冲突都会使不同的民族、宗教和文化都处于压力之中,这些冲突的双方甚至很难坐到一起进行和平的磋商,而只能靠武力解决问题。

鉴于上述原因,本书的对话将起到一个重要的但也是最基础的作用,不仅仅在本次个人对话中,而且是在国际政治和经济领域中。我们越来越清晰地看到,在国际政治领域,不同团队正在互相倾听,并且试图进入更严肃的共同对话。在共同对话中,双方不应当继续表达那些已被众人所知的观点和信息。对话的目的是要建立共同的行动原则,创造出根本性的规则。这一点在当今国际社会中还很缺乏。因此,民族和政治力量间对话的地位要比争吵、谈判或者交换低的多。现在到了将寻找"真相"和凝聚力放置于中心位置的时候了。我们应当对旧的权力制度提出质疑,勇于自我牺牲,而不是将对话双方都隐藏在旧制度的保护伞之下,坚持并维护其以往的观点。只有这样才能够在双方争论的"兵工厂"中出现新的根本性的事物,甚至出现共同的事物,也就有了跨越国际"文化壁垒"的可能性。

我们刚才展示的是对话对于 21 世纪的文化、文明和宗教的重要性。文化、文明和宗教建立在传统信条以及对于现实世界的猜测之上,就像从克洛德·列维-斯特劳斯到克里福德·格尔兹的很多人类学家所强调的那样。在宗教和文化没有实现和平以前,民族间的和平无从谈起。只有对话才能够同化那些世俗的、严格的基要主义者和民族主义者,并能够在不同的信仰间架起沟通的桥梁。物理学家大卫·博姆曾说"一切都是固有的",人类应当仔细研究以便寻找到共同的精神之源。我们始终处于对话中,对话也对存在这个词进行了一个准确的暗喻:我们始终和他人保持接触,或通过他人来辨别自己,或通过他人来认识自己的本质。对于人类来说,对话首先是一种共同生活的方式。在当前宗教和种族冲突充斥,甚至有望回归部落社会的时代,对于渴求责任感的政治和平来说,文化和宗教间的对话无疑是一个必不可少的条件。

同样,科技的同质化与不同的文化和宗教间的保守性也存在着冲突。经济的全球化正在世界各地进行,它也将各种古老的传统带到文化和宗教的层面上。现在存在着很多反现代的基要主义。由经济和技术引导的全球化正在加速,但即使经济实现全球化,地球在政治、种族和宗教版图上还是被分为几块。面对急剧增长的世界贸易和媒体的信息交流,人类发现自己在领土问题上变得越来越神经敏感了。"地球村"的概念被世俗或者宗教的民族主义者所动摇,被内战中的不同观点、被文化和宗教冲突所动摇。文化的融入不总跟随着政治的进程而进行,不论是亚太经合组织各成员国,还是东盟或者拉美南方共同市场中签署了《关税及贸易总协定》的各个国家,甚至是安第斯共同体各国。全球经济的极权化正在将文化和宗教无限分裂,这正与威胁世界的统一和同质化相反。这一点在阿尔及利亚、在伊朗、在印度、在车臣、在前南斯拉夫、在非洲和斯里兰卡、在前苏联和拉丁美洲都可以看到。我们可以说,这是一个对21世纪初的人类文化融合起到修正作用的调节器。

对话对于文化、宗教和文明的重要作用就是这样。在这个通信和经济全球化的时代,宗教和文化不可能独立存活,它们互相影响,不同的文化产物也在互相渗合。

我们可以看到,在政治和平领域空想主义盛行和分裂观点依旧的情况下,文化的现代化是多么需要对话以便超越这种空想和分裂。

(七)

抽象的精神诞生了极权体系。

加布里·马塞尔

我们生活在一个数字世界中,在这里速度和效率起到很大作用。传真、卫星或者电脑,以及电子邮件和即时虚拟服务,这些事物的唯一作用就是加重了人们不堪重负的压力,造成了人类的缄默,以及人类存在意义的缺失。随着虚拟通讯的进步,人与人之间的交流变得越来越少,甚至停止了。当务之急就是寻找到加强这种交流的方法。如果人类想改善这种真实的对话,如果人类想让思考变得更加深入并且可以感知到,那么就需要减缓思考的速度,并加大思考的深度。如果不能够减缓这种速度,那么我们就越来越不能理解人类存在的意义,越来越不能将其融入到人类文明之中。因此现在寻找一个独立的论据完全合乎情理,以便不再像遵守命令一样服从大众媒体,以便不再拒绝那些"最后的问题",比如有关宗教缺失、形而上学主义消失、人类与死亡的关系等问题。就像克里希那穆提所说的那样:"如果你开始了解你是什么了,那么即使你试图不做出改变,其实你已经在自我改变了"。

现代社会的人类每天都需要面对这个升级进化无穷尽的系统。在一堆数据之间,人类每天都需要作出决定和选择,以便达到对"真实"世界进行诠释的目的,我们称之为独一无二的建设。文化对话主要就是能够给这一点带来根本性的改善。如果没有对话,那么我们所做的决定和所采取的措施都会被事物的假象所迷惑。

对话的目的就是为了打破这种恶性循环的束缚,从而超越各种形式的人为的、一成不变的交流。人类只要本着负责的态度、深入的思考以及上文提到的减缓的思考速度,我们就可以实现这个目的。通过这种对话,通过对前人所"思考"的问题的重新交流,我们可以更好地达到这个目的。

值得注意的是,人类文明的第一阶段就是以"对话"和"参与"为标志的。通过人类最初的、不成熟的文化(我们可以通过勒儒瓦-高汉和 O. E. 威尔逊对当时宗教的研究得出),我们可以得到一个整体的而不是片面的观点:宇宙的各种粒子不是孤立的,各种元素都相互联系,并共同组成了和谐的宇宙。这是把"所有的事物"都看作一个整体、一个集合的思想。很显然,当今社会技术文明的分裂主义破坏了这种和谐的宇宙,除非技术文明社会的人类能够重新加强思考和对话的力量。

我们回忆一下:在史前社会以及人类历史的初期,每个部落都拥有自己的图腾,它是一个能够同化部落成员的动物形象。部落和图腾都是独一无二的。我们设想一个图腾被集体看作一种力量或精神,那么我们是否可以说所有的东西都可能是这种精神力量的一部分,或者更准确地说,是一种"宇宙通用的物体"。

我们通过图腾与部落取得了联系。而就是因为"人类的整体性",人类才找到了图腾。图腾和人类本身都起源于同样的力量,一种能够产生共同感的力量。

在西方文化中,人类一直保留这种象征意义,直到中世纪。在现代社会则出现了人类和整体的决裂,个人不再处于整体的庇护之下。在人类思想的蓝图中,主体和客体也互相分离了。我们要针对这一点采取行动。在现代社会,我们需要明白人类不能够使整体分裂成几个部分,我们需要的是一个和谐的宇宙,尤其是当我们想让科技和文化和谐相处的时候,那么我们就需要一个整体的概念,这也是人类存活的条件。

"参与"的观点在中世纪十分流行,比如托马斯·阿奎那。他认为一句话的主语也具有谓语的性质。他同时认为,空气也具有阳光的特性。对于他来说,最为纯洁的空气在阳光中展现自己,人类也是一样。在面对人类所宣称的对自然、大海和地球资源掠夺式的"生态环保"时,我们现代社会应当重新唤起这种整体的概念。

如今在政治文明中我们越来越需要这种"对话原则",以便使所有事物都能够参与其中,包括决定地球命运的人类自身。认为人类就是一个独立的个体,依靠一栋房子、一块地就能存活的观点给人类带来不了什么。我们被大地养育。我们应当借助对话以及面对越来越多的事和人所出现的参与思想来跨越人类存在的隔阂。如果相反,那么人类的关系就像冷冰冰的机器。现代人类的传统习惯是将自我看作宇宙的中心,世界上的一切事物都围绕他运行。面对这种态度,我们应当鼓励共同参与的对话形式,要知道共同参与才是人类存在的真实的、自然的状态。而对话则总是需要一些顺序、一些协调。

最重要的就是要知道,人类从史前时期就已经具有了宇宙观,具有了存在于自然和超自然、宇宙观和宗教观之中的空间感。自然和超自然的空间要远远超过个人及其所处的政治文明。

人类最初的文明以万物有灵论为标志。那时人类认为自然界具有生命,被一种精神所掌控。人类则完全是自然界的一部分。

我们或许可以认为,在人类发展的经济环境下,我们需要承认有渴望宇宙的需求。在人类试图连接自然和超自然的尝试之后,我们发现艺术世界总是和宇宙存在相联系,在宗教、文学和哲学中都存在这种联系。

在科技现代化的今天,正是人类和宇宙之间的这种联系被摧毁了:人类如今处在一个死胡同中,或者说"在自然的尽头"。在人类历史初期,自然还保持着其强大的势力并控制着人类。今天,面对威胁自身的生态危机,人类不得不接受这样一个现实:历史的进程正进入一个转折点,人类创造的科技正面临着毁灭自己的可能。我们正在踏上一条不归路。

我们需要重新审视历史以便更好地认清人类自身。史前部落文化以及人类历史的初期很清楚地指明:大地是我们的母亲。我们应当小心使用它。我们至今还能在众多土著民族中找到这种把自然看作母亲的比喻,在拉美的安第斯山脉也可以找到,比如玻利维亚和秘鲁,在印第安人中大地则被称作为"帕查·妈妈"。我们应当尊重自然母亲。

现代人类所进行的冒险性科技研发正在对自然资源进行无尽的开发,以 21 世纪初我们对中国的生态危机所做的调查为例,那里没有人关心自然、没有人为自然担忧,而这种现象在全世界都存在,已经超越了各种意识形态。人类与自然界关系的转变、人类与自然的隔断已经威胁到了两者以前的和谐关系,这正是现代科技所做的好事。

就像奥克塔维奥·帕斯所说的那样,无论是过去还是现在,人类看待自然的态度总是代表了人类的宇宙观。仿佛人类的存在就以对无限的追求为标志,或者说是对无穷未来的追求。最关键的一点就是在参与的前景中,也就是说在参与对话中,无限是一切的终点——我们人类自身也是一个无穷尽的过程。在这里,对于参与以及对话重要性的理解能够帮助人类重新理解自己,能够帮助这个经过漫长演变过程之后仍旧作为一个形而上学的动物而存在的人类。

(八)

一种不提供答案而只提出没有答案的问题的神学——这难道不是一种真正严肃对待人类的信仰么?

尚-巴琪·梅兹

在追求抽象和超验性的过程中，人类成为了真正的人类。这种对形而上学、精神性以及超验性的追求在不同文化的任何时期都可以寻找到。超越人类既定国界的需求在中亚出现，也存在于奉行祖先祭祀的西非，在工业化的美洲和欧洲也都有这种需求。在西方和东方世界，这种需求以不同的形式表现出来：在奉行道教的一些岛屿上人类不断追求长生不老，一些西方人则在寻找黄金岛，瓦拉纳西的印度人一生都在进行朝圣，这种需求也存在于麦加的伊斯兰教徒中，存在于犹太教的神学家中，存在于天主教的圣言中，存在于《奥德赛》或者《吉尔伽美什》史诗中。很自然，这种需求会在哲学、幻术、科学以及艺术的不同形式中体现。在阿尔弗雷德·梅特欧对墨西哥玛雅文化的研究中，这个中北美地区的先进文化早在关于人类起源的神圣之书中就开始了对于精神的追求。在这里，寻求知识是第一位的。从印加先进的土著文化一直到现在，人类一直是上帝的技术工人。

尽管文化之间存在种种差异，但是它们都需要一种由现实演变出来的具有幻想性的超验性。恩斯特·卡西尔的研究强调了这一点。从进化的历史来看，我们怎样才能将一种物质称为人类？首先要寻找的就是这个答案。人类是感性和理性并存的动物，他们试图站在自然界之上，并努力超越自然和文化间存在的分裂，而所有的形而上学恰恰存在于这种分裂之中。这种超越自我的需求，在贝尔松看来，可以在进化的原生质根基中找到它的根源。在人类的能力范围内，他们努力超越对纯物质生活的追求，而去寻找真正属于人类的追求。当人类不再寻找那些他们找不到的事物时，这就诞生了形而上学。这种精神上和形而上学上的寻找首先和宗教扯上了关系，但是如果人们想要将宗教一个个区分开来，那就错了。克里福德·格尔茨认为宗教能够赋予社会机构正常运行的权力，并将其纳入神圣的、宇宙的范围内。宗教保护着人类以避免使其陷入无价值观的混乱状态，它以一种强烈的、刻不容缓的语气表达了人类所进行的寻找——这是一种寻找那些不受控制的力量的尝试。勒维-布留尔曾经谈到过这种对于原始宗教的狂热追求。

形而上的寻求至今尚未完成——发自内心地说——尽管人类已经尽力了，在寻求中人类一直在寻找一种更高级力量的可能性，以便摆脱人类目前对于未来的无能为力。在历史不可逆转的过程中度过昙花一现的人生，并要知晓存在只是一段中间的、过渡的时间：这就是寻找的背景。对于永恒的寻找始终是一种幻想，也与作为创造者的人类所具有的灵活性和改变性不相容。未来的不确定性也是个人寻找的能量来源。确定性和不确定性之间存在的差异正是所有文化中的人类学进行改变的潜在力量——即使在虚拟时代。诗人奥登曾说，问卷也是一种寻找形式，用于寻找人类没有经历过的事情。形而上的和精神上的寻找对于指出当前某种事物的未来所做的努力还不够。这个就给予了人类可供参考的范围，人类也总是自认为自己变化的要比实际上多一些。人类生活在不完美之中，他给予了自己一种承诺，他变成了一个感性动物。形而上的和精神上的寻找是一个创造性的过程，在其中人类不停进行创造。在这种寻找中体现了人类自身的特点，那就是努力完善自我的忠诚性。如果说形而上的和精神上的寻找是一种以人类生物学、语言学和历史为根源的人类永恒的追求，那么我们在任何朝代、任何文化时期、任何宗教以及任何神话传说中都可以找到例子。每一种文化都需要卓越性和超验性的工具——萨满教神职人员对于形而上的和精神上的追求与科学、诗歌、艺术、哲学或者宗教创造者的追求一样。人类，形而上的动物，总是在寻找其不熟悉的未来时被其中的超验性所带来的预感激励。人类不能只生活在科技文明的抽象意义中，生活不是物质所犯的一个形而上错误，人类不能生活在自己的知识版图中，比如对于没有住所的绝望以及对于炼金术的渴望。即使在现代科技社会，形而上思想也不是毫无用处。对所有事物保持一颗寻找其秘密的心态，要比只重视身体各器官本能的呼吸和跳动、只进行相互间的讽刺和挖苦有意义得多。空间之谜要比人类本身的反思要复杂得多。人类不能只满足于那些表面现象。

但是事情恰恰相反，所以本书所提倡的"共同思考"和对话文化更具有重要的意义。本书及其中的对话遵照了上述原则并希望能够对此做出一些贡献。

康斯坦丁·冯·巴尔洛文

图书在版编目(CIP)数据

智慧书 / (德)巴洛文编著;陈卉,邓岚,林婷等译.
—上海:华东师范大学出版社,2010.11
ISBN 978-7-5617-8250-7

Ⅰ.①智… Ⅱ.①巴…②陈…③邓…④林… Ⅲ.①名人—访问记—世界—现代 Ⅳ.①K812.5

中国版本图书馆 CIP 数据核字(2010)第 228731 号

华东师范大学出版社六点分社
企划人　倪为国

LE LIVRE DES SAVOIRS

Under the direction of Constantin von Barloewen
Copyright © Editions Grasset & Fasquelle,2007
Published by arrangement with 1° La Société des Editions Grasset & Fasquelle through Madam CHEN Feng
Simplified Chinese Translation Copyright © 2011 by East China Normal University Press Ltd
ALL RIGHTS RESERVED.
上海市版权局著作权合同登记　图字:09-2009-297 号

智　慧　书

(德)康斯坦丁·冯·巴洛文　编著
陈卉　邓岚　林婷等　译

责任编辑　李炳韬
封面设计　童赟赟
责任制作　肖梅兰

出版发行　华东师范大学出版社
社　　址　上海市中山北路 3663 号　邮编　200062
电话总机　021-60821666 转各部门　行政传真　021-62572105
客服电话　021-62865537(兼传真)
门市(邮购)电话　021-62869887
门市地址　上海市中山北路 3663 号华东师范大学校内先锋路口
网　　址　http://ecnup.taobao.com

印 刷 者　上海市印刷十厂有限公司
开　　本　787×1092　1/16
插　　页　1
印　　张　17.5
字　　数　300 千字
版　　次　2011 年 2 月第 1 版
印　　次　2011 年 2 月第 1 次
书　　号　ISBN 978-7-5617-8250-7/I·736
定　　价　38.00 元

出 版 人　朱杰人

(如发现本版图书有印订质量问题,请寄回本社客服中心或者联系电话 021-62865537)